# 杨振宁的科学世界

## 数学与物理的交融

季理真　林开亮　主编

高等教育出版社·北京

**图书在版编目（CIP）数据**

杨振宁的科学世界：数学与物理的交融／季理真，林开亮主编．-- 北京：高等教育出版社，2018. 9

ISBN 978-7-04-050056-1

Ⅰ.①杨… Ⅱ.①季… ②林… Ⅲ.①杨振宁（1922—）- 文集 Ⅳ.① K837.126.11-53

中国版本图书馆 CIP 数据核字（2018）第 142238 号

策划编辑 李 鹏　　责任编辑 王丽萍 李华英 李 鹏 吴晓丽 和 静
封面设计 王凌波　　版式设计 王艳红　　责任校对 殷 然　　责任印制 赵义民

| | | | |
|---|---|---|---|
| 出版发行 | 高等教育出版社 | 咨询电话 | 400-810-0598 |
| 社　　址 | 北京市西城区德外大街4号 | 网　　址 | http://www.hep.edu.cn |
| 邮政编码 | 100120 | | http://www.hep.com.cn |
| 印　　刷 | 北京中科印刷有限公司 | 网上订购 | http://www.hepmall.com.cn |
| | | | http://www.hepmall.com |
| 开　　本 | mm×mm 1/16 | | http://www.hepmall.cn |
| 印　　张 | 33.75 | 版　　次 | 2018 年 9 月第 1 版 |
| 字　　数 | 670 千字 | 印　　次 | 2018 年 9 月第 1 次印刷 |
| 购书热线 | 010-58581118 | 定　　价 | 128.00元 |

本书如有缺页、倒页、脱页等质量问题，请到所购图书销售部门联系调换

物 料 号　50056-00

杨振宁先生学术思想研讨会，参会人员集体合影（2017 年，清华大学）

杨振宁先生学术思想研讨会，杨振宁与朱棣文在交流（2017 年，清华大学）

高等研究院庆祝杨振宁先生九五华诞在陈赛蒙斯楼举办的冷餐会，杨振宁在切蛋糕（2017 年，清华大学）

陈省身数学研究所庆祝杨振宁先生 89 岁生日活动合影（2011 年，南开大学）

陈省身数学研究所物理前沿研讨会，杨振宁与范曾在范曾的巨画前留影（2017 年，南开大学）

杨振宁在雕塑家潘鹤创作的陈省身、杨振宁铜像前留影（2017 年，东莞理工学院）

“成功的真正秘诀是兴趣.”——杨振宁

（季理真拍摄于云南师范大学校园.云南师范大学的前身是抗战时期的西南联合大学师范学院，杨振宁先生曾在西南联合大学读本科和研究生.）

谨以此书奉贺杨振宁先生
九五华诞！

# 致谢

本书收入的文章经由本书的主编和杨振宁先生共同确定, 部分文章曾刊载于以下的出版社或期刊社出版的书刊中: 华东师范大学出版社、复旦大学出版社、江苏教育出版社、云南教育出版社、华中科技大学出版社、上海教育出版社、海南出版社等, 以及《物理》《科学》《二十一世纪》《明报月刊》《SIAM Review》《清华大学学报 (哲学社会科学版)》《中国美术馆》《环球科学》《自然杂志》《自然辩证法通讯》《世界科学》《数学译林》《数学传播》《数学文化》《Chinese Journal of Physics》《科学文化评论》等期刊社 (排名不分先后).

本书收录的大部分文章为杨振宁先生所作或依据其报告整理而成, 还包括施郁、张奠宙、戴越、蔡天新、江才健、葛墨林、R. 米尔斯、陈省身、张首晟等教授 (排名不分先后) 的重要文章; 翻译文章的译者有: 甘幼玶、黄得勋、张奠宙、崔继峰、李香莲、乐光尧、戈革、葛墨林、罗春荣、郭毓陶、许伯威、汪忠、杨建邺、王兟、张民生、冯承天(排名不分先后, 已在相应文章末尾注明).

# 编者序

本书的开篇是 2016 年我们在清华大学高等研究院对杨先生做的一个长篇访谈. 受到父亲杨武之先生的影响, 杨先生欣赏数学的优美与力量. 在其精彩绚丽的一生中, 他与 20 世纪的许多大科学家都有接触, 如陈省身、丘成桐、费米、狄拉克等, 作为一名领头的物理学家以及数学研究的积极推动者和观察者, 杨先生与我们分享了他富有洞见的回忆. 为了让更多的人有机会读到这个有趣的访谈, 在征得杨振宁先生同意后, 我们决定通过高等教育出版社, 为他出一本以数学、物理及其相互作用为主题的通俗文集, 这就是本书的缘起.

与之前出版的其他杨振宁文章选集相比, 本书的特点在于, 突出了杨先生作为 20 世纪伟大的理论物理学家, 他对数学的品位和对数学家的欣赏. 虽然杨振宁 (与李政道一起) 作为首次荣膺诺贝尔奖之华人早已是众所周知的事实, 但鲜有人知的是, 他关于规范场和统计力学可积系统的工作, 也成为 20 世纪数学史中的辉煌篇章 (Yang-Mills 方程和 Yang-Baxter 方程). 杨先生欣赏数学的优美和力量, 在与编者的通信交流中, 常常表露出他对数学的欣赏和兴趣. 不仅如此, 他还致力于推动物理和数学的实际发展. 30 年前, 在陈省身先生和杨振宁先生的倡议下, 南开大学数学所成立理论物理研究室. 20 年前, 杨振宁先生在清华大学筹建高等研究院, 除了请著名的物理学家坐镇外, 还特聘一些杰出的数学教授. 所有这些因素, 促使我们选择 “杨振宁的科学世界: 数学与物理的交融” 作为本书的书名.

本书第一部分, 除了访谈, 主要收入了杨振宁先生写数学家的文章. 考虑到杨先生写物理学家的一些文章已收入《曙光集》(杨振宁著, 翁帆编译, 北京, 三联书店, 2008 年) 中, 我们这里把重点放在了数学家. 特别地, 我们可以读到他写父亲杨武之的文章《父亲和我》. 杨先生没有提到的是, 杨武之先生是一位极有成就的教育家, 除了其子女, 他为近代中国培养了许多一流的数学家. 作为物理学家, 杨振宁先生深受物理大师费米的影响, 因此我们要特别推荐他写老师费米的文章《费米教授》.

第二部分是杨振宁先生的一些通俗演讲, 其中《我的学习与研究经历》要特别推荐给在读学生尤其是研究生. 杨振宁先生曾说, 研究生时期往往是学徒生涯中最艰难的时期, 他本人即现身说法. 那些正处在研究生阶段或有志于攻读研究生的读者, 定能从中得到启迪和鼓励. 凡听过他演讲的人都知道, 杨先生非常健谈, 思维敏捷、记忆清晰, 常常妙语连珠, 是一个幽默的 storyteller. 如果你不曾有机会现场聆听杨先生妙趣横生的演讲, 那么这些演讲稿将让你如临其境.

第三部分是杨振宁先生对理论物理学的历史反思, 反映出他作为一个大科学家寂然凝虑、思接千载的博大情怀. 在清华大学庆祝他 95 岁诞辰的 “杨振宁先生学术思想研讨会” 上, 他的学生和合作者乔玲丽女士送给他一个金字塔, 四面分别刻着: Newton, Maxwell, Einstein, Yang-Mills. 杨振宁先生 (即 Yang-Mills 中的 Yang) 在物理学史上的地位, 直追牛顿、麦克斯韦和爱因斯坦. 通过追随杨先生的这部分历史反思文字, 你可以料想到, 在写作时, 他心中想着这些伟大的前辈.

第四部分收入了几篇关于杨振宁先生的访谈或座谈, 这可以更好地帮助读者了解杨先生的方方面面. 其中张奠宙教授的访谈《杨振宁和当代数学》, 英文版曾发表于美国著名期刊《数学情报员》(Mathematical Intelligencer), 突出了杨先生的理论物理工作对当代数学的影响. 杨先生睿智率真, 极富人格魅力, 是一个值得被了解和欣赏的人. 参见江才健《规范与对称之美 —— 杨振宁传》(广东经济出版社, 2011 年) .

为了促进读者对杨振宁先生的了解, 我们选取了三篇有代表性的文章作为附录. 第一篇附录的作者是米尔斯, 杨振宁先生最重要的合作者. 1984 年, 在 Yang-Mills 论文发表 30 周年之际, 北京大学举办了 "Yang-Mills 场学术会议", 杨振宁与米尔斯都亲临北京参加了会议, 米尔斯专门写了这篇规范场的文章, 读者由此可以更好地理解 Yang-Mills 划时代工作. 第二篇附录的作者是数学家陈省身, 是杨振宁在西南联大的老师. 陈省身与杨振宁彼此独立而紧密相关的工作, 创造了 20 世纪后半叶几何与物理水乳交融的佳话, 这成为范曾名画的主题. 第三篇附录的作者是当代著名物理学家张首晟, 是杨振宁先生在石溪的得意门生, 他回忆起杨振宁先生对他的谆谆教诲, 这让我们看到了费米 - 杨振宁 - 张首晟薪火相传、弦歌不断的学术精神. 在本书的目录和天眉中, 出现于部分文章名之前的编号是杨先生发表过的文章的编号, 前两位数字代表文章发表的年份, 这与杨先生的其他著作集所使用的编号是一致的.

在杨振宁先生 95 岁诞辰之际, 我们编辑此书以示奉贺. 读者可以由此洞窥领略, 当代卓越的物理大师眼中的数学、物理及其相互作用.

—— 季理真, 林开亮, 王丽萍

2017 年 8 月 16 日, 于清华大学

# 目录

## 第一部分　杨振宁眼中的科学和科学家

## 第二部分　聆听杨振宁



## 第三部分　追随杨振宁



## 第四部分　对话杨振宁

## 附 录

# 第一部分

# 杨振宁眼中的科学和科学家

# 杨振宁眼中的科学和科学家
## ——杨振宁访谈

访谈: 季理真

整理: 林开亮, 王丽萍

---

2016 年 8 月 4 日, 本书的编者季理真、林开亮和王丽萍在清华高等研究院采访了杨振宁先生. 杨振宁先生长期在物理和数学的交叉领域工作并取得极高的成就, 他认识并熟知很多世界上顶尖数学家和物理学家, 我们采访他的目的之一就是想通过杨先生了解到数学家和物理学家以及他们之间交融的故事. 另一方面, 季理真曾在普林斯顿高等研究所待过一年, 认识不少数学家如 Armand Borel, 他们与杨先生有过不少交集. 季教授想了解杨先生当时与那些数学家之间的故事. 采访期间, 我们惊叹于杨先生惊人的记忆力和精力. 整个采访不间断持续了两个小时, 气氛非常融洽, 信息量很大. 以下就是那次采访的真实记录.

**杨振宁**: 你说你在密歇根大学? 那你知不知道物理系的 George Uhlenbeck 和 Samuel Goudsmit?

**季理真**: 不知道, 您给讲讲?

George Uhlenbeck, Hans Kramers, Samuel Goudsmit, 1928 年在密歇根

**杨振宁**: George Uhlenbeck① 和 Samuel Goudsmit 都是荷兰物理学家, 都是 Paul Ehrenfest 的博士生. 因为美国当时有更多的大学职位, 所以他们得了学位后就去了美国找工作, 并且以后都留在美国. 他们 1925 年的文章最早讲电子的 $\frac{1}{2}$ 自旋. 他们去了美国以后, 因为那个时候美国量子力学还没有人, 所以他们就把量子力学新的东西引到美国来. 特别是, 每年夏天开一个暑期班, 这个暑期班开了很多年, 对于量子力学传到美国来, 有决定性的影响. 比如其中有几个很有名的, 一个是我觉得这个是四十年代②, 请 Enrico Fermi 去讲了一夏天, 那个是非常重要的演讲, 我对于这个量子电动力学的了解, 就与他的文章③很有关系, 那篇文章就是那个夏天他的演讲的记录. 然后到了比那个晚一些年, 他们又请 Fermi 去演讲, 这一次讲的是 $\beta$- 衰变理论, 那个也是当时非常重要的, 而且 $\beta$- 衰变理论等于就是从那个时候开始的. 那么这一系列的, 1948 年他请的

① George Uhlenbeck 曾指导两名中国学生, 为著名女物理学家王明贞 (1906—2010) 和王承书 (1912—1994).

② 事实上是 1930 年, Fermi 第一次造访美国, 就是去密歇根访问 George Uhlenbeck.

③ E. Fermi (1932). Quantum Theory of Radiation. *Reviews of Modern Physics* **4**: 87–132. 杨先生在《几位物理学家的故事》(收入《杨振宁文集》《杨振宁演讲集》) 关于 Fermi 的一节中也讲到了这个故事.

是 Julian Schwinger, 是讲重整化. Schwinger 本来是哈佛的教授, 后来获得了诺贝尔奖. 在 1948 年的时候, Schwinger 还很年轻, 可是那个时候, 公认他是最重要的年轻的理论物理学家. 所以我去那儿, 就是去听他的演讲. 一块去听的还有我从前认识的 Freeman Dyson, 他懂了 Schwinger 的办法以后, 回去在半年之内就写出来一篇极为重要的文章, 把 Schwinger 跟 Richard, Feynman 所做的重整化给连在一起了. 到了五十年代, 密歇根物理暑期班的影响渐渐没那么大了, 因为那个时候美国各个地方引进来了很多搞这些东西的人, 所以最终有一年就结束了, 那一年是 1954 年, 那年是请我主讲④.

Richard Feynman

Julian Schwinger

**季理真**: 您讲了最后一讲.

**杨振宁**: 我讲了以后, 他们就取消了这个讲座. 一部分道理也是因为 Uhlenbeck 和 Goudsmit 年纪都比较大了, 他们不搞这事情了.

**季理真**: 噢, 没有精力了, 我都不知道我们物理系有这么辉煌的传统, 他们都没有跟我说.

**杨振宁**: 你也许跟物理系的人接触不多.

**季理真**: 我们基本上不怎么来往.

④ 题目是 Introduction to High Energy Physics (高能物理简介), 即杨先生的论文 [54d].

Enrico Fermi

青年时代的杨振宁

**杨振宁**: 你在那儿的时候, 你知道密歇根大学物理系当时最重要的人叫做 Martinus Veltman, 后来他得了诺贝尔奖.

**季理真**: 对. 前几年在他们大楼外面还挂了一个他的像, 后来就去掉了.

**杨振宁**: 他后来退休, 回到荷兰去了.

**季理真**: 对, 开始得诺贝尔奖的时候, 外面放了一下, 好像过了两年, 然后就拿走了, 好像密歇根是不是有个做弦论五维空间的什么人? 叫 Klein 什么的, 我忘记了.

**杨振宁**: 我对搞弦论的人不熟悉, 他们都比较晚.

**季理真**: 是比较早期的, 他说那个是很久的, 是他第一个提出五维, 我忘记了.

**林开亮**: Oskar Klein.

**季理真**: Oskar Klein, 我拿纸写一下. 我有这么一个印象, 因为以前他们好像说起过的, 因为我对物理完全不熟, 我也不学弦论. 这个人是不是在密歇根?

**杨振宁**: Oskar Klein 是一个很老的人, 已经不在了.

**季理真**: 对, 是很久很久以前的人.

Oskar Klein

**杨振宁**: 他是瑞典人, 他是 Niels Bohr 的助手. 我还见过他, 他大概比我年长至少 20 岁[⑤]. 我在普林斯顿高等研究所的时候, 有一年 (1949—1950 年) 他还来了, 所以我认识他. 我想他是那个时代瑞典最重要的理论物理学家.

**季理真**: 那我大概搞错了[⑥], 因为我对物理不怎么熟, 很不熟.

**杨振宁**: 可是, 我知道你为什么问这个, 因为现在搞弦论的人要搞到高维空间.

**季理真**: 对, 第一次有这个想法的是 Oskar Klein.

**杨振宁**: 还有一个数学家叫 Theodor Kaluza. Kaluza 和 Klein 在三十年代就讲空间不是四维的而是五维的, 五维中间有一维取消掉以后, 就变成四维的. 他那个最早原始想的道理我可以给你解释, 很清楚. 你知道物理学家有个电磁场, 写出来就是 $4\times4$ 的矩阵, 这是一、二、三, 所以这是空间维数, 那么, 这三个分量就是电场, 就是 $E_x, E_y, E_z$, 然后是 $H_z, H_y, H_x$, 这是磁场. Kaluza 和 Klein 他们说, 把它再放大一下, 变成 $5\times5$ 的矩阵. 这是第五个空间, 把这个

⑤ Oskar Klein (1894—1977) 比杨先生大 28 岁. 杨振宁是 1988 年首届 Oskar Klein 奖章得主, 并做了 Oskar Klein 纪念演讲 (Oskar Klein Memorial Lecture). 此外, 1957 年, 杨振宁与李政道获得诺贝尔物理学奖, Oskar Klein 在颁奖典礼上宣读了颁奖词, 见 http://www.nobelprize.org/nobel_prizes/physics/ laureates/1957/press.html

⑥ 事实上, Oskar Klein 1923—1925 年在密歇根大学当教授.

搬到这儿来, 那这不是有四个, 这四个东西他说就是向量势. 所以这一来就把向量势弄进来了. 换句话说, 他就是说电磁场根本是从五度空间来的, 所以叫做维数约化, 从五度变成四度.⑦那么弦论学家现在搞的是十度, 要变到四度, 而 Calabi-Yau 是六度, 所以就把丘成桐 (Yau) 拉进去了.

**季理真**: 对呀, 所以我昨天跟 Andy Strominger (施特罗明格) 开玩笑, 我说: "You made Yau famous, since you were the first person who coined the name Calabi-Yau manifolds (你让丘成桐成名了, 因为你是第一个命名卡拉比 – 丘成桐流形的)!"

**杨振宁**: 你是丘成桐的学生吗?

**季理真**: 对, 我是他学生当中很少的几个不搞 Calabi-Yau 的一个.

**杨振宁**: 你是在哪儿的学生?

**季理真**: 我开始在圣迭戈 (San Diego) .

**杨振宁**: 他在圣迭戈的时候你是他的学生?

**季理真**: 对, 然后后来他去了哈佛以后他有 15 个学生, 因为我算是他的比较不好的学生, 我就分到东北大学. 后来我认识了 Mark Goresky, 然后认识了 Robert MacPherson, 认识了 Borel. 后来我查了查 Armand Borel, 好像您跟他挺熟悉的.

**杨振宁**: 同事. 他跟丘成桐没有关系?

**季理真**: 没有关系. 为什么说到他, 因为后来我毕业了以后, 我对 MacPherson 和 Goresky 就奇异空间而引入的相交上同调 (intersection cohomogy) 比较感兴趣, 当时有一个叫做 Zucker 猜想的东西. 它断言, 对于 Hermite 局部对称空间, 其 Baily-Borel 紧化是个奇异空间, 其相交上同调同构于其 $L^2$ 上同调, 这个叫做 Zucker 猜想. 然后 Borel 有一段时间研究这问题. 后来因为这个关系, 我对那个 Lie 群很感兴趣, 后来我去了普林斯顿, 认识了 Borel. 我是 Borel 的最后一个合作者, 我跟他写了一本书, 还写了一篇文章.

---

⑦ 对此可参见 Edward Witten 的历史注记 A Note On Einstein, Bergmann, and the Fifth Dimension. arXiv:1401.8048, 有中译文, 关于爱因斯坦、伯格曼和第五维度的注记,《科学文化评论》, 2017 年第 5 期.

Armand Borel

**杨振宁**: 可是你还不是他 (Borel) 的博士生?

**季理真**: 不是.

**杨振宁**: Borel 跟我同事很多年.

**季理真**: 七年好像是, 有七八年了.

**杨振宁**: 他比我去得晚, 而我 1966 年离开了, 他还继续留在那儿, 你知道他后来还到香港大学又去待了很多年.

**季理真**: 对, 然后他当时去的时候我也去了. 我是 1997 年认识他的, 后来他跟我说, 他去香港大学又组织活动, 就请我去. 我还查了一下, 因为 Borel 自己没有学生, 好像没有学生.

**杨振宁**: 他在高等研究所没有学生.

**季理真**: 所以我把自己当作他的学生. 为什么呢, 因为他去世以后, 后来我替他组织了一个很大的会, 纪念会.

**杨振宁**: 所以你等于是他的博士后. 你是哪年在那儿 (高等研究所) 的?

**季理真**: 我是 1994—1995 年. 当时我跟他没有说过一句话. 后来有一次, 是 1997 年, 还是 1996 年, Robert Langlands 60 岁生日, 后来我去了, 去之前那个 William Casselman 告诉我, 因为我先认识 Casselman, 我告诉他我在做紧致化, 他告诉我从前 Borel 在高等研究所组织了一个紧致化的讨论班. 后来我就去找 Borel. 我把门敲了, 他在里面, 后来我进去就说, 听说您对紧致化感兴趣, 后来他没有说什么东西. 我就跟他讲, 一下谈了两个小时. 后来他就很感兴趣, 他说明年要在香港组织一个活动, 问我要不要来.

**杨振宁**: 那你跟他是做的哪个方向的数学?

**季理真**: 是这个样子, 欧几里得平面、双曲平面和球面都有许多对称, 它们是对称空间最基本的例子. 在这三个对称空间中, 双曲平面的商空间提供了大多数对称空间. 双面平面的自然推广构成了非紧致的对称空间, 它们也有许多商空间. 其中, 由算术子群的作用所给出的商空间在数论 (自守形式)、代数几何、微分几何和拓扑等领域中尤其重要. 对于许多应用来说, 我们需要将对称空间及其非紧致的商空间紧致化. 我和 Borel 的书就探讨这类问题. 例如, 双曲平面可以实现为复平面中的单位圆或上半平面. 我们可以在扩充复平面内添加其闭包. 对于对称空间, 并没有如此明显的外围空间以至于我们可以直接通过取闭包得到紧致化. 我了解到, 局部对称空间的 Borel-Serre 紧化跟 $N$ 体问题有某种相似之处, 而我记得您以前还写过一本关于 $N$ 体问题的书[⑧]. 为什么说这个呢, 就是说现在 MIT 有一个叫 Richard Melrose. 在当代分析上, 他算是一个领军人物. 为什么提他这个东西呢? 他现在想做的是, 这边是 $N$ 体问题, 要考虑的是 Green 函数以及更一般的预解核在无穷远处的渐近行为. 他的想法是, 利用某种紧化, 得到某种带尖角的流形, 他可以理解这些函数的渐近行为, 从而用其边界上的几何来研究 $N$ 体问题. 然后他觉得他的紧化具有与来自于 Lie 群和离散群的关于局部对称空间的 Borel-Serre 紧化类似的性质. 这是截然不同的两件事, 可是它们有密切的关系, 这是惊人的, 优美的.

**杨振宁**: 你讲的这个不是数学家搞的所谓动力系统理论.

**季理真**: 不是. 他们对 Green 函数以及更一般的预解核在无穷远处的渐近行为更感兴趣. 这个与 $N$ 体问题有关, 对吧?

---

⑧ C. N. Yang. *The Many-Body Problem.* Lectures given at Latin American School of Physics, Centro Brasileiro de Pesquisas Fisicas, Rio de Janeiro, June 27–August 7, 1960.

**杨振宁**: 这个 $N$ 体问题当然是物理学家最发生兴趣的, 而且是从二体、三体到多体, 都发生兴趣, 而且跟实验有密切的关系, 不过这个跟这个数学家所谓的动力系统不发生关系, 数学家的动力系统就是夏的工作. 夏志宏, 他回到中国来了.

**季理真**: 夏志宏, 我听说他回到南方科技大学了.

**杨振宁**: 我记得二十年前, 有一天 Milnor 跟我讲, 他说现在有一个年轻的中国数学家, 几乎解决了 Painlevé 猜想, 后来我就知道是夏志宏. 他在西北大学, 而你是在东北大学?

**季理真**: 西北大学比较好.

**杨振宁**: 东北大学你认不认识伍法岳?

**季理真**: 我没听过, 是物理的?

**杨振宁**: 东北大学现在物理系最重要的教授, 现在是 University Professor (校聘教授). 很多年了, 现在退休了, 这个学校现在非常看重他, 因为我想他是他们东北大学最重要的物理系教授.

**季理真**: 物理系, 那我不知道. 数学系我认识滕楚莲, 陈省身的博士后. 哦, 东北大学的物理系还不错.

**杨振宁**: 物理系一般不行, 可是他做得很好. 他的这一类的理论物理, 我觉得是中国人比较会做的, 为什么呢? 因为非常努力, 别人都做不了的, 还在那做, 结果就做出来了. 他做的东西跟 Yang-Baxter 方程可能有密切关系⑨.

**季理真**: 另一方面, 实际上是这样的, 来之前我看了一下, 好像对称跟您的工作非常有关系.

**杨振宁**: 对.

**季理真**: 因为 Yang-Baxter 方程是可积系统, 有隐对称.

**杨振宁**: 当然, 因为 Yang-Baxter 方程你要问我的话, 我觉得其实就是置换群的推广, 不过置换群推广的时候没有一个函数在里面, 而 Yang-Baxter 方程有函数在里头, 这个函数跟这个置换群混在一起, 就出了一个三次方程, 这个里头所以现在花样越来越多, 现

⑨ 伍法岳的工作可见 Fa Yueh Wu, *Exactly Solved Models: A Journey in Statistical Mechanics*, World Scientific, 2009.

在我已经弄不清楚在搞些什么了. 你没搞这东西吧?

**季理真**: 我没有搞, 因为我只是听说 Yang-Baxter 方程跟可积系统很有关, 而可积系统有很多隐对称. 所以我看了一下, 我为什么要刚才提这个 Borel-Serre 紧化呢? 因为对称在其中起着重要作用. 对 Richard Melrose 而言, 某种类似的结构也同样重要. Melrose 主要对 Laplace 算子和 Erwin Schrödinger 算子感兴趣. 自从我的学位论文起, 我就对 Laplace 算子的谱理论一直有兴趣. 因此, 我们对 Schrödinger 方程是理解得比较好的. 总之, $N$ 体问题背后的几何非常类似于局部对称空间的 Borel-Serre 紧化, 而且对称在其中都很重要. 我觉得这是很惊讶的, 你之前写过一本关于 $N$ 体问题的书, 并且在高等研究所和 Borel 认识也挺久的, 所以我跟你说一下.

Erwin Schrödinger

**杨振宁**: 我觉得是林开亮给了我一本讲 Lie 和 Klein 的书[10]? 序言是你写的. 就是你主编的一套丛书?

**季理真**: 对, 是高等教育出版社出版的 (《数学概览》丛书, 由严加安院士和季理真教授主编).

⑩ 亚格洛姆,《对称的观念在 19 世纪的演变: Klein 和 Lie》, 赵振江译, 高等教育出版社, 2016 年.

《对称的观念在 19 世纪的演变》

**杨振宁**: 讲起这个我有一个建议, 我建议你们尤其可以先从你们这套丛书开始, 凡是印出来一个外国人的名字, 人名和地名, 都把它变成斜体字. 这有什么好处呢, 因为你现在比如, 你说 “费米” 打出来这两个字跟普通的中文一样, 所以它不显著是一个人的名字. 尤其是弄了一个俄国人名字非常长的时候, 我要看好几遍才搞清楚他那个名字到底在什么地方结束. 你说我把他这个整个的名字都弄成斜体字, 跟日本的片假名是一类的, 它就立刻显示出来, 你就知道这是一个人名, 而且我想这个应该不需要什么政府支持的, 你们自己就可以做.

**杨振宁**: 因为你像刚才讲的这个 Klein 和 Lie 的书, 里面讲的人的名字很多了, 这个尤其到时候我没听说过的名字, 那就看的时候不知道是他的名字是三个字还是四个字, 就要看两回, 你如果把名字一下子变成斜体, 立刻就看出来了. 另外我还有一个建议, 假如你们有索引的话, 不要用一划、二划、三划来排序.

**王丽萍**: 这个我们一直没有用了, 因为现在已经用拼音来排序了.

**杨振宁**: 拼音要比这个一划、二划、三划方便得多.

**王丽萍**: 对, 现在我们用 LaTex 排版, 直接用拼音字母排序了. 以前在五六十年代是用一划、二划, 还数不清楚.

**杨振宁**: 对, 而且你一划、二划的话, 外国人的名字和中国人的名字都混在一起; 而如果用字母排序的话, 很自然的, 中文名字和英文名字都放在里面, 没有问题.

**王丽萍**: 对, 您的建议挺好, 特别是第一条, 我们以前没有注意到这个问题.

**季理真**: 建议都很好. 你对 Lie 跟 Klein 的工作应该很熟吧? 他们发展的理论在物理里面应用很大.

**杨振宁**: 这本书其实我随便翻了一下, 里面有很多东西是我不知道的. 比如说, 我原以为, 通过 Evariste Galois 的文章, 大家就把群论发展起来了. 事实上, 当然大家都知道, 现在都公认群论是从 Galois 开始的, 可是使得大家懂得的, 是 C. Jordan 的书. 那么这个我从前就不知道. 而且 Jordan 还教了 Lie 和 Klein. Jordan 的书在数学界的影响非常之大. 另外一个事情我不知道的, 就是 Lie 对 Klein 不太满意, 这个事情我从前不知道.

**季理真**: 所以我写得比较详细一些, 这个很多人都不知道的.

**杨振宁**: 不过, 我想 Klein 这个人可能是不太容易对付的一个人. 但这本书里面对 Lie 的个性好像没有讲很多.

**季理真**: 对, 我另外又写了一篇讲 Lie 的生平与工作的文章《数学巨人 Sophus Lie》, 林开亮翻译的. 林开亮到时候可以发给您.

**杨振宁**: 在什么地方, 已经发表了?

**季理真**: 对, 英文有的, 中文的话, 我给你看一下.

**杨振宁**: 我从前还有一点不知道, 看了这书才知道, 我以为 Lie 专门研究 Lie 变换群, 这个是并没有错的. 可是我从前不知道原来他已经有 Lie 代数的概念. 就是这 Lie 代数并不是别人把 Lie 群发

展成了 Lie 代数, 是他自己做的.[11]

**季理真**: 对, 是他很重要的一步, 因为它 (Lie 代数) 简化了 (Lie 群). Lie 代数是他一个很重要的贡献.

**杨振宁**: 他没有能够把这个 Lie 代数像 E. Cartan 那样给它分类, 这个他没有做到.

**季理真**: 这个是 Wilhelm Killing 做的.

**杨振宁**: 后来到了 Killing 才出来的.

**季理真**: 对, 因为这个事情后来, Lie 跟 Killing 的关系很不好.

**吴帆**: 对, 很不好, 他们就笑话说 "Lie 要 Kill Killing".

**杨振宁**: (笑) Killing 是不是 Lie 的学生呢?

**季理真**: 不是.

**吴帆**: Killing 是 Weierstrass 的学生.

**杨振宁**: Weierstrass 的学生. 那他是德国人? Killing 为什么没有做出 E. Cartan 做的东西呢?

**季理真**: E. Cartan 澄清了 Killing 做的东西 (Lie 代数的分类).

**杨振宁**: E. Cartan 比 Killing 晚? 为什么 Killing 没有做出 E. Cartan 的东西?

**季理真**: 因为后来 Killing 的数学就停掉了, 然后就不做了. Killing 是个中学老师, 当中学老师时做出这个, 后来找到了一个教授的位置, 数学就不做了. 您看, 这是我编的那本书.

**杨振宁**: 这是一本书?

**季理真**: 对, 欧洲数学会出的. 我到时候回去了寄一本给您.

**杨振宁**: 你把这个书的名字通过 email 发给我.

**季理真**: 好的, 里面有我的两篇文章, 一个是关于 Klein 的序言, 另外一个是关于 Lie 的生平. 因为我是想, 我对 Lie 群比较感兴趣, 对 Lie 的生平也不了解, 对 Klein 的生平也不了解, 没有找到合适的, 然后我自己写. 我前年还做了另外一件奇怪的事情, 我说 Klein 的影响这么大, 我就沿着 Klein 工作过的地方都走一遍, 我先去埃

---

⑪ 事实上, Killing 也独立提出了 Lie 代数.

尔朗根, 这是他教过书的地方, 还去慕尼黑, 因为 Klein 在那里待过的, 还去哥廷根、莱比锡, 我觉得很有意思. Klein 是很了不起.

**杨振宁**: 恩, 这个 ……Klein 还跟 Poincaré 打架?

**季理真**: 对, 是有吵架. 后来 Klein 和 Poincaré 吵架. 吵架的结果, 就是后来 Klein 的研究完全废掉了.

**杨振宁**: 你说是吵架了以后, 就证明说是 Poincaré 比 Klein 厉害?

**季理真**: 因为 Klein 功力耗尽 (exhausted) 了, 在他巅峰的时候, 突然出现了一个年轻人. Klein 当时是全德国最好的数学家了, 反正 Klein 不服输, 后来他一定要跟 Poincaré 奋力比拼. 他最后的成果一发表, 他人立即就崩溃了.

**杨振宁**: 我曾经看过他的一篇文章, 是认为德国人的数学与法国人的数学不一样.

**季理真**: 对, 是在高等教育出版社出的,《数学在 19 世纪的发展》[12]里面.

**杨振宁**: 他讲话的口气, 就是讲德国的数学优越, 高于法国的. 我看过这篇文章.

**季理真**: 很有意思的, 我们现在是这个样子的, Klein 和 Poincaré 吵架的时候写了几十封信, 现在我叫林开亮找一个人, 把它翻译成中文[13].

**杨振宁**: 你说你找着这些信了?

**季理真**: 是在 Poincaré 的全集里面, 是 Poincaré 的孙子 (François Poincaré) 翻译的.

**杨振宁**: 不过这些信是德文写的?

**季理真**: 是这个样子. 原来 Klein 写的是德文, Poincaré 的孙子翻译成法文.

**杨振宁**: 是这样的, 他们的年纪都比我再高了很多, 可是有一个哥廷根的人我跟他很熟. 是 Richard Courant. 他年纪大概比我大 30 岁的样子, 可我跟他很熟, 而且尤其是因为我跟他的儿子很熟. 他的儿子是一个非常重要的理论物理学家, 叫做 Ernest Courant. 比我大两岁, 现在还在, 他贡献很大, 我多次提名他为诺贝尔奖候选人. 因为他发明了一个叫做强聚焦原理 (strong focusing principle). 什么叫强聚焦原理呢? 你知道这个做高能物理要做大加速器, 现在越做越大, 在 CERN (欧洲核子中心) 的那个 (LHC) 是一个地下的曲环, 这个环的半径有二十几千米, 这个加速器在开始做的时候, 是在刚打完仗, 美国有钱, 所以美国就做了最大的加速器.

**杨振宁**: 这个加速器能量要大的话, 它的圆圈的半径就要大, 而且因为它这个粒子在它加速的时候, 它不稳, 所以在上面会震荡, 所以一个圈子, 比如说是这个屋子有 100 米, 它上面有震荡; 如果

---

[12] F. Klein.《数学在 19 世纪的发展》. 齐民友译. 北京: 高等教育出版社. 2010.

[13] 英译文作为附录收入 Henri Paude Saint-Gervais 主编的 *Uniformization of Riemann Surfaces*), ENS Editions, Lyon, 2010. 中译本将出现在高等教育出版社《数学概览》丛书为 Hadamard 编辑的一本书中.

你从 100 米变成 1 万米的话, 它这个震荡也大, 所以那个真空管也要变宽. 所以到了五十年代, 当时美国最大的一个粒子加速器叫做 Bevatron, 它的一圈, 我想有三四千米的直径, 可是它的真空管宽到这样一个程度, 人可以爬进去, 半径再大的话, 还要更大的真空管, 换句话说, 这个 (真空管的) 费用是半径立方的函数, 因为它正面变大了, 这个横截面也要变大, 所以变成立方关系, 那这样子就不可能做得很大了.

**杨振宁**: 1952 年这个 Ernest Courant 跟另外两个人写了一篇文章[14], 发明一个东西叫强聚焦原理, 这原理告诉你, 用一个方法把震荡压缩, 所以这压缩以后, 结果这个能量变大的话, 你这个费用就变成线性依赖于半径, 而不是三次方依赖于半径. 所以今天你去看 CERN, 它的直径三四千米, 真空管却很细, 就是因为他们的工作, 这才可以做出来, 所以我提名他为诺贝尔奖候选人时, 我说要没有他们这个, 你现在根本不能做, 高能物理就要停顿了, 这是非常重要的. 这其实跟 Jürgen Moser 的动力系统理论和 V. I. Arnold 所做的 KAM 理论[15]有密切的关系.

**杨振宁**: 也可以这样说, 他们做这个东西的时候, 做出来这个以后, 搞 KAM 理论的人非常高兴, 所以 Ernest Courant 是非常重要的, 我是先认识他的, 所以后来就认识他父亲了. 认识他父亲以后, 也认识了 Kurt Friedrichs, 也认识了那个女作家, 写 Hilbert 传的, 叫 Constance Reid[16]?

**季理真**: Constance Reid, 您也认识她啊?

**杨振宁**: 你知道 Constance Reid 为什么要写 Hilbert 传吗?

**季理真**: 我不知道, 是因为她是 Julia Robinson 的妹妹吗?

---

[14] Courant, E.D.; Livingston, M.S.; Snyder, H.S. (1952). *The Strong-Focusing Synchrotron—A New High Energy Accelerator*. Physical Review. 88(5): 1190-1196.

[15] KAM 理论以 A. N. Kolmogorov, V. I. Arnold, Jürgen Moser 命名.

[16] 瑞德, 以四本数学家传记著作而闻名: 《希尔伯特》(*Hilbert*)、《柯朗 —— 一位数学家的双城记》(*Courant in Göttingen and New York*)、《奈曼》(*Neyman*)、《朱莉娅 —— 遨游数学的一生》(*Julia: A Life in Mathematics*). 其中前三本都有中译本.

**杨振宁**: 她的妹妹是有名的数学家, 所以她的妹妹就介绍了她, 就写了 Hilbert 传. 写 Hilbert 传她就去访问 Courant, 访问 Friedrichs. 等到这个传变得很成功的时候, 她就想, 那她也写 Courant 传.

**季理真**: 我把她写的传记全部都念了. 我因为念了她的 Hilbert 传和 Courant 传, 就想一定要去哥廷根看看.

**杨振宁**: 你讲话是什么口音?

**季理真**: 温州.

**杨振宁**: 温州人?

**季理真**: 对, 温州人, 我口音比较重, 是吧?

**杨振宁**: 对, 你说话是跟谷超豪[17]有点像.

**季理真**: 对, 我跟他是同乡, 他老说我中文说得不好, 我觉得他说得不好.

**杨振宁**: 姓你这个 "季" 的人很少啊?

**季理真**: 不多. 但我们这个姓起源也比较早的, 我前几天去温州, 回到我家的祠堂, 我们祖先也是可以查到好几千年前也有的, 我记不清楚了.

**季理真**: 你是温州长大的?

**季理真**: 对, 我是温州长大的.

**杨振宁**: 因为你的口音还很重.

**季理真**: 是吗? 对, 我是在温州读中学, 然后去杭州大学读书的.

**杨振宁**: 你考进了杭州大学?

**季理真**: 对, 杭州大学读书, 后来丘成桐来杭州, 我就跟他出去了. 我是比较巧的, 我以前是这样, 我也不喜欢数学, 我数学是读得最差的, 在数、理、化中, 数学是读得最差的, 反正是有一些莫名其妙的原因, 然后就去读数学了. 我中文说得不好, 我英文也说得不好, 而且我中文都忘了怎么写了, 我不会写中文. 我上次就是因为看了 Constance Reid 的两本书, 后来我说我一定要去哥廷根看看, 后来去了两次, 上一次我去哥廷根的时候, 还做了一个比较特别的

---

[17] 谷超豪, (1926—2012), 浙江温州人, 数学家, 杨振宁先生的合作者之一.

事情. 我说我一定要看看 Riemann 的手稿, 因为哥廷根那个历史图书馆里面有 Gauss 和 Riemann 的手稿, 后来我看了 Riemann 的手稿时非常惊讶, 因为 Riemann, 我们以前说 Riemann 的文章里很少有方程和计算, 很多人说 Riemann 是一个用概念来思考的人, 好像坐在那里想都能想出来, 很厉害啊. 一页一页, 反正他们把 Riemann 的大小纸片全部都收在那里.

**杨振宁**: 还留在哥廷根?

**季理真**: 对, 哥廷根, Riemann 的《论几何之根本假定》那个手稿都还在.

**杨振宁**: 手写的?

**季理真**: 嗯. 反正去了哥廷根我觉得很激动, 我也找到 Courant 住的房子, 也找到 Klein 住的房子, 也找到 Hilbert 住的房子.

**杨振宁**: 那你晓得不晓得 Hermann Weyl? 1933 年, 他就盖了一个房子, 在普林斯顿 Mercer Street. 然后他 1955 年故去了, 根据那个时候高等研究所的规矩, 因为他的房子是盖在高等研究所的地皮上, 你将来要卖的时候, 必须先卖给高等研究所, 所以就卖给高等研究所了. 他卖给高等研究所大概是 1956 年, 1957 年我就从高等研究所买来了. 所以我就住在那里了.[18]那个房子在 Mercer Street 第 284 号. 那个房子从高等研究所可以走过去. 那个房子我在里面住了 9 年, 从 1957 到 1966 年. 然后我就搬到纽约石溪去了. 我临走的时候, 就把它卖给高等研究所. 恰巧那个时候 1966 年, Oppenheimer 退休了, 不做所长了, 而且他有最后的第三期的癌症, 所以他得要从这个所长的房子搬出来, 就搬到这个房子去了, 所以我走了以后, 过几个月, Oppenheimer 搬进去了, 他在里面只住了半年, 就在里头死掉了. 那以后, 那房子又卖还给高等研究所, 后来有一阵是一个叫做 Marshall Rosenbluth 的物理学家住在里面. Rosenbluth 跟我是芝加哥大学的同学, 我想他是最近几十年等离子体物理学最重要

[18] Freeman Dyson 在他著名的 Einstein 公众演讲稿《飞鸟与青蛙》(网上有中译文) 中写道: "Weyl 离开普林斯顿后不久, 杨振宁从芝加哥来到普林斯顿, 并住进了 Weyl 的旧居. 在我这一代的物理学家中, 杨振宁作为一个领头的飞鸟接替了 Weyl 的位置."

的物理学家. 他后来走了之后, 又把这个房子卖给高等研究所. 以后我每次回到普林斯顿, 都到那去看看, 那个房子都还在那儿, 不过颜色现在改了, 我们那个时候, 一直是黄颜色的. Hermann Weyl 盖的时候叫做 Art Deco (装饰派艺术) , 你知道这个 Art Deco 吗? 是三十年代建筑学里头非常风行的, 什么房子就是 Art Deco 呢? 所以他这个房子是方方的, 然后窗户也是方方的, 有一些特别的地方, 我传一张照片给你看.

Weyl: “我的工作就是努力把真与美统一起来; 当我不得不做出抉择时, 我常常选择美.” (引自 Freeman Dyson 1956 年为 Weyl 在《自然》写的讣告, “*Obituary: Hermann Weyl*”, Nature **177**: 457-458.)

**季理真**: 是不是 Borel 也住在 Mercer Street?

**杨振宁**: 因为我们那个附近的是高等研究所的地皮, 所以 Borel 就在我的隔壁. Freeman Dyson 是我的紧邻. Borel 现在不在了, 我想那个房子已经卖了.

**季理真**: 没有, 他的太太还在.

**杨振宁**: 他的太太还住那儿? 他太太, 我想有 90 岁了.

**季理真**: Borel 2003 年去世的时候她 80 岁, 那现在 90, 好像他太太还比他年纪大一些. 现在肯定九十五、六岁了.

**杨振宁**: 他跟我是同一辈的人.

Weyl-Yang 故居

**季理真**: 对, 因为以前反正我的孩子和 Borel 还有联系的.

**杨振宁**: 我还可以告诉你, Borel 这个人, 我不知道他跟数学家平常是怎样, 不过他平常跟我们念物理的人没有很多交谈, 因为他这个人的特点是 —— 你可以说 —— 他太追求准确.

**季理真**: 对, very precise.

**杨振宁**: 结果六十年代有一天我找他, 我说, 现在大家都听说在搞拓扑, 搞得非常热闹, 你能不能给我们几个物理的人解释一下到底拓扑是什么. 他不肯, 他说没法解释. 结果后来我们好几个人拼命要求, 他最后同意了. 所以就我们连着大概有一个礼拜, 每两天晚上, 就在一间屋子里, Borel 一个人, 高等研究所的三四个物理教授, 就听他讲. 我们发现一件事情, 他动不动就搞到很高的维数. 我们说, 这个高维的情况我们不懂, 我们没学过, 你能不能把它降低到低维的情况. 他不肯, 他说降低到低维时, 它妙的地方就都没有了. 所以吵了半天, 最后他降到最低的维数了. 我记得很清楚, 他第一个给我们解释的就是 Brouwer 不动点定理. 我从来没有听说过, 而且原来我会证明这个不动点定理的, 就是圆圈 …… 这个很妙, 还有什么头发 (杨先生一边说一边摸自己的头)[19].

**季理真**: 对, 球面上的向量场.

**杨振宁**: 所以对于这一类的拓扑, 我是第一次听到.

**季理真**: 是很漂亮的, 向量场跟代数也有关 ……

**杨振宁**: 那么我刚才给你的那个文章[20]中, 我就讲了一下拓扑学在物理里头第一次应用是什么, 这个故事物理学家和数学家都不晓得.

**季理真**: 是吗, 是什么?

**杨振宁**: Morse 理论.

**季理真**: Morse 理论? 你说是 Morse 理论来自于物理? 这个拓扑学第一次在理论物理学中有一个正式的应用, 就是这个 Morse 理论.

Morse 理论用到哪一个维数的空间?

**杨振宁**: 是两度跟三度的. 你看文章, 其实是很简单. 因为那时候有一个跟我同时代的博士后, 叫做 Léon van Hove, 他后来做了 CERN 的所长. 因为那时候有许多人用计算机算, 算出来有些曲线有一些奇点, 当时大家不懂, 所以最先以为他那个计算算错了. 后来 van Hove 说了, 他不仅没有算错, 而且必须要有奇点. 他的道理就是 Morse 理论, 那是我第一次听说 Morse 理论.

**季理真**: Morse 也在高等研究所嘛!

**杨振宁**: Morse 早就是高等研究所的教授. 可是我当初并不知道, 我只知道 Morse 理论很重要.

**季理真**: 数学院的人跟自然科学院的人来往不是很多吧? 那很有意思.

**杨振宁**: Morse 是早一代的人了.

---

⑲ 毛球定理 (Hairy ball theorem). 它断言, 二维球面不存在连续的单位向量场.

⑳ Topology and Gauge Theory in Physics (拓扑和物理中的规范理论), 中译文已收入本书.

Morse

**季理真**: 对, 他年纪比较大了. 所以, 您跟 Hermann Weyl 接触比较多.

**杨振宁**: 我后来就住在他的房子里头. 虽然我跟 Hermann Weyl 在高等研究所没有谈过数学跟物理, 可是我曾经在聚会上跟他谈过很多. 他每次看见我和我太太, 就要讲华罗庚的坏话.

**季理真**: 是吗, 为什么?

**杨振宁**: 他不喜欢华罗庚.

**季理真**: 哦, 是吗?

**杨振宁**: 我不知道他是什么缘故, 他不喜欢华罗庚.

**季理真**: 哦, 这个样子. 可能华罗庚是搞解析数论? Hermann Weyl 可能 ······

**杨振宁**: 陈省身跟华罗庚都是 Hermann Weyl 请去研究所, 后来不晓得什么缘故, 他不喜欢华罗庚了. 林开亮, 你上次给我看的资料中, Weyl 当初写信㉑推荐他们两个人访问研究所的时候, 他就首先指出, 他觉得这两个人是中国最好的数学家, 而且他那些信当时就已经讲出来了, 他们两个人的作风有点不一样的地方, 就是做人跟数学, 都有点不一样. 所以我想是在四十年代初的时候, 他就(预见到了) …… 这些信很有意思.㉒

陈省身夫妇 (左) 与华罗庚夫妇 (右)

**季理真**: 那我要看看, Hermann Weyl 是很有意思! 我看过他为 Emmy Noether 写的文章, 如何评 Emmy Noether.

**杨振宁**: 我回头 email 一个给你. 你问林开亮. 我写了一篇, 就是 1985 年 Hermann Weyl 诞辰 100 周年的时候, 在苏黎世有一个纪念他的会.

㉑ 1943 年 3 月 24 日, Weyl 写信给普林斯顿高等研究所的教授 Alexander, Einstein, Morse, Veblen, 推举陈省身和华罗庚前来访问: 据我所见, 中国最杰出的两位数学家是 (昆明国立清华大学的) 陈省身和华罗庚. 后者对 Hardy-Littlewood-Vinogradov 一派的解析数论做出了重大贡献, 在他最近给我的一篇手稿中, 重复了 Siegel 关于辛几何的大作中的相当一部分工作. 更近距离地接触 Siegel 对华罗庚来说很重要, 但无论我们是否能邀请他来普林斯顿高等研究所, 我都认为, 来自中国的第二优秀的候选人, 是华罗庚而不是熊全治.

㉒ 参见 J. W. Richard 和袁红、华罗庚与赫尔曼 · 外尔, 收入 "数学与人文" 丛书第 12 辑《百年数学》, 丘成桐等主编, 高等教育出版社, 2014 年.

**季理真**: 我看过这本书[23], 里面也有 Borel 的文章[24].

**杨振宁**: 对, 有 Borel 的文章, 也有我的文章, 你看过我那个文章[25]? 当然 Hermann Weyl 对物理的影响很大.

**季理真**: 我想群论也是因为 Hermann Weyl 的工作后来变得很重要, 因为 Lie 以前的工作是比较局部的. Weyl 跟 Cartan 将 Lie 的工作整体化.

**杨振宁**: Hermann Weyl 算这些典型群的特征标的办法, 那简直奇妙无比.

**季理真**: 他那本书你念过啊 ——《典型群》[26]?

**杨振宁**: 他那个书我没有仔细念过, 不过他用的方法后来就都知道了.

**季理真**: 是吗, 对呀, 好像是很有名的一本书. 我没有看, 我应该也去学学看.

**杨振宁**: 你如果看了我关于 Hermann Weyl 的那篇文章你就知道, 他还有一个非常稀奇的事情, 我那个文章上讲了. 因为他在 1929 年有一篇文章, 里面讲了三种对称, 物理里面的观念, 一个是左右对称 (P, parity) , 一个是正电子和负电子的正负共轭 (C, charge conjugation), 还有一个是时间反演 (T, time reversal). 他把这三个对称在里头连在一起写了一段[27], 这是非常稀奇的一件事情. 因为那个时候, 没有一个物理学家会像这样. 可是这稀奇的是, 过了十几年以后呢, 原来发现这三个是非常重要的, 三个就都有了名字, 叫做 P、C、T. 那么到了吴健雄那个实验出来的时候, CPT 的重要性就出来了. 所以换句话说, 到 1957 年的时候, 大家才忽然了解到, 这

---

[23] Hermann Weyl, 1885—1985: *Centenary Lectures*, Springer-Verlag, 1986.

[24] Borel 的文章标题是 Hermann Weyl and Lie Groups, 收入上书.

[25] 魏尔对物理学的贡献, 收入杨振宁、翁帆《曙光集》, 三联书店, 2008.

[26] *The Classical Groups : Their Invariants and Representations*, Princeton University Press, 1939.

[27] Weyl 在他 1930 年新版的《群论与量子力学》的序言中说: "质子和电子的基本问题已经在它与量子定律的对称性的关系中讨论了, 而这些性质是与左与右、过去与将来以及正电与负电的交换有关. 现在似乎还看不到这个问题的解决; 我担心, 悬在这一课题上的乌云会滚动到一处, 形成量子物理中的一个新的危机."

里头有非常深刻的东西, 而在 1929 年 Hermann Weyl 的文章上就已经讨论了这个问题.

**季理真**: 那这跟您与李政道拿诺贝尔奖的宇称守恒文章有关?

**杨振宁**: 当然, 镜像对称就是 Hermann Weyl (编者按: 同时期 E. P. Wigner 在 1928 年与之独立地提出这一观念) 提的.

**季理真**: Hermann Weyl 二几年就已经提到了.

**杨振宁**: 所以 Hermann Weyl 这个人是这样, 他又是数学家, 又是哲学家. 而他这个哲学很准, 所以规范场是他开始的. 我所做的事情, 只是把他的规范场从交换推广到非交换. 这个推广是非平凡的, 搞了 7 年, 做出来原来是很对、很简单.

**季理真**: 你这个规范场非常重要, 所以基本粒子全部都依赖于……

**杨振宁**: 现在是横扫整个领域. 比如说是 Martinus J. G. Veltman, 他为什么得了诺贝尔奖呢, 就是他研究规范理论, 他跟他的学生 G.'t Hooft 证明非交换的规范理论可以重整化, 所以他们才得了 (1999 年的) 诺贝尔物理学奖.

**季理真**: 因为我之前就知道对称在您与 Mills 的规范场论中很重要, 我昨天突然意识到它在 Yang-Baxter 方程中也很重要, 所以, 对称在你的工作里非常之重要.

**杨振宁**: 对. 我对于对称最早知道有一点认识是什么呢, 是我在中学念书时候有一个杂志叫做《中学生》, 开明书店出的, 我想你们现在要在图书馆里找, 一定还能找到. 这个《中学生》有一个作者叫做刘薰宇[28].

**杨振宁**: 有一天, 我想我大概是初中二年级或者是一年级, 看

---

[28] 刘薰宇的科普书还影响过徐利治和谷超豪. 徐利治在《谈谈我青少年时代学习数学的一些经历和感想》一文中说: "刘薰宇先生的《数学趣味》使我对数学产生了浓厚的兴趣. 此书是新中国成立前开明书店出版的. 初中时, 我读了这本书明白了数学归纳法是怎么回事." 而谷超豪回顾 1937 年在温州中学读书时, 提到 "记得看了刘薰宇的《数学的园地》, 其中有一段讲述了微积分思想, 从什么是速度讲起. 当时我自以为很懂得速度、加速度等概念, 然而读了这本书后才发现, 原来真正的速度概念要用微积分才能深入了解, 于是对数学愈发地感兴趣了".

见他写的一篇文章, 就解释奇置换与偶置换的分别, 我看了之后觉得非常妙, 我对于这个对称最早知道有一点妙的东西, 就是从那篇文章了解的[29].

**季理真**: 是吗, 有一些通俗的阐述文章是很重要, 很启发年轻人.

**杨振宁**: 他很会写, 每过几期就有一篇文章. 我不知道他是不是念数学的?

**林开亮**: 他是. 我曾经看过他的一点资料.

**杨振宁**: 那他有没有写过大学教科书之类的.

**林开亮**: 有可能, 我要回去查一下, 他好像是北京高师毕业的[30].

**季理真**: 说到对称, 我上次看那个 Lie 的传记, 他一直觉得他活着的时候, 好像世界没有人认可他. 后来他就想 "我坚信我做的东西以后会被人家认可的".

**杨振宁**: 这个 …… 我听说现在不是有一个纲领叫 Langlands 纲领吗?

---

㉙ 杨振宁先生在《关于怎样学科学的一些意见》(收入《杨振宁文集》) 一文中讲道:

早在中学时代, 由于偶然的机会我对数学发生了兴趣, 而且发现了自己的数学能力. 20 世纪 30 年代, 开明书店出版了一份杂志, 名叫《中学生》. 我想香港的一些图书馆一定还收藏有这份杂志. 这份杂志非常好, 面向中学生, 办得认真, 内容有趣. 有一位刘薰宇先生, 他是位数学家, 写过许多通俗易懂和极其有趣的数学方面的文章. 我记得, 我读了他写的关于一个智力测验的文章, 才知道排列和奇偶排列这些极为重要的数学概念. 你们也可能见过这个智力测验题. 它是把一个盒子分成 16 个正方形格子, 其中 15 个格子各填上一个方块, 一个是空的. 你可以来回移动这些方块. 这些方块开始是杂乱无章的, 要求你把它们移动成某一特殊状态. 这是一个非常有趣的难题. 我相信你们见到过, 而且一定在香港流传很普遍. 但是, 如何移动以及是否能从最初的状态达到所要求的状态, 就需要运用奇偶排列的概念进行数学上的分析. 如果某人有数学天才并且喜欢解决这种问题, 那是很幸运的. 他或她应该尽可能广泛深入地钻研下去, 从而培养这种兴趣.

这个游戏叫 15-puzzle, 在陈景润《组合数学简介》第二章有介绍.

㉚ 刘薰宇和杨振宁的父亲杨武之是北京高师 (今天的北京师范大学) 的同班同学, 后来去了贵阳中学当老师, 西南联大期间, 曾在联大的师范学院任教. 他写了不少优秀的科普书, 名气很大, 有影响的有《马先生谈算学》、《数学趣味》和《数学的园地》, 徐利治、谷超豪、齐民友、丰子恺 (据说还有吴文俊) 都是他的读者. 他还编写过一本微积分的教材.

Robert LangLands

**杨振宁**: 你懂不懂 Langlands 纲领是个什么东西? 跟对称是不是有密切的关系?

**季理真**: 对, 有非常重要的关系.

**杨振宁**: 什么关系?

**季理真**: 数论里面很重要的一个问题是解方程, 解方程的话, 就是个域扩张, 等价于一个 Galois 群, 然后以前 Kronecker 和 Weber 给出一个非常漂亮的解释说: 每给定一个域扩张, 就有个群, 因为方程有群, 域扩张也有个群. Kronecker 和 Weber 的定理说, 如果这个群是交换的时候, 有个很好的结构理论. 那现在大家都想知道的是, 如果这个群是非交换那时候怎么办, 如果这个 Galois 群是非交换的, 如何描述这个域扩张呢?

**杨振宁**: 那这个为什么又跟紧致化有关系呢?

**季理真**: 是这个样子, 如何了解这种 Galois 扩张的, 给定了这个以后, 他们有一个叫 $L$ 函数, 因为它是描写就是说素数……

**杨振宁**: 你是说 $L$ 函数是 zeta 函数的推广?

**季理真**: 对. 所以, 每给定一个域扩张, 就有一个 Galois 群, 有一个表示, 有一个 $L$ 函数. Langlands 说, 在分析上, 对局部对称空间, 用模形式也可以构造出一个 $L$ 函数, 他断定, 这两个 $L$ 函数是相等的, 于是有这个定义 (Langlands 纲领[31]). 因为有了这个定义的话, 数论的东西比较难, 然后分析这边可以做, 分析的东西, 可以用数论来做. Langlands 为什么学这个东西呢, 他好像说 ……

哦, 对了, 我们为 Langlands 出一本文集, 后来他就给我们写了一篇回忆性的文章, 有三十来页. 他说, 他当时刚去了普林斯顿, 好像是 Salomon Bochner 鼓励他教一门课, 与数论有关, 类域论. Langlands 从来也没学过, 后来硬着头皮去教, 后来教着教着就会了.

**杨振宁**: 但 Langlands 不会演讲.

**季理真**: 他的演讲比较难懂.

**杨振宁**: 因为我很多年是参与邵逸夫奖, 有一年他得了邵逸夫奖.

**季理真**: 他讲得怎么样?

**杨振宁**: 所有得过邵逸夫奖的, 都要给一个钟头的通俗演讲. 他就给了一个钟头, 是所有我听过 11 个邵逸夫数学奖演讲里讲的最蹩脚的一个. 你根本就不知道他讲什么, 而且他有一个习惯, 他用笔在一个犄角旮旯写几个字, 在他还挡着的时候, 他就把它擦了.

**季理真**: 习惯不好.

**杨振宁**: 你问他问题, 他根本不知道你的问题是什么意思.

**季理真**: 对, 而且他写的句子也很长, 也很难念.

**杨振宁**: 听说, Langlands 纲领最初是出现在他给 André Weil 写了一封信.

**季理真**: 有, 马上翻成中文了.

**杨振宁**: 翻成中文?

**季理真**: 好. 是德文写的.

**杨振宁**: 用德文写的? 你说他用德文写给 André Weil?

**季理真**: 对, 后面的是德文, 前面是不是英文, 我查的到吗? 可

---

[31] 关于朗兰兹纲领的一个通俗介绍, 可见 Edward Frenkel 的科普书中译本《爱与数学》, 2016 年.

能是德文写的.

**杨振宁**: 那他可能是受了 Bernhard Riemann 的影响?

**季理真**: 他这个人脾气比较怪, 然后他现在在学中文, 学得比较慢, 而且他好像还用土耳其文写过东西, 因为他喜欢尝试不同的东西. Langlands 写给 Weil 的信, 他当初提出 Langlands 纲领的一些文章, 然后解释如何应用的文章, 还有他的生平, 收集成一本书, 翻成中文, 大部分都翻好了, 可能大概明年年初会出吧㉜.

André Weil 是很有意思的一个人㉝.

André Weil

**杨振宁**: André Weil 我很熟悉. 为什么呢, 因为他在芝加哥大学做教授, 后来在 1960 年左右, 他跟陈先生两个人, 一个人到东边去, 一个人到西边去, 而且他跟陈先生说, 我知道为什么我到东边 (编者按: 普林斯顿高等研究所) 去、你到西边 (编者按: 加州大学伯克利分校) 去 —— 因为东边离法国比较近, 西边离中国比较近.

**季理真**: 哈哈, 很好的解释!

㉜《Langlands 纲领和他的数学世界》, 季理真选文, 黎景辉等译, 高等教育出版社, 2018 年.

㉝ 高等教育出版社 "数学概览" 丛书正在准备出版 Weil 的自传《一个数学家的学徒生涯》, 吕珊珊, 许大昕译, 2019 年出版.

Weil 的半身雕像 (Charlotte Langlands[34] 雕塑, 陈列在普林斯顿高等研究所数学公共休息室)

**杨振宁**: 然后他听陈先生讲, 有一个人叫杨振宁的, 所以他就到高等研究所来找我. 他来找我, 我就大吃一惊. 他跟我谈了大概一个钟头, 在我办公室, 我就发现他最主要的一点, 他说高等研究所历史学院有一个教授, 叫做 Andrew E. Z. Alföldi, 他说这人不行, 他说我们联合起来把他踢出去.

**季理真**: 是吗, 为什么?

**杨振宁**: 我就大吃一惊, 我们跟历史学院的人, 我就不知道 Alföldi 是做什么的. 我想, 他如果在高等研究所, 一定是做得不坏的. 他好好的, 为什么要把他踢出去呢? 我不跟他做这个合作. Weil 后来做了些什么事情, 我不知道. 不过, 他喜欢管闲事, 结果呢, 就跟 Oppenheimer 发生冲突, 大冲突. 他跟 Oppenheimer 大冲突后, 我们学物理的人都帮助 Oppenheimer, 所以 André Weil 就不喜欢我了.

---

[34] Robert Langlands 的夫人.

**季理真**: 是吗? 很有意思. 我前不久, 看了一本她女儿 Sylvie Weil 写的书㉟. 他的女儿说, 做他的女儿很不容易.

**杨振宁**: 他这人很奇怪.

**吴帆**: 是英文的, Langlands 写给 Weil 的信是英文的. 后面的信是德文的.

**杨振宁**: 他写给谁的?

**吴帆**: 写给 Weil 的信, 是用英文写的.

**杨振宁**: 他的女儿给他写的?

**吴帆**: 不是, 是 Langlands 写给 Weil, 解释 Langlands 的猜想.

**季理真**: 对, 后来八几年又写了一个, 是德文的.

**杨振宁**: 你说这是 Langlands 写的, 所以是英文版? 哦, 你 (吴帆) 把这个 email 给我.

**季理真**: 我搞错了, 他后来有一个是德文写的. 我前不久去了巴黎, 去了 André Weil 小时候长大的房子, 然后房子的外面挂了一个铜做的东西, 有 André Weil 妹妹 Simone Weil 的信息, 而对 André Weil 竟然一字未提.

**杨振宁**: 他妹妹比他有名.㊱

**季理真**: 好像他心里不舒服, 还告诉他父母.

**杨振宁**: 陈先生跟我讲, 在数学家里面, 恐怕陈先生是 André Weil 最好的朋友.㊲然后他说是后来陈先生晚年的时候, 起先他们一两个月就通一次电话, 后来不行了, 因为两个人的耳朵都不好. 电话打不清楚所以后来就写信. 我想恐怕陈先生是他在数学界里头, 很少的几个朋友之一.

**季理真**: 对, 他好像对人很严厉 (harsh).

**杨振宁**: 因为他们在 E. Cartan 的时候就认识, 当时一定就是, 因为陈先生他这个人比较有中国人的处人作风, 所以容易跟人相

㉟ Sylvie Weil, *At Home with André and Simone Weil*, translated by Benjamin Ivry; Northwestern University Press, 2010.

㊱ Simone Weil (1909—1943), 可见其传记中译本《西蒙娜 · 韦依评传》.

㊲ 当斯普林格出版陈省身先生的文集时, Weil 写了一篇精彩的序, 杨振宁先生后来亲自把这篇序翻译成中文, 见《我的朋友 —— 几何学家陈省身》,《自然杂志》1979 年第 8 期.

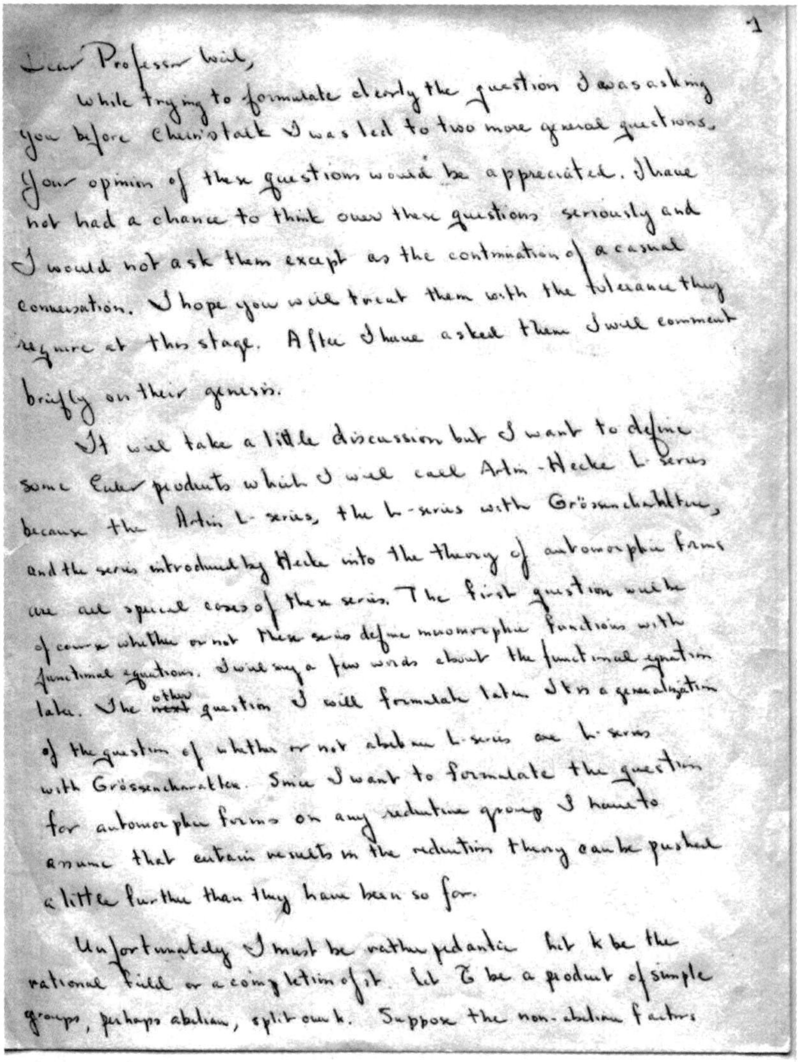
1

Dear Professor Weil,

While trying to formulate clearly the question I was asking you before Chern's talk I was led to two more general questions. Your opinion of these questions would be appreciated. I have not had a chance to think over these questions seriously and I would not ask them except as the continuation of a casual conversation. I hope you will treat them with the tolerance they require at this stage. After I have asked them I will comment briefly on their genesis.

It will take a little discussion but I want to define some Euler products which I will call Artin-Hecke L-series because the Artin L-series, the L-series with Grössencharakter, and the series introduced by Hecke into the theory of automorphic forms are all special cases of these series. The first question will be of course whether or not these series define meromorphic functions with functional equations. I will say a few words about the functional equation later. The ~~next~~ other question I will formulate later. It is a generalization of the question of whether or not abelian L-series are L-series with Grössencharakter. Since I want to formulate the question for automorphic forms on any reductive group I have to assume that certain results in the reduction theory can be pushed a little further than they have been so far.

Unfortunately I must be rather pedantic. Let k be the rational field or a completion of it. Let G be a product of simple groups, perhaps abelian, split over k. Suppose the non-abelian factors

Langlands 写给 Weil 的信, 提出了后人所谓的 Langlands 纲领

处 —— Hermann Weyl 写的信上就讲得很清楚 —— 所以 André Weil 跟陈先生很快就熟悉了. 陈先生 1943 年去了普林斯顿, 那时候 André Weil 在理海大学 (Lehigh University), 他为什么在理海大学呢?

**季理真**: 他找不到工作.

**杨振宁**: 因为那个时候, 高等研究所跟美国的大学都不留他, 所以他一生都对美国非常不高兴, 就是后来虽然美国请了他做教授, 但是他还是不满意. 所以他在理海时, 陈先生有时候去看他, 于是他就把他那个文章给了陈先生看. 我猜想, 陈先生为什么能够几个礼拜之内就写出来不到 6 页的文章呢? 就是因为 André Weil 的文章的证明非常复杂, 可是他有一个被积表达式, 用物理学家的术语来讲, 就是 $F$ 与 $\widetilde{F}$ 的数量积. 陈先生一直就想推广 Gauss-Bonnet 公式到高维, 可是他不知道四维、六维的被积表达式, 当他一看到 Weil 的论文后, 他就不理 Weil 是怎么证明的, 他自己用了外微分形式, 从而就写了一个不到 6 页的论文. 用英文讲就是 "and created history (创造了历史)".

其实这个故事很有意思, 你可以说陈先生为什么能做出这个东西呢, 因为他很早就看中了外微分形式的美妙, 看中了 Gauss-Bonnet 定理的美妙, 在二维的时候他把这两个放在一起, 所以他在昆明西南联大的时候, 就会很简单地证明二维的 Gauss-Bonnet 公式. 在那个时候, 四维情形的问题是有名的问题, 大家都在搞, 陈先生也在搞. 可是他不知道被积式是什么, 所以等到他看到了 Weil (和 Allendoerfer) 文章中的被积表达式以后, 立刻就做出来了.

**季理真**: 这也是幸运了.

**杨振宁**: 这教训是说: 你得先对于一个没有解决的、可是可以解决的问题, 你先对它发生兴趣, 有了兴趣以后, 有一个适当的机会就可以解决了.[38]

**季理真**: 对, 就好像种田一样, 土都已经准备好了, 一粒种子刚好掉进去.

**杨振宁**: 对.

**季理真**: 很有意思! 很多东西我们都不知道, 这很有意思! 因为我一直觉得我们对一些数学家、物理学家, 如果对他们的人知道以后, 背后的故事知道以后, 对他们的理论结果也会更感兴趣, 因

---

[38] 兴趣 → 准备工作 → 突破口, 是杨振宁先生在其文章《我的学习和研究经历》一文中反复强调的研究三步骤.

为丰富了很多了, 生动了很多.

**杨振宁**: 我因为在美国很多年, 所以认识数学的人很多, 你比如说是还有 Deane Montgomery.

**季理真**: Montgomery, 我听说过名字, 我从来没见过.

**杨振宁**: Montgomery 很早就变成高等研究所的教授. 因为他解决了 Hilbert 第五问题. 可是他这人 …… 后来 André Weil 跟他两个人合力反对 Oppenheimer. 反对得非常厉害.

Deane Montgomery

J. Robert Oppenheimer

**季理真**: 是什么理由他们反对啊? 是因为政治方面的原因吗?

**杨振宁**: 他们的理由很多, 我想 Montgomery 他们就觉得 Oppenheimer 不是完全做学问的人. 这个说法有没有道理呢? 我想是有道理的. André Weil 跟 Montgomery, 尤其是 Montgomery, 只对数学发生兴趣, 对别的没有兴趣; André Weil 对许多东西都发生兴趣, 可是他不去搞, 他只是搞他自己的数学. Oppenheimer 本来是搞学问的, 后来他变成了原子弹计划的主任, 以后变成美国重要的人物之一, 所以他就常常跑到华盛顿. 那么 André Weil 跟 Montgomery 就非常看不起他, 这是一点. 第二点呢, 是因为 Oppenheimer 做所长的时候, 高等研究所的董事长是 Lewis Strauss, 是一个犹太人, 在政府里头很有重要的影响. 他看中了 Oppenheimer, 因为他 (奥本海默) 也是犹太人, 所以 Strauss 就跟 Oppenheimer 说 —— 这是 1947 年, Oppenheimer 那时候在加州, 他整天要从加州往华盛顿去跑, 因为他是搞原子弹的, 所以他在那时候对于美国的原子能的政策跟国防的政策方面, 是很重要的人物, 所以经常到华盛顿去 —— Lewis Strauss 就跟他说, 你为什么不到普林斯顿高等研究所来, 这样就可以坐火车到华盛顿去. Oppenheimer 说, 这个想法很好, 可是我不愿意去募捐, 因为通常做大学校长或者研究所所长最重要的任务就是要搞钱 (募捐). Lewis Strauss 说: "没关系, 我们有的是钱, 不需要钱." 所以 Oppenheimer 就去了. 去了普林斯顿以后, 物价飞涨, 而且高等研究所慢慢在扩大, 所以钱就不够了. 本来高等研究所的教授薪水比美国一般的最好的大学的最好的教授要高百分之五十.

**季理真**: 哦, 那很高.

**杨振宁**: 比如说陈先生从芝加哥到伯克利, André Weil 从芝加哥到高等研究所, 他们的薪水都涨了百分之五十. 可是到了五十年代末, 这个不行了. 后来发生一件事, 震惊了高等研究所的数学家, 就是 (编者按: 1970 年) 高等研究所给 Jürgen Moser 一个教授职位, 想把他从纽约大学请来, 结果 Moser 没来. 所以高等研究所的数学家就说, 高等研究所现在没有钱了. 他们就怪 Oppenheimer, 说是因为你不去募捐. 那么当时你不能怪 Oppenheimer, 因为他当初说他不管募捐.

**季理真**: 对呀, 因为说好了不募捐的.

**杨振宁**: 于是数学家就有了一个故事. 他们说这个情形就跟一个男孩子和一个女孩子谈恋爱, 这个男孩子跟女孩子说, 我们结婚吧, 女的说很好, 可是我不会做饭, 那男的说, 没关系. 可是过了十年以后, 就有关系了. 这个故事是我听陈先生讲的, 陈先生从数学家那里听到的. 刚才我讲的, 他们第一是看不起 Oppenheimer, 第二他们又不知道 Oppenheimer 的物理其实是做过重要贡献的, 那么又不喜欢他到华盛顿去, 又觉得他不募捐, 所以矛盾很大, 这中间最尖锐的冲突是关于 John Milnor.

John Milnor

**季理真**: Milnor 是从普林斯顿大学挖过来的.

**杨振宁**: 是, 因为 Milnor 当时是普林斯顿的教授, 所以 André Weil 他们说, 我们把 Milnor 请到高等研究所来. Oppenheimer 说不行. Oppenheimer 讲这话是有道理的. 因为当初高等研究所刚成立的时候, 是没有房子, 所以就借了 Fine 大楼[39], 就是普林斯顿的数学系大楼. 高等研究所然后赶快盖房子, 盖了三年以后, 后来的房子盖好了才搬过去. 所以有几年高等研究所说是借住在普林斯顿大学里. 那个时候就有一个君子协定, 因为那时候普林斯顿知道高等研究所钱多, 所以就说高等研究所不要把他们的人拉过来. 那么现在到了五十年代底, André Weil 他们要主动把 Milnor 请过来, Oppenheimer 并不是要否定 Milnor 的数学本领, Oppenheimer 说我们有规矩, 过去有不成文的口头约定.

**杨振宁**: 所以为这事吵得不可开交, 所以那个时候, 因为研究所所有重要的事情都是 20 个教授一起开会讨论, 那么这些讨论就变得非常尖锐 (bitter). 所以我有时候觉得 …… 就很不愿意去; 可

[39] Fine 楼 (现在称为 Jones Hall) 之命名, 是为了纪念普林斯顿大学数学系的功臣范因 (Henry Burchard Fine), 他也是《范氏大代数》(民国时期一度作为中学数学教材) 的作者.

是去的时候, 我们的物理学家都联合起来保护 Oppenheimer. 最后 André Weil 他们没有成功, 所以 Milnor 没有到高等研究所来.

**季理真**: 他先去了 MIT (麻省工学院).

**杨振宁**: 可是又发生了另外一件事情, 那个时候 Milnor 要离婚. 在美国, 一个人要离婚的时候, 别的学校就知道这个人就可能要离开那个学校了, 所以 MIT 就把他挖去了.

**季理真**: 哦, 是这个原因.

**杨振宁**: 所以他就去了 MIT, 过了一些年后, Oppenheimer 不再是所长了. 因此又把 Milnor 请到高等研究所来.

**季理真**: 哦, 那我听说的是错误的, 人家说高等研究所为了想请他过来, 先让他去 MIT 转一转再过来.

**杨振宁**: 不是.

**季理真**: 原来不是这样的.

**杨振宁**: 是研究所的 André Weil 跟 Montgomery 没成功, 而恰巧 Milnor 本来也很愿意在高等研究所. 他太太我也很认识.

**季理真**: 是哪一个?

**杨振宁**: 是那个时候的太太. 现在是另外一个太太, 是个数学家.

**林开亮**: 那本《当代大数学家画传》[40] 里面有.

**季理真**: Margaret Dusa McDuff.

**杨振宁**: 对的. 他那个时候的太太不是一个数学家, 杜致礼跟她很熟. 他们闹离婚, 所以 MIT 就把他挖去了.

**季理真**: 是这个原因, 我不知道, 这个很有意思. 还有我问您, 是否跟 von Neumann 有来往?

**杨振宁**: 当然.

**季理真**: 因为他后来也参与了原子弹计划.

**杨振宁**: 他这人非常厉害, 可是他死得太早了.

**季理真**: 对, 他死的时候还很年轻. 而且我后来去高等研究所

---

[40] Mariana Cook,《当代大数学家画传》, 林开亮等译, 上海世纪出版集团, 2015 年.

von Neumann

时还有一个房子, 好像 von Neumann 造电子计算机 ENIAC 就在那个房子里.

**杨振宁**: 近代的大计算机, 第一次做出来的, 就是 von Neumann 做出来的. 在高等研究所, 有一个小房子, 这故事很多.[41] von Neumann 手下有两个最重要的人, 帮他做这个东西. 一个是管技术的, 这人叫做 Julian Bigelow. 我想你在普林斯顿, 你说你是九十年代在普林斯顿?

**季理真**: 1994—1995 年.

**杨振宁**: 我想他那时候人恐怕还在, 他大概跟我年纪差不多.[42] 他是一个工程师. 那么我的印象是, 因为 von Neumann 自己并不会弄这些东西, 所以他只是有设计, 真正搞技术, 都是 Julian Bigelow 在做. 还有管这些事情的人, 是一个叫 Herman Goldstine 的人. 所以 von Neumann 搞那件事情主要的两个人, 就是他们两个人. 可是这两个人都不能变成高等研究所的教授, 因为他们的学术不够被认可. 结果这个东西做出来以后, 基本还没有运转, 洛斯阿拉莫

[41] 有兴趣的读者, 可见戴森 (George Dyson),《图灵大教堂》第 4—8 章, 浙江人民出版社, 2015 年.

[42] Julian Bigelow (1913—2003).

从左至右: Julian Bigelow, Herman Goldstine, J. Robert Oppenheimer 和 John von Neumann, 在普林斯顿高等研究所

斯实验室着急要做氢弹, 就 copy 了一个, 所以高等研究所那个叫做 JOHNNIAC (编者按: John v. Neumann Numerical Integrator and Automatic Computer 的首字母缩写, 以纪念 von Neumann), copy 的叫做 MANIAC (编著按: Mathematical Analyzer, Numerical Integrator, And Computer 的首字母缩写). 用那个东西计算, 证明原来的 Edward Teller 的想法是不成功的, 所以 Teller 就另外想办法, 结果就想出来了一个想法, 这个想法叫做 "辐射压缩".

**季理真**: 那么 Stanislaw Ulam 的贡献怎么样? Ulam 是一起做的, 怎么样?

**杨振宁**: 我跟 Ulam 也很熟. 我想这个事情是这样, 做不出来, 就是刚才讲了, 本来那个想法是做不出来的. Ulam 跟 von Neumann 用计算机算, 表明 Teller 原来的做法是做不出来的, 所以另想办法. 我想底下这个是 Ulam 跟他太太后来讲的故事, 因此这个是可信的. 有一天早上, 吃饭的时候, Ulam 跟他太太讲, 他说得要压两次,

杨振宁与 Teller (由杨振宁先生提供)

Stanislaw Ulam

氢弹的原理是用聚变材料, 要压, 压了以后呢, 它的密度就变得更大, 而且温度升高, 如果密度够大温度够高的话, 就可以开始聚变反应.

**季理真**: 原来是这个样子.

**杨振宁**: 可以算出来的结果就是他本来的办法, 本来的办法是什么呢, 是一个椭圆形的铀料壳子, 椭圆里面有两个焦点, 一个焦点放了聚变材料, 另一个焦点放原子弹, 那个原子弹一爆炸, 它这个冲击波就聚焦到另一个焦点, 另外一个焦点就把它一挤. 算了半天, 挤是挤了, 可是温度和密度都不够高, 所以不行. Ulam 他那天早上突然冒出的想法, 说得要再挤一次.

**季理真**: 再挤一次就可以了, 那他的贡献也挺大的.

**杨振宁**: 可是 Ulam 不是物理学家, 他不知道怎么再挤一次. 他走到洛斯阿拉莫斯实验室, 看见 Teller, 就跟 Teller 讲了, 要不要再挤一次? Teller 是我的老师, 他的想法多极了, 于是他就想出一个办法, 就是在这里头放了一种 foam (泡沫) , 就是 ……

**季理真**: 泡沫?

**杨振宁**: 就是很轻的东西. 可是这个轻的东西里头放了很多吸收 X 光的分子, 因为这个原子弹一爆炸的时候, 除了冲击波以外, 它主要的能量不是在冲击波里面, 主要是辐射出去, 平常都浪费掉了, 或者是把它周围的变热了. Teller 的想法是, 这个 X 光出来以后, 就把那些 foam 里头的吸收 X 光的元素都气体化, 一气体化以后, 当然压强就很大, 所以就压一下. 这个压一下是很快的, 立刻就压一下. 然后这个冲击波再来了, 这是第二次压. 所以关键性的, 就是这两次压的时间间隔是不是合适, 正好是共振. 这一想法不可能是 Ulam 的, 因为他不懂物理, 所以这个想法是 Teller 的. 于是 Teller 找了一个他的研究生, 叫做 Frederic de Hoffmann, 于是 de Hoffmann 就算, 算了以后, 大小怎么样, 算出来以后, 这两个之间的时间间隔, 正好共振, 于是就写了一个报告. Teller 本来预备三个人的名字写在上面, de Hoffmann 不肯, 他说这个 idea 不是我的, 我只是做了计算, 所以这个报告是 Ulam 和 Teller 两个人的名字写在上面. 你要问我, 我觉得我刚才讲的这个故事是比较合适的. 因为怎么第二次压, 这个是 Ulam 想不出来的, 因为他根本不懂物理. Ulam 这人很奇怪, 你看过他的传记?

**季理真**: 对, 我们准备要翻译的.[43]

**杨振宁**: 就是 Gian-Carlo Rota 写的?

**季理真**: 不是, 是他的自传.

---

[43] Ulam 的自传《一个数学家的经历》的一个新版本即将由高等教育出版社 "数学概览" 丛书出版.

**杨振宁**: 不是, 我不是讲 Ulam 的自传. 看自传不行, 一定要看 Rota 写的, 你知道这个人吗?

**季理真**: 对, 我知道, MIT 的 Gian-Carlo Rota. 您是说, Rota 写了一个 Ulam 的传记啊?

**杨振宁**: 不是, Rota 有一本书, Rota 的文集, 其中有一篇文章是讲 Ulam 的.

**季理真**: 对, 我知道了, 书名是 Indiscrete Thoughts 吗?[44]

**杨振宁**: 也许是, 类似吧! 你要想了解 Ulam, 就看那个.

**季理真**: 我知道这本书.

**杨振宁**: 其中有一篇是讲 Ulam. 你看了那个就知道, Ulam 是一个非常聪明的人. 可是晚年的时候, 他病了一次, 他以后就不能做具体工作了. 我看见他的时候呢, 他人很有意思. 他一看见了就问你一个问题, 这个问题可能是集合论的, 也可能是组合的, 甚至可能是打扑克牌的. 然后你去想, 跟他讨论, 他就不发生兴趣了. 他只发生兴趣是 ……

**季理真**: 是比较短暂的?

**杨振宁**: 不是, 就是要表演, 他知道很多有意思的东西.

**季理真**: 有一点炫耀的味道是吧?

**吴帆**: 他好像也是一个魔术师, 他会表演杂耍.

**季理真**: 这个我倒不知道, 我很久很久以前看过他的传记, 我记得很清楚, 说他以前去哈佛的时候, 算了一下是买车好, 还是坐出租车好? 他的结论是, 坐出租车比较划算一点.

**杨振宁**: 他是很有意思的一个人, 有一点奇怪, 你看了 Rota 讲 Ulam 的文章, 说他病了以后, 他根本连乘法都做不出来.

**季理真**: 能力大减. 好像 Landau 也是这个样子.

**杨振宁**: 你是讲那个物理学家 Lev Landau?

**季理真**: 对, 物理学家 Landau, Landau-Lifshitz, 是苏联的.

**杨振宁**: Landau 是个很好的物理学家.

---

[44] Gian-Carlo Rota, *Indiscrete Thoughts*. Birkhäuser Boston, 1996. 在 Rota 的另一本书 *Discrete Thoughts* 中也收入了这篇文章, 篇名就叫 Ulam.

Lev Landau

**季理真**: 我只是说 Landau 以前 ……

**杨振宁**: 不, 不, 我知道你讲的这个故事 —— 是讲 Landau 后来撞车了, 撞车以后他住在医院里, 有人看见他, 对他说, "听说你现在不能做物理了", 他说: "不错, 可我还是比 Lifshitz 好 (强)."

**季理真**: 对, Landau 这个人是很有意思.

**杨振宁**: 你如果想知道 Landau 的故事, 有一本书, 是 Landau 的学生写的.

**季理真**: 什么书?

**杨振宁**: 叫做[45] …… 我不记得叫什么名字了, 我下回 email 给你这本书的名字. 这书很有意思, 是 Landau 的许多学生写的一本文集. 这个很有意思的就是, 你看了这些文章以后, 就知道 Landau 是怎么样训练他的学生的, 是非常特别的. 中国人不会做这个事情, 法国人、德国人、美国人都不会做这个事情. 他让学生演讲, 然后嘲笑他说, "你小时候你妈妈都没教过你这个吗?"

---

[45] Khalatnikov, I.M., ed. (1989). *Landau. The physicist and the man. Recollections of L. D. Landau.* Sykes, J. B. (trans.). Pergamon Press.

I. M. Gelfand

**季理真**: 好像是苏联的传统, I. M. Gelfand 也是这样.

**杨振宁**: Gelfand 跟 Landau 有点像, 不过 Landau 比 Gelfand 还要对学生不留情面. 不过 Landau 的学生都非常佩服他, 因为他照顾他的学生. 学生毕业后, 他帮他们找事情. 然后他有本子, 他的一生几十个研究生, 是叫什么名字, 等于有一个小传, 毕业以后去了什么地方, 他都写在这个本子里.

**季理真**: 全部都记下来, 那不错啊. 还有一个做概率的 Mark Kac, 你跟他熟吗?

**杨振宁**: 熟极了.

**季理真**: 那你跟我们讲讲. 好像他真的很有意思, 我们也正在翻译他的一本自传.[46]

**杨振宁**: 他有本自传吗? 我跟他很熟. 在 20 世纪 50 年代初, 他曾访问普林斯顿高等研究所, 70 年代末他成了 Rockefeller 大学的一个教授. 在这两段时期, 他都对统计力学感兴趣, 因此我们对各种话题有过许多争辩. 在他搬到加州工学院以后我只见过他一次,

[46] Mark Kac, *Enigmas of Chance: An Autobiography*, Harper and Row, New York, 1985. 中译本《机运之谜》, 成斌译, 高等教育出版社, 2019 年 (预).

杨振宁与 Kac 的合照 (收入《杨振宁科技论文选集 II》)

在 1982 年为 J. Mayer 的庆祝会上. 在我的《杨振宁科技论文选集 II》中, 有一张与他的合照.

事实上, 我有个很有名的定理, 叫做 “单位圆定理” , 你知道吗?

**季理真**: 我不清楚, 你跟我们讲讲, 是怎么样一个定理?

**杨振宁**: 单位圆定理是有一类的多项式, 在物理里面要用的, 李政道跟我写了一个文章说, 这些多项式的根都在单位圆周上, 这叫单位圆定理[47].

**季理真**: 是什么样的多项式, 比较特别?

**杨振宁**: 这个其实是我们碰上去的, 这个证明与 Kac 有一定关系. 我有篇文章上讲了, 我们一开始不会证明这个定理. 就是有一

[47] 杨先生曾经在一次演讲中提到: 我之所以会想到要考虑多项式的零点, 是因为在我很小的时候, 父亲就教给我两个漂亮的数学定理, 一个是任何一个复系数多项式可以唯一分解为一次多项式的乘积 (而另一个是正十七边形可以用尺规作图, 恰好与对称紧密相关). 它告诉我们, 多项式由其零点决定, 因此我那时想到考虑零点是非常自然的. 这个定理好像叫做代数基本定理 (历史上是高斯在博士论文中给出第一个严格的证明).

组多项式, 次数可以很大的, 也可以很小, 就是一个统计力学的问题. 假如是一个三体的问题, 那就是三次多项式, 而且与维数没有关系, 我们就说这个 $N$ 次多项式的 $N$ 个根都在单位圆周上. 是我们先猜出来的, 我们怎么猜出来的呢? 就是先做一个简单的两个粒子的, 那一看就知道, 三个就不那么简单, 可是也不太难, 四个、五个做了以后都是, 所以我们就说这一定是一个普遍结果. 于是就想证明, 弄了好久. 而且还去找了 von Neumann, 好像也找了 A. Selberg. 我还记得 von Neumann 说, 这种零点分布单位圆周上的多项式有一个充分条件, Hardy 有一本书, 说你去找那书. 我们就去找那书, 结果就发现, Hardy 说, 一个多项式的全部根分别在单位圆周上, 有一个充分条件, 是什么呢? 就是有一组不等式, 可是 $N$ 次多项式就要有 $N$ 个不等式, 这是他的定理. 那对我们没用处, 我们怎么能够继续不断地证明那么多的不等式呢? 后来 Kac 来了, 他对这个问题很有兴趣, 因为他那时候搞那个统计力学. 他说我不会证明你这个定理, 可是假如你这 $N$ 个粒子之间的相互作用都相等的话 —— 我们那个定理考虑的相互作用是任意的 —— 但假如相互作用都是一样的话, 这个情形就变得很简单, 他会证明. 所以后来有一天我就一想, 他这个想法很妙, 怎么能够把它推广一下. 结果找出来了, 证明出来了. 这是一个现在还认为是非常漂亮的, 是你 (林开亮) 告诉我 David Ruelle 书里面有 ……

**林开亮**: 我送您 (季理真) 的 Ruelle 的那本书上有一章专门讲这个定理, 就是《数学与人类思维》[48]那本书.

**季理真**: 好的, 我来看看.

**杨振宁**: Kac 还有一个很重要的贡献. 在统计力学里有个很有名的, 叫做 Ising 模型的 Onsager 解法. Lars Onsager 是挪威人, 他 (在 1968 年) 得了诺贝尔化学奖, 不过他对 Ising 模型的求解, 在统计力学里, 公认是一个划时代的贡献. 他在 1944 年把这个 Ising 模型给解了. 他解了这以后, 大家对 Ising 模型都发生兴趣, 那么

---

[48] David Ruelle,《数学与人类思维》, 林开亮、王兢、张海涛译, 上海世纪出版集团, 2015 年.

刚才我讲的这个单位圆定理, 也都是关于这一类的. 可是在这个里头, 忽然这个 Kac 跟一个叫做 John Clive Ward 有了一个新的办法可以得到 Onsager 的解. Ward 是跟我年纪差不多的一个物理学家, 非常聪明. Kac 跟 Ward 在 1952 年有了一个新的办法可以得到 Onsager 的解, 不经过那么多的代数运算. Onsager 原来的解法是没法能够懂的, 因为它太复杂, 后来经简化以后还是很复杂. Kac 跟 Ward 的这个解法, 是一个非常妙的东西. 但这个到现在没有重要性, 因为他后来没有新的发展, 不过任何一个人看了这个都知道是很妙的.

**季理真**: Feynman-Kac 公式又是怎么做出来的?

**杨振宁**: 那是他跟 Feynman······

Feynman 与杨振宁 1957 年春在 Rochester 的一个会议上

**季理真**: Feynman 也在那儿?

**杨振宁**: Kac 是非常聪明的人, 而且是一个矮矮的、喜欢讲故事的人. 他后来去了加州工学院, 跟 Feynman 做伴. 可是加州工学院的数学一直不太行, 我不知道现在怎么样.

**季理真**: 现在也还不是特别好.

**杨振宁**: 因为他们现在搞一个人叫 Barry Simon, 这个人所做的是应用数学, 所以他没有搞出重要的东西来. 从 1995 到 2000, Barry Simon 教授在加州工学院给大一新生上微积分课, 他曾说 "$\varepsilon$ 和 $\delta$ 是微积分学生最锋利的武器!" 一年后, 在最后一节课上, 学生送给他照片中的拳击手套.

Barry Simon

**季理真**: 对, 人家告诉我加州工学院的数学不好, 因为 Feynman 好像比较看不起数学是不是?

**杨振宁**: 对.

**季理真**: Feynman 对加州工学院影响很大.

**杨振宁**: 对, Feynman 是非常聪明的一个人, 可是他认为数学不行. 物理里需要数学的, 我们自己搞.

**季理真**: 您看过 Feynman 那本书吗, 《别逗了, Feynman 先生!》[49]?

**杨振宁**: 当然, 那是非常有名的书.

**季理真**: 里面讲的故事有多少是对的?

**杨振宁**: 那个书所描写的 Feynman, 就是 Feynman.

**季理真**: 你说真的就是那个样?

**杨振宁**: 是真的. 真的就是那样.

**杨振宁**: 我有一篇文章是比较 Feynman 与 Schwinger.

---

[49] 有中译本, 湖南科学技术出版社.

**林开亮**: 季老师买了您的《曙光集》, 里面有[59].

**杨振宁**:《曙光集》里有吗? 那是中文的. 可是我原来是用英文的, 我送你一本英文的.

**季理真**: 有英文的最好. 我觉得你知道的这个数学家的故事很好, 因为很多数学家名字我们都听说过, 你的视角是不一样的. Selberg 怎么样, 你跟 Selberg 交往也挺多.

**杨振宁**: Selberg 我当然跟他很熟, 2006 年我还跟他见了最后一面.

**季理真**: 是在香港吗?

**杨振宁**: 不是, 在普林斯顿高等研究所. 2006 年, 我带翁帆 —— 我的新太太 —— 到高等研究所去看, 那天是个礼拜六, 没有人, 我去高等研究所的数学公共休息室看, 就有一个人坐在那儿, 就是 Selberg. 结果他不认识我了, 所以我就跟他说, 我告诉他我是杨振宁, 他才认出来. 后来我问他你的太太怎么样了, 他说有了一个新的太太.

**季理真**: 是吗?

**杨振宁**: 他本来的太太是挪威人, 是他从挪威带来的. 在我的印象中, 那张照片, 我有没有给你 (林开亮) 那张照片? 那张照片以后一年他就不在了. 他比我大几岁, 所以我想他不在的时候, 应该是九十一、二岁 (编著按: 准确地说, 90 岁).

**季理真**: 那年纪也算高龄了.

---

[59] 该文标题《施温格》, 杨先生在文中写道:

费曼和施温格是我们这个时代的两位伟大的物理学家. 他们各自都做出了许多深刻的贡献. 他们都出生于 1918 年. 但就个性而言, 他们几乎是两个截然相反的极端. 我常常想, 人们也许可以写一本书, 标题为《施温格与费曼: 一项比较研究》:

百分之二十的情感外露的搞笑能手 (impulsive clown), 百分之二十的不守成规的行家 (professional nonconformist), 百分之六十的聪明物理学家 (brilliant physicist), 为了成为伟大的表演家, 费曼 (Feynman) 所付出的努力, 与他为了成为伟大的物理学家所付出的努力几乎一样多.

腼腆, 博学, 用精雕细琢的优美语句演讲和写作, 施温格 (Schwinger) 是有修养的完美主义者 (cultured perfectionist) 和极内向的绅士 (quite inward-looking gentleman) 的典范.

Selberg 和杨振宁 (杨振宁先生提供)

**杨振宁**: 我们刚认识的时候, 他们也到我们家来参加聚会, 我们也到他那去, 可是我记不得跟他有什么交谈, 他好像对于东西都不发生兴趣.

**季理真**: 因为我上次和 Borel 在香港组织学术活动时, 我一个夏天待了两个月, Selberg 有一个学生[51] 在香港请他去, 我们每天早上都在一起吃饭聊天, 后来他告诉我两件事情我记得很清楚. 第一, 他觉得他不是一个专业的数学家, 他说是业余的, 随便玩玩的, 他觉得他没有正儿八经地学过数学.

**杨振宁**: 你说的是谁?

**季理真**: Alte Selberg. 他认为自己不是专业的数学家, 是个业余的, 因为他没有正儿八经地学过数学, 是自己看看的. 因为以前他爸爸[52]的书房里有一些 Ramanujan 的书, 他就拿来看, 他的两个哥哥也读数学, 也是数学家.

**杨振宁**: 是吗?

[51] 曾启文.

[52] A. Selberg 的父亲 Ole Michael Selberg 是数学家. 他有四个儿子, 1910 年出生的双胞胎 Sigmund Selberg 和 Arne Selberg 分别是数学家和工程师, 1906 年和 1917 年出生的 Henrik Selberg 和 Atle Selberg 也是数学家.

**季理真**: 对, 是他自己随便看看的. 我拿这话问 Borel, Borel 笑笑说, 如果 Selberg 认为自己不是数学家, 那其他人怎么办?

**杨振宁**: 你懂不懂他那个素数定理的初等证明?

**季理真**: 我不知道, 我只是听说过.

**杨振宁**: 他成名就是因为那个.

**季理真**: 对, 他还因此拿了 Fields 奖.

**杨振宁**: 对, 可是你并没去研究它?

**季理真**: 没有. 就是因为那个原因, 他才和 Paul Erdös 吵架了, 两个人有矛盾了[53]. 然后 Selberg 后面的数学做得挺奇妙的, 因为他开始很窄, 开始大部分时间只是做 zeta 函数, 然后是素数定理的初等证明, 后来他做李群中的离散群, Selberg 迹公式, 还有 Selberg 猜想 (Selberg's hypothesis) , 你看 G. A. Marugulis 和 David Kazhdan 的工作都与那个有关. 所以他的变化很妙, 一开始很窄, 后来一下子变得很宽.

**杨振宁**: 我跟 Selberg 没有什么交流, 可是我可以给你讲两个关于 Harish-Chandra 的故事.

Harish-Chandra

[53] 参见爱多士的传记中译本《我的大脑敞开了》第 8 章, 王元、李文林译, 上海译文出版社.

**季理真**: 是吗, 很有意思.

**杨振宁**: 一个故事是六十年代初, 那个时候他刚来高等研究所, 恰巧那时候斯坦福大学的 Paul Cohen 证明解决了那个连续统假设. 所以有一天我就碰到 Harish-Chandra, 我就问他: "这不是现在是个大突破, 你要不要改到那里去?" 他说: "这个领域走进去就走不出来了."[54]

另外一个是, 他这人有点很高傲的. 他有天跟我讲了一句话我觉得很奇怪, 可是我当然不能详细问他. 他忽然跟我讲, 陈省身教授是个奇怪的数学家, 他讲话的口气给我的印象, 我觉得是负面的.

**季理真**: 是吗?

**杨振宁**: Harish-Chandra 说陈省身是很奇怪的数学家.

**季理真**: 他们的品位 (taste) 不一样.

**杨振宁**: 其实他们根本没什么关系, 而且我不觉得他们的领域又有密切的关系. 所以他是远距离. 你要让我猜想, 他的数学的研究方法跟陈先生是不一样的, 他不大了解陈先生的数学, 又有一点妒忌, 又有一点不佩服, 我觉得是这样.

**季理真**: 对, 可能是, 因为 Harish-Chandra 的工作没有完全得到认可, 因为人家告诉他……

**杨振宁**: 你认识他?

**季理真**: 我知道他, 我从来没见过他.

**杨振宁**: 你去的时候他恐怕已经不在了.

**季理真**: 已经去世了, 因为他是在 Borel 1983 年过 60 岁生日的时候, 就去世了.

**季理真**: 对呀. 因为人家就是说, 因为我们系里也有几个印度人告诉我们, 说 Harish-Chandra 被提名为 Fields 奖时, Siegel 是评奖人, 他觉得 Harish-Chandra 做的东西太抽象, Bourbaki 风格的, 就否定掉了. 因为 Harish-Chandra 没有拿到, 他可能一直觉得, 自己改变了整个半单李群表示领域, 可能也比较犀利 (bitter) . 所以你认

[54] 在杨先生给编者之一的一封英文邮件中, Harish-Chandra 回答是 "No. I do not want to become sterile." (编者按: sterile, 不生育的, 这里形容徒劳无功. )

识的数学人真的很多, 因为很多名字我都听说过, 但没有见过.

**杨振宁**: 我再讲几件事情. 就是你 (林开亮) 给我的关于华罗庚的信中, 有一个王元的, 是讲什么缘故 Weyl 请陈先生跟华都去美国, 1943 年, 陈去了, 华没去, 王元的解释是说, 华怕他那个时候再跟 Siegel 做同样的东西, 他怕去了以后 ……

**季理真**: Siegel 请他去的?

**林开亮**: 怕人说他是 Siegel 的学生.

**杨振宁**: 跟着 Siegel 学的. 你 (林开亮) 信中是这样讲的.

**林开亮**: 对, 这是王元给出的解释[55].

**杨振宁**: 我觉得这个问题要值得研究, 你应该趁着王元还在的时候, 再去研究. 我想这个原因不那么简单, 而且这个里头 …… 我想是, 当然可能王元也不完全知道细节, 但王元比你比我对这个事情了解得更清楚, 所以甚至于可能华罗庚曾经跟他讲过. 那么我的印象是, 那件事情是一个非常重要的工作. 那是不是用群的矩阵表示这一类的问题, 就是大概是一个新的方向, Weyl、Siegel 跟华罗庚他们都知道, 是很重要的东西. 所以, 我想这个事情值得去研究.

**季理真**: Siegel 这个人很有意思.

**杨振宁**: 当然还有一个可能, 恰巧那个时候、至少在昆明的时候, 大家觉得是华罗庚比陈省身的贡献多.

**季理真**: 对呀, 拿奖嘛, 好像博物馆里有很多对华的宣传[56].

**杨振宁**: 而且华又被人请到苏联之类的. 所以还有一个可能,

---

[55] 华罗庚本人给出的理由, 见他 1944 年 1 月 15 日写给当时的教育部长陈立夫的信: 就研究方面言, 罗庚与前哥廷根大学教授 Siegel 曾各独立发展 "数阵之自守函数论", 而罗庚之理论实较其更为博广与精道 (已得其本人及 Weyl 之谬许), …… 诚如 Weyl 教授所谓罗庚已获一重要结果之矿, 可以经久不竭也. 现 Siegel 在普林斯顿高研所, 若罗庚前往, 当深获切磋琢磨之益. 但其在学术界之资望, 为年龄、履历等关系而在罗庚之上, 若 (接受高研所之邀请) 率尔前往, 可能牺牲独立发明之令誉, 而变为 Siegel 学派之可能, 是以不得不先定基础再行出国也 (如能不受高研所之邀而前往当更好). 且此论如能见重于世界, 则示我抗战期中之一佳话也.

[56] 见季理真, 昆明时空中的 "奇点" —— 西南联合大学, 收入 "数学与人文" 丛书第十二辑《百年数学》, 丘成桐等主编, 高等教育出版社, 2014 年. 电子版见季理真教授的新浪博客 http://blog.sina.com.cn/s/blog_c24597bf01018te3.html.

Carl Ludwig Siegel

是他觉得不必到美国去了, 到苏联更有名, 这也可能是 (他延期访问高等研究所的原因).

**林开亮**: 从华罗庚与 Hermann Weyl 的通信来看, 他有一个原因是, 华罗庚觉得高等研究所给他的工资不够他养活一家人, 这个经费 (每年 1500 美元) 不够.

**杨振宁**: 那他到苏联是谁出钱呢?

**林开亮**: 可能是苏联邀请他吧[57]!

**杨振宁**: 我想, 苏联的这个邀请是比较跟国家有点关系的, 美国高等研究所的邀请就只是研究所的. 可以问一下王元.

**季理真**: 你的记性真好啊, 很久以前的事情都记得这么清楚.

**杨振宁**: 我想我是很幸运, 因为我弟弟他们比我年轻很多, 都没有我现在记性这么好.

**季理真**: 对啊, 而且你精神看起来这么好.

**杨振宁**: 我是有什么问题呢, 就是这儿疼那儿疼的, 就是睡觉

---

[57] 根据中国科学院自然科学史研究所王涛博士介绍的一篇资料 (文名, 中央研究院等为华罗庚赴苏考察研究事往来函件,《民国档案》, 2007 年第 4 期), 华罗庚访问苏联是他自己争取、中央研究院支持、姜立夫先生促成的. 自 1941 年 3 月起, 姜立夫历任中央研究院数学研究所筹备处专任研究员兼筹备主任.

要是没盖好被子, 第二天就老疼. 现在我也想出来办法, 睡觉的时候用一个, 这是 301 医院告诉我的, 可以买一个像是从前外国女人的紧身胸衣 (corset) 一样.

**季理真**: 你平常做什么锻炼吗?

**杨振宁**: 不.

**季理真**: 你不做锻炼?

**杨振宁**: 太懒了.

**季理真**: 你身体真好, 精神真好.

**杨振宁**: 这个, 我跟林开亮说, 关于科普, 还有比如说是科学家的传记, 这是一个中国应该发展的领域. 而且我觉得这个是这样的, 因为现在每年有几百万大学毕业生, 其中我想大多数的人都是搞文科的, 他们出来做什么事情呢? 那么这个领域是可以鼓励人进取的.

**季理真**: 很好, 但当前有这样一个问题, 想做这样的事情, 需要有机构、单位, 来赞助他们.

**杨振宁**: 对, 这话完全对, 你比如说是, 我不知道你有没有看过我的一本传记[58], 是江才健写的.

**季理真**: 对.

**杨振宁**: 是台湾出版的.

**季理真**: 对, 我有这本书, 写得挺好的.

**杨振宁**: 他之所以也能写那本传记, 是因为台湾有一个有钱的报纸[59]的老板, 是吴健雄从前的同学, 所以吴健雄年纪大了以后, 那个老板就找江才健, 说是我出钱你到美国去住两年, 就写《吴健雄传》, 这个传写得很好. 这个传的写法呢, 是照现在西方的写科学传. 他写完这个以后就写我这个, 他的经费都是因为有人支持的. 所以比如说是国家科学基金会, 不过如果要让国家科学基金会做这件事, 它立刻的问题是, 假如有人来申请要怎么审查, 是有一些问题.

**王丽萍**: 现在国家正在做这个事情, 在慢慢做, 北京科协就正

[58] 江才健,《规范与对称之美 —— 杨振宁传》, 广东省出版集团, 2011 年.
[59]《中国时报》.

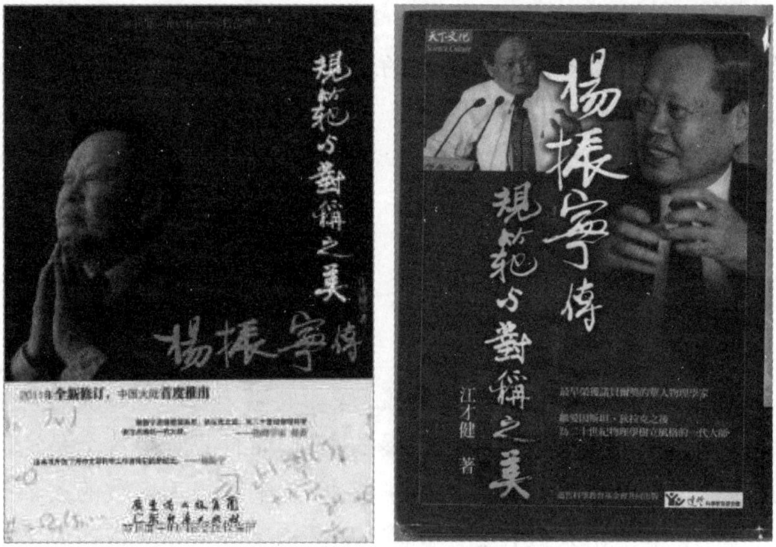

《杨振宁传》简体与繁体版封面, 照片由江才健先生提供

在鼓励科普创造.

**杨振宁**: 尤其是现在搞了网, 出版界也问题很多.

**季理真**: 对. 我倒是有一个想法, 对称我们大家都知道, 一般人只是朦朦胧胧地有点知道什么是对称, 如果再多问几句, 一般人就不知道. 而您的工作和对称非常有关系, 当时说有没有类似这样的, 比较通俗易懂、又比较有深度地告诉大家对称, 很多地方你想不到的地方对称都存在. 比如说, 一般人知道规范场、您以前拿诺贝尔奖的工作, 都与对称有关, Yang-Baxter 方程[60]与对称的关系, 一般人就相对来说知道得少一点. 因为北京夏天来的人很多, 比如说请行家稍微给大家点几句, 然后就是说算是个开头, 有些年轻人一旦有点入门以后, 就可以 "修行靠个人" 了.

[60] 2016 年 2 月 20 日, BBC Earth 推出了最美的数学公式的 12 个备选, 其中 Yang-Baxter 方程位列其中, 见 http://www.bbc.com/earth/story/20160120-you-decide-what-is-the-most-beautiful-equation-ever-written.

## 后记 (林开亮)

访谈结束后, 在整理记录期间, 我们想到还有几位重要的数学家和物理学家杨先生没有在访谈中提及, 但在别处曾特别提到, 因此我们通过邮件追问了其中几位, 现在根据杨先生的答复以及他在别处的文字, 补充如下.

### 1. Weyl

杨振宁先生曾多次谈到 Hermann Weyl, 他是规范场的先驱. 杨先生曾在文中指出, "规范变换" 应该称为 "相位变换". 无独有偶, Weyl 在 1950 年发表的一篇文章[61]中也指出了这一点. 1985 年在 Weyl 诞辰 100 周年之际, 杨振宁先生被邀请做纪念演讲, 他的演讲标题是 "Weyl 对物理学的贡献" (中译文收入《曙光集》) , 以下是杨先生为这篇文章写的后记.

Weyl (1885—1955) 是 20 世纪一位伟大的数学家. 他学术贡献极多, 眼光远大, 可是对日常生活中要做的决定却经常犹豫不决. 最近出版的《追寻天才》(*Pursuit of Genius*, by Steve Batterson, A. K. Peters Ltd.) 详细描述了普林斯顿高等研究院早年的历史, 其中讲到 Weyl 怎样到了该院做教授. 1932 年 10 月高等研究院宣布聘任了头两位教授: 爱因斯坦与维布伦 (Veblen). 爱因斯坦又极力推荐 Weyl, 所以所长弗莱克斯纳 (A. Flexner) 开始与 Weyl 商讨. Weyl 那时是德国哥廷根大学的有名教授. 1933 年 1 月 3 日他打电报给弗莱克斯纳, 表示接受高等研究院的聘书. 第二天他再打电报说对不起, 他改变了计划. 第三天他再打电报说他又改变了, 这回是 "不可逆转地" (unwiderruflich) 接受聘请. 可是弗莱克斯纳还没有来得及通知董事会说 Weyl 接受了聘任, 又于 1 月 11 日收到 Weyl 的电报说他无法搬家到美国.

与 Weyl 的商讨不成功, 弗莱克斯纳转而聘请了年轻的匈牙利

[61] H. Weyl, *A Remark on the Coupling of Gravitation and Electron*, Phys. Rev. 77, 699-701 (1950).

人 von Neumann(1903—1957). von Neumann 后来对美国的原子弹与氢弹, 以及 “二战” 后的计算机发展都有极重要的贡献. 假如没有 Weyl 的反复不决, 也许 von Neumann 不会去普林斯顿.

1933 年 1 月 30 日, 希特勒就任为德国总理. 4 月 7 日他宣布新法令禁止犹太人任大学教授. Weyl 的太太是犹太人, 所以他在德国的前途变得十分暗淡. 他痛苦地寄信给维布伦希望可以到高等研究院来 “访问”. 可是高等研究院已经聘请了年轻的 von Neumann, 董事会中有人不赞成再请 Weyl 为教授. 后来几经周折, 幸亏维布伦、弗莱克斯纳和一位董事艾德勒 (Aydelotte, 后来成为第二任高等研究院的院长) 的努力, 才于 9 月 7 日再度向 Weyl 发出聘书. 这一次 Weyl 高兴地接受了.

Weyl 于那年 10 月就任为高等研究所教授. 后来在默瑟街 284 号盖了一所住宅, 是 Art Deco 式的建筑 —— 平顶、直线与弧线交错. 1955 年他逝世后, 房子卖回给高等研究院. 1957 年我买了这所住宅, 在里面住了 9 年, 直到 1966 年搬去石溪为止. 恰巧那年奥本海默自高等研究所所长任上退休, 要搬离所长住宅, 所以就搬进了这所房子. 翌年他病逝于这所房子中.

### 2. von Neumann

von Neumann 是一个早慧的人, 会讲许多荤段子 (dirty joke), 喜欢大型的鸡尾酒会. 1951 年, 我在尽力证明单位圆定理时曾请教于他. 他给我推荐了 Hardy 的一本书, 但那没有用. 他关于电子计算机计划的一个左膀右臂是 Herman Goldstine, Goldstine 也是我的邻居. 我从后者那里听到许多关于 von Neumann 的故事. 我曾见过 von Neumann 的两任妻子, 她们都是非常强势的人.

### 3. Whitney

Whitney 是一个非常有学者风度的人, 就个性而言, 在许多方面与 Weil 形成鲜明对比. 我曾经向他请教一个数学问题, 他给我帮了忙. 我曾在 1966 年的一篇论文 (Physical Review 150, 321-327)

Whitney

中向他致谢. 在《杨振宁科技论文选集》中我曾写道:

在做论文 [66e] 和 [66f] 的过程中, 我和杨振平 (编者按: 杨先生的弟弟, 物理学家) 学到了两种有用的数学方法.

一种是关于求解方程的一个拓扑学定理和关于指标 (index) 的概念. 我们是从 Hassler Whitney 那里学到这个定理的. 这个定理对于证明 Bethe 假定的确给出基态波函数这一点非常有用. 做这个证明时, 除了刚才提到的拓扑学定理, 还要加上关于参数 $\Delta$的连续性论证. 我们学到的另一个数学工具是求解 Wiener-Hopf 方程的方法. M. Kac 和吴大峻介绍我们去读 M. G. Krein 关于这个问题的长篇综述文章[62]. 我们发现这篇文章写得非常漂亮.

## 4. Wigner

杨振宁先生在不少场合提到 Wigner. 例如, 在为 "分立对称性 P, C, T" 一文 (收入《曙光集》) 写的两条后记中, 第一条长长的后

[62] Gohberg, I. and Krein, M.G.: *Systems of integral equations on a half line with kernels depending on the difference of argument*, Uspehi Mat. Nauk 13 (1958), no. 2 (80), p.3-72 [Russian]. Translated as: Amer. Math. Soc. Trans. (2) 14 (1960), 217-287.

Wigner

记主要就写 Wigner:

报告后的讨论中发言的 Wigner 是极重要的物理学家. 他和 Weyl 分别于 1930 年前后将群论引入物理学.

关于群论早年不被物理学家重视的故事很多. 在 60 年代, Wigner 在普林斯顿常说: “在 20 世纪 20 年代, 我的所有工作都被认为不重要. 而现在, 我没有一个工作被认为不重要.” 我对这个转变有一点贡献.

在 20 世纪 20 年代, 由于受了 Heisenberg 和 Bohr 的影响, 又因为一般物理学家不喜欢太多的数学, 所以 Weyl 和 Wigner 的工作都不太被重视. 我在昆明的时候, 为了写学士论文了解到群论的重要, 也了解到 Wigner 与 Weyl 是两位引进群论到物理学中的大学者, 所以对 Wigner 一直十分佩服. 1957 年, 我在诺贝尔演讲中特别提到, Wigner 是最早发现左右对称与 “宇称” 关系的人. 我说: “这个基本观念很快就被吸收到物理学的语言之中.”

Wigner 对我这个说法很高兴, 所以次年他就提议普林斯顿大学给吴健雄、李政道和我荣誉学位. 据江才健的《吴健雄传》说, 这是普林斯顿大学第一次颁授荣誉学位给一位女科学家.

Wigner 为人诚谨, 不苟言笑. 从他身上我们可以看到第二次世界大战前欧洲学人的风度, 这与今天许多美国科学家的盛气逼人的态度成鲜明对照.

## 5. 陈省身、华罗庚和许宝騄

作为《陈省身先生和我》(收入《杨振宁科技论文选集续集》)一文的后记, 杨振宁先生在 188 页写道:

抗战期间当我在西南联大当学生时, 陈省身 (1911—2004) 和华罗庚 (1910—1985) 都是杰出的青年数学才俊. 他们后来都享誉世界. 我对他们的为人与一些数学工作也都有所了解.

伯林 (Isaiah Berlin, 1900—1997) 普及了希腊关于哲学家的两种不同类型的观念: "狐狸掌握多门技艺, 而刺猬则精通一门绝技." 我想这是一种极好的方式来描述华罗庚与陈省身的不同: 华罗庚兴趣广泛, 对数学的几个不同分支做出了重要贡献; 而陈省身则专注于微分几何一个分支, 但他革新了这个分支, 并且这个革新后来对 20 世纪的几何、代数、分析、拓扑各个主要分支都有深远的影响, 甚至深入影响了近 40 年来理论物理学的发展.

笔者曾将徐利治先生的一篇文章《我所知道的华罗庚与陈省身 —— 徐利治先生访谈录》[63]转发给杨振宁先生. 在回信中, 他写道:

在昆明时期, 我跟陈省身、华罗庚和许宝騄他们三位都很熟悉. 作者 (编者按: 指徐利治) 对他们三位志向的刻画与我对他们个性的判断相符. 就性格而言, 我跟许宝騄要比跟陈省身更接近, 而与华罗庚则截然不同.

## 6. Schwinger 和 Feynman

Schwinger (1918—1994) 和 Feynman (1918—1988) 是我那代人中两位杰出的理论物理学家. 他们两位都因为对重整化做出的不同贡献而出名. 然而在性格上两人大不一样. 我比较喜欢 Schwinger,

[63] 袁向东、郭金海整理,《书屋》, 2007 年; 也收入同名著作《徐利治访谈录》, 湖南教育出版社, 2009 年.

许宝騄

因为 Feynman 太活跃了. 但是我肯定科学史将会更青睐 Feynman, 因为他的路径积分思想清楚地抓住了量子力学的精髓. 虽然从数学上说没有精确描述, 又缺乏深刻的物理理解, 但这一切意味着, 它会成为未来重要进展的源泉.

## 7. Freeman Dyson

杨先生的另一位知已, 是他在普林斯顿高等研究所的同事 Freeman Dyson. 杨先生曾在不少场合提及 Dyson, 这些评论已经被笔者吸收到一篇专门介绍 Dyson 的通俗文章[64]. 另一方面, 正如翁帆女士在《曙光集》编后记中所指出的: "我知道 Dyson 一定是一个读懂了杨振宁、知道怎么去欣赏杨振宁的人, 要不不可能用 "保守的革命者" 这么准确、这么简洁的词语来形容他." 我们推荐读者去读《曙光集》收入的 Dyson 的美文:《杨振宁 —— 保守的革命者》.

[64] 林开亮, 弗里曼 · 戴森: 科学家与作家的一生,《科学文化评论》, 2013 年第 6 期; 戴森传奇,《数学文化》, 2015 年第 3 期; 戴森传奇 (繁体修订版),《数理人文》2016 年第 9 期.

在 2015 年出版的通俗文集《飞鸟与青蛙》[65] (Birds and Frogs: Selected Papers, 1990—2014) 的前言中, Dyson 对他的老同事杨振宁做出以下敏锐的洞察:

我请大家注意杨振宁的三个很突出的、同时也是罕见的集于一身的特点. 第一, 十分高超的数学能力, 使他能够解决技术性问题; 第二, 对自然的深刻理解, 使他能提出重要的问题; 第三, 一种团队精神, 使他在中国文化的复兴中发挥重大作用. 总之, 这三种特质, 造就了杨振宁之所以成为杨振宁, 一个保守的革命者, 他尊重历史并引领未来.

Freeman Dyson (R. Hagadorn 摄) , 照片由 Freeman Dyson 提供

[65]林开亮, 大科学家笔下的大物理学家,《中华读书报》, 2015 年 8 月 5 日, 第 13 版.

采访现场 (林开亮摄)

# 几位物理学家的故事
## —— 在中国科技大学研究生院的一次报告*

杨振宁

### 费米的故事

费米是 20 世纪的一位伟大的物理学家, 他有很多特点. 他是最后一位既做理论又做实验而且在两方面都有一流贡献的物理学家. 认识费米的人普遍认为, 他之所以能够取得这么大的成就, 是因为他的物理学是建立在稳固的基础之上的. 用英文讲是:

He has both of his feet on the ground.

就是说, 他总是脚踏实地.

我给大家举一个非常简单的例子. 1925 年至 1926 年矩阵力学和波动力学创立, 1927 年海森伯的测不准原理又问世, 这时质点的量子力学基础已经奠定了. 但是要计算一个电子从一个态到另一个态的跃迁概率, 还需要应用对应原理, 这是一个半路出家的办法. 有好几个人, 其中最主要的是狄拉克, 对此进行了初步讨论, 认为

* 本文由丁亦兵据录音整理, 原载: 物理, 1986, 15(11).

需要把电子的运动与电磁场结合在一起, 把它们看成一个运动系统, 然后对整个系统进行量子化. 这样, 就形成了量子电动力学 (简称 QED), 所以大家公认狄拉克是量子电动力学的创始人. 狄拉克的文章发表以后, 泡利和海森伯对这个工作非常感兴趣, 他们将这种场论大大地向前发展. 我记得, 我在芝加哥大学做研究生时, 曾经花了很多时间来研究他们在那两年里所写的文章. 这些文章都非常难懂, 因为它们太形式化了.

在那个时候以前, 费米没有参与过量子力学本身的奠基性的工作. 他的关于统计力学的研究工作是在量子力学建立之前发表的. 那时, 他在意大利. 那里的近代物理当时不是发展最繁荣的, 费米完全是独自做研究. 他看到了狄拉克的工作, 也看到了泡利和海森伯的工作. 他对这些工作不太满意. 其中最重要的一点是, 在这一理论中有一个叫做标量势的量 $A_0$, 找不到它所对应的动量, 这在当时引起了一些紊乱. 费米讨论了这个问题, 在 1930 年写了一篇文章, 是用意大利文写的. 1932 年, 这篇文章在《现代物理评论》上发表了, 他这篇文章非常直截了当, 非常具体地奠定了量子电动力学的基础. 不管当时狄拉克、泡利、海森伯写了多少篇文章, 他们所作的东西都偏于形式化, 所得的结果不具体、不清晰. 然而, 经过费米的工作, 量子电动力学就变得非常具体、非常清楚了. 当时一些从事这方面工作的人, 比如乌伦贝克 (Uhlenbeck) 就曾说, 在费米的文章出来以前, 没有人懂得量子电动力学, 算来算去都是一些形式化的东西, 对于具体的内容并没有理解. 费米的文章出来以后, 大家才真正地懂了. 费米的这种扎扎实实、脚踏实地的特点, 正是他的基本成功之处. 这一点不仅仅体现在刚才所讲的很复杂的量子电动力学上. 从简单到复杂的所有的问题, 经费米一处理, 都变得非常清楚了, 使你觉得中学生都可以懂.

正如我在《读书教学四十年》那篇文章里所讲的, 我在做学生时, 受到费米的影响非常之大. 其中最重要的是, 我了解到, 物理不是形式化的东西.

1948 年我在芝加哥大学读了博士学位之后, 当了一年教员. 1949 年春, 奥本海默来演讲. 当时在美国, 奥本海默是众所周知的物理学家, 因为他成功地主持了战时原子弹的研制工作. 那时正是量子电动力学中重整化问题的研究处在高峰的时期. 在芝加哥大学, 费米、文策尔、特勒等几位教授对这个问题非常感兴趣, 但他们还没有细致地做这方面的工作. 奥本海默那时主持普林斯顿高等研究所, 那里有很多年轻人 (包括 Dyson) 在做这一工作. 听完奥本海默的演讲之后, 我觉得我应该到那里去. 于是我去找费米, 也找了特勒, 请他们介绍我去高等研究所. 费米对我说, 他很高兴我去那里, 不过又说, 那个地方不是久留之地, 因为那个地方像是一个修道院, 是专门培养传教士的. 这种观点清楚地表示了费米的物理学的精神, 他也确实是我们做学生时平常与他接触所得到的最深刻印象.

对于 “什么是物理, 什么不是物理”, 费米有一个很清楚的价值观念. 他认为, 太多形式化的东西不是不可能产生物理, 只是产生问题的可能性常常很小, 因为它有闭门造车的危险. 而跟实际接触的物理, 才是能够长期站得住脚的物理. 我后来对于物理的价值观念是深深受到了费米的影响的. 这里我们不妨做一个比喻. 物理学的发展, 就好比研究一张非常大的画. 对这幅画首先要有近距离的了解, 因为它画得非常精细, 你在每一个不同的地方都可以发现非常奥妙的结构. 这个近距离的了解非常必要, 如果没有这种了解, 就不可能理解物理学的真正精神. 但是, 如果一个人只做近距离的了解, 他就不能得到最大的成就. 而这许许多多近距离的了解加起来还不够, 还需要有宏观的了解, 为此就需要有能力走远了去看. 这时你会发现一个大的结构. 对于一个物理学家, 最希望他能做的是, 既要对大的结构有了解, 又要对细致的结构有了解. 只有把这两者结合起来, 才能够真正吸取自然界物理现象基本规律的精髓, 也才能真正有贡献. 费米就是这样一个两方面都做到的人.

费米还认为, 物理学发展的方向必须要从近距离的了解开始, 才能得到大的规律. 当然, 也许有人要问, 爱因斯坦发现广义相对论时, 是不是用非常大的原则来做的呢? 我想, 回答是这样的: 不错, 他发现广义相对论是用大的原则来做的, 表面上看起来, 不是从具体开始的. 不过, 如果你再仔细想一想, 他吸取了哪些原则, 他为什么抓住了那些原则, 以及他怎样运用这些原则来写出广义相对论的, 你就会了解, 他的那些原则还是由他从近距离时所看到的那些规律归纳出来的. 换句话说, 爱因斯坦吸取的过程, 仍然是从近距离变成远距离, 然后从远距离得到规则, 再回到近距离来.

总而言之, 我认为, 一个完全只想从远距离的规律向物理学进军的人是极难成功的, 或者说, 几乎是史无前例的. 费米对这里的认识最为清楚. 你去听他的课也会有同样的感觉. 他所讲的总是从实际现象开始, 用最简单的方法描述出来. 你仔细地琢磨就会发现, 有时候有非常重要的大的规律在里面, 而这个规律却永远不是他开始的地方.

因为费米对具体的事情懂得很多, 对于大的规律又有很直觉的了解, 所以有时候会发生一些很有意思的事情. 这类事情在物理学里经常发生. 我下面就要给大家讲一个故事. 这个故事是在费米去世以后, 钱德拉塞卡讲的. 钱德拉塞卡是一位大天文物理学家, 在几年前获得了诺贝尔物理学奖. 五十年代初, 他与费米曾经在芝加哥大学合作过. 他非常佩服费米. 这个故事就是费米本人讲给他听的.

费米是在三十年代, 从一个纯粹的理论物理学家变成一个实验物理学家的. 在那以前, 我们大家所知道的他的几个最重要的工作都是纯理论的. 最早, 他正研究黎曼几何, 里面有一个定理, 现在还称作费米定理, 那是一个纯粹几何学的定理. 以后他的最重要的贡献是费米 - 狄拉克统计, 那是在 1924 年完成的. 1930 年左右, 他用一个很简单的方法完全解决了当时困惑人们的原子超精细结构中的一个问题. 与此同时, 他还讨论了量子电动力学中库仑场如何处理的问题, 从而使大家第一次真正懂得了量子电动力学是怎么一回事. 他在 1933 年发表了非常重要的 $\beta$ 衰变理论. 他自己认为, 这是他一生中关于理论物理的所有工作中最重要的一项. 这一点,我不大同意, 等一会我们再来讨论.

就在这个时候, 他改变了方向, 转向从事实验工作. 他是第一个发现慢中子作用的人. 大家知道, 查德威克在 1932 年发现了中子. 从那时起, 很多人都来做中子的实验. 费米和他的研究组的同事和学生在罗马也做这方面的实验. 他们看到了一个非常奇特的现象: 他们希望用一个屏把中子流挡住, 可是他们发现, 当有的屏放上去以后, 中子流反倒越强了. 我们现在当然完全懂了, 就是因为有的屏蔽物把中子变慢了, 而慢中子穿透的能力更强. 他们在当时觉得非常不可思议: 屏蔽物放得越多, 后面的中子好像越多. 在五十年代, 费米跟钱德拉塞卡说, 他记得非常清楚, 在他们没有弄懂这件事时, 他们想再找一些新的屏来试一试. 因为要吃午饭了, 大家都走了. 饭后, 费米说, 不知是什么缘故, 他做出了一个完全是下意识的决定. 他对大家说: "我们不要用重的物质做屏蔽, 换用一个非常轻的物质试一试." 结果发现, 后面的中子的效应大大增加了. 这是因为, 一个轻的东西放上去以后, 中子的速度更慢了, 反应截面变得非常之大. 对这现象, 费米想了一个晚上之后, 就完全弄懂了.

费米讲这个故事给钱德拉塞卡听, 就是想指出, 当时是一个他不知道的道理, 促使他放一个轻的屏. 在物理学中, 这种事是常常发生的. 我想, 这与我们思考的过程有非常密切的关系. 凭着非常广、非常深的经验, 费米有些自己不能用逻辑讲清楚的推理. 经过这种推理, 他下意识地意识到, 一个重的屏蔽与一个轻的屏蔽相比, 会有很大的区别. 达到这种直觉的下意识的推理, 是所有理论物理和实验物理的一个基本环节. 没有这个环节, 不太容易做出真正重要的贡献. 产生这一环节的必要基础, 只要有广泛的经验. 大家都知道, 许许多多最重要的工作, 是先经过很多思考, 后来在没有经过逻辑推演而得出来的新想法之下产生出来的.

我之所以特别要讲这个故事的道理, 是因为中国的物理教学中有一个倾向, 即, 给人一种感觉: 物理就是逻辑. 毫无疑问, 逻辑是物理学的一部分, 可是只有逻辑的物理是不会前进的. 必须还要有跳跃. 这种跳跃当然不是随随便便的跳跃, 而是要依据许许多多的不断延续下来的与实际的事物发生的联系. 由这些联系出发才可以促使一个人有胆量做出一些在逻辑上还不能推演出来的跳跃.

我再举一个例子. 大家知道, 在二十世纪初, 最重要的物理学发现之一是放射性元素. 它的最早发现者就是贝克勒尔 (Becquerel). 贝克勒尔之所以能做出这一发现, 是因为在此之前伦琴发现了 X 光. 伦琴的 X 光可以随便给任何人看, 可以照透一个人的手. 在伦琴的第一篇文章里有一只手的像, 那是他太太的手. 当时人们还不懂 X 光到底是什么. 有人认为, 如果把磷光物质放在强光下照射, 就会发出 X 光, 贝克勒尔和庞加莱 (Poincaré) 就是这么认为的. 庞加莱是 19 世纪末、20 世纪初的一位大数学家, 他对于 20 世纪的数学的影响是非常巨大的. 他对物理学, 特别是具体的物理现象非常感兴趣. 这一种想法促使贝克勒尔要对这种现象进行实际的研究. 他把一块铀放在太阳光下, 照了几个小时, 让它吸收了很多强光, 然后用黑纸把它包起来, 放在一张照相底片上. 果然, 照相底片感光了. 他发表了一篇文章, 说现在证明了铀在强光照射下发出 X 光. 后来他还要继续做这个实验. 不巧, 巴黎那几天天天下雨, 没有了强光, 他只好把铀放在柜子里. 可是, 不知是什么缘故, 他又想到要来重新试一试. 他把那些铀包了纸, 同样做了一个实验, 忽然发现照样有感光现象. 于是他马上又发表了一篇文章, 说这个理论是不对的. 这就是最初发现放射性元素的经过. 对此, 很多人曾议论过, 认为他当初在一个下雨的天气里, 还要去试一试, 一定是有些灵感. 他的一家, 从曾祖、祖父一直到他, 都对铀做了很多研究. 所以, 若说是灵感, 那么这种灵感必定来源于他的丰富的实践和经验. 他当时似乎是忽然灵机一动, 而这个灵机一动是非常重要的.

中国古时候喜欢给一些学者、文人、诗人或画家做一些评论. 有人觉得这种评论非常不恰当, 因为这是些印象式的评论. 不过, 印象式的评论我认为不可完全厚非, 因为, 虽然印象式的批评确实不是完全能讲得清楚的, 但是这种不是完全讲得清楚的东西, 往往抓住了真正的精神. 所以, 我也来做一个印象式的评论. 费米给人的最重要的感觉是什么? 他的物理是怎样的物理? 我认为费米的物理可以说是"厚实".

## 特勒的故事

我在芝加哥大学念书时, 对我有很多影响的另一位老师是特勒 (E. Teller). 他比费米年轻六七岁, 是与费米同时在战后到芝加哥大学去做教授的. 特勒的物理与费米的物理有很相近的地方, 也有不相近的地方. 相近的地方是他的物理也是从现象出发的. 他的基本兴趣反映在对物理现象的好奇心. 他的见解非常之多, 一天之内就有好多不同的见解. 他有很多研究生. 他常常是当第二个礼拜看到某个研究生时, 就已经不记得上一个礼拜给这个研究生的题目是什么了.

特勒与费米不同的地方是, 费米讲出来的见解通常对的很多, 而特勒所讲出来的见解多半是不对的, 这一点给了我一个非常深的印象. 因为按照中国的传统, 你要是对某个问题没有完全懂, 就不要乱讲话. 人们认为乱讲话是非常不好的. 而且乱讲话的人一定是不可靠的. 特勒的见解非常之多, 而且总是要讲出来的. 不过如果你指出他是错的, 他就立刻接受, 立刻向正确的方向走. 在他的周围, 这一类事情多极了, 这是一种非常良好的气氛. 所以, 他可以有许多研究生.

我到芝加哥大学本来是想做实验物理方面的论文, 因为我在中国的时候, 没有做过什么实验. 假如你们今天觉得跟实验接触的很少的话, 那么我那时在昆明念大学和研究院时跟实验的接触, 可以说等于是零. 我自己认为我必须弥补这个缺陷, 因为我深深地了解, 物理的基础是实验. 我一到芝加哥大学就去找费米, 说我很想跟他做实验. 他那时既做理论, 又做实验. 不过他说我不能跟他做实验, 因为他是在阿贡国立实验室, 而那时的阿贡实验室是保密的, 我不是美国人, 不能在那里做实验. 他说: "你先跟特勒做一些理论工作好了."

过了一个多月, 特勒来了, 我去找他. 我记得很清楚, 因为特勒年轻时有一只脚不幸被电车压了, 所以他走起路来一歪一歪的. 他的办公室门口有卫兵, 我不能进去. 在门口我给他打了一个电话. 他在电话中说, 费米跟他讲过了, 有一个学生要来找他. 然后, 我就听到了嘭、嘭、嘭的声音, 他从楼上走下来了. 他说, “我们先散散步吧”. 于是, 我们就一起散步, 散步时, 他问我, 氢原子的基态的波函数是什么? 这个问题对我来说是易如反掌的, 因为我在国内已经念过量子力学了. 我马上答了出来. 他说, “你通过了. 我接收你做我的研究生”. 他这样做是有道理的. 因为有很多学得很好的人, 答不出这个问题. 照他看来, 能够回答这个问题的人才是可以造就的.①

我跟他做的第一个题目是金属铍 $Be^7$ 的 K 电子俘获. 根据费米在 1933 年提出的理论, 这个 K 俘获的概率与 $Be^7$ 上电子的密度成正比. 可是做实验的人有另外一个观念. 这个观念是 20 世纪初研究放射性元素的寿命时形成的. 大家做过很多实验, 发现这些寿命是原子核的特性, 与外面的电子分布是没有关系的. 1909 年还有人写过文章, 指出元素放射性的半衰期是不能用化学的方法去影响的. 可是 K 电子俘获就不同了. 只要你了解了关于它的理论, 你就会看到它的概率是与电子的分布有关系的. 有些做实验的人认为这是不对的, 因为这也是一种放射性的半衰期, 它也不应该与任何化学的作用有关系. 当时在洛斯阿拉莫斯, 塞格雷 (Segrè) 做了一些实验, 研究纯金属铍与氧化铍晶体的 K 俘获半衰期是否一样. 特

① 在 E. Lieb 与 M. Loss 合著的《分析学》(鲁剑锋中译本 p.254, 高等教育出版社, 2006) 一书中对此处涉及的问题有评述:

位于三维空间原点的氢原子的位势是

$$V(x) = -|x|^{-1}.$$

通过观察可以发现, 薛定谔方程

$$(-\Delta + V)\psi = E\psi$$

的一个解为

$$\psi_0(x) = \exp\left(-\frac{1}{2}|x|\right), \quad E_0 = -\frac{1}{4}.$$

因为 $\psi_0$ 是正的, 所以它是基态. 这是由推论 11.9 (正解的唯一性) 得到的. 此事并不显然, 而且通常的量子力学课本里通常也不提起.

但是 Feynman 的《物理学讲义》第 3 卷有提到, 见第 19 章第 (19.28) 式.

勒让我通过计算解决这个问题. 一方面氧化铍的晶格常数比较大, 离子离开得比较远, 而金属铍中离子比较挤. 可是另一方面氧化铍中电子比较多, 因为氧有很多电子. 前者使电子数密度减小, 后者使电子数密度增加. 这两者相减, 就可以得出所需要的结果. 他给了我关于如何计算的建议. 这是与晶体结构的电子分布有关的计算, 是我当时还不晓得的. 他告诉我两个方法, 一个是维格纳 – 赛兹 (Wigner-Seitz) 关于晶体结构的方法, 另一个是托马斯 – 费米 – 狄拉克方法. 托马斯 – 费米的方法我学过, 托马斯 – 费米 – 狄拉克方法我没有学过. 不过, 对这两个方法我都发生了兴趣. 用了这两个方法, 最后就算出了结果. 这使他很高兴. 他要我做一个报告, 这是我在美国所做的第一个学术报告.

报告大概是在 1946 年 2 月, 刚打完仗, 到芝加哥大学来的人还不太多. 在座听讲的有特勒、费米、梅耶、玛丽 · 梅耶和尤瑞 (Urey) 等, 都是非常有名的人, 所以我有点紧张. 不过, 他们对我做的报告都很满意. 报告后特勒让我写出文章. 可是, 我一动手写, 就觉得不大妥当了. 因为计算中我用到了一些近似方法, 我没有把握它们有多准确. 刚才讲了, 我的结果是由两项相减得到的, 我仔细地想了想, 觉得这样做是非常危险的. 因为每一项都是近似的, 只要有一项稍微差了一点, 相减之后所得到的符号就会与我已经得到的结论相反. 因此, 这篇文章我写了一个多月, 老是写不出来, 特勒老来催我, 我说对这个结论我没有这么大的自信心. 到现在为止, 这篇文章我还是没有写出来. 是不是后来有人又进行了理论计算, 是否得到比较准确而又和实验符合的结果呢? 我没有再去追究.

特勒是一个匈牙利人, 30 年代跟海森伯做过博士后, 他对化学物理学有过重大贡献. 很多化学物理上的观念是他引进来的. 过几天, 我要和大家讨论准晶体, 其中有一个想法就是与特勒在一九四几年或是一九五几年提出的一个模型有密切的关系.

特勒研究的东西都是非常具体的. 在我的印象中, 他没有写过一篇关于场论的文章. 他对场论有很深的了解, 但是兴趣不够.

战时, 特勒去做国防工作, 在洛斯阿拉莫斯, 在奥本海默主持的实验室里参与了原子弹的研制工作. 关于他在那里的工作有种种的传说, 主要是说特勒的独立想法太多, 大家认为, 要是特勒参加某一个组, 这个组的工作就做不下去了. 由于他每天都要有好几个新的主意, 会使那一组人忽东忽西, 不能把精力集中到一个方向去. 这个说法是不是对呢? 我没有问过特勒, 也没有问过奥本海默. 所以我不知道, 不过, 这样的传说非常之多. 据说, 后来奥本海默想出了一个妙法. 他对特勒说: “特勒, 我现在请你主持一组, 专门研究氢弹.” 那时原子弹还没有造出来, 让他去研究氢弹, 特勒非常得意. 奥本海默也觉得很好, 因为他不会再搅扰别人的工作了. 特勒走后, 剩下来的那些理论工作是由贝特 (Bethe) 领导的, 他们做得非常成功, 特勒在氢弹方面做了一些研究工作, 这些工作虽然做得并不十分中肯, 但与以后的关于氢弹的想法有非常密切的关系.

1950 年苏联爆炸了一颗原子弹. 苏联爆炸原子弹之快是美国政府没有预料到的, 所以当时的美国总统杜鲁门决定成立一个委员会, 讨论美国要不要全力以赴发展氢弹. 奥本海默是委员会的主任, 费米是其中的一个成员. 讨论的结果是, 有的人赞成, 有的人反对. 两个最主要的反对者是费米和拉比 (Rabi), 这是一件很有名的事件. 代表多数人的报告是由奥本海默写的, 赞成制造氢弹. 代表少数人的报告是费米和拉比写的, 他们主张先与苏联谈判, 假如谈判不出结果来, 再向这方面进军. 杜鲁门总统看了这些报告之后, 直截了当地决定美国要全力以赴制造氢弹. 从那以后, 特勒就主要地转到国防上去了. 大家知道, 他和乌拉姆 (Ulam) 是最早发现制造氢弹原理的两个人. 在此顺便提一下, 中国制造原子弹和氢弹的历史在世界上很引人注意, 西方的物理学家对中国的物理学发展的进度本来没有什么认识, 当中国造出了原子弹以后, 西方的政府和物理学家们才知道中国有很杰出的物理学家. 尤其使西方至今还没有能完全弄懂的是中国发展氢弹的速度. 中国远比法国发展得快. 这一点给了西方政府和科学家一个非常深的印象. 他们认识到, 中国有非常优秀的人才.

氢弹制成以后, 1954 年发生了一件震惊全美国的事, 人们称之为“奥本海默事件”. 1954 年以前, 从决定制造氢弹到初步制成, 虽然后来奥本海默不再是直接参与者, 但他是美国政府的重要参谋. 政府的很多重要决策都有他参加. 奥本海默这个人有时讲话对人很不客气. 现在很多人相信, 正是由于这个缘故, 他得罪了非常重要的华盛顿的人物. 所以, 在 1954 年美国政府宣布: 奥本海默可能对美国安全有危险. 决定不再让他参加新的国防工作的讨论, 并且把他的办公室里所有的档案都封存起来, 搬到华盛顿去, 使他不能再看到以前自己写的信件. 在做出这个重要的决定之前, 美国政府向奥本海默宣布两条出路, 一条是奥本海默接受上面的决定, 不再参与国防工作; 另一条是, 如果奥本海默认为这个决定不对, 那么政府就要组织一个研究委员会来讨论这件事. 限制他在 24 小时内选择. 大家知道, 这样一个委员会, 名义上虽然不是法庭, 实际上它的讨论等于是法庭的审判, 而且又只给他 24 小时期限, 这是一个非常不客气的决定. 大家认为, 这是因为他得罪了华盛顿的非常重要的人物, 他们才这样不客气地处理他. 我认为, 这样的看法是对的.

后来, 又经过了几个月的讨论, 报纸上称为奥本海默听证会, 有关情况天天都在报道. 最后的结论是: 美国不应该再让奥本海默做国防上的事情. 这对他是一个非常大的打击.

这个听证会, 费米和特勒都参加了. 当听证会的三个主持人问费米时, 费米说他很熟悉奥本海默, 他认为奥本海默对美国的贡献非常之大, 对美国的安全绝对没有什么危险. 费米非常明确地、直截了当地站在了奥本海默一边. 特勒本来不想参加听证, 而且他的很多朋友都劝他不要去. 例如, 有一个跟我差不多同时 (比我稍晚一点) 在芝加哥大学学习的人, 叫罗森布鲁思 (Marshall Rosenbluth), 他现在是公认的世界最重要的等离子体物理的理论专家. 他是在芝加哥大学跟特勒念的博士, 取得博士学位以后, 又跟特勒做了很多年的工作, 所以他跟特勒非常熟. 他就跟特勒说: “你不要去参加听证会.” 可是特勒还是参加了. 后来据特勒自己讲, 在参加听证会的前一天晚上, 他在旅馆里走来走去, 考虑他应该怎样讲法. 第二天在听证会上他讲了一段很有名的话, 大意是: 他并不知道奥本海默有过任何背叛美国的事情. 可是奥本海默的许多决策是他所不能理解的, 所以他觉得, 假如美国的国防事业不放在奥本海默手里, 会更安全一些. 这些话产生了非常大的影响. 据我的记忆, 特勒是唯一的一位杰出的物理学家, 在听证会上对奥本海默采取近乎反对的态度. 经过了两次听证, 美国政府终于做出了刚才所讲的决定, 即不让奥本海默再参加国防工作, 虽然并没有起诉, 说他以前做过背叛美国的事情. 这件事情的发生, 对奥本海默和特勒都有极大的影响. 当初奥本海默对于美国的好的作用, 对于美国政府的影响被一笔勾销了. 可是他在美国物理学界却得到了极度的拥护. 大家一致认为, 这是美国政府所做的一件非常错误的事情. 与此同时, 多半的物理学家认为特勒非常不对. 听证会后不几天, 特勒到洛斯阿拉莫斯去, 在餐厅里吃早饭时看到了一个和他很熟的同事克里斯蒂 (Robert F. Christy). 在战时他们曾共事多年. 特勒跑过去和克里斯蒂打招呼, 想要握手. 克里斯蒂不理他, 走到别的地方去了. 特勒后来讲, 这件事对他和他的夫人都是极大的打击. 我想这是完全可以理解的. 他对他的朋友, 他的学生, 一向都是极力帮忙的. 我自己就曾经受过他很多的帮助, 对于他, 我是很感激的. 我完全了解, 他从前的一些好朋友都跟他断绝关系, 甚至藐视他的人格时, 他是受到非常大的打击的. 从那以后, 特勒的朋友中物理学方面的人便少起来了, 这一点是他终身非常遗憾的事.

## 奥本海默的故事

关于奥本海默, 刚才已经讲了很多了. 奥本海默是 1904 年出生的. 他在年轻时就非常杰出. 20 年代, 美国的物理学还没有在世界上站住脚. 美国念物理的人大多数到欧洲念博士学位, 奥本海默也同样. 他到了哥廷根, 跟玻恩 (Born) 念博士学位. 大家知道, 黄昆和玻恩在 50 年代曾合写过一本非常有名的书叫《晶格动力学理论》.

奥本海默到了玻恩那儿以后, 立刻就引起了人们的注意. 大家都知道来了一个高高瘦瘦的美国人, 讲起话来非常不客气. 例如玻恩后来讲过一件事. 奥本海默来后没多久, 有一次去看玻恩. 玻恩恰巧写了一篇文章, 把它拿给奥本海默看. 他对奥本海默说: “请你拿回去看一看, 过两天再告诉我, 你有什么意见.” 过了两天, 奥本海默把这篇文章还给了玻恩. 奥本海默说: “这篇文章写得非常之好, 真是你写的吗?”

奥本海默跟玻恩做的论文是一篇很有名的文章, 它就是现在所谓的玻恩–奥本海默近似, 奠定了用数学方法处理分子的基础. 奥本海默回到美国以后, 有一个很深的感觉, 觉得美国的物理学必须赶快发展起来, 他在加州伯克利分校和加州理工学院两处兼职任教授, 每处一年待一个学期. 他在 30 年代对于美国基本粒子物理理论方面是一个功臣, 所有那个时候美国年轻的基本粒子物理学家可以说都是出于他的门下. 他对学生非常不客气, 可是他的学生都非常佩服他. 他与学生的关系大概有点像朗道 (L. D. Landau) 与他的学生的关系. 朗道对他的学生批评非常厉害, 可是他的学生都非常喜欢他.

在 1930 年前后, 基本粒子物理学界最重要的问题是狄拉克的理论. 狄拉克方程式是在 1928 年发现的, 但是由于有负能问题, 弄得非常紊乱. 很多重要的物理学家都不相信这个理论. 在这个问题上, 赵忠尧先生曾做了一个关键性的贡献. 他和另外两组实验物理学家各自独立地做康普顿散射实验时, 发现伽马射线打到原子之后发生的吸收, 当元素重时, 要超过克莱因和仁科芳雄给出的公式的结果. 后来人们了解到, 这正是因为产生了正、负电子对. 半年以后, 赵先生又独自做了另一个实验, 研究有没有其他的散射方式. 他发现, 经原子吸收了一部分之后, 再发射出来的光中的一部分不能用康普顿散射来解释. 后来人们又懂了, 这是正、负电子对产生以后, 正电子又与另一个电子湮没. 这种湮没以后出来的光是赵先生最早发现的. 在赵先生做了这个实验以后一年多, 两个英国人才做了同样的实验. 现在回想起来, 赵先生当时的工作是正确的而且是非常重要的. 非常可惜的是他当时没有机会与理论物理的人讨论. 那时, 奥本海默已经在加州理工学院了, 那正是赵先生做研究工作的地方. 可是前几天, 李炳安和我去访问赵先生. 我问赵先生, 他在 1930 年做完了实验时有没有和奥本海默讨论过. 他的回答是, 基本上没有讨论过. 那时, 由于种种原因, 赵先生急于去德国. 在那里待了一些时候就回到中国来了. 所以, 他没有机会把他所做的实验, 与当时对狄拉克方程式有深切了解的像奥本海默这样的人讨论. 假如他当时能与这样的人讨论, 一定会对他实验的意义有更清楚的了解.

奥本海默是在 30 年代初研究狄拉克方程式的几个重要人物之一. 他曾经指出狄拉克空穴理论中的空穴不可能是质子. 1930 年狄拉克提出空穴理论时, 认为空穴可能就是质子, 原因是那时知道的唯一带正电的粒子就是质子. 奥本海默指出这是不可能的. 因为假如是这样, 电子很快就会跳到洞里去. 他计算了电子的半衰期, 发现只有 $10^{-10}$ 秒, 这是一个正确的结果. 奥本海默第一个提出 (后来也有别人提出), 电子有其反粒子, 质子有其反粒子, 它们是完全无关的两种粒子.

奥本海默一生最大的贡献是黑洞. 他在 30 年代与他的几个学生做了一些黑洞的理论. 非常不幸的是, 当 1967 年他因患癌症去世时, 黑洞的存在在天体物理学中还没有被大家普遍承认, 假如他再多活 5 年, 黑洞就在天文学里被大家承认了. 那将无疑是他一生对纯粹科学的贡献中最重要的.

刚才谈到了特勒和奥本海默, 这里我想再讲一个故事.

许多年来, 我一直有一个印象, 觉得中国的研究生兴趣太窄. 对物理学方面的兴趣太窄, 对一般的事情的兴趣也显得太窄. 我想, 这是可以理解的. 因为受了家长, 受了学校, 受了社会的压力, 每个人都必须战战兢兢地抓紧时间钻研、苦读, 没有余暇关心各个方向的发展. 我觉得这是一个不好的普遍现象. 在石溪有很多研究生, 我就劝他们多发生一些兴趣. 物理系的随便什么课都应该去听一听. 物理学史也应该去注意一下.

1984 年夏天我到阿姆斯特丹去开一个会, 是为荷兰一位资历很深的理论物理学家德・哥鲁特 (Sybren Ruurds de Groot) 即将退休而召开的一个会. 我去了, 彭岳也去了. 那天到会的有很多荷兰现在最有名的物理学家, 例如霍夫特 (Gerard 't Hooft). 会后, 我和彭岳一起吃饭, 我问他, 你们在中国了不了解荷兰物理学发展的历史. 荷兰是一个很小的国家, 只有 1000 多万人. 可是在 20 世纪物理学发展中占了非常重要的地位, 有一段时期还是执牛耳的地位. 如 20 年代, 在低温技术方面, 全世界没有一个国家能达到像荷兰所达到的那样低的温度. 当时, 荷兰是唯一做低温最成功的国家. 我问彭岳, 对这件事情有没有了解, 他说没有什么了解. 我建议他去看几本书, 然后写一个简单的报告, 讲讲在荷兰了解的荷兰物理学的发展历史, 把范德瓦尔斯 (van der Waals)、洛伦兹 (Lorentz)、昆米尼・昂纳斯 (Heike Kamerlingh Onnes) 和塞曼 (Pieter Zeeman) 等几个人对物理学的贡献以及他们对世界的物理学的影响写出来. 这不是一篇很好的文章吗? 彭岳是一个工作能力很强的人. 他在两个月之内就写了一篇文章, 然后寄给了我. 我提了一些问题还给了他, 他针对这些问题又查了一些书, 把它改写成了一篇非常好的文章, 已经在 1985 年 5 月的《自然杂志》上发表了 (标题是 "近代几位杰出的荷兰物理学家", 与应纯同合作). 彭岳是阿姆斯特丹一个实验组的研究生, 这一组要与丁肇中的一组合作, 所以彭岳后来又去了美国, 在丁肇中那里待了一些时候. 在那里的工作结束以后, 他就来石溪找我讨论, 他说他对科学史很有兴趣, 问我还有没有题目可以给他做. 我想了一个晚上, 第二天跟他说, 据我所知, 中国对于原子弹的发展、氢弹的发展在世界上的影响以及发展的过程, 没有什么了解. 此外, 日本和德国是不是有过制造原子弹的企图, 他们为什么没有成功, 对这些也都没有什么了解. 我建议他写 4 篇文章讨论这些问题, 还给了他一些参考文献. 他在不到一年的时间内, 大概看了 100 本书, 写出了 5 篇文章. 我觉得这些文章写得很好. 他关于荷兰历史的文章所讲的事情, 我多半是知道的. 在看了这么多书之后, 他现在所写的 5 篇文章, 里面很多的事情, 我以前并不知道. 他现在正在修改这些文章. 我希望不久就会在国内发表.

## 爱因斯坦的故事

在普林斯顿, 大家都知道, 爱因斯坦是高等研究所最有名的教授. 我去的时候, 他刚刚退休. 70 多岁了, 他每天仍然从他住的地方步行到研究所去. 在我的记忆中, 爱因斯坦大概是不开汽车的, 我没有看到过他开汽车. 人们见到他每天从他的家走到办公室, 距离大概有 2 公里的样子. 我跟他的接触很少. 那个时候, 研究所里有 20 多个博士后, 我们都是 20 几岁的年轻人, 整天讨论. 我们都非常尊敬爱因斯坦, 因为无疑爱因斯坦是 20 世纪最伟大的物理学家. 可是, 因为他已经退休了, 我们觉得不应该去打扰他, 所以我们跟他的接触并不多.

1950 年前后, 他把他的一本叫做《相对论的意义》的小书, 加了一个新的附录. 在这个附录里, 他发展了一个新的统一场论, 想把电磁学和广义相对论统一起来, 他做了一系列关于这个理论的演讲.

爱因斯坦在年轻时, 1905 年一年之内写了 3 篇影响极深远的文章. 后来, 他又发现了广义相对论. 这是一个史无前例的理论, 是一个集无数非常复杂的经验, 用非常美妙的数学, 表现了一个由纯粹思想考虑得出来的结果. 我想了想, 评论爱因斯坦的工作, 也许最好的两个字是 "深广". 他做的东西又深又广.

我介绍大家去看派斯 (A. Pais) 在 4 年以前所写的爱因斯坦的一个科学传记 *Subtle is the Lord*. 以前虽然有过很多爱因斯坦的传记, 但都不是真正深入做理论物理的学者所写的. 这却是第一次, 所以立刻就成了一本非常重要的书. 书名 *Subtle is the Lord*, 取自爱因斯坦的一句名言, 意思是上帝既不那么简单, 可是也不那么狠毒. 上帝创造了自然, 自然的规律是很微妙的, 但并不是故意引你入歧

途, 使你困惑. 只要你弄对了, 你就可以懂. 派斯就拿它做了书名.②

派斯是 1918 年生的, 在普林斯顿高等研究所我们同事了十六七年, 后来他到洛克菲勒大学做理论物理方面的主任. 最近几年, 他致力于写科学史. 上述的这本书使他一举成名. 最近他又写了一本关于 20 世纪物理学历史的书, 书名叫 *Inward Bound: Of matter and forces in the physical world*, 这是一本非常有意思的书. (有中译本《基本粒子物理学史》, 关洪, 杨建邺等译, 武汉, 武汉出版社, 2002.) 中国自然科学史研究所邀请他, 我的印象是明年他要来访问.

## 泡利的故事

在普林斯顿我认识的另一位物理学家是泡利. 他是 1900 年出生的. 在物理学中他占有一个非常特殊的地位. 在他非常年轻的时候, 大约只有十八九岁时, 就写了一篇很长的文章评论相对论. 这篇文章讨论的东西广泛深入, 所以立刻引起当时所有物理学家的重视. 1924 年他又提出了不相容原理. 海森伯在 1925 年发表了矩阵力学以后, 大家都想用矩阵力学的方法求解氢原子. 这是一个极困难的问题, 不信, 你就去试一试.③ 氢原子的 Hamilton 量为 $p^2/2m - e^2/r$, 要求坐标 $x, y, z$ 与相应的动量 $p_x, p_y, p_z$ 不可对易, 对易关系为 $i\hbar$. 这是一件非常困难的事情. 但是, 在几个月之内泡利给解决了. 所以当时大家觉得他对物理有敏锐的了解和极其浓厚的兴趣, 同时又具有很强的数学能力.

他后来还做过很多贡献, 其中一个非常大的贡献, 就是从 40 年代开始到 50 年代集其大成的自旋与统计之间关系的研究. 大家知

② 爱因斯坦的原话是用德语说的, 英文译为 "Subtle is the Lord, but malicious he is not". 中文译为 "上帝是微妙的, 但祂不怀恶意". 爱因斯坦进一步解释说, "大自然隐藏她的秘密是因为她本性高傲, 但她决不用诡计". 这本书有两个不同版本的中译本. 一个是《"上帝是微妙的 ······" —— 爱因斯坦的科学和生平》, 陈崇光等译, 北京, 科学技术文献出版社, 1988. 一个是《爱因斯坦传》, 方在庆、李勇等译, 北京, 商务印书馆, 2006.

③ 关于这个问题的讨论可见, 席夫,《量子力学》pp.270–274, 人民教育出版社.

道自旋为二分之一的粒子是费米子, 而自旋为整数的粒子是玻色子. 这种关系是泡利最早在 30 年代到 40 年代发现的. 他写了很多篇文章, 这些文章后来导致了 20 世纪 50 年代的 CPT 定理.

泡利对他自己的成就是不太满意的. 他在 50 年代曾经讲过一段话. 这段话, 不同的作者在写书时说他是不同的地方讲的, 不过话的意思是一样的, 如果大家有兴趣, 可以看梅拉 (Jagdish Mehra) 和瑞肯伯 (H. Rechenberg) 合写的《量子力学的历史发展》(*The Historical Development of Quantum Theory*). 这本书很多人不喜欢, 它是有可以批评的地方, 但是这本书是很重要的. 因为梅拉在 50 年代做海森伯的研究生时, 就下了决心要写一部量子力学史, 所以, 他在这几十年间经常搜集材料, 而且访问了很多人, 包括海森伯和泡利等人. 最后在 80 年代初, 他和瑞肯伯合作把它整理成书. 他们一共写了 6 卷, 共 8 本书. 因为他们还只讲了矩阵力学, 还没有讨论波动力学. 在这本书的序言里, 梅拉讲了上面提到的这段话: 当 1958 年, 也就是泡利病逝的那一年, 有一天泡利去伯克利演讲. 当时他还不知道自己在生病. 梅拉去听了. 听完以后, 梅拉与泡利一起去一个酒吧喝啤酒. 喝了几杯啤酒以后, 他们先是讲了一些与物理无关的事情, 然后, 泡利对他说: "我在年轻时, 觉得我是一个革命者. 我当时觉得, 物理里有重大的难题来的时候, 我会解决这些难题的. 后来, 重大的问题来了, 却都被别人解决了. 回想起来, 我那时是那么愚蠢." 我想, 泡利之所以对他自己的建树不满意, 是因为他是一个锋芒毕露的人. 确实, 在 20 年代中和 30 年代初, 有过惊天动地的工作: 矩阵力学和波动力学的创立以及对它们的解释, 量子场论的建立, 狄拉克方程的提出等. 泡利一定想 (大家也会这样想), 他是会在这里面有最重要的贡献的, 可是每一次他都不是创始之人. 所以, 他后来才会说出那样的一段话.

泡利是在 1958 年冬故去的. 在 1957 年发生过一件事. 海森伯和泡利是在 20 年代相识的 (1921 年或 1922 年), 海森伯初念理论物理时, 泡利虽然只比他大了一岁, 却已经是一员老将了. 所以他们的老师索末菲 (Sommerfeld) 让海森伯去跟泡利学, 于是他们就非常熟悉了. 1925 年前后, 电话还比较少, 他们俩经常写信. 这是一件非常好的事情, 因为很多信现在都保存下来了, 你可以从信中看出他们的很多想法当初是怎么提出来的, 还可以发现他们当初的很多奇奇怪怪的思想. 在 1924—1926 年期间, 海森伯一有想法就写信去问泡利, 他想, 如果泡利极力反对, 他就觉得大概是不对的. 这说明, 泡利当时对整个物理学的发展有极大的影响.

1957 年 1 月, 吴健雄与她的合作者做出了宇称不守恒的实验. 对于这个实验, 泡利当初坚决认为不会得到预期的结果. 1956 年下半年, 人们都在讨论 $\tau-\theta$ 之谜 ($\tau-\theta$ puzzle). 就在那时, 吴健雄开始做这个实验. 泡利不相信这个实验会证明左右不对称, 证明宇称不守恒, 于是他给韦斯科夫写了一封信. 虽然在 1956 年时电话已经很多了, 但是他还是保持他的习惯, 每天要写好几封信. 写信的对象常常是韦斯科夫, 因为 30 年代韦斯科夫曾经做过他的助手. 在给韦斯科夫的信中他说, 吴健雄现在正在做左右不对称的实验, 可是这是不可能的, "我可以跟任何人打赌, 做出来的结果一定是左右对称的". 后来, 在 1957 年初, 他忽然收到了好几封从美国来的信, 说吴健雄的实验已经做出来了, 而且接着在 48 小时内, 瑞德曼和伽文又发现了 $\pi\mu e$ 衰变也是左右不对称的. 这些信收到以后, 泡利说他几乎休克. 然后他又给韦斯科夫写了封信, 说这是不可思议的事. 他说: "幸运没有人跟我打赌. 假如有人打赌的话, 我就要破产了, 因为我没有这么多财产. 现在这样, 我只是损失了一点名誉. 可是, 我有足够多的名誉, 损失一点不要紧."

1957 年以后, 物理学界对于对称性原理发生了兴趣. 大家纷纷讨论对称性. 最重要的一点是要了解 C 和 T 是不是对称. 在吴健雄的实验里, 也证明了 C 是不对称的, 这只要经过一些推演, 立刻就会得到. 而 T, 当时还没有发现不对称. 这一类工作当时做的人很多. 另一类工作是讨论别的种类的对称性, 以及是不是对称性可以把当时的物理学的问题都解决. 采取后面这种想法的是海森伯. 他在 1957 年下半年想出了所谓的 "世界方程式". 他认为可以用对称原理把当时物理学的一切问题都解决, 例如质子质量与电子质量之比. 精细结构常数 1/137 等. 他把泡利拉了进去. 在那以前 30 多年他们俩是非常亲密的合作者. 到 50 年代, 两个人都是 50 多岁时, 又一次合作. 这次合作, 每天都有进展. 在美国每天看见泡利来一封信, 信上有时这样讲: "我们现在得到了质子的质量与电子的质量差 1000 倍. 这还不太对." 当你坐在美国, 忽然看见这两位大物理学家说是比例已经达到 1000 了, 虽然比 1800 还差得很多, 却不能不认为这是惊人的贡献. 第二天又来了一封信, 说是已经达到 1300 了. 物理学界就这样传来传去, 都觉得, 通过对称原理能得到这个结果是惊人的, 可是没有人知道是怎么回事.

1958 年初, 泡利要到美国去. 去之前, 因为他与吴健雄很熟, 经常与吴健雄通信: "请你找很少几个人, 我愿和大家讨论海森伯和我的这个理论." 于是吴健雄就去安排, 只通知了很少几个人. 当时, 恰巧美国的物理年会在纽约召开, 会议的地点在纽约闹市的一个旅馆里. 一天下午, 在哥伦比亚大学泡利做了一个秘密演讲. 他的本意是给十几个人或二十几个人讲, 没料到却到了 400 人. 泡利后来自己讲, 在这次演讲时, 他越讲就越觉得这个理论是不对的. 演讲之后, 又有些人问了一些问题. 这些问题表明绝大多数在座的人 —— 包括我在内, 都觉得他们所做的东西完全是虚构的. 戴森从那里出来时, 对外特曼 (Arthur Wightman) 讲: "假如他们这两位像今天这样乱搞的话, 也许我们应该回去研究研究, 他们在 1925 年所做的工作是不是也是不对的?"

这次演讲之后不几天, 泡利就去了伯克利. 梅拉就是在那里见到他的. 他到了伯克利之后, 就写信给海森伯. 说是他现在已经不相信这个理论了. 海森伯回信给他, 一定要拉他继续研究这个理论. 结果是, 越搞两个人的关系就越坏. 后来, 德国的报纸忽然刊登一条新闻, 接着美国的报纸也登了, 说是海森伯和泡利解决了物理学里重大的基本问题. 泡利看到后非常不高兴. 那篇报道上还讲, 海森伯说他们的这个基本理论都已经完成了, 只是有些细节还没有填进去. 泡利是一个常常用非常尖锐的话刺人的人, 所以就写了封信给海森伯. 信上伯: "我完全不同意你昨天所讲的话." 然后, 他在底下画了一张图, 图上是一个方框, 里面什么也没有. 泡利写道: “我可以和蒂希恩 (Titian, 一个名画家) 画得一样好, 只是有些细节还没有画上去.”

1958 年夏, 在日内瓦开国际高能物理学会. 大家知道, 国际高能物理学会 (International Conference on High Energy Physics) 是马尔夏克 (R. E. Marshak) 的一个重大的贡献. 他从 1950 年开始组织, 最初的规模非常之小. 第一次到会的只有 30 人, 开了 1 天会. 第二次 60 人, 开了 2 天会. 第三次有 100 人, 开了 3 天会. 以后人数就慢慢地增加, 后来就变成了国际性的. 1958 年的会议全高能物理学界非常重视, 是在 CERN(西欧原子核研究中心) 召开的, 那时 CERN 的房子还是新的. 会上出现了一件非常稀奇的事情. 有一天下午, 泡利担任主席, 海森伯作报告, 报告他和泡利的理论. 海森伯是 20 世纪大物理学家, 而且非常会讲话. 他讲得头头是道. 他讲完以后, 泡利就开始攻击他. 我不知道当时有没有录音. 这是我从来没有见到过的、两个重要的物理学家当众这样不留情面地互相攻击. 当时给我的印象非常深的就是海森伯对这个问题的处理方法. 他非常安静. 泡利越是不客气, 讲话越是尖锐, 海森伯就越安静. 给人一种看法, 似乎是泡利不太讲理. 当时大家不知道, 泡利已经病得很厉害了, 3 个月之后就过世了.

## 海森伯的故事

刚才提到了海森伯. 他在 1925 年发表了划时代的文章. 大家知道, 1913 年玻尔 (N. Bohr) 提出的理论有非常正确的地方, 可是也有不对的地方. 到 1925 年以前, 一直是非常紊乱的状态. 海森伯抓住了其中的关键点, 人们关于轨道讨论了很多, 但是没有人看见过轨道. 海森伯认为, 看不见的东西, 你不可以乱用, 只准用那些看得见的东西. 那么, 什么是你可以看得见的呢? 例如频率、衰变概率等. 于是他就利用这种想法, 写出了一个新的力学. 这个力学是很不完整的, 但是最重要之点都讲出来了. 特别重要的是 $A$ 乘以 $B$

不一定等于 $B$ 乘以 $A$. 可是, 他是一个很年轻的人, 对数学知道得很少, 所以他不知道, 他写出来的 $AB \neq BA$ 以及他的很多演算, 其实就是矩阵运算. 这是海森伯的一个特点.

海森伯的很多文章, 对的东西和错的东西都有. 例如刚才所讲的那篇划时代的文章, 我想是 20 世纪最重要的几篇文章之一. 可是文章写得并不清楚. 他不是把问题都看得很清楚的. 有许多是他的直觉的见解. 所以他死了以后, 很多人对他的评论是: 他的最可贵之处是他知道问题在什么地方, 而且对这些问题有他的直觉的见解, 但是他的这种直觉的认识不是用最清晰的数学和物理的方法表示出来的. 他的文章有时甚至是前后矛盾的. 不过, 在他的文章里确实含有一针见血的东西.

再举一个最有名的例子. 1926 年初他又解决了一个重要的问题. 在他 1925 年的文章发表以后, 玻恩和若尔当合写了一篇文章, 这是很有名的一篇文章, 称为 "两个人的文章". 海森伯的文章后来称为 "一个人的文章". 然后他们三个人又合写了一篇文章, 叫做 "三个人的文章". 这一个人、二个人和三个人的文章就是矩阵力学的开始. 过了半年多, 又发生了一个问题. 用矩阵力学虽然可以解出氢原子的能级, 而且符合巴耳末公式, 但用到氦上面就不行了. 大家知道, 1913 年的玻尔理论用到氢上也是非常准的, 而对于氦, 搞了十几年, 还没有搞清楚. 所以, 把氦搞清楚是当时必须马上做的事情. 问题出在氦的态有正氦与仲氦两种, 它们的自旋结构不同, 一个是平行的, 另一个是反平行的. 这两种态能量相差很多, 几乎有一个电子伏特.

当时有这样一个故事. 有一位非常有名的物理学家叫戈德斯密特 (Samuel Goudsmit), 他与乌伦贝克 (G. E. Uhlenbeck) 是最早发现自旋的人. 他在 1926 年到哥本哈根去访问, 玻尔给了他一个题目, 玻尔说: "你去研究研究为什么氦的仲氦与正氦同态, 能级却差了这么多." 几年以后, 戈德斯密特讲, 他当时拼命去想, 想出来的办法是, 引进一个自旋与自旋之间的相互作用 (因为他知道自旋有一个磁场). 可是, 能量相差极小, 使他茫然不知所措了.

海森伯也在研究这个问题. 他在很短的时间里就抓住了问题的中心所在, 这就是要求氦原子的两个电子的波函数是反对称的. 而正氦与仲氦自旋波函数的对称性是相反的, 一个是对称的, 一个是反对称的, 所以它们的空间波函数的对称性也应该是相反的. 这直接地影响到它们之间的库仑力. 这样, 就解决了能量差的问题.

在海森伯的这篇文章中, 第一次引进了波函数交换对称性与基态能量的关系. 这无疑是一个巨大的贡献. 但是, 如果你去看这篇文章, 你就会觉得他的文章是不清楚的. 有这个重要的观念在里面, 也有些乱七八糟的东西在里面. 海森伯的文章向来都是这样. 所以, 后来人们认为, 他的最重要的贡献是他直觉地了解到什么问题是重要的, 而且他也能直觉地找到如何去解决这些问题的方法, 但是他不是一个最能把这些问题从头到尾, 清清楚楚地表述出来的人.

## 狄拉克的故事

下面我要讲狄拉克, 我第一次看到狄拉克是在 50 年代, 在普林斯顿. 他那时常常从剑桥到普林斯顿访问. 有时访问一二个礼拜, 有时候访问一年.

狄拉克是一个话讲得不多的人. 你问他三句话, 他回答你一句话. 例如有一个非常有名的故事, 他有一天到一个非常著名的学校去演讲, 演讲完了以后, 主持演讲会的人说: “你们有什么问题, 可以问狄拉克教授.” 这时, 有一个学生站起来说: “刚才你在黑板上写的那个方程式我不懂.” 狄拉克没有回答, 好长时间都没有回答, 于是主持人就问: “狄拉克教授, 您可不可以回答这个问题?” 狄拉克说: “那不是一个问题.”

又例如, 他在另一次演讲时, 经过一系列的讨论最后得出了一个结论. 演讲完了以后, 有一个学生站起来说: “我没有懂这点, 可不可以请您再解释一下?” 于是狄拉克就又解释了一下. 那个学生说: “您现在的这个解释与刚才的那个解释完全一样.” 狄拉克说:

"对了, 因为这是最好的解释."

狄拉克第一次在物理上的最重要的贡献是在 1925 年听了海森伯的报告之后做出的. 海森伯在他的一个人的文章还没有印出来之前, 到剑桥作了一个报告, 狄拉克在场. 这个报告给了狄拉克一个启发, 他后来就去发展海森伯的想法. 狄拉克独立地写了一些文章, 是与二个人, 三个人的文章差不多同时. 可是, 狄拉克发展的方法不但不同于海森伯的方法, 而且与玻恩和若尔当的方法也不一样. 狄拉克的物理学有他非常特殊的风格. 他把量子力学整个的结构统统记在心中, 而后用了简单、清楚的逻辑推理, 经过他的讨论之后, 你就觉得非这样不可. 到 1928 年他写出了狄拉克方程式. 对他的工作最好的描述是 "神来之笔".

狄拉克的想法跟别人的想法都不一样. 当时像泡利、海森伯、玻恩、朗道和佩尔斯等一些很重要的物理学家, 都在做很重要的东西. 而狄拉克做的东西跟别人的不一样, 推理的方法也不一样.

海森伯给泡利写过一封很著名的信. 在 1928 年海森伯做出了另外一个巨大的贡献, 就是他指出了, 之所以有铁磁性的原因是: 波函数的反对称性要引进交换力, 它使相同的自旋产生负库仑作用, 这是铁磁性的基本结构. 海森伯的信就是他在做这一工作时写给泡利的. 在信上他说: "我们一直被狄拉克的想法的不可理解的神奇所烦恼." 因为他不懂得狄拉克是怎样想的, 所以有些烦恼. 他说: "为了避开这些烦恼, 我现在不想这些问题了, 转而去想一想磁铁的问题, 于是做出来了这件工作."

我想, 这些话是他的真心话. 海森伯当时还是想做基本粒子方面的工作的. 可是他发现, 狄拉克的文章中所写的每次都跟他们的想法不一, 而狄拉克对问题的认识常常能正中要害. 这是狄拉克一生中工作的最重要的特点. 你去听他的演讲, 也有这样的感觉. 他的每一步跟着的下一步, 都有他的逻辑. 而他的逻辑与别人的逻辑不一样, 但是非常富有引诱力. 跟着他一走之后, 你就觉得非跟着他走不可. 最后往往忽然得出了一个非常稀奇的结果. 所以我想了想, 说他是 "神来之笔".

大家都知道有这样一副对联, 其中的一句是 “秋水文章不染尘”. 你看狄拉克的文章, 就会有这种秋水文章不染尘的感觉. 他的文章没有一点渣滓. 你跟着他走总觉得妙不可言, 而且最后得出的是没有人能预想到的东西. 例如, 狄拉克方程, 就是一个惊人的贡献. 因为在那以前, 自旋一直是硬加进去的, 在他写出这个方程以后, 自然地从 $\pm1, \pm i$ 就得出一个自旋来, 而且磁矩与实验完全吻合. 这是狄拉克一生工作中特别的地方. 不久我们将要讨论的磁单极也是他的神来之笔.

## 昂萨格的故事

昂萨格 (Onsager) 是 1908 年出生的挪威人. 他在欧洲获得博士学位, 来美国后, 长期在耶鲁大学教化学. 他是不大讲话的人. 你问他问题, 他有时只是笑一笑, 并不回答. 有时, 他跟你讲一些什么, 但是讲的东西你却听不太懂, 因为他讲的东西是不连贯的, 讲话的内容跳跃很大. 昂萨格在讨论问题时总是讲得不多, 讲完以后, 就冲你笑, 而你不大懂他在讲些什么.

大家知道, 他最重要的贡献, 在化学上是 Onsager 倒易关系, 为此他获得了诺贝尔化学奖. 而念物理的人所知道的, 则是他 1944 年解决的二维 Ising 模型. 这个工作在 60 年代到 80 年代变得非常重要, 因为 60 年代的一些实验发现昂萨格得到的解具有某种普遍性. 它不只是一个特殊模型的结果, 而是对于相变具有普遍意义的结果.

昂萨格使用什么办法解出 Ising 模型的呢? 在他之前 (三十年代末), 有三个人 H. A. Kramers, G. H. Wannier 和 E. Montroll 分别做过这方面的工作. 他们研究了一个二维空间的 $N \times \infty$ 的晶格的相变. 他们把这个过程的热力学函数或配分函数, 变成了一个 $2^n \times 2^n$ 方阵的特征值问题. 如果能够求解这个方阵的特征值, 就可以算出配分函数.

1944 年, 昂萨格把这个特征值问题解决了, 不仅解决了 $N \times \infty$

的情况, 还解决了 $\infty \times \infty$ 的情况. 我记得很清楚. 我在中国念书时, 是跟王竹溪先生念的统计力学, 我的硕士论文就是跟着王先生做的统计力学的问题. 那时我就曾听说过昂萨格的这个解. 后来到了芝加哥大学念书时, 我又研究了昂萨格的文章. 他的解法非常难懂, 因为文章中公式非常之多. 他把公式 A 代入公式 B, 得到公式 C, 如此导来导去. 我去验算, 果然每一步都是对的. 我当时的感觉就是被他牵着鼻子到处乱走, 忽然走出一个结果来. 不明白为什么这样翻来覆去. 后来在 1949 年, 昂萨格的一个学生, 一个叫做 B. Kaufman 的女物理学家, 与昂萨格一起发表了一篇文章, 把昂萨格原来的方法变换了一下, 这才变得好懂了. 在那以后, 我也在 Ising 模型做过一些工作.

60 年代有一天, 我与昂萨格在同一个机场候机, 没事闲谈起来我就问他: "我想知道, 你当年在打仗时是怎么解决 Ising 问题的? 我念你的文章得到的印象是, 你把代数的东西换来换去最后忽然得出了结果. 这显然不是你当初的做法. 你那样好像是漫无目的地在那里做来做去." 他回答说, 当然不是的. 他说, 他没有去打仗. 当时学生比较少, 他有很多的时间来研究问题. 开始时他研究 $2 \times 2$, $4 \times 4$ 的矩阵, 特征值很容易解. 接下来研究 $8 \times 8$ 的矩阵, 要多费一两天, 他也解出来了. 于是他又做 $16 \times 16$ 的矩阵, 又花费了好几天. 最后他做到 $32 \times 32$ 的矩阵. 如果你直接从 $32 \times 32$ 矩阵求解, 那么你可能会觉得这是没有希望的. 但是, 当他经验多了以后, 越做越快, 这样 $32 \times 32$ 矩阵他也给解决了. 做完以后, 昂萨格回过头来一看, 发现 $32 \times 32$ 矩阵的特征值都是

$$\exp(\pm r_1 \pm r_2 \pm \cdots \pm r_5)$$

的形式. 当然这句话不完全对, 如果这样简单的话, 他早在求解低阶矩阵的时候就发现这种规律了. 不过, 大致如此. $32 \times 32$ 矩阵有 32 个特征值, 它们是由上面式子中正负号有 $2^5 = 32$ 种排列得到的, 实际的结果比这里所讲的要复杂一些, 所以他在矩阵阶数较低的时候没有发现这个规律. 受这个规律提示, 他认识到这个矩阵代

数必须是乘积代数, 于是他就利用这种代数关系拼命去求换位子, 求完一次换位子又求第二次, 如此等等, 这就形成了他在那篇文章里所给人的一种似乎是乱兜了一阵的印象.

我把这个故事写进了我的选集的后记中. 我觉得这是一个很好的例子. 它说明了一种得到深入结果的方法. 多半的深入结果, 都是如此地从很多的例子中得出来的. 你一个例子一个例子地去尝试, 最后才能掌握它的规律, 然后你才能把它推广. 这就回到了我开头所讲的, 你从近的距离才能发现规律, 然后才能把这些规律加以变化或推广, 你才能有大的进展.

## 结束语

最后, 我想跟大家谈一个问题. 常常有同学问我, 做物理工作成功最重要的因素是什么? 我想, 最重要的因素可以归结为三个 P: Perception, Persistence 和 Power.

Perception —— 眼光. 要看准东西.

Persistence —— 坚持. 看准了什么东西要抓住不放, 要坚持. 爱因斯坦在 1907 年看准了, 他要写出一个具有很大的对称性的方程来解释引力, 经过了七八年的努力, 在 1916 年终于写出了广义相对论.

Power —— 力量. 有了力量, 能够闯过关. 遇到困难你就要闯过去.

如果一个物理学工作者有眼光, 能坚持, 并且又具有强大的力量, 那么我想他成功的可能性就会很大.

# 费米教授
## ——《介子是基本粒子吗?》(1949) 一文的引言*

杨振宁

原编著按: 此引言写于 1961 年, 1965 年出版, 原载 The Collected Papers of Enrico Fermi, Vol 2, University of Chicago Press, 1965. 中译文载《读书教学四十年》, 香港三联书店, 1985 年 12 月. 译者甘幼玶、黄得勋. 本文标题为编者所加. 后记写于 1982 年.

第二次世界大战末期, 费米 (E. Fermi) 到芝加哥大学物理系及当时新成立的核研究所工作 (该所现以他的名字命名). 其时美国各大学正在恢复学术研究工作及研究生教育. 被战争贻误了学业的学生纷纷回到校园. 芝加哥大学招收的物理研究生特别多. 我们也许永远无法知道, 其中有多少人是慕费米之名而来的. 就我本身而言, 我于 1945 年 11 月由华赴美, 是决心拜费米或维格纳 (E. Wigner) 为师的. 但是我知道, 战时的研究工作已使他们离开他们

*原载: 杨振宁. 杨振宁文集. 上海: 华东师范大学出版社, 1998.

各自的大学. 记得我到纽约后不久, 有一天走了很长一段路来到蒲平 (Pupin) 大厦, 登上 8 楼打听费米教授近期是否即将授课. (译者注: 蒲平大厦是哥伦比亚大学物理系所在地.) 遇见的几位秘书都一无所知. 然后我到普林斯顿去, 结果又令我大失所望, 因为在下一年度里维格纳要休假. 但在普林斯顿, 我从张文裕教授那里听到消息说, 有可能在芝加哥会建立一个新的研究所, 而且费米会加入该所. 我随即去芝加哥并到芝大注了册, 但直到 1946 年元月, 费米登上讲台, 我亲眼见到了他, 一颗心才放了下来.

众所周知, 费米的讲课非常明白易懂. 他的特点是, 每个题目都从头讲起, 举简单的例子并且尽可能避免 “形式化” (他常常开玩笑说, 复杂的形式主义留给 “主教们” 去搞吧). 他推理简明, 给人的印象是得来全不费功夫. 但这种印象是错误的, 他的简明是精心准备, 反复推敲, 权衡各种不同描述方式的利弊之后才得到的. 1949 年春, 费米讲授核物理 (后来由奥里尔 (J. Orear), 罗森菲尔德 (A. H. Rosenfeld) 和斯克鲁特 (R. Schluter) 整理成书出版), 因为有事要离开芝加哥几天, 他让我代他讲授一堂课并把一本小笔记本交给我, 上面写满了他为每一节课认真准备的每一个细节. 行前他和我一道将全部内容讨论了一遍, 解释每一个讲法后面的推理过程.

费米习惯于每周对很少的几个研究生作一两次非正式的即兴晚间讲演. 大家聚集在他的办公室, 然后由他或某位同学提出一个专题. 接着费米就查阅他的那些作了详尽索引的笔记本, 找出关于该专题的笔记, 随后给我们讲解. 我还保存着 1946 年 10 月至 1947 年 7 月我参加他的晚间讲演时所作的笔记. 其中包括 (照原顺序排列) 下列题目: 恒星的内部构造及演变理论, 白矮星的结构, 伽莫夫 – 熊伯格 (Garnow–Schönberg) 关于超新星的构想 (由于电子被核俘获而产生的中微子冷却), 黎曼 (Riemann) 几何, 广义相对论与宇宙学, 托马斯 (Thomas) – 费米模型, 处于高温与高密度的物态, 托马斯因子 2, 中子被仲氢和正氢的散射, 同步辐射, 塞曼 (Zeeman) 效应, 电路噪声的 “约翰逊 (Johnson) 效应”, 玻色 – 爱因斯坦 (Bose–Einstein) 凝聚, 多频系统与玻尔 (Bohr) 量子化条件, 玻恩 – 英费尔

德 (Born–Infeld) 基本粒子理论, 统计力学基础的概述, 介子在物质中的减速, 中子在物质中的减速等. 这些讨论维持在初级水准, 总是侧重于论题的本质与实用; 所采取的方法通常不是分析性的, 而是直观和几何的.

这么多年来, 费米一直就物理学的各个不同科目 —— 从纯理论物理到纯实验物理, 从三体问题的最佳坐标这样简单的问题到广义相对论如此深奥的科目 —— 做着详细的笔记, 这一事实本身对我们大家就是重要的一课. 我们懂得了, 那就是物理. 我们懂得了, 物理不应该是专家的学科, 物理应该从平地垒起, 一块砖一块砖地砌, 一层一层地加高. 我们懂得了, 抽象化应在具体的基础工作之后, 而决非在它之前. 从费米的这些演讲中我们还懂得了, 他对使用台式计算机作简单的数值运算很感兴趣, 没有厌恶这一类工作.

除了正式和非正式的课程以外, 费米还将他的午餐时间几乎全部献给了研究生 (至少在 1950 年之前是这样). 午餐时进行的谈话很自然地涉及各种题材. 我们发现费米有几分保守, 喜欢独立思考. 我们注意到他讨厌任何形式的做作. 关于我们的研究工作, 他有时会给一些概括性的忠告. 我记得他曾经强调, 一个年轻人应该将他的大部分时间用于解决简单的实际问题, 而不应专一处理深奥的根本问题.

《介子是基本粒子吗?》是费米和我于 1949 年夏天写的. 正如文中所明确申明的, 我们并不抱任何幻想, 以为我们提出的内容可能真的符合现实. 事实上, 我原本倾向于将此文湮没在笔记本中不予发表. 但费米说, 学生的任务是解决问题, 研究人员的任务是提出问题; 而他认为我们提出的问题有发表价值. 这里我可以附带申明, 此问题今天 (1963 年) 仍未解决.

塞格雷 (Segrè) 在为这本费米全集所写的序言中说, 费米帮助提出的一个非常重要的问题, 是核的壳层模型中的自旋 - 轨道相互作用 (见迈耶 (M. G. Mayer), Phys. Rev. 75, 1969(1949) 一文后面的谢词). 费米首先提出的另一个问题是核子守恒概念 (见杨振宁、

蒂欧姆诺 (J. Tiomno), Phys. Rev. 79, 495(1950), 脚注 12). 我还可以指出, 费米对宇称守恒这个问题也一直很有兴趣. (见芝加哥大学核研究所奥里尔、罗森菲尔德和斯克鲁特于 1951 年合编的《国际核物理与基本粒子物理会议文件汇编》第 2 页及第 109 页. 参阅 *Collected Papers of Enrico Fermi*, 第 246 页.)

1954 年秋, 费米病危. 那时在哥伦比亚大学的盖尔曼 (Murray Gell-Mann) 和我到芝加哥比灵斯 (Billings) 医院探望他. 我们走进病房时, 他正在读一本描写凭着坚强意志战胜噩运和巨大自然障碍的真实故事集. 他很瘦, 但只略显哀愁. 他很镇静地告诉我们他的病情. 医生对他说, 几天之内即可回家, 但没有几个月可以活了. 说完他让我们看放在床边的一个笔记本, 告诉我们那是他关于核物理的笔记. 他计划出院后利用剩下来的两个月时间将它修改出版. 盖尔曼和我被他的坚毅精神和对物理学的热诚所感动, 有好一会我们不敢正眼看他. (我们探望后不出 3 周, 费米就去世了.)

有人说, 人的生命不应以年, 而应以成功的事业来衡量. 恩里科 · 费米的多种事业之一是作为芝加哥大学的一名教师. 他曾直接或间接地影响了我这一辈的众多物理学家, 这是有案可查的. 下面是 1946 至 1949 年在芝加哥大学作研究生的物理学家的部分名单 (我 1949 年离开芝加哥, 不熟悉他后来的学生): 阿格纽 (H. M. Agnew)、阿尔戈 (H. V. Argo)、张伯伦 (O. Chamberlain)、丘 (G. F. Chew)、法韦耳 (G. W. Farwell)、戈文 (R. L. Garwin)、戈德伯格 (M. L. Goldberger)、拉扎若斯 (D. Lazarus)、李政道 (T. D. Lee)、莫芮什 (A. Morrish)、芮茨 (J. R. Reitz)、罗森布鲁思 (M. N. Rosenbluth)、塞洛夫 (W. Selove)、斯坦伯格 (J. Steinberger)、斯顿海默 (R. M. Sternheimer)、沃萧 (S. Warshaw)、沃吞伯格 (A. Wattenberg)、沃尔芬斯坦 (L. Wolfenstein)、威尔科克斯 (H. A. Wilcox)、杨振宁 (C. N. Yang).

## 后记

1947 年, 几种介子的发现使人们普遍认为, 它们全都是基本粒子. 费米提议同我一起研究, 看看 $\pi$ 介子是否可能并非基本粒子, 或许它是由其他粒子组成. 我们在 1949 年夏研究了这个问题并写成论文.

这是我同费米合写过的唯一一篇论文. 他写作的方式很有趣. 如果某处地方要修改, 他就把那部分剪掉, 粘贴上新改好的部分. 这样, 有些页便变成了长长的纸卷. 他一旦决定了如何遣词造句, 就不轻易改变主意. 我的习惯则迥然不同. 在用词上我喜欢改来改去, 直到今天还是依然故我, 丝毫未变.

# 他永远脚踏实地
## ——纪念费米诞辰 100 周年*

杨振宁

**费米** 美籍意大利裔物理学家, 因为"证明了可由中子辐照而产生的新放射性元素的存在, 以及有关慢中子引发的核反应的发现", 获 1938 年度诺贝尔物理学奖. 费米被公认为 20 世纪物理学大师之一, 对于理论物理学和实验物理学均做出了重大贡献

*原载: 科学, 2013, 65(4).

原编者按: 本文为作者于 2001 年为纪念费米诞辰 100 周年而作, 曾收录于《曙光集》(杨振宁著, 翁帆编译, 三联书店 2008 年版). 2013 年重新收录英文版 *Selected Papers 11, With Commentary* (World Scientific Publishing, 2013) 时, 作者加了后记, 并交本刊发表, 后记由杨建邺译成中文. 本刊发表时按本刊体例作了少量文字处理, 并经作者审定.

力能加害而不屑,
最显能为而不为;
能动他人已如石,
坚定冷静不为移;
如彼允宜得天厚,
自然丰赐不浪掷;
如彼诚彼美颜后,
他人糜耗为美役.①

费米 (Enrico Fermi) 是 20 世纪所有伟大的物理学家中最受尊敬和崇拜者之一. 他之所以受尊敬和崇拜, 是因为他在理论物理和实验物理两方面的贡献, 是因为在他领导下的工作为人类发现了强大的新能源, 而更重要的是因为他的个性: 他永远可靠和可信任; 他永远脚踏实地. 他的能力极强, 却不滥用影响, 也不哗众取宠, 或巧语贬人. 我一直认为他是一个标准的儒家君子.

费米最早在物理学中的兴趣似乎在广义相对论方面. 1923 年左右他开始深入探讨统计力学中的 "吉布斯佯谬" (Gibbs paradox) 和 "绝对熵常数" (absolute entropy constant). 然后, 正如塞格雷 (E. Segrè) 所写的:

当他读了泡利关于不相容原理的文章后, 立即意识到他已掌握了理想气体理论的全部要素. 这个理论能在绝对温度零度时满足能斯特定理 (Nernst theorem), 提供低密度高温度极限时绝对熵的正确的萨库尔 – 特罗德公式 (Sackur-Tetrode formula). 这个理论没有形形色色的任意假设, 而这些假设是以前统计力学中求正确

① 参见: 莎士比亚十四行诗, 第 94 首.

的熵值时必须引入的.②

这项研究导出了费米的第一项不朽的工作, 导出了“费米分布”、“费米球”、“费米液体”、“费米子”等等概念.

按照费米研究风格的特点, 在做出了这个理论方面的贡献以后, 接着他就把此理论用到重原子的结构, 导出了现在通称的托马斯－费米方法 (Thomas-Fermi method). 对于这个方法中的微分方程:

费米用一个小而原始的计算尺求出了其数值解. 此项计算也许花了他一个星期. 马约拉纳 (E. Majorana) 是一位计算速度极快而又不轻信人言的人. 他决定来验证费米的结果. 他把方程式转换为里卡蒂方程 (Riccati equation) 再求其数值解. 所得结果和费米得到的完全符合.③

费米喜欢用计算器. 不论是小的还是大的计算器他都喜欢用. 我们这些在芝加哥的研究生们都看到了他这个特点而且都很信服. 显然在事业的早期, 他就已爱上了计算器. 这个爱好一直延续到他的晚年.

费米下一个主要贡献是在量子电动力学方面, 他成功地排除了纵向场, 得到了库仑相互作用. 1946 至 1954 年间在芝加哥的学生们都知道他对这个工作极为自豪 (可是在今天, 65 岁以下的理论物理学家似乎已经很少有人知道费米的这一贡献了). 这一工作又是极有费米风格的: 他看穿了复杂的形式场论, 看到了其基本内涵 —— 谐振子的集合, 进而化问题为一个简单的薛定谔式方程. 这项工作 1929 年 4 月他第一次在巴黎提出, 1930 年夏在安阿伯 (Ann Arbor) 有名的夏季研讨会中再次提出来. 20 世纪 50 年代后期, 乌伦贝克 (C. Uhlenbeck) 曾告诉我, 在费米的这项工作以前, 没有人真正了解量子电动力学. 这个工作使得费米成为世界上少数几个顶尖的场论物理学家之一.

---

② 参见: E. Segrè, Collected papers of Enrico Fermi. Chicago: Univ of Chicago Press, 1962: 178.

③ 参见: Rasetti E. Collected papers of Enrico Fermi. Chicago: Univ of Chicago Press, 1962: 277.

现在我跳过费米 1920 年在超精细结构理论中绝妙的工作来讲他的 β 衰变理论. 按照塞格雷的讲法, 费米终其一生都认为这个理论是他在理论物理学中最重要的贡献. 我曾读过塞格雷在这方面的评论, 但是感到迷惑不解. 20 世纪 70 年代的一天, 我和维格纳 (E. Wigner) 在洛克菲勒大学咖啡室中曾有过下面一段谈话.

**杨振宁**: 你认为费米在理论物理中最重要的贡献是什么?

**维格纳**: β 衰变理论.

**杨振宁**: 怎么会呢? 它已被更基本的概念所取代. 当然, 他的 β 衰变理论是很重要的贡献, 它支配了整个领域四十多年. 它把当时无法了解的部分置之一旁, 而专注于当时能计算的部分. 结果是美妙的, 并且和实验结果相符. 可是它不是永恒的. 相反, 费米分布才是永恒的.

**维格纳**: 不然, 不然, 你不了解它在当时的影响. 冯 · 诺依曼 (John von Neumann) 和我以及其他人曾经对 β 衰变探讨过很长时间, 我们就是不知道在原子核中怎么会产生一个电子出来.

**杨振宁**: 不是费米用了二次量子化的 $\psi$ 后大家才知道怎么做的吗?

**维格纳**: 是的.

**杨振宁**: 可是, 是你和若尔当 (P. Jordan) 首先发明二次量子化的 $\psi$.

**维格纳**: 对的, 对的, 可是我们从来没有想到过它能用在现实的物理理论里.

我不拟再继续讲费米此后的贡献, 也不拟讲他和学生们的关系. 后者, 我在以前已经写过.④我只讲两个关于费米的故事.

琼 · 欣顿 (Joan Hinton, 寒春) 是第二次世界大战中费米在洛斯阿拉莫斯的助手之一, 战后成为芝加哥大学的研究生. 当我 1946 年后期开始为艾利森 (Samnel King Allison) 工作时她也在这个实验室当研究生. 1948 年春她去了中国, 和她的男朋友恩斯特 (Sid Engst, 阳早) 结婚, 并定居中国, 从事农业 (她的经历是一个应该写下来的

④ 参见前文《费米教授》.

很有意思的故事. 我希望她能很快做这件事). 1971 年夏我第一次访问新中国, 这是在尼克松访问中国之前半年. 我偶然在山西省昔阳县大寨的招待所中遇到了她. 大寨是当时农业公社的一个模范典型. 我们当然又惊又喜, 共同回忆了在芝加哥的那些日子: 我在实验室里是怎样地笨拙; 我是怎样在无意中几乎使她受到致命的电击; 我怎样教了她几句中文; 我怎样借了一部汽车开车送她去拉萨尔 (La Saile) 车站, 开启她去中国的漫长的旅程, 等等. 她问我还记不记得在她离开前费米夫妇为她举行的告别会, 这我记得. 她又问我记不记得那天晚上他们送她的照相机, 这我不记得了. 然后她说在告别会前几天, 她觉得应该告诉费米她打算去中国共产党控制区. 考虑几天以后她终于告诉了费米. 费米说什么呢? "他没有反对, 对此我永生感激." 我知道她的这句话的分量,⑤ 回到石溪后我立刻给在芝加哥的费米夫人打了电话, 告诉她我在大寨遇到琼的全部过程. 几年以后, 琼自己到了芝加哥, 有机会拜访了费米夫人和她的女儿内拉 · 费米 (Nella Fermi).

现在引述我的《选集》(1983) 第 48 页中的一段话作为结束.

不论是作为一位物理学家还是作为一个人, 费米深为所有的人所崇敬. 我相信, 他之所以使人肃然起敬是因为他是一个脚踏实地的人. 他的所有表现无不彰显出他的这种品格的魅力. 20 世纪 50 年代早期, 美国原子能委员会极重要的顾问委员会的主席奥本海默 (J. R. Oppenheimer) 告诉我, 他曾试图劝说费米在任期满后继续留在顾问委员会中. 费米不愿意. 奥本海默坚持. 最后费米说道: "你知道, 我不相信我自己在这些政治问题方面的见解总是正确的."

## 后记

人们常说, 在所有 20 世纪物理学家当中费米 (1901—1954) 是

⑤ 寒春是在 1948 年去的中国, 那时中国共产党还没有战胜蒋介石, 朝鲜战争是在两年之后才爆发. 如果在朝鲜战争爆发后她想去中国, 我确信美国政府不会允许她离开美国.

独一无二的, 在理论和实验上都做过一流的贡献. 我要指出在另一方面他也是独特的: 他从来没有有意识或无意识地试图将他的声望和影响力, 膨胀到现实或他真实的自己的范围之外. 为了强调这一点我选了莎士比亚的第 94 首十四行诗中的八行来介绍费米. 不幸的是, 当上述这篇文章在 2004 年《费米回忆录》发行时, 最后一行被排版工人遗漏了. 与此形成对照的是, 奥本海默 (1904—1967) 和特勒 (E. Teller, 1908—2003) 都享有而且追求权力和影响力. 我相信这是他们之间的冲突, 和他们很不相同的悲剧性生命的主要原因.

当我在上述这篇文章中写到费米时说:

他永远脚踏实地. 他的能力极强, 却不滥用影响, 也不哗众取宠, 或巧语贬人. 我一直认为他是一个标准的儒家君子.

我认为这样的人品在今天的美国是不多见的. 美国社会似乎将它的杰出人士推向相反的方向. 奥本海默、特勒、费曼 (R. P. Feynman)、库恩 (T. Kuhn), 各有自己的一套取悦观众、标榜自己的方法.

美国的科学在突飞猛进, 成功的美国科学家们常常是极端进取而锋芒毕露的. 难道这两件事是相关的吗?

但是我知道中国儒家的楷模, 即使是在今天, 也非常具有活力. 前中国科学院院长周光召作为一个普通人和物理学家, 我写了下面的一段话:

周光召是一位顶尖的物理学家. 他视野开阔, 影响力深远, 并且能够快速地洞悉新思想. 他做物理研究的风格让我想起了朗道 (Lev Davidovich Landau)、萨拉姆 (Moharrad Abdus Salam) 和特勒. 但是从我个人角度看, 周光召是一个完美的儒家思想实践者, 而不像美国、欧洲和俄罗斯的许多名物理学家那样咄咄逼人.

# 父亲和我*

杨振宁

## 一

1922 年我在安徽合肥出生的时候, 父亲是安庆一所中学的教员. 安庆当时也叫怀宁. 父亲给我取名 “振宁”, 其中的 “振” 字是杨家的辈名, “宁” 字就是怀宁的意思. 我不满周岁的时候父亲考取了安徽留美公费生, 出国前我们一家三口在合肥老宅院子的一角照了一张相片 (图 1). 父亲穿着长袍马褂, 站得笔挺. 我想那以前他恐怕还从来没有穿过西服. 两年以后他自美国寄给母亲的一张照片是在芝加哥大学照的 (图 2), 衣着、神情都已进入了二十世纪. 父亲相貌十分英俊, 年轻时意气风发的神态, 在这张相片中清楚地显示出来.

父亲 1923 年秋入斯坦福大学, 1924 年得学士学位后转入芝加哥大学读研究院. 四十多年以后我在访问斯坦福大学时, 参加了该校的中国同学会在一所小洋楼中举行的晚餐会. 小洋楼是二十世纪初年因为中国同学受到歧视, 旧金山的华侨社团捐钱盖的, 楼下

*原载: 二十一世纪, 1997(44).

图 1 1923 年我与父母亲摄于合肥四古巷故居窗外

图 2 1925 年父亲摄于芝加哥大学

供中国学生使用, 楼上供少数中国同学居住. 六十年代这座小楼仍在, 后来被拆掉了. 那天晚餐前有一位同学给我看了楼下的一个大木箱, 其中有 1924 年斯坦福大学年刊, 上面的 Chinese Club 团体照极为珍贵, 现在复印为图 3. 其左下角即为该小楼 1923—1924 年的照片. 木箱中还有中国同学会 1923 年秋的开会记录. 其签名页今复印为图 4.

图 3 斯坦福大学 1924 年年刊上的一页. 父亲的名字是杨克纯 (K. C. Yang). 他是第二排左起第六人

1928 年夏父亲得了芝加哥大学的博士学位后乘船回国, 母亲

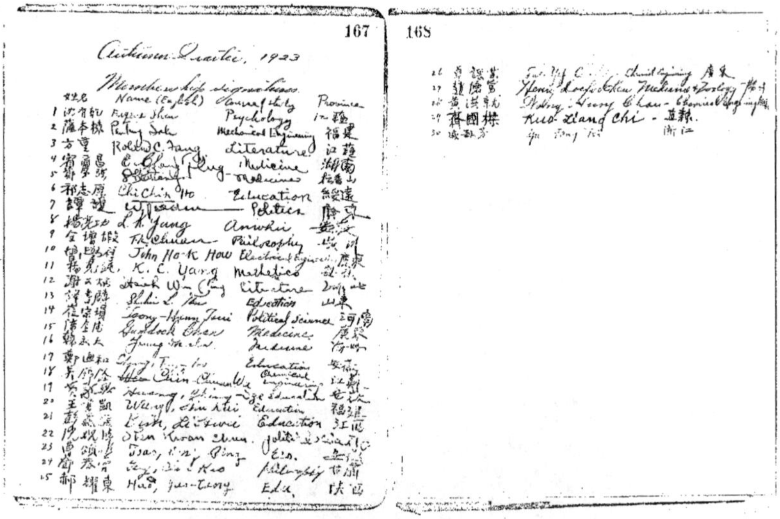
167
Autumn Quarter, 1923
Membership signatures
Name (English)　Course of Study　Province
168

图 4　斯坦福大学 1923 年秋 “中国会” 名单与签名页. 父亲是第 11 人

和我到上海去接他. 我这次看见他, 事实上等于看见了一个完全陌生的人. 几天以后我们三人和一位自合肥来的佣人王姐乘船去厦门, 因为父亲将就任为厦门大学数学系教授.

厦门那一年的生活我记得是很幸福的, 也是我自父亲那里学到很多东西的一年. 那一年以前, 在合肥母亲曾教我认识了大约三千个汉字, 我又曾在私塾里学过背《龙文鞭影》, 可是没有机会接触新式教育. 在厦门父亲用大球、小球讲解太阳、地球与月球的运行情形; 教了我英文字母 “abcde⋯⋯”; 当然也教了我一些算术和鸡兔同笼一类的问题. 不过他并没有忽略中国文化知识, 也教我读了不少首唐诗, 恐怕有三四十首; 教我中国历史朝代的顺序 “唐虞夏商周, ⋯⋯”; 干支顺序 “甲乙丙丁 ⋯⋯”, “子鼠丑牛寅虎 ⋯⋯”; 八卦 “乾三聊, 坤六段, 震仰盂, 艮覆碗, 离中虚, 坎中满, 兑上缺, 巽下断” 等等.

父亲少年时候喜欢唱京戏. 那一年在厦门他还有时唱 “我好比笼中鸟, 有翅难展 ⋯⋯”. 不过他没有教我唱京戏, 只教我唱一些民国初年的歌曲如 “上下数千年, 一脉延 ⋯⋯”, “中国男儿, 中国男儿 ⋯⋯” 等.

父亲的围棋下得很好. 那一年他教我下围棋. 记得开始时他让我十六子, 多年以后渐渐退为九子, 可是我始终没有从父亲那里得到"真传". 一直到 1962 年在日内瓦我们重聚时下围棋, 他还是要让我七子.

图 5 是 1929 年照的. 父亲和母亲当时都那么年轻. 图 6 也是同一年在厦门鼓浪屿日光岩上照的. 那天我很显然不太高兴. 三十多年以后, 在 1960 年父亲与母亲自上海飞到日内瓦跟我团聚以前, 三弟翻出这张照片要他们带去给我看. 父亲说: "不要带, 不要带, 那天我骂了振宁一顿, 他很不高兴."

图 5　1929 年我与父母亲摄于厦门

图 6　1929 年摄于厦门鼓浪屿日光岩

这是没有做过父母的人不易完全了解的故事.

在厦大任教了一年以后, 父亲改任北平清华大学教授. 我们一家三口于 1929 年秋搬入清华园西院 19 号, 那是西院东北角上的一所四合院 (图 7 上的 "A"). 西院于 20 世纪 30 年代向南方扩建后, 我们家的门牌改为 11 号.

我们在清华园里一共住了八年, 从 1929 年到抗战开始那一年. 清华园的八年在我回忆中是非常美丽、非常幸福的. 那时中国社会十分动荡, 内忧外患, 困难很多. 但我们生活在清华园的围墙里头, 不大与外界接触. 我在这样一个被保护起来的环境里度过了童年. 在我的记忆里头, 清华园是很漂亮的. 我跟我的小学同学们在园里到处游玩. 几乎每一棵树我们都曾经爬过, 每一棵草我们都曾经研究过.

这是我在 1985 年出版的一本小书《读书教学四十年》中第 112 页写的. 里面所提到的 "在园里到处游玩", 主要是指今天的近春园

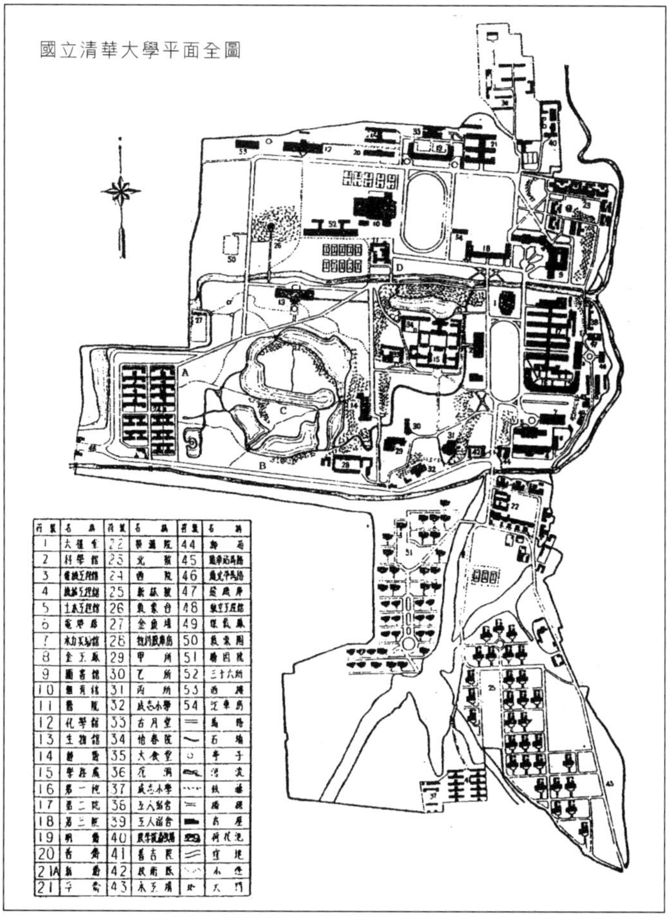


图 7 《清华大学 1948 级年刊》中的平面全图. 图中今天的生物馆以南, 静斋和供应科以西, 西院以东的地区, 基本上与三十年代的情形相同, 只是南面的校围墙比三十年代的围墙向南移了恐怕有一百尺 (三十年代的校围墙的这一段在图中 “B” 的地方, 在马路和河的北面, 与它们平行)

附近. 那时西北起今天的校医院、近春楼、伟伦中心, 南至今天的游泳池和供应科, 东至今天的静斋, 北到今天的蒙民伟楼旁的河以南的建筑, 都还没有兴建, 整块都是一大片荒地, 只有一些树丛、土山、荷塘、小农田和几户农家, 变成我们游玩的好地方.

图 7 是《清华大学 1948 级年刊》上的 “平面全图” 的一部分. 图中 “32” 就是我读书的小学: 成志学校, 现在是工会. 自 1929 年起

我在这里读了四年书. 我每天自西院东北角家门口 “A” 出发, 沿着如图 7 上依稀可辨认的小路向南行, 再向东南走, 爬过一个小土山便到达当时的清华园围墙 (“B”), 然后沿着围墙北边的小路东行到成志学校. 这样走一趟要差不多二十分钟, 假如路上没有看见蝴蝶或者蚂蚁搬家等重要事件的话.

另外一条我常常骑自行车走的路是图 7 中自家门口东北行的大路. 此路的另一端是当时的校医院 (即今天的蒙民伟楼) 旁的桥 (“D”). 每逢开运动会, 我就骑自行车沿此路此桥去体育馆, 和成志学校的同学们组织啦啦队呐喊助威.

父亲常常和我自家门口东行, 沿着如图 7 里面的第三条小路去古月堂或去科学馆. 这条小路特别幽静, 穿过树丛以后, 有一大段路 (在 “C” 附近) 左边是农田与荷塘, 右边是小土山. 路上很少遇见行人, 春夏秋冬的景色虽不同, 幽静的气氛却一样. 童年的我当时未能体会到, 在小径上父亲和我一起走路的时刻是我们单独相处最亲近的时刻.

我九、十岁的时候, 父亲已经知道我学数学的能力很强. 到了十一岁入初中的时候, 我在这方面的能力更充分显示出来. 回想起来, 他当时如果教我解析几何和微积分, 我一定学得很快, 会使他十分高兴. 可是他没有这样做: 我初中一与初中二年级之间的暑假, 父亲请雷海宗教授介绍一位历史系的学生教我《孟子》. 雷先生介绍他的得意学生丁则良来. 丁先生学识丰富, 不只教我《孟子》, 还给我讲了许多上古历史知识, 是我在学校的教科书上从来没有学到的. 下一年暑假, 他又教我另一半的《孟子》, 所以在中学的年代我可以背诵《孟子》全文.

父亲书架上有许多英文和德文的数学书籍, 我常常翻看. 印象最深的是 G. H. Hardy 和 E. M. Wright 的《数论》中的一些定理和 A. Speiser 的《有限群论》中的许多 space groups 的图. 因为当时我的外文基础不够, 所以不能看得懂细节. 我曾多次去问父亲, 他总是说 “慢慢来, 不要着急”, 只偶尔给我解释一两个基本概念.

1937 年抗战开始, 我们一家先搬回合肥老家, 后来在日军进入南京以后, 我们经汉口、香港、海防、河内, 于 1938 年 3 月到达昆明. 我在昆明昆华中学读了半年高中二年级, 没有念高三, 于 1938 年秋以 "同等学历" 的资格考入了西南联合大学.

1938 到 1939 这一年, 父亲介绍我接触了近代数学的精神. 他借了 G. H. Hardy 的 *Pure Mathematics* 与 E. T. Bell 的 *Men of Mathematics* 给我看. 他和我讨论 Set Theory、不同的无限大、the Continuum Hypothesis 等观念. 这些都给了我不可磨灭的印象. 四十年以后在 *Selected Papers, 1945—1980, with Commentary* (Freeman and Company, 1983) 第 74 页上我这样写道①:

我的物理学界同事们大多对数学采取功利主义的态度. 也许因为受我父亲的影响, 我较为欣赏数学. 我欣赏数学家的价值观, 我赞美数学的优美和力量: 它有战术上的机巧与灵活, 又有战略上的雄才远虑. 而且, 奇迹的奇迹, 它的一些美妙概念竟能支配物理世界的基本结构.

父亲虽然给我介绍了数学的精神, 却不赞成我念数学. 他认为数学不够实用. 1938 年我报名考大学时很喜欢化学, 就报了化学系. 后来为准备入学考试, 自修了高三物理, 发现物理更合我的口味, 这样我就进了西南联大物理系.

1941 年秋为了写学士毕业论文, 我去找吴大猷教授.

〔他〕给了我一本 *Reviews of Modern Physics* (《现代物理评论》), 叫我去研究其中一篇文章, 看看有什么心得. 这篇文章讨论的是分子光谱学和群论的关系. 我把这篇文章拿回家给父亲看. 他虽不是念物理的, 却很了解群论. 他给了我狄克逊 (Dickson) 所写的一本小书, 叫做 *Modern Algebraic Theories* (《近代代数理论》). 狄克逊是我父亲在芝加哥大学的老师. 这本书写得非常合我的口味. 因为它很精简, 没有废话, 在 20 页之间就把群论中 "表示理论" 非常美妙地完全讲清楚了. 我学到了群论的美妙和它在物理中应用的深入, 对我后来的工作有决定性的影响. 这个领域叫做对称原理.

① 译文见张奠宙《杨振宁和当代数学》, 载于杨振宁:《读书教学再十年》(台北: 时报出版社, 1995), 200.

我对对称原理发生兴趣实起源于那年吴先生的引导.[②]

今年 (1997) 为了庆祝吴先生的九十寿辰, 邹祖德和我写了一篇文章[③], 用群论方法计算 $C_{60}$ 的振动频率. $C_{60}$ 是一个对称性特高的分子, 用群论讨论最合适. (有这样高度对称的分子不仅在 1941 年吴先生和我没有预料到, 在 1983 年我写上面的那段话时也还没有任何人预料到.)

抗战这些年是艰苦困难的日子, 也是我一生学习新知识最快的一段日子. 最近三弟杨振汉曾这样描述 1945 年夏抗战结束时我家的情形[④]:

1945 年夏, 大哥获取了留美公费, 将离家赴美国读博士. 父亲高兴地告诉我们, 艰苦和漫长的抗日战争看来即将过去, 反德国法西斯战争也将结束. 我家经受了战乱的洗礼, 虽有精神和物质损失, 但是我们家七口人都身体健康, 学业有进, 更可喜的是儿女们都孝顺父母, 兄弟姐妹之间和睦相处, 亲情常在, 我们一家人相互之间的关系, 的确非比寻常, 这是我们每个人都十分珍视的.

抗战胜利至今已 51 年了, 父亲、母亲和振复 (振宁注: 振复是我们的五弟, 1937 年生, 1985 年卒) 均已长眠于苏州东山. 回忆抗战这些年的难苦岁月我们家真可称得上美好、和睦和亲情永驻的家.

我还记得 1945 年 8 月 28 日那天我离家即将飞往印度转去美国的细节: 清早父亲只身陪我自昆明西北角乘黄包车到东南郊拓东路等候去巫家坝飞机场的公共汽车. 离家的时候, 四个弟妹都依依不舍, 母亲却很镇定, 记得她没有流泪. 到了拓东路父亲讲了些勉励的话, 两人都很镇定. 话别后我坐进很拥挤的公共汽车, 起先还能从车窗往外看见父亲向我招手, 几分钟后他即被拥挤的人群挤到远处去了. 车中同去美国的同学很多, 谈起话来, 我的注意力即转移到飞行路线与气候变化等问题上去. 等了一个多钟头, 车始终没有发动. 突然我旁边的一位美国人向我做手势, 要我向窗外看:

② 杨振宁:《读书教学四十年》(香港: 三联书店, 1985), 114.

③ T. T. Chou 和 Chen Ning Yang, Phys. Letters A.

④ 杨振汉:《家、家教、教育》. 载于徐胜兰、孟东明:《杨振宁传》(上海: 复旦大学出版社, 1997), 261—262.

骤然间发现父亲原来还在那里等! 他瘦削的身材, 穿着长袍, 额前头发已显斑白. 看见他满面焦虑的样子, 我忍了一早晨的热泪, 一时迸发, 不能自已.

1928 年到 1945 年这十七年时间, 是父亲和我常在一起的年代, 是我童年到成人的阶段. 古人说父母对子女有 “养育” 之恩. 现在不讲这些了, 但其哲理我认为是有永存的价值的.

## 二

1946 年初我注册为芝加哥大学研究生. 选择芝加哥大学倒不是因为它是父亲的母校, 而是因为我仰慕已久的费米 (Fermi) 教授去了芝大⑤. 当时芝加哥大学物理、化学、数学系都是第一流的. 我在校共三年半, 头两年半是研究生, 得博士学位后留校一年任教员, 1949 年夏转去普林斯顿高等学术研究所. 父亲对我在芝大读书成绩极好, 当然十分高兴. 更高兴的是我将去有名的普林斯顿高等研究所, 可是他当时最关怀的不是这些, 而是我的结婚问题. 1949 年秋吴大猷先生告诉我胡适先生要我去看他. 胡先生我小时候在北平曾见过一两次, 不知道隔了这么多年他为什么在纽约会想起我来. 见了胡先生面, 他十分客气, 说了一些称赞我的学业的话, 然后说他在出国前曾看见我父亲, 父亲托他关照我找女朋友的事. 我今天还记得胡先生极风趣地接下去说: “你们这一辈比我们能干多了, 哪里用得着我来帮忙!”

1950 年 8 月 26 日杜致礼和我在普林斯顿结婚. 我们相识倒不是由胡先生或父亲的其他朋友所介绍, 而是因为她是 1944 年到 1945 年我在昆明联大附中教书时中五班上的学生. 当时我们并不熟识. 后来在普林斯顿唯一的中国餐馆中偶遇, 这恐怕是前生的姻缘吧. 20 世纪 50 年代胡先生常来普林斯顿大学葛斯德图书馆, 曾多次来我家做客 (图 8). 第一次来时他说: “果然不出我所料, 你自己找到了这样漂亮能干的太太.”

⑤ 杨振宁:《读书教学四十年》(香港: 三联书店, 1985), 115—116.

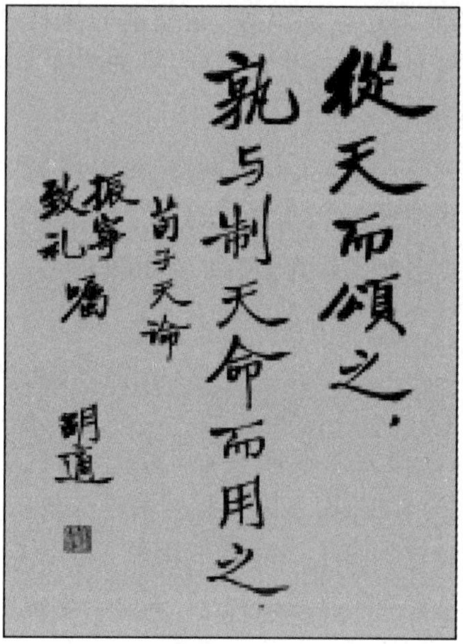


图 8　胡适于 20 世纪 50 年代初写的字

父亲对我 1947 年来美国后发表的第一篇文章与翌年我的博士论文特别发生兴趣, 因为它们都与群论有密切关系. 1957 年 1 月吴健雄的实验证实了宇称不守恒的理论以后, 我打电话到上海给父亲, 告诉他此消息. 宇称不守恒与对称有关, 因而也与群论有关, 父亲当然十分兴奋. 那时他身体极不好 (1955 年因多年糖尿病加某种感染, 不能吸收胰岛素, 医生曾认为已无希望, 后来幸能克服感染, 但身体仍十分虚弱), 得此消息对他精神安慰极大.

1957 年我和杜致礼及我们当时唯一的孩子光诺 (那时六岁) 去日内瓦. 我写信请父亲也去日内瓦和我们见面. 他得到统战部的允许, 以带病之身, 经北京、莫斯科、布拉格, 一路住医院, 于 7 月初飞抵日内瓦, 到达以后又立刻住入医院. 医生检查数日, 认为他可以出院, 但每日要自己检查血糖与注射胰岛素. 我们那年夏天在 Rue de Vermont 租了一公寓, 每天清早光诺总是非常有兴趣地看着祖父用酒精灯检查血糖. 我醒了以后他会跑来说: “It is not good today, it is brown.” (今天不好, 棕色. ) 或 “It is very good today, it is blue.” (今天很好, 蓝色. ) 过了几星期, 父亲身体渐恢复健康, 能和小孙子去公园散步. 他们非常高兴在公园一边的树丛中找到了一个 “secret path” (秘密通道). 每次看他们一老一少准备出门: 父亲对着镜子梳头发, 光诺雀跃地开门, 我感到无限的满足.

父亲给致礼和我介绍了新中国的许多新事物. 他对毛主席万分敬佩, 尤其喜欢毛的诗句如 “指点江山/激扬文字/粪土当年万户侯”, 与 “秦皇汉武/略输文采/唐宗宋祖/稍逊风骚/一代天骄/成吉思汗/只识弯弓射大雕/俱往矣/数风流人物/还看今朝” 等.

有一天他给致礼和我写了两句话 (图 9). 今天的年轻人恐怕会觉得这两句话有一点封建味道, 可是我以为封建时代的思想虽然有许多是要不得的, 但也有许多是有永久价值的.

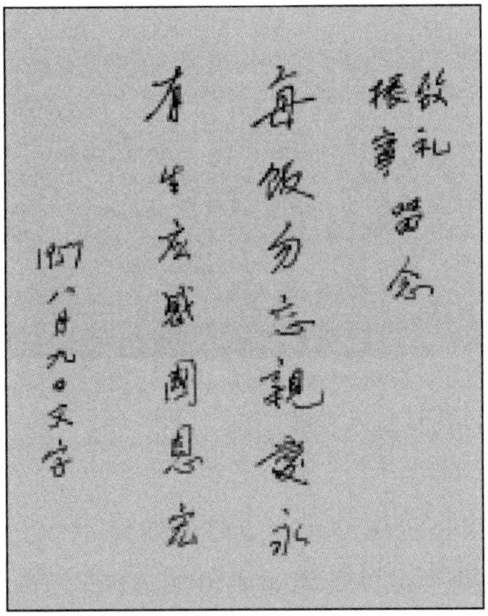


图 9 1957 年父亲写给我和致礼的两句话

1960 年夏及 1962 年夏, 父亲又和母亲两度与我在日内瓦团聚. 致礼、光宇 (我们的老二) 和二弟振平也都参加了. 每次团聚头两天总是非常感情冲动 (图 10), 讲一些自己的和家人与亲友们的遭遇. 以后慢慢镇静下来, 才能欣赏瑞士的一切.

父亲三次来日内瓦, 尤其后两次, 都带有使命感, 觉得他应当

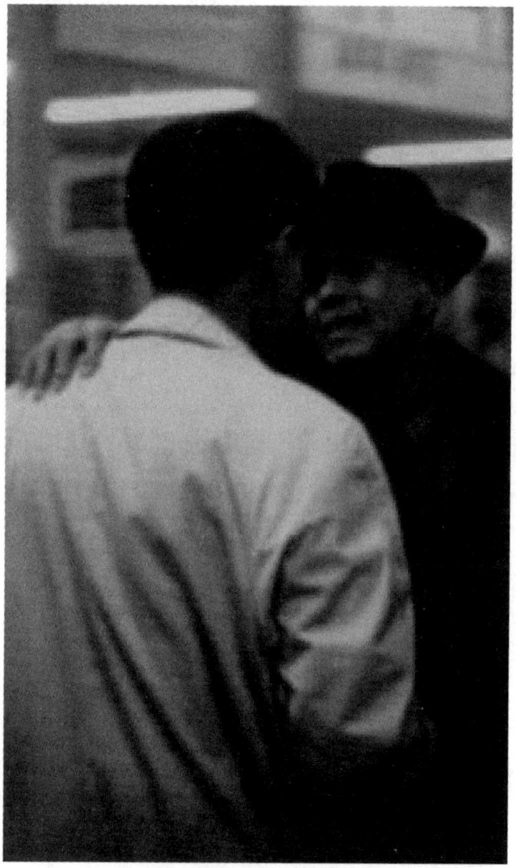

图 10　1962 年 5 月 21 日父亲和母亲到日内瓦, 我去机场迎接. 见面时父亲悲感满面. 图为黄长风所摄

劝我回国. 这当然是统战部或明或暗的建议, 不过一方面也是父亲自己灵魂深处的愿望. 可是他又十分矛盾: 一方面他有此愿望, 另一方面他又觉得我应该留在美国, 力求在学术上更上一层楼.

和父亲、母亲在日内瓦三次见面, 对我影响极大. 那些年代在美国对中国的实际情形知道很少. 三次见面使我体会到了父亲和母亲对新中国的看法. 记得 1962 年我们住在 Route de Florissant, 有一个晚上, 父亲说新中国使中国人真正站起来了: 从前不会做一根针, 今天可以制造汽车和飞机 (那时还没有制成原子弹, 父亲也不知道中国已在研制原子弹). 从前常常有水灾旱灾, 动辄死去几百万人, 今天完全没有了. 从前文盲遍野, 今天至少城市里面所有小孩都能上学. 从前 ……, 今天 ……. 正说得高兴, 母亲打断了他的话说: "你不要专讲这些. 我摸黑起来去买豆腐, 站排站了三个钟头, 还只能买到两块不整齐的, 有什么好?" 父亲很生气, 说她专门扯他的后腿, 给儿子错误的印象, 气得走进卧室, "砰" 的一声关上了门.

我知道他们二位的话都有道理, 而且二者并不矛盾: 国家的诞生好比婴儿的诞生, 只是会有更多的困难, 会有更大的痛苦.

## 三

1971 年夏天我回到了阔别二十六年的祖国. 那天乘法航自缅甸东飞, 进入云南上空时, 驾驶员说: "我们已进入中国领空!" 当时我激动的心情是无法描述的.

傍晚时分, 到达上海. 母亲和弟妹们在机场接我. 我们一同去华山医院看望父亲. 父亲住院已有半年. 上一次我们见面是 1964 年底在香港, 那时他六十八岁, 还很健康. 六年半中间, 受了一些隔离审查的苦, 老了、瘦了许多, 已不能自己站立行走. 见到我当然十分激动.

1972 年夏天我第二度回国探亲访问. 父亲仍然住在医院, 身体更衰弱了. 次年 5 月 12 日清晨父亲长辞人世, 享年七十七岁. 5 月 15 日在上海为父亲开的追悼会上, 我的悼词有这样两段⑥:

近两年来父亲身体日衰. 他自己体会到这一点, 也就对我们的一切思想和行为想得很多. 1971 年、1972 年我来上海探望他, 他和我谈了许多话, 归根起来他再三要我把眼光放远, 看清历史演变的潮流, 这个教训两年来在我身上产生了很大的影响.

父亲于 1973 年 5 月 12 日长辞人世. 在他的一生七十七年的时间里, 历史有了惊天动地的演变. 昨天收到他一位老同学, 又是老同事的信, 上面说 "在青年时代, 我们都向往一个繁荣昌盛的新

⑥ 杨振宁:《读书教学四十年》(香港: 三联书店, 1985), 71. 此段所提到的老同学、老同事是周培源先生.

中国. 解放以后二十多年来在毛主席和中国共产党的英明领导下, 当时我们青年梦寐以求的这个新中国实现了. ” 我想新中国的实现这个伟大的历史事实以及她对于世界前途的意义正是父亲要求我们清楚地掌握的.

六岁以前我生活在老家安徽合肥, 在一个大家庭里面. 每年旧历新年正厅门口都要换上新的春联. 上联是 “忠厚传家”, 下联是 “诗书继世”. 父亲一生确实贯彻了 “忠” 与 “厚” 两个字. 另外他喜欢他的名字杨克纯中的 “纯” 字, 也极喜欢朋友间的 “信” 与 “义”. 父亲去世以后, 我的小学同班同学、挚友熊秉明写信来安慰我, 说父亲虽已过去, 我的身体里还循环着他的血液. 是的, 我的身体里循环着的是父亲的血液, 是中华文化的血液.

我于 1964 年春天入美国籍. 差不多二十年以后我在论文集中这样写道⑦:

从 1945 至 1964 年, 我在美国已经生活了十九年, 包括了我成年的大部分时光. 然而, 决定申请入美国籍并不容易. 我猜想, 从大多数国家来的许多移民也都有同类问题. 但是对一个在中国传统文化里成长的人, 做这样的决定尤其不容易. 一方面, 传统的中国文化根本就没有长期离开中国移居他国的观念. 迁居别国曾一度被认为是彻底的背叛. 另一方面, 中国有过辉煌灿烂的文化. 她近一百多年来所蒙受的屈辱和剥削在每一个中国人的心灵中都留下了极深的烙印. 任何一个中国人都难以忘却这一百多年的历史. 我父亲在 1973 年故去之前一直在北京和上海当数学教授. 他曾在芝加哥大学获得博士学位. 他游历甚广. 但我知道, 直到临终前, 对于我的放弃故国, 他在心底里的一角始终没有宽恕过我⑧.

⑦ 杨振宁著, 甘幼玶译:《三十五年心路》(南宁: 广西科学技术出版社, 1989), 123. 原文见 Chen Ning Yang. “Selected Papers with Commentary” (W. H. Freeman and Co., 1983), 56.

⑧ 杨振宁先生在 2015 年 4 月 1 日放弃了美国国籍, 回归中国籍. —— 编者注.

## 四

百载魂牵黄土地 三春雨润紫荆花

(蔡国平撰⑨)

1997 年 7 月 1 日清晨零时, 我有幸在香港会议展览中心参加了回归盛典. 看着中华人民共和国国旗在 “起来, 不愿做奴隶的人们” 的音乐声中冉冉上升, 想到父亲如果能目睹这历史性的, 象征中华民族复兴的仪式, 一定比我还要激动. 他出生于 1896 年 —— 一百零一年前,《马关条约》、庚子赔款的年代, 在残破贫穷, 被列强欺侮, 实质上已被瓜分了的祖国. 他们那一辈的中国知识分子, 目睹洋人在租界中的专横, 忍受了二十一条款, 五卅惨案, 九一八事变, 南京大屠杀等说不完的外人欺凌, 出国后尝了种族歧视的滋味, 他们是多么盼望有一天能看到站了起来的富强的祖国, 能看到大英帝国落旗退兵, 能看到中国国旗骄傲地向世界宣称: 这是中国的土地. 这一天, 1997 年 7 月 1 日, 正是他们一生梦寐以求的一天.

父亲对这一天的终会到来始终是乐观的. 可是直到 1973 年去世的时候, 他却完全没有想到他的儿子会躬逢这一天的历史性的盛典. 否则, 他恐怕会改吟陆放翁的名句吧:

国耻尽雪欢庆日 家祭毋忘告乃翁

## 附: 在杨武之先生追悼会上的讲话

父亲生于 1896 年农历三月二日, 在安徽合肥. 他早年毕业于北京高等师范大学, 后来在安徽安庆第一女子师范学校教了几年数学; 我是在那个时期出生在合肥的. 安庆那时叫怀宁, 所以他给我取名为振宁. 1928 年以后他在厦门大学、清华大学、西南联合大学、昆明师范学院、大同大学、同济大学和复旦大学担任数学教授先后四十多年.

父亲为人纯真谦虚, 力争上游, 是接触过他的人都有的印象.

---

⑨ 原载香港《大公报》, 1997 年 7 月 23 日 E2 版.

父亲对我们子女们的影响很大. 从我自己来讲: 我小时候受到他的影响因而早年对数学发生浓厚的兴趣, 这对我后来进入物理学工作有决定性影响.

1962 年父亲、母亲和我在日内瓦会面, 父亲向我介绍了许多新中国的建设和新中国的思想. 他的话许多地方我能了解, 也有许多地方我不能了解, 这样, 就产生了多次的辩论. 有一晚我们辩论了很久, 最后我说: "您现在所说的和您几十年以前所教我的不一样." 他说: "你怎么还没有了解, 我正是要告诉你, 今天我们要否定许多我从前以为是对的, 而实际是错的价值标准." 这一句话给了我很深刻的印象.

近两年来父亲身体日衰. 他自己体会到这一点, 也就对我们的一切思想和行为想得很多. 71 年、72 年我来上海探望他, 他和我谈了许多话, 归根起来他再三要我把眼光放远, 看清历史演变的潮流, 这个教训两年来在我身上产生了很大的影响.

父亲于 1973 年 5 月 12 日长辞人世. 在他一生 77 年的时间里, 历史有了惊天动地的变化. 昨天收到他的老同学, 同时也是老同事的信, 上面说: "在青年时代, 我们都向往一个繁荣昌盛的新中国. 解放以后二十多年来在毛主席和中国共产党的英明领导下, 当时我们青年梦寐以求的这个新中国实现了." 我想新中国的实现这个伟大的历史事实以及她对于世界前途的意义正是父亲要求我们所掌握的.

最后, 我代表全家向华山医院、复旦大学、治丧委员会、上海市革命委员会和全体来参加追悼会的各位表示衷心的感谢.

# 邓稼先*

杨振宁

## 从"任人宰割"到"站起来了"

一百年以前, 甲午战争和八国联军的时代, 恐怕是中华民族五千年历史上最黑暗最悲惨的时代. 只举 1898 年为例:

德国强占山东胶州湾, "租借" 99 年.

俄国强占辽宁旅顺大连, "租借" 25 年.

法国强占广东广州湾, "租借" 99 年.

英国强占山东威海卫与香港新界. 前者 "租借" 25 年, 后者 "租借" 99 年.

那是任人宰割的时代, 是有亡国灭种的危险的时代.

今天, 一个世纪以后, 中国人站起来了.

这是千千万万人努力的结果, 是许许多多可歌可泣的英雄人物创造出来的, 在 20 世纪人类历史上可能是最重要的, 影响最深远的巨大转变.

对这巨大转变做出了巨大贡献的有一位长期以来鲜为人知的科学家: 邓稼先 (1924—1986).

---

*原载: 二十一世纪, 1993(17).

## 两弹元勋

邓稼先于 1924 年出生在安徽省怀宁县①. 在北平上小学和中学以后, 于 1945 年自昆明西南联大毕业. 1948—1950 年在美国普渡大学 (Purdue University) 读理论物理, 得到博士学位后立即乘船回国, 1950 年 10 月到中国科学院工作. 1958 年 8 月被任命带领几十个大学毕业生开始研究原子弹制造的理论.

图 1　1992 年出版的邓稼先集. 书名题字是张爱萍将军的手迹

① 葛康同、邓仲先、邓携先、许鹿希著:《两弹元勋邓稼先》(新华出版社, 1992). 关于邓稼先的生平可参阅《中国现代科学家传记》(科学出版社, 1991) 第一辑第 178 页胡思得所撰:《邓稼先》.

这以后 28 年间邓稼先始终站在中国原子武器设计制造和研究的第一线②, 领导许多学者和技术人员, 成功地设计了中国的原子弹和氢弹, 把中华民族国防自卫武器引导到了世界先进水平:

1964 年 10 月 16 日中国爆炸了第一颗原子弹③.

1967 年 6 月 17 日中国爆炸了第一颗氢弹④.

图 2 邓稼先 (左) 和于敏. 1984 年 10 月 16 日摄

② 同 ①.

③ 关于中国原子弹与氢弹研制工作描述得最详尽的是 J. W. Lewis and L. Xue: *China Builds the Bomb* (Stanford University Press, 1988). 此书 (第 201 页) 把中国的氢弹设计称为 "邓于方案", 邓是邓稼先, 于是于敏. 国际上称美国的氢弹设计为 "Teller-Ulam 方案", 苏联的为 "Sakharov 方案".

④ 同 ③.

这些日子是中华民族五千年历史上的重要日子, 是中华民族完全摆脱任人宰割时代的新生日子!

1967 年以后邓稼先继续他的工作, 至死不懈, 对国防武器做出了许多新的巨大贡献”⑤.

1985 年 8 月邓稼先做了切除直肠癌的手术. 次年 3 月又做了第二次手术. 在这期间他和于敏联合署名写了一份关于中华人民共和国核武器发展的建议书⑥. 1986 年 5 月邓稼先再做了第三次手术, 7 月 29 日因全身大出血而逝世⑦.

“鞠躬尽瘁, 死而后已” 正好准确地描述了他的一生.

邓稼先是中华民族核武器事业的奠基人和开拓者. 张爱萍将军称他为 “两弹元勋”, 他是当之无愧的.

## 邓稼先与奥本海默

抗战开始以前的一年, 1936 年到 1937 年, 稼先和我在北平崇德中学同学一年. 后来抗战时期在西南联大我们又是同学. 以后他在美国留学的两年期间我们曾住同屋, 五十年的友谊, 亲如兄弟.

1949 年到 1966 年我在普林斯顿高等研究所工作, 前后十七年的时间里所长都是物理学家奥本海默 (Oppenheimer, 1904—1967). 当时他是美国家喻户晓的人物, 因为他曾成功地领导战时美国的原子弹制造工作. 高等研究所是一个很小的研究所, 物理教授最多的时候只有五个人, 包括奥本海默, 所以他和我很熟识.

奥本海默和邓稼先分别是美国和中国原子弹设计的领导人, 各是两国的功臣, 可是他们的性格和为人截然不同 —— 甚至可以说他们走向了两个相反的极端.

奥本海默是一个拔尖的人物, 锋芒毕露. 他二十几岁的时候在德国哥廷根镇做玻恩 (Born, 1882—1970) 的研究生. 玻恩在他晚年

---

⑤ 邓稼先逝世三年以后, 于 1989 年夏, 中国政府再颁发给他一次特等奖 (见 ①), 表彰他的贡献.

⑥ 同 ①.

⑦ 邓稼先的医生和他的夫人都认为他的疾病与他工作期间曾受到的大量辐射可能有关.

所写的自传[⑧] 中说研究生奥本海默常常在别人做学术报告时 (包括玻恩做学术报告时), 打断报告, 走上讲台拿起粉笔说 “这可以用底下的办法做得更好 ……”. 我认识奥本海默时他已四十多岁了, 已经是家喻户晓的人物了, 打断别人的报告, 使演讲者难堪的事仍然不时出现, 不过比起以前要较少出现一些.

奥本海默的演讲十分吸引人. 他善于辞令, 听者往往会着迷. 1964 年为了庆祝他六十岁的生日, 三位同事和我编辑了一期《近代物理评论》, 在前言中[⑨]我们写道:

他的文章不可以速读. 它们包容了优雅的风格和节奏. 它们描述了近世科学时代人类所面临的多种复杂的问题, 详尽而奥妙.

像他的文章一样, 奥本海默是一个复杂的人. 佩服他、仰慕他的人很多. 不喜欢他的人也不少.

邓稼先则是一个最不要引人注目的人物. 和他谈话几分钟就看出他是忠厚平实的人. 他真诚坦白, 从不骄人. 他没有小心眼儿, 一生喜欢 “纯” 字所代表的品格. 在我所认识的知识分子当中, 包括中国人和外国人, 他是最有中国农民的朴实气质的人.

我想邓稼先的气质和品格是他所以能成功地领导许许多多各阶层工作者为中华民族作了历史性贡献的原因: 人们知道他没有私心, 人们绝对相信他.

“文革” 初期他所在的研究院 (九院) 成立了两派群众组织, 对吵对打, 和当时全国其他单位一样. 而邓稼先竟有能力说服两派[⑩], 继续工作, 于 1967 年 6 月成功地制成了氢弹.

1971 年, 在他和他的同事们被 “四人帮” 批判围攻的时候[⑪], 如果你和我去和工宣队军宣队讲理, 恐怕要出惨案. 邓稼先去了, 竟能说服工宣队军宣队的队员. 这是真正的奇迹.

邓稼先是中国几千年传统文化所孕育出来的有最高奉献精神

---

⑧ Max Born: *My Life* (scribners, 1975).

⑨ F. Dyson, A. Pais, B. Stromgren and C. N. Yang: *Reviews of Modern Physics* **36**, 507(1964).

⑩ 同 ①.

⑪ 于敏:《悼念邓稼先同志》(《光明日报》, 1986 年 8 月 24 日).

的儿子.

邓稼先是中国共产党的理想党员.

我以为邓稼先如果是美国人, 不可能成功地领导美国原子弹工程; 奥本海默如果是中国人, 也不可能成功地领导中国原子弹工程. 当初选聘他们的人, 钱三强和葛若夫斯 (Croves), 可谓真正有知人之明, 而且对中国社会、美国社会各有深入的认识.

## 民族感情? 友情?

1971 年我第一次访问中华人民共和国. 在北京见到阔别了 22 年的稼先. 在那以前, 于 1964 年中国原子弹试爆以后, 美国报章上就已经再三提到稼先是此事业的重要领导人. 与此同时还有一些谣言说 1948 年 3 月去了中国的寒春 (中文名字, 原名 Joan Hinton) 曾参与中国原子弹工程. (寒春[12] 曾于 40 年代初在洛斯阿拉姆斯 (Los Alamos) 武器实验室做费米 (Fermi) 的助手, 参加了美国原子弹的制造, 那时她是年轻的研究生.)

1971 年 8 月在北京我看到稼先时避免问他的工作地点. 他自己说 "在外地工作". 我就没有再问. 但我曾问他, 是不是寒春曾参加中国原子弹工作, 像美国谣言所说的那样. 他说他觉得没有, 他会再去证实一下, 然后告诉我.

1971 年 8 月 16 日, 在我离开上海经巴黎回美国的前夕, 上海市领导人在上海大厦请我吃饭. 席中有人送了一封信给我, 是稼先写的, 说他已证实了, 中国原子武器工程中除了最早于 1959 年底以前曾得到苏联的极少 "援助" 以外, 没有任何外国人参加.

此封短短的信给了我极大的感情震荡. 一时热泪满眶, 不得不起身去洗手间整理仪容. 事后我追想为什么会有那样大的感情震荡, 为了民族的自豪? 为了稼先而感到骄傲? —— 我始终想不清楚.

---

⑫ 寒春和我在 1946—1948 年间在芝加哥大学物理系同为研究生, 且同一实验室. 她 1948 年以后在中国居住. 近年来时常访问美国. 我多次劝她写她的自传, 希望她有一天会写出来.

图 3 1949 年摄于芝加哥大学. 左起杨振宁、邓稼先、杨振平

## "我不能走"

青海、新疆、神秘的古罗布泊、马革裹尸的战场. 不知道稼先有没有想起我们在昆明时一起背诵的《吊古战场文》:

浩浩乎! 平沙无垠, 敻不见人. 河水萦带, 群山纠纷. 黯兮惨悴, 风悲日曛. 蓬断草枯, 凛若霜晨. 鸟飞不下, 兽铤亡群. 亭长告余曰: "此古战场也! 常覆三军. 往往鬼哭, 天阴则闻!"

稼先在蓬断草枯的沙漠中埋葬同事, 埋葬下属的时候不知是什么心情?

"粗估" 参数的时候, 要有物理直觉; 筹划昼夜不断的计算时, 要有数学见地; 决定方案时, 要有勇进的胆识, 又要有稳健的判断. 可是理论是否够准确永远是一个问题. 不知稼先在关键性的方案上签字的时候, 手有没有颤抖?

戈壁滩上常常风沙呼啸, 气温往往在零下三十多度. 核武器试验时大大小小临时的问题必层出不穷. 稼先虽有 "福将" 之称, 意外总是不能免的. 1982 年, 他做了核武器研究院院长以后, 一次井下突然有一个信号测不到了, 大家十分焦虑, 人们劝他回去. 他只说了一句话:

我不能走.

假如有一天哪位导演要摄制邓稼先传, 我要向他建议背景音乐采用五四时代的一首歌, 我儿时从父亲口中学到的.

我父亲诞生于 1896 年, 那是中华民族仍陷于任人宰割的时代. 他一生都喜欢这首歌曲:

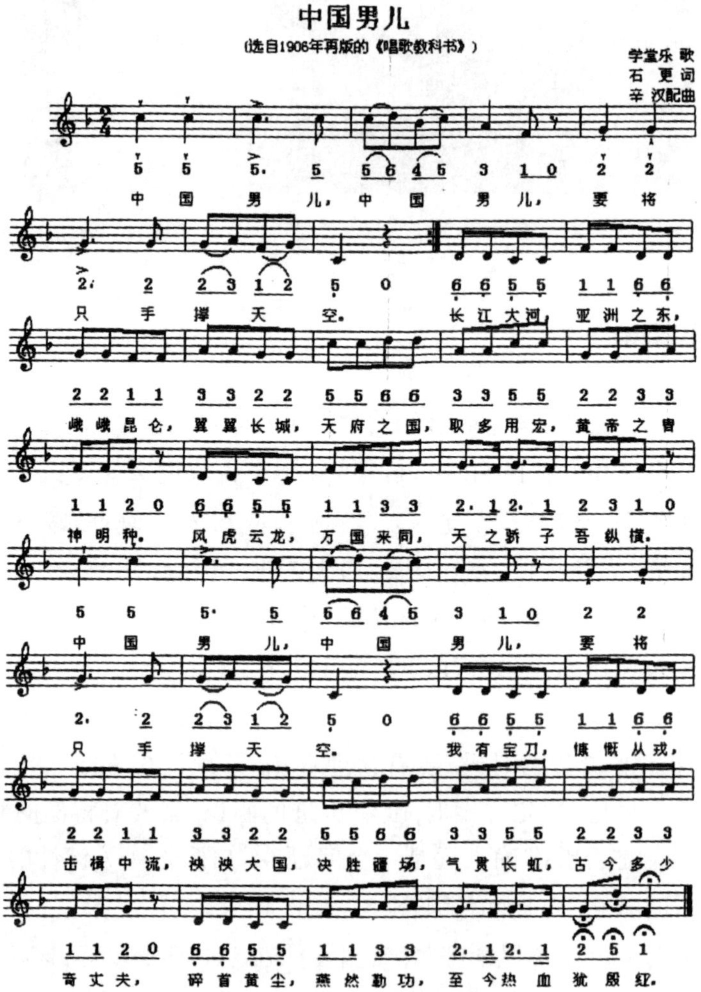


图 4 《中国男儿》词曲

## 永恒的骄傲

稼先逝世以后, 在我写给他夫人许鹿希的电报与书信中有下面几段话:

——稼先为人忠诚纯正, 是我最敬爱的挚友. 他的无私的精神与巨大的贡献是你的也是我的永恒的骄傲.

—— 稼先去世的消息使我想起了他和我半个世纪的友情. 我知道我将永远珍惜这些记忆. 希望你在此沉痛的日子里多从长远的历史角度去看稼先和你的一生, 只有真正永恒的才是有价值的.

——邓稼先的一生是有方向、有意识地前进的. 没有彷徨, 没有矛盾.

——是的, 如果稼先再次选择他的途径的话, 他仍会走他已走过的道路. 这是他的性格与品质. 能这样估价自己一生的人不多, 我们应为稼先庆幸!

# 陈省身教授小传*

杨振宁

陈教授 1911 年出生于浙江嘉兴, 父亲陈宝桢, 字廉青, 母亲名韩梅. 陈教授 1930 年毕业于南开大学, 1934 年毕业于清华大学研究院, 1936 年自汉堡大学获博士学位, 1937 年以后历任西南联大、芝加哥大学、加州大学伯克利分校等教授. 1982 年美国国家科学基金会在伯克利设立数学研究所, 陈教授是筹划人之一, 并任第一任所长至 1984 年. 1985 年, 陈教授出任南开数学研究所第一任所长.

陈教授在世界数学界的地位是崇高的, 他是当代几何学大师, 贡献多, 影响大, 他的最重要工作是关于 "陈氏级" 的两篇论文①. 麻省理工学院的著名数学家辛格 (I. M. Singer) 曾说: "对于我们一辈大多数人, 陈省身教授就是近代微分几何学, 而且, 我们 —— 他的学生们 —— 要感谢他把我们引入这片沃土."

陈教授真正桃李满天下. 中国学生中有王宪钟、严志达、吴文俊、丘成桐等.

---

* 原载: 杨振东、杨存泉编. 杨振宁谈读书与治学. 广州: 暨南大学出版社, 1998.

① 分别是 1944 年证明 Gauss-Bonnet 公式的短文和 1946 年开创陈省身示性类的奠基性论文. —— 编者注

清朝陈廷焯曾于《云韶集》中说, 写诗达到极高境界时有 “独来独往之趣”, 做研究也如此. 20 多年前, 先父杨武之教授曾写过一首赞陈教授的诗, 其中有如下二句:

昔贤今圣追多让, 独步遥登百丈楼.

## 附: 赞陈氏级

天衣岂无缝, 匠心剪接成.
浑然归一体, 广邃妙绝伦.
造化爱几何, 四力纤维能.
千古存心事, 欧高黎嘉陈.

抗日战争时期我在昆明西南联大上大学与研究院, 先后六年, 曾念过陈省身教授的几门课. 后来他到普林斯顿高等研究所去做研究工作, 于 1944 年发表了一篇论文. 今天大家公认为这篇文章把微分几何和拓扑学引入了新的境界.

纤维丛理论中的陈氏级 (Chern class)② 就是从这篇文章推导出来的观念. 陈氏级不仅是划时代的贡献, 也是十分巧妙的构思: 把一个完整的流形切开, 再巧妙地接起来, 天衣无缝地归还原形. 我在 1975 年懂得了此种奥妙以后真有叹为观止之感.

我是研究物理的, 为什么要去了解陈氏级呢? 经过是这样的: 近代物理学研究自然界的 “力”, 发现共有四种: 核力、电磁力、弱力和引力. 四种力和它们的能都是规范场, 这是近 30 年来的一项基本了解. 规范场的方程式是物理学者从 19 世纪的电磁学方程推广出来的. 后来的一个惊人发现是, 这些方程式与数学上的纤维丛观念有密切的关系. 1974 年又进一步发现了这些方程式与陈氏级的关系. 因此, 物理学者有了了解陈氏级的必要. 至于为什么自然界的各种力都要建筑在几何学中的纤维丛观念之上始终是一个不解之谜.

陈省身教授今天在几何学界的地位已经直追欧几里得 (Euclid, 公元前 300 年左右)、高斯 (Gauss, 1777—1855)、黎曼 (Riemann, 1826—1866) 和嘉当 (E. Cartan, 1869—1951).

② 现在的规范译名为 “陈类”. —— 编者注

# 陈省身和我*

杨振宁

---

原编者按: 原载丘成桐编《陈省身 —— 20 世纪伟大的几何学家》(*Chern—A Great Geometer of the Twentieth Century*), International Press. HongKong, 1992. 译者张莫宙.

当陈省身教授在清华大学做研究生时, 我父亲是清华数学系教授, 而我只是一个小学生. 我已记不得那时是否见过陈省身教授. 可是我确实记得在 1929 年 10 月初第一次见到陈省身夫人时的情景. 那时我只有 7 岁, 她则是一名初中学生. 她的父亲郑桐荪教授, 已任清华大学数学系教授多年, 我们杨家则是当年秋新搬来的. 郑家邀请我们全家去吃晚饭, 于是我第一次认识了 "郑姐姐".

在陈省身去德国攻读博士学位之前, 他是清华大学一位优秀的研究生. 1937 年他回到中国教书. 由于日本的侵略, 清华大学先撤退到长沙, 然后又和北京大学、南开大学合并成战时的西南联合大学. 陈省身是当时一位极出色和受欢迎的教授, 和华罗庚、许宝騄及其他年轻教授一起, 在校园里营造了活跃的数学研究气氛. 我

*原载: 杨振宁. 杨振宁文集. 上海: 华东师范大学出版社, 1998.

对我的大学生活有着美好的回忆, 对我在那里所受到的良好教育 (1938—1944) 怀着深深的感激之情①.

我很可能旁听过陈省身的好几个数学课, 但据保存至今的成绩单, 我只在 1940 年秋天, 当我还是三年级大学生时, 选修过他的微分几何课程.

今天, 我已不很记得上课的情形了. 可是有一件事使我印象很深: 如何证明每个二维曲面都和平面有保角 (conformal) 变换关系. 我知道如何把度量张量化成 $A^2\mathrm{d}u^2+B^2\mathrm{d}v^2$ 的形式, 却无法再前进. 有一天, 陈先生告诉我要用复变数, 并写下

$$C\mathrm{d}z = A\mathrm{d}u + iB\mathrm{d}v$$

这个式子. 学到这简单的妙诀, 是我毕生难忘的经历.

郑家和杨家来往很密. 1939 年, 我的父母亲更撮合了陈教授与郑士宁女士的婚事, 并且成为他们在昆明结婚时的介绍人.

众所周知, 陈省身于 1943 年访问普林斯顿高等研究所. 在其后的两年里, 他以 "陈氏级" 的工作把大范围微分几何全面地改观了. 整个 50 年代和 60 年代, 我们在芝加哥、普林斯顿、伯克利常常见面. 我一再听说 "陈氏级" 的重要性, 可是我并不知道它的奥妙. 到了 60 年代末, 我发现规范场用到的数学恰和黎曼几何十分相似. 于是向本校数学系系主任赛蒙斯 (J. Simons) 求教. 他让我读斯廷罗德 (Steenrod) 的《纤维丛的拓扑学》一书. 我早就认识斯廷罗德. 1955 年, 我曾买下他在普林斯顿附近劳伦斯韦尔镇上卡特街的房子. 我记得他很不善于和别人交流. 他的书至少和他本人一样地难以与人交流, 如果不是更难的话. 从他的书中我什么也没学到.

这样一直到了 1975 年, 当赛蒙斯在我们的理论物理研究所作了一系列的演讲之后, 我总算懂得了纤维丛以及纤维丛上的联络. 接着, 吴大峻和我用纤维丛的观点重新核查了麦克斯韦的电磁理论和规范场理论. 经过一番努力, 曹宏生和我也终于明白了最基本的陈 - 韦伊定理 (Chern-Weil Theorem).

① Chen Ning Yang, *Selected Papers 1945—1980 with Commentary*, p.3 (Freeman, 1983).

我在懂得这深奥美妙的定理后, 真有了触电的感觉. 这个感受, 犹胜于在 60 年代了解外尔计算群表示 (representation) 的特征标和彼得 – 外尔 (Peter-Weyl) 定理之后的喜悦. 为什么呢? 可能是因为陈 – 韦伊定理更 "几何" 一点吧.

而且, 感受并不止于此. 还有更深的, 更触及心灵深处的地方: 到头来忽然间领悟到, 客观的宇宙奥秘与纯粹用逻辑及优美这些概念发展出来的数学观念竟然完全吻合, 那真是令人感到悚然. 在为纪念爱因斯坦诞生 100 周年举行的第二次 M. 格罗斯曼会议上, 我曾经这样描述我的感受②:

1975 年, 规范场就是纤维丛上联络的事实使我非常激动. 我驾车去陈省身在伯克利附近埃赛里托 (El Cerrito) 的家 (1940 年初, 当我是国立西南联大的学生, 陈省身是年轻教授的时候, 我听过他的课. 那是在陈省身推广高斯 – 博内定理 (Gauss-Bonnet Theorem) 和 "陈氏级" 的历史性贡献之前, 纤维丛在微分几何中还不重要). 我们谈到友谊、亲朋、中国. 当我们谈到纤维丛时, 我告诉他我从赛蒙斯那里学了漂亮的纤维丛理论以及深奥的陈 – 韦伊定理. 我说, 令我惊异不止的是, 规范场正是纤维丛上的联络, 而数学家是在不涉及物理世界的情况下搞出来的. 我又说: "这既使我震惊, 也令我迷惑不解, 因为, 你们数学家居然能凭空想象出这些概念." 他立即反对说: "不, 不, 这些概念不是想象出来的. 它们是自然而真实的."

数学和物理学之间有如此深刻的联系, 似乎这两个学科之间应有很多的重叠部分. 然而, 这是不对的. 它们各自分别有自己的目标和风格. 它们具有截然不同的价值观, 以及不同的传统. 在基本概念的层面, 它们令人惊讶地共同分享某些概念, 但即使在那里, 两个学科仍然按着各自的脉络生长着.

大约在 1949 年的元旦, 陈省身全家从南京到普林斯顿时路过芝加哥. 我到他们下榻的温德摩 (Windemere) 旅店去看望. 那是我第一次见到他们的两个孩子, 陈伯龙和陈璞. 我清楚地记得陈璞穿

② Chen Ning Yang in Selected Studies; Physics-Astrophysics, Mathematics History of Science, ed, T. M. Rassias and G. M. Rassias, P. 139 (North Holland, 1982). Also in Physics Today, 33 42(1980) but with the 2-leaves diagram left out.

着一身白色皮衣在房间的地毯上到处爬. 后来, 我没能作为 “介绍人” 出席她和朱经武的婚礼, 但是我却分享了陈家的一件极为欢愉的事: 1987 年 2 月, 朱经武的休斯敦实验室宣布, 他和他的同事发现了一种材料, 在高于液氮温度的条件下成为超导体. 这真是一项令世界震惊的发现, 它将宣告一个物理学分支的出现, 并预示着未来巨大的工业应用.

## 附: 我与杨家两代的因缘*

中文大学杨振宁图书室开幕, 不可无视. 记与武之先生、振宁两代半世纪的关系, 以代贺词.

我于 1930 年从南开大学毕业, 投考入清华研究院. 9 月去报到, 才知因为只有我一个学生, 数学系决定缓办一年, 聘我为助教. 那时数学系最活跃的两位教授, 是孙光远和杨武之先生. 我从孙先生习几何, 比较相熟. 杨先生专长代数, 有时在办公室谈天, 觉得他为人正直, 通达情理. 那时数学系教员连我在内共七人, 曾多次到杨家吃饭, 振宁才 8 岁.

杨、孙二先生都是芝加哥大学博士. 清华后来聘请的胡坤升先生也是芝大博士. 振宁又是芝大出身, 而我则于 1949 年到 1960 年在芝大教了 11 年. 我们同芝大真是有缘了.

我入研究院后曾选修武之先生的 “群论” 课. 那时搞代数的年轻人有华罗庚和柯召, 在同一班上. 武之先生有时同我们谈到振宁的早慧. 往事历历, 不禁沧桑之感.

我同杨先生接触较多的一年是 1934 年. 那年他代理系主任, 我则从研究院毕业, 准备去德国留学. 我因论文导师孙先生去了中央大学, 成了 “孤儿”, 办理毕业与留学, 不全顺利, 杨先生是我在学校里最可靠的朋友.

我同士宁的婚姻是杨先生促成的, 1937 年我们在长沙订婚, 他是介绍人之一.

---

*本文作者为陈省身. 原载: 明报, 1987-1-9.

1938 年起在昆明西南联大, 杨先生是清华的系主任, 振宁则是物理系的学生. 振宁曾选读过我的好几门课, 包括为研究院开设的法国大数学家嘉当 (Cartan) 的偏微分方程组的理论. 联大的学生优秀. 那时我的班上数学系有王宪钟、严志达、吴光磊等, 物理系除振宁外还有张守廉、黄昆等, 这些人后来都有独特的贡献, 成为各方面的领袖. "得天下之英才而教育之", 是我一生的幸运. 尤其幸运的是这群好学生对我的要求和督促, 使我对课材有更深入的了解. 振宁在班上是一个活跃的学生. 那时中外隔断, 设备奇缺. 但是我们的学术生活并不十分贫乏.

事后想来, 我们必曾注意到嘉当在 1923 年、1924 年关于相对论的两篇重要论文. 他的处理方法可用到任意纤维丛的联络. 这也是物理上规范场论的几何基础. 40 年来这些都发展为数学上的基本概念.

1945 年振宁来美国留学. 在他去芝加哥前, 我们曾在普林斯顿相见.

等到我 1949 年夏去芝加哥任教, 振宁在物理系任教员, 时常相会. 1954、1955 年我从芝加哥休假, 去普林斯顿一年, 振宁在彼. 我们见面常谈学问. 很奇怪的, 杨 - 米尔斯场论发表于 1954 年, 我的示性类论文发表于 1946 年, 而我于 1949 年初在普林斯顿讲了一学期的联络论, 后来印成笔记, 我们竟不知道我们的工作有如此密切的关系. 20 年后两者的重要性渐为人所了解, 我们才恍然, 我们所碰到的是同一大象的两个不同部分.

向量丛的联络已成为数学的基本概念, 相信在不久的将来, 它将成为高等微积分课程的课材. 它的观念其实很简单自然. 它有局部的和整体的性质. 两者的关系便成为微分几何学家研究的对象. 这个观念同物理学的场论自然符合. 数学家得到现在的认识, 花了几十年功夫. 譬如沙漠求泉, 得来不易; 海底探宝, 获珠为难. 科学家献身而辛勤, 非常人所可了解. 他的酬报是得宝后的快乐.

在物理上重要的一个特别情形, 振宁与米尔斯能独立看出这些深刻的数学性质, 这是十分惊人的. 许多物理学家认为物理学家不必读太多数学, 因为他们应该能发现所需要的数学. 这是一个例子. 1954 年杨 – 米尔斯的非阿贝尔 (Non-Abelian) 规范场论是一个大胆的尝试. 现在大家公认, 物理上的一切场都是规范场.

振宁在基本粒子论另一个重要贡献是他同李政道关于宇称可能不守恒 (Non-Conservation of Parity) 的建议. 他们因此于 1957 年获得诺贝尔奖. 振宁在理论物理领域还有许多重要的工作, 都富有独立性与创造性. 在理论物理学家中, 他以超人的数学能力见长.

我同杨氏父子的关系, 有几点值得特别提出的: 第一, 武之先生促成我的婚姻, 使我有一幸福的家庭. 第二, 振宁在规范场的工作同我在纤维丛的工作, 有一共同出发点. 我们走了不同的方向, 在物理和在数学上都成为一项重要的发展. 这在历史上当是佳话. 第三, 他们每人送我一首诗. 社会对我的认识, 这两首诗的作用很大. 1962 年夏天武之先生及杨师母在瑞士日内瓦小住, 我专程去看他们, 相聚数日. 杨先生送我以下的诗:

冲破乌烟阔壮游　果然捷足占鳌头
昔贤今圣遑多浪　独步遥登百丈楼
汉堡巴黎访大师　艺林学海植深基
蒲城身手传高奇　畴史新添一健儿

振宁在一篇文章中为我作了下诗:

天衣岂无缝　匠心剪接成
浑然归一体　广邃妙绝伦
造化爱几何　四力纤维能
千古寸心事　欧高黎嘉陈

最后一句不敢当, 姑妄听之而已.

1986 年春, 天津南开大学授振宁名誉教授名义. 他来南开, 并参观南开数学研究所. 我们决定在所中成立理论物理组, 由他指导. 先后 50 年, 从联大到南开 (南开是联大的一员), 造物主待我们厚矣.

# 菩萨、量子数与陈氏级*

杨振宁

1946—1948 年间我在芝加哥大学物理系做了两年半研究生. 费米 (Enrico Fermi, 1901—1954) 那个时候常常跟我们几个研究生到饭堂去吃午饭. 参加这些午饭的经常有 Goldberger、Chew、Chamberlain、Joan Hinton (寒春) 和我, 后来 Rosenbluth 和李政道等人也加入了. 大约是 1948 年的一天, 费米带了一位矮矮的、瘦瘦的法国人到饭堂, 那天多半是费米和那位法国人交谈. 事后我们问费米他是何许人, 费米说他是韦伊 (André Weil, 1906—1998), 是重要的数学家. 费米还说那天韦伊主要是讲他猜想物理学家的一些新粒子可能与几何学/拓扑学里面出现的一些分类现象有关.

当时我们都没有懂韦伊的意思. 现在想来, 那天韦伊到芝加哥大学访问可能是要和芝加哥大学数学系当时的系主任 Stone 讨论聘请他到芝大的事情. 后来果然韦伊和陈省身先后接受了 Stone 的邀请, 创建了芝大数学系二十世纪五十年代的辉煌十年.

到 1960 年前后, 陈先生西去伯克利, 韦伊东去普林斯顿的高等研究所, 陈先生告诉我, 韦伊说陈先生西去是为了离中国近一些,

*原载: 物理, 2011(10); 中国青年报, 2011-10-12(03).

他自己东去是为了离法国近一些. 此后, 韦伊和我在高等研究所同事了五六年. 我们不同行, 很少交流的机会, 所以我始终没有和他讨论过十多年前他和费米那天谈话的内容.

20 世纪 70 年代我了解了规范场与数学家的纤维丛的密切关系, 了解了美妙的陈氏级, 写了一首诗《赞陈氏级》①:

天衣岂无缝, 匠心剪接成.
浑然归一体, 广邃妙绝伦.
造化爱几何, 四力纤维能.
千古寸心事, 欧高黎嘉陈.

我也了解了深邃的 Chern-Weil 定理, 从而自然地想起芝大的那一顿午饭时韦伊所讲的可能就是陈氏级等几何/拓扑学中出现的示性类. 韦伊的这个猜想 —— 把陈氏级等几何观念跟物理中的一些量子数联系起来 —— 有没有可能是对的呢? 我想很有可能: 物理世界的基本结构是几何的, 这是爱因斯坦再三强调的, 也是今天许多理论物理学家所坚信的. 而且整体微分几何中出现陈氏级等现象, 与玻尔 (1885—1962) 在圆周上创设量子化条件其精神是非常相似的. 韦伊的猜想其实是很自然的.

20 世纪 70 年代规范场与纤维丛的密切关系震惊了数学界. 对此新发展, 陈先生当然非常高兴, 他了解到他的重要研究工作原来与物理世界的结构有极密切的关系. 1987 年 4 月 22 日, 他在一次谈话中讲了一个故事. 这个故事后来传闻很多, 多半不可信. 当时的记录是这样的, 陈先生说②:

"有一年我跟内人去参观罗汉塔, 我就感慨地跟她说: '无论数学做得怎么好, 顶多是做个罗汉.' 菩萨或许大家都知道他的名字, 罗汉谁也不知道那个是哪个人. 所以不要把名看得太重. Riemann 的工作为什么重要呢? 因为数学跟其他的科学一样要不断扩充范

① 陈氏级 (Chern Class) 今日规范译名为陈类. "千古寸心事" 源于杜甫的 "文章千古事、得失寸心知". 欧几里得 (Euclid)、高斯 (Gauss)、黎曼 (Riemann)、嘉当 (E. Cartan) 是历史上的几何学大家.

② 《陈省身文选: 传记, 通俗演讲及其它》. 北京: 科学出版社, 1989 年, 第 52 页.

围, 大家重视的工作, 都是开创性的工作."

我解读这段文字如下: 陈先生当时认为自己是罗汉, 还不是菩萨. 这是不是表示他过于谦让呢? 我不是数学家, 不能评说. 但是如果韦伊 1948 年的猜想是对的, 那么陈先生的开创性的陈氏级等数学工作的重要性就要旁及物理世界的最基本结构了, 那时数学仙山上的大雄宝殿中岂能不迎来一尊新菩萨?

# 丘成桐: 世界级数学家*

杨振宁

## 克拉福德基金奖简介

克拉福德基金于 1980 年由 Holgar Crafoord (1908—1982) 与 Anna-Greta Crafoord (1914—) 捐款设立. Holgar Crafoord 是瑞典大工业家, 曾获经济学与医学荣誉博士. 克拉福德奖每年颁发一次, 在四个领域中循环: 数学、地学、生物、天文. 但四个领域比重不同: 第一年数学, 第二年与第五年地学, 第三年与第六年生物, 第四年天文, 第七年开始下一循环. 第一循环自 1982 年开始. 第二循环自 1988 年开始. 第三循环自今年开始.

克拉福德奖的提名办法与诺贝尔奖不同. 诺贝尔奖每一学科 (如物理学) 每年的候选人是由数百位被邀请的提名人所提出的. 克拉福德奖则每年由瑞典皇家科学院先就该学科内当时各专业的发展情况决定该年应注重其中哪一专业, 再由皇家科学院的奖金委员会提名该专业的候选人. 1994 年第三循环开始, 轮到数学, 瑞典皇家科学院于 1993 年秋认定微分几何在近年有重要发展, 是 1994

* 原载: 明报月刊, 1994 (7).

年应颁奖的专业, 然后经过审慎的考虑, 最后于今年 1 月间决定丘成桐与唐纳德森为得奖人.

## 由香港走向科学高峰

丘成桐的父亲丘镇英是哲学家, 曾任教于香港崇基书院与中文大学. 丘成桐说他幼年受父母亲影响极大 (请参阅 1992 年 2 月 24 日北京《科技日报》所载丘成桐的一篇极动人的文章《母亲》). 丘成桐于 1949 年 4 月 4 日在汕头出生, 后来随父母迁居香港, 兄弟姊妹七人之中他排行第五, 曾在元朗某小学读过一年级, 然后转到沙田公立小学读了五年. 中学是在九龙培正中学读的, 大学则是在中文大学数学系读的. 1969 年入美国加州大学伯克利 (Berkeley) 分校, 于 1971 年获博士学位, 导师是陈省身教授.

图 1　丘成桐在普林斯顿高等研究所 (1981)

丘成桐的数学工作十分重要, 曾因而获得许多荣誉与学术奖. 最重要的包括 1981 年的务爱布伦 (Veblen) 几何奖, 1982 年的菲尔兹 (Fields) 奖章, 1985 年的麦克阿瑟 (Mac-Arthur) 奖, 与今年的克拉福德奖. 他曾获得中文大学荣誉学位, 近年来兼任该校数学研究所所长.

图 2 丘成桐夫妇在苏联格鲁吉亚共和国 (1990). 身后的火车厢是斯大林的专车

## 丘成桐对微分几何的贡献

微分几何是数学的重要的一支, 发源于 19 世纪中叶. 用通俗的话来讲, 可以说是研究各度空间里的种种曲面与曲线的几何学. 19 世纪发展出来的微分几何学大家称为黎曼几何 (Riemannian Geometry). 到了 20 世纪, 法国数学家嘉当 (E. Carton) 引进了许多重要的新观念, 对微分几何的发展有重大影响. 可是到了 40 年代中叶微分几何的发展似乎出了高峰已过的现象, 亟待新的观念的注入. 正是这个时候陈省身发表了一篇文章, 把一个曲面上的各个点附近的某些几何性质与曲面整体的拓扑 (Topology) 联系了起来, 这样就大大推动了整体微分几何学 (Global Differential Geometry).

整体微分几何学是研究曲面整体拓扑性质与局部几何性质之间关系的微分几何学. 什么叫做局部几何性质? 举一个例子: 在三维空间中 (见图 3), 一个肥皂膜的表面有一种局部几何性质, 叫做极小曲面 (Minimal Surface), 这性质可以写成一个微分方程, 是肥皂膜的基本方程式. 要决定图 3 中肥皂膜的形状就要研究这个微分方程的解 —— 它的以图中所示铁丝为边界的解.

局部几何性质是以微分方程来表示的. 爱因斯坦的广义相对

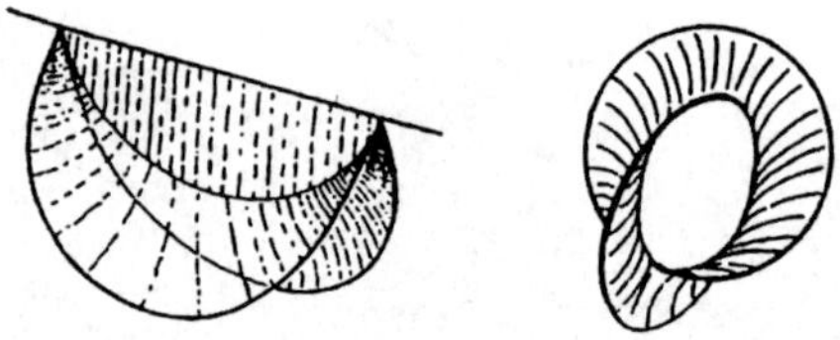

(甲) (乙)

图 3 肥皂膜的形状. 肥皂膜是 “极小曲面”, 意思是: 局部改动曲面则面积会增大. 肥皂膜的形状视边界而定. (甲) 边界是一条直线, 与两个圆弧. 肥皂膜形成三块, 中间一块是平面. 两边是曲面. (乙) 边界是两个一样大小的圆环, 二者扣在一起, 像一串链子的两个环节. 肥皂膜形成一个极有趣的曲面 (原载 R. Courant and H. Robbins, *What is Mathematics*? Oxford University Press, 1941)

论就是建筑在这样一组微分方程式上的关于万有引力的理论. 要研究这一类微分方程 (如极小曲面方程, 或爱因斯坦的微分方程) 的解的整体性质就要发展整体微分方程学 (Global Differential Equation).

近四五十年来整体微分几何学与整体微分方程学都有了长足的进展, 当然相互影响极大. 可是其中有不少极基本、看起来很简单的猜想, 虽然多半数学家认定是对的, 但是许多年来都得不到证明或反例, 以致产生了各种的悬案. 其中两项就是卡拉比猜想 (Calabi Conjecture) 与爱因斯坦方程中的正质量猜想 (Positive Mass Conjecture).

二十几岁的丘成桐在 70 年代中期发展出了强而有力的新方法来研究整体微分方程, 从而使上面两个猜想都得到了证明. 他的方法和结果大大影响了近 20 年来数学界的许多分支: 微分几何、微分方程、拓扑学、代数几何学、表示理论等等. 此外, 也影响了物理学中的广义相对论.

## 世界级数学家

1982 年丘成桐所得的菲尔兹奖是于 1983 年在波兰华沙国际数学家大会 (International Congress of Mathematicians) 上颁发的. 介绍丘成桐的工作的数学家是纽约大学的尼伦伯格 (Nirenberg). 尼

伦伯格是克拉福德奖 1982 年首次颁奖时的两位得奖数学家之一. 他在介绍丘成桐的演说中有下面一段话:

丘的工作涵盖了整体微分几何的全部, 展现了强而有力的技巧、深度与广度; 也展现了丘的勇气与视野.

今天大家公认丘成桐是五十岁以下最具影响力的世界级数学家.

# 回忆郑桐荪先生*

杨振宁

1929 年 10 月, 父亲、母亲和我自厦门到北平, 迁入清华园西院 19 号 (后改门牌为 11 号), 因为我父亲刚刚受聘为清华大学数学系的教授. 到清华园后的几天, 数学系我父亲的同事们郑桐荪先生、熊庆来先生和孙光远先生相继请我们一家去他们家吃饭, 这是我第一次认识郑先生.

郑先生家那时在西院 4 号 (后改门牌为 34 号). 他们家有五个人, 郑先生和郑太太以外还有他们的三位孩子: 郑士宁, 那时我叫她郑姐姐, 和她的两个弟弟郑士京 (现名郑师拙)、郑士清 (现名郑志清). 士宁已入北平城内的中学, 士京、士清兄弟和我同入清华园内的成志小学. 很快地他们和我及熊庆来先生的老二熊秉明就成了熟朋友, 常常在一起玩耍, 常常去三家串门子.

郑先生家因为把饭厅和客厅中间的墙拆掉了, 所以很宽敞. 墙上挂了不少字画. 郑先生比我父亲长九岁, 是十分慈祥的人. 和他接触一两次以后, 我就觉得他似乎永远不会发脾气. 士京和我同班,

* 原载: 政协吴江县委员会文史资料委员会, 吴江柳亚子纪念馆. 郑桐荪先生纪念册. 南京: 江苏教育出版社, 1989.

在成志小学毕业以后, 于 1933 年秋同入北平城内绒线胡同崇德中学 (今三十一中), 仍是同班, 一直到抗战开始为止, 前后八年, 几乎天天见面.

这八年中间我常常去郑家, 常常看见郑先生、郑太太. 小孩子们和大人并没有太多的交谈, 可是不知为什么, 我有一个很深的印象, 觉得郑先生是一个典型的中国传统的读书人, 而且是一个江浙传统的读书人. 我们常在郑家玩一种用五副牌九拼起来的、四个人玩的游戏, 叫做 "同棋" (音如此, 我从来不知写法). 规矩相当复杂, 很有趣, 是郑先生教我们玩的. 他有时看我们玩, 偶然也被我们拉来凑成一桌. 似乎他曾告诉我们, "同棋" 是江浙人喜欢玩的游戏. 记得我曾经查过,《镜花缘》中没有谈到这个游戏.

在郑家常玩的另一种游戏是 "升官图", 它是用清朝末年官制做的一种游戏, 相当复杂. 记得郑先生对 "升官图" 也很有兴趣.

抗战开始前一些时候, 郑太太身体不适, 连小孩子也看得出来郑先生焦虑的心情. 1938 年初我们搬到昆明, 郑太太没有去昆明, 去了上海. 给我极深印象的, 是 1938 到 1939 年间郑先生自上海给我父亲的一封信, 说郑太太已过世, 信尾有这样几句话: "尘寰撒手, 永诀生平, 痛哉痛哉!" 我至今还记得.

那以后我再也没有见到过郑先生. 50 年代、60 年代, 我在欧洲, 在香港和父亲、母亲见面, 每次他们都谈到郑先生的情形. 郑先生逝世以后, 父亲曾抄下一副挽联给我看, 引起我感情震荡, 可惜现在已经记不得那副挽联了.

# 熊庆来先生*

杨振宁

1928 年到 1929 年, 我父亲杨武之先生任厦门大学教授. 1929 年夏, 他接受清华大学算学系主任熊庆来先生的邀请, 改任清华大学教授, 于开学前到校, 住入西院 19 号 (后改门牌为 11 号). 我母亲和我因故暂留在上海, 到 10 月初才乘火车去北平. 我还记得, 恰好周培源先生也乘同一火车去清华, 他和我父亲曾在芝加哥大学做同学, 我父亲就托了他在路上照料我们母子二人.

到清华园以后, 熊先生、郑桐荪 (字之藩) 先生及孙塘 (字光远) 先生相继请我们一家吃饭. 他们都是算学系教授, 都住在西院, 彼此往来非常方便. 熊先生住西院 10 号 (后改门牌为 31 号), 当时一家五个人, 熊先生、熊太太以外还有秉信、秉明和秉慧三个孩子. 秉信大哥已入高中, 秉慧是小妹妹. 秉明和我当时同是七岁, 很快便熟识起来, 开始了我们六十多年跨越亚欧美三大洲的友谊.

熊先生讲话不多, 而且讲得很慢, 是一位十分慈祥的人. 1937 年, 他出任云南大学校长. 1938 年 2 月我们家搬到昆明以后, 我常

* 原载: 云南省纪念熊庆来先生百周年诞辰筹备委员会. 熊庆来纪念集. 昆明: 云南教育出版社, 1992.

去云南大学校长住宅楼找秉明, 可是熊先生很忙, 我很少看见他, 倒是常常看见熊太太.

我离开昆明以后, 再也没有见到熊先生. 他于 1949 年赴巴黎. 1957 年 4 月, 我第一次去欧洲访问, 与阔别十二年的秉明欢聚多次, 那时熊先生已经回国到北京中国科学院工作, 所以我失去了再见他一面的机会.

1988 年, 熊太太捐了一笔款在云南设立了熊庆来奖金, 首次颁奖仪式我去参加了, 并且做了简短的讲话. 主旨是说熊先生一生"自始至终, 自强不息".

熊先生早年在云南省受教育, 云南当时是十分偏僻的地方, 不能为他打下很好的基础. 20 岁 (1913 年) 时他去法国留学, 也不是顺利的时期. 38 岁的时候 (1931 年) 他再度留学法国, 写了很好的论文, 获得法国国家理科博士学位, 开始了他对数学分析 (数学的四大分支之一) 的贡献. 回国后他在抗战时期做了大学校长十二年. 1949 年第三度赴法国后, 他能以六十岁的高龄重整旧业, 再度开始了以后将近二十年的数学研究与教学工作, 成绩累累. 尤有甚者, 他 50 年代初在法国患过中风, 以致右半身不遂, 亲人只有秉明在身边, 而国内来信时时报告熊太太在云南身受种种苦难, 在这种艰难时期, 熊先生身处异域, 竟能坚持不懈, 做出重要研究成果, 用左手写出论文多篇, 其毅力与集中思考能力绝对是超人的. 科学研究工作, 尤其数学研究, 是"年轻人的世界". 做了十几年行政工作, 于 60 岁前后再重新回到研究领域, 是绝无仅有的. 熊先生这种自强不息的精神是我们的榜样.

熊先生和我父亲共事多年, 晚年常有唱和之作. 1988 年 9 月, 秉明、秉衡自他们"父亲旧纸"中找到 1964 年秋两位老人家在上海欢聚以后的往来信. 熊先生右手笔迹我很熟识, 左手笔迹我还是第一次看到. 整洁不苟的字恰如其人. 这两封信润湿了我的眼睛. 诗句反映了两位老人晚年的一部分心态, 谨复制于下.

1992 年于香港

## 附一: 杨武之先生写给熊庆来先生的信

迪公先生有道:

此次驾与夫人从天而降, 久别乍逢, 出我意外, 真有不亦乐乎之感. 数度畅谈, 欢快奚似. 尤其, 尊恙痊复甚多, 学术思考仍能健行无碍, 实堪欣庆. 内子尝梦想早年在清华园和联大时与嫂夫人相处极善, 此番得再把晤, 曩昔光景, 涌现目前. 旧好重温, 相聚嫌短. 别后均思念靡已, 成七绝两首志怀:

其一:

廿载巴黎修炼功, 取经终获贯初衷.

泛函领域登堂奥, 阐发幽微穷益工.

其二:

日中而后有浮云, 雨过天清倍爽人.

行看夕阳景更好, 齐眉福寿乐康宁.

俚稚乞　正.

惠书暨款均收到. 谢谢! 敬候　双安!

弟杨武之谨启

1964 年 10 月 12 日

内子嘱附笔致意

## 附二: 熊庆来先生回复杨武之先生的信

武之道兄先生足下:

拜诵佳作, 不胜激动. 亦有感得句, 不计疏拙录奉, 聊供一笑, 并希指正. 弟熊庆来左手握笔敬上.

1964 年 10 月 20 日

其一: 步韵

忆同皋比漫图功, 门户无分共折衷.

昔日英才今国器, 冰成于水属天工.

附记: 金秋全国性函数论会议举行于上海. 华罗庚君实主持其事, 我亦应召出席. 我们三人因得欢聚, 今不禁忆及往事.

其二: 略步韵

燕山教子上青云, 君训循循胜昔人.
近代发明若借问, 寰中咸道振宁名.

其三:

沈疴竟退驻红颜, 偕老还夸举案贤.
挺秀桂兰海内外, 康宁行道期颐年.

其四:

东风毕竟压西风, 原子弹声响亚东.
保证和平自益寿, 他年相见说丰功.

于北京中国科学院 31 楼

# 第二部分

# 聆听杨振宁

# 科研和教学中所需要的应用数学是什么?*

乔治 · 凯里尔, 理查德 · 柯朗, 保罗 · 罗森布鲁姆, 杨振宁, 格林伯格

---

**格林伯格博士 (J. Greenberg)**: 今天, 我们要讨论应用数学这一学科以及它在教学与研究领域中的所需. 显然, 在教育与教学中正在经历着一场改革. 然而, 即使应用数学的教学和实践可以满足现有的需求, 但应用数学对于其他学科来说仍然像个 "养子"; 可是在我看来它更像是一个失宠的孩子, 那些数学家、物理学家和工程师的创新也同样不能引起大家的兴趣. 现在应用数学在美国的处境无论好坏与否, 都不是蓄意为之, 而是一个历史的偶然结果. 幸运的是, 由于已经注意到了应用数学的现状以及其生存之需, 一些针对应用数学未来的发展规划已经形成. 今天上午与我们同来的

* 原文: George F. Carrier, R. Courant, Paul Rosenbloom, C. N. Yang, and H. J. Greenberg (Chairman), Applied Mathematics: What is Needed in Research and Education: A Symposium, *SIAM Review* 4 (1962), no. 4, 297–320. This paper is translated and used in this book by Higher Eductaion Press Limited Company with permission by Society for Industrial and Applied Mathematics. 美国工业与应用数学学会许可高等教育出版社有限公司将该文章翻译成中文并在本书中使用.

是由四位杰出科学家和教育学家组成的卓越的专家小组, 他们的兴趣、经验涵盖应用数学的各个领域. 我们已经请他们在这方面用尽可能简单的术语来陈述他们的主张, 因为在生活中的某些关键时刻越简单就越容易被人接受. 我坚信, 相比我们之前所讲的, 会有更多的听众去认真地考虑他们所讲的内容. 今早的流程将以四位演讲者每人分别陈述 20 分钟的方式开始. 之后我们将召开圆桌会议讨论, 尽管听众不能参加此次讨论, 但在讨论将近结束时, 我将选择一些参会人员的问题进行讨论. 我不能保证我们会讨论所有被提及的问题, 但可以肯定的是, 只要时间允许, 我们会尽力将大家提出的观点列入讨论.

现在我将向大家介绍第一位发言人, 他是来自纽约大学的理查德 · 柯朗 (Richard Courant) 教授. 柯朗教授给我们带来了他所提及的几代世界级著名的数学思想家所积累的智慧. 他曾在两个最为出色的数学机构里工作过, 一个是哥廷根大学, 另一个是纽约大学的柯朗数学研究所. 我很高兴能有机会在这里介绍柯朗教授.

**柯朗教授**: 你们中的很多位在《美国数学月刊》(*American Mathematical Monthly*) 的上一期中 [1961.10], 已经看过一篇与我们目前的专题讨论密切相关的文章, 马歇尔 · 斯通教授 (Marshall Stone) 在该文中讨论了 "数学中的革命", 文章认为, 我们处在一个数学繁盛的时代, 它远远超过从古至今我们所知的任何一个时代. "现代数学" 的成就可以归功于一个基本原则: 将数学从物质世界中抽象并且有意识地分离出来. 因此, 数学思想得以从桎梏中解脱, 并有望上升到能够完美地鸟瞰甚至是掌握现实世界的高度.

我无意贬低或扭曲这位杰出作者所说的话或者他的教学研究成果, 但如果把他的观点上升到全局的高度, 正如他试图给研究乃至整个教育定下准则, 那么他的文章可能是个更危险的信号, 并且其中的观点是必然需要补充的. 热衷抽象主义的危险在于该方法主张完全不说多余的话, 而仅仅强调片面真理. 在原本完整且平衡的真理中忽略掉某些重要的因素而只强调部分片面的事实是绝不允许的.

数学思想当然需要经过抽象的逐步改良、公理化和清晰化. 往往当我们达到一个新的高度, 并对数学规律有了结构性的洞察力时, 就能够对问题做出关键的简化, 这一点是不争的事实. 我们一直都在强调, 如果人们不抱有这种形而上学的偏见, 即总把数学概念看成是某种对物质现实的描述的话, 那么数学中很多基础的难题都会迎刃而解.

如今, 我们科学的生命之血从根向上输送; 这些根向下延伸出无尽的分支, 深入到所谓的现实世界. 无论这个现实是力学、物理学、生物学类型、经济行为或者测地学, 还是在熟知领域中的其他数学对象. 抽象和泛化对于现象的数学而言并不比现象的个性更重要, 并且, 它们也不比感性的直觉更重要. 唯有这些力量与它们之间相互结合而产生的相互作用才能保持数学的活力, 避免其走向凋零. 我们必须抵制将数学发展片面地推向浪费生命并且自相矛盾的极端行为.

说数学科学的终极称号是什么 “人类思想的光辉”, 这已经是亵渎神明的陈词滥调了. 数学绝不能因为有纯粹的和应用的两个部分而被割裂开来, 而且它是科学这条宽阔溪流的一个充满生命力的分支, 这一点永远都不会改变, 我们更不能让它堕落到细支末流, 甚至干涸在沙滩里的地步.

数学内部固然存在分歧, 这表明危险始终存在. 孤立主义抽象理论中的狂热者的确是危险的. 而那些不能辨别虚伪借口与献身愿望的保守反动派也是危险的.

或许片面性所带来的最严重的威胁是对教育而言的. 我们的社会比以往任何时候都更需要接受学识广博的优秀教师的启发式教学. 实际上, 课程是重要的, 但改革的呼声绝不能允许涉及物质的侵蚀, 宣扬平淡的抽象概念, 将数学孤立化, 以及摒弃苏格拉底方法的理念而去追求教条主义.

幸运的是, 在学校里, 一些与数学有关的极端建议似乎正在被淡化. 无论如何, 将数学、力学、物理和其他学科紧密结合对许多高校和学院存在的弊端是一个根本的、必不可少的补救, 这是毫无疑问的, 这也将被认为是一种必选方案, 它必定会得到新一代教师的大力拥护. 推进这项改革也是每位科学家应尽的神圣义务.

**格林伯格博士**: 我们的第二位发言人是来自哈佛大学机械工程专业的乔治 · 凯里尔 (George F. Carrier) 教授. 凯里尔教授是一位世间奇才. 他是一位通晓工程学和物理科学的数学家, 他用他的超常技巧表征并求解了许多工程师、科学家和数学家们感兴趣的问题. 我很荣幸介绍凯里尔教授同大家认识!

**乔治 · 凯里尔教授**: 我听闻, 乔 · 凯勒 (Joe Keller) 曾经发表了一些关于应用数学定义的评论, "对应用数学来讲, 纯粹数学为其一个分支." 我完全同意这一陈述, 但作为一个定义, 我觉得它太过保守. 在我看来, 不仅纯粹数学为应用数学的一个分支, 而且当其他任何学科都变得可充分量化时, 这些学科也都为应用数学分支. 当然, 这些讨论拓宽了这一领域, 它除了包含不成熟的概论外, 别无他物. 所以我的发言将仅限于我认为与应用数学核心有关的一些教育问题. 我仅考虑教育问题, 是因为我认为当高素质的人在受良好的教育和准备迎接挑战性的职业时, 他们会清楚地认识到令人兴奋和有价值的研究需求, 并将对此认真负责. 我只关心应用数学的核心, 是因为我在美国几乎没有发现关于这个方向的本科课程.

或许我应该首先给出应用数学核心的定义, 这需要我通过描述应用数学工作者的目标、能力和教育所需来完成. 他们的目标是定量地理解科学现象. 为了达到该目的, 这些人必须深入且广泛地了解一些科学 (诸如物理学、生物学和经济学等) 的基础, 然后利用久享盛名的科学的基础法则 (如在力学中) 或者经过仔细地模型推导 (如在新兴科学中) 从而提出一个或者一系列问题. 这样的应用数学家也必须对数学知识具有超凡的理解, 他所能使用的这项技术要么是严格建立的方法, 要么是解决问题的启发式方法, 对于结果的可靠性和可理解性, 他必须要有一个全面的认识. 特别地, 应用数学家必须善于发现问题, 使得答案有助于填补科学所需, 与此同时, 给出和解释问题的答案又不能很繁杂. 我必须强调的是, 通常这样的人既不是数学家, 也不是某一特定学科分支的专家; 虽然他与数学家和特定学科专家的态度和目标就有所不同, 但他在所用的数学和科学领域的知识之广泛程度上, 更是与他们大相径庭.

正如我之前所讲, 鲜有本科课程使学生早早地、持续不断地接触到这些目标和态度. 这样的课程应该是什么样子? 我坚信这种接触, 抑或说, 这个方案, 应该从高中就开始! 我认为, 特别是数学课程的内容需要得到丰富, 这样才能激发学生的潜能, 开阔他们的数学的视野, 高中就教授三角学和解析几何学, 就好像提出将静力学与数学教学相协调一样, 这种协调是学生进行数学研究所需要的, 也是学生对数学研究的应用. 这样的接触对于平衡新型中学里强调精确数学推理的美是必要的. 事实上, 我认为, 如果学生不仅具有严谨的数学思维, 而且能够积极地将数学思维和由此所培养出来的解题技巧加以运用, 那么许多在中学数学中已经引起的尖锐的矛盾都可能会得到很好的解决. 此外, 在这个层面, 这样的接触应该包括所有研究数学的学生, 无论他们打算去从事什么样的职业. 我发现难以置信的是, 一个可能受过良好教育的人竟然觉得, 至少对自身所处环境的一些了解是没必要的.

科学和数学继续与大学课程相协调的观点, 对于应用数学的初学者来说很有必要, 我希望其他人的想法也是如此. 当学生学习了微积分, 他们就应该学习动力学和那些其他科学中足以用微积分定量理解的基本内容. 协调应该使得数学主题在某些情况下由科学问题所提出, 而在其他情况下, 数学的发展优先于它的利用. 在任何一种情况下, 主题一旦被引入就必须被当作数学一样去教授, 请记住, 这些想法比 “艾普西隆”① 更重要!

一个学识比我更渊博的人, 会更能热衷于对一门课程的描述, 并以时间顺序来研究数学和协同科学的材料, 从而让应用数学系的学生受益. 但是我认为这个观点即使没有这样的大纲也已经清楚了. 简而言之, 学生必须找到一种数学和科学之间的相互作用, 也必须对它的理解性进行探求, 并且也应该发现它的区别, 例如, 数

①希腊语第五个小写字母 $\varepsilon$. —— 译者注

学家希望他们所追求的那些数学中基本假设所蕴含的意义与宇宙物理没有相互影响. 或者, 他应该将应用数学与物理学家追求的且迄今未知的基本规律及其验证和影响直接区分开来. 当然, 我提出的这些描述可能太过锐利, 但我认为这样的描述能清楚地区分量化科学在各个方面的主要目标.

也许在这里我得再重复一下我多年的抱怨才能充分强调出我前面说的话. 这和我所称之为 "数字化科学家" 的教育有关. 我必须用某些评论来开始这个抱怨. 一个负责任的人是不会怀疑计算科学及其配套设备所蕴含的巨大的现实价值以及未来价值的. 当合理地使用它时, 我们就可以在这个学科的快速发展之前, 获取到原本无法触及的信息. 然而, 像其他任何学科一样, 当这个学科被滥用时, 事情好坏参半. 我认为, 当处理一个量化问题时, 使用被严格证明的方法的人不需要和那些使用富有启发性方法的人知道得一样多. 方法越倾向启发性, 基础越不精确, 它就越重要, 过程也越不常规. 根据我的经验, 极端情况出现在用计算科学和机械设配进行的近似方法中. 科学的不成熟、推敲出一个不好的近似所能导致的结果存在着不小的困难、以及设备本身对于识别和描述任何一种意料之外的奇点的无能为力, 意味着负责任的数字化应用数学家必须极其全面地了解数学和科学的原理, 并利用数字科学来避免其复杂性. 计算不会也不可能取代思考和理解②. 尽管如此, 我已经看到一些教育频道把一些有数字化方向的学位的人给开除了, 因为他们学过的课程还没能让他们充分理解一些中等水平的分析. 比如他们不用计算机就解不出一些足够简单的拉普拉斯 (Laplace) 方程, 对某些特定的明显太过具体化的问题, 他们也意识不到这其实是无解的. 已经有人给我看了适用于后面问题的近似数字解. 我不能说这种事件是典型的! 我希望并且认为他们不是那样的. 然而, 这种情况的确存在. 我想请求你们这些负责数字化教育的人, 希望你们在其他科学领域也能坚持开展一项广泛而深入的数字化

②鉴于我们的主持人的专业关系, 我想表明的是, 在 IBM 公司中常见的被嘲笑的行为在一个合适的环境中并非如我们通常认为的那样不合时宜.

项目, 如果没有这些科学, 数字化科学将会变成一门枯燥乏味和孤立的学科, 它将只能适合于例行操作而不能发挥它对于其他科学的强大的辅助功能.

那么, 概括来讲, 我认为我们的教育结构的主要不足是这样的: 本科教育的机会太少, 即学生们在这里总能发现, 这些教导能够全面地强调科学和数学之间的密切相互作用, 并被它所激励. 我希望这样的项目能够以它们恰当的方式进入更多学校.

**格林伯格博士**: 非常感谢. 当我建议乔治谈 20 分钟时, 我担心他会在 3 分钟之内结束. 因为按照传统, 当给他安排一个小时的演讲时间时, 他大约用半小时就结束了. 而他此次却足足用了 20 多分钟, 因此我猜想他对这个话题有极深切的感受.

我们的下一位演讲者是明尼苏达大学的保罗 · 罗森布鲁姆 (Paul Rosenbloom) 教授. 罗森布鲁姆教授因其敏锐的洞察力和在数学分析上的专注研究而得名. 然而, 对我们许多人来说, 关于罗森布鲁姆教授最杰出的事迹, 简单的理解就是, 他是一位伟大的老师. 他对于数学教学活动 (真正意义上的教学和真正意义上的数学) 的奉献, 已经将他从大学的教室带入至明尼苏达州公立学校的系统中, 除此之外, 他还有其他的职位, 如明尼苏达州教育部国家实验室数学部门的主任, 罗森布鲁姆教授还在学校数学研究小组的组织下为编写中学新课程而做出了贡献. 我们非常急切地想听到罗森布鲁姆教授的演讲.

**罗森布鲁姆教授**: 我可以通过观察理论物理学中的某些方面, 从而更好地说明我认为什么是所需要的, 以及在应用数学教育中的基本问题是什么. 首先, 什么样的数学运算需要知道并理解薛定谔 (Schrödinger) 方程和相关的物理学? 现在我认为除了其他方面以外, 还需要知道希尔伯特 (Hilbert) 空间, 当然更需要知道概率论. 人们不仅需要知道大量偏微分方程的知识, 还必须了解一些矩阵理论, 以及更多关于基本粒子理论的群表示论的知识. 在我们目前的教育系统中, 学生通常理解得不够深刻, 反而是在一两年后到了研究生院才会理解得足够深刻. 这个时候, 物理学家在物理学上会有很重的负担, 并且通常没有大量时间去做如此多的数学运算. 所以, 通常所找到的课程和教科书大都如 “食谱” 一般省略了很多的内容. 像席夫 (Schiff) 的书给学生提供了很多解决具体问题的技术方法, 但却没有解释这些方法为什么有效. 然后, 我们有肯布尔 (Kemble) 和马奇 (March) 的缩减版教科书, 例如, 将一些纯粹数学引入到对物理学家的教育中. 物理学家的教育与医学教育方向一样正面临着极大的危险. 我们现在的医疗教育情况是, 一个人在 35 岁前是没有准备好接受重负荷的专业性工作的, 甚至在某些情况下会持续到 40 岁, 这实际上远远超过了具有最佳创造力的年龄范围. 例如, 我建议你去查阅肯布尔书中的脚注, 他列出了量子力学中最重要的贡献者进行他们第一次重要研究的年龄, 或是哈代 (G. H. Hardy) 在《一个数学家的辩白》中所提到的那样, 数学是年轻人的游戏. 我们正在接近这样一种情况, 那就是一个职业物理学家的教育会持续到 35 岁或 40 岁才能结束. 同样的事情正发生在许多工程学分支中. 例如, 空气动力学将会怎样发展. 看看经济学、心理学甚至数学将会怎样发展. 同样的事情在所有的这些领域中都开始发生了. 我们处于一个非常危险的境地, 事实上, 如果我们离开教育系统, 对新知识的创造力将会枯竭, 原因就在于一个人需要一段时间才能到达科研的前沿.

现在, 关于应用数学仍然存在的问题是, 是否可以规定人们必须掌握应用数学领域中的一些适合他们的基本知识. 如果你去看一些数学的成品, 你会发现任何尝试这样去做的都是画蛇添足或鞭长莫及. 我可以用一本莫尔斯 (Morse) 和费什巴赫 (Feshbach) 的书来很好地说明这一点, 同时这对于一个物理学家的专业训练或是任何想要将数学应用到物理学上的人来说, 我认为其远远不够, 因为其中并没有教你如何实际地构建一个问题. 你将如何应用这些技术呢? 从另一个方面来看, 怀特曼 (Wightman) 在最近的量子电动力学工作中给出了答案, 该工作对复分析的现代理论有着重要的应用. 如果我们仅仅根据目前所了解的一些具有一定可行性的东西, 就试图去制定一些从事应用数学工作的先决条件的话, 那么这可能意味着, 我们阻断了人们能够跳入到新领域和如怀特曼一样不落窠臼的想法. 第二个问题是, 即使有人能像斯通 (Stone) 一样为总课程制定一些必修的课程, 在你 (柯朗教授) 提到的这篇文章中, 他试图所做的 ("他试图" 在这里说的是, 有些知识是你不得不拥有的, 其目的是实现在数学中这样或那样的目标, 或成为一个有数学修养的数学家, 抑或实现其他任何可能实现的目标), 但那将会是应用数学家的工作吗? 我介绍你读狄拉克 (Dirac) 的关于量子电动力学的一篇文章, 他在文章中提到, 捕捉一个物理现象并试图建立数学模型来描述它, 这样的日常事务会成为想象力的绊脚石. 他发现建立一个数学模型, 然后去寻找一个物理的解释会更富有成效. 当然, 这样做的一个显著的例子就是, 汤川 (Yukawa) 的第一篇关于介子的文章. 让我们想象一个粒子其行为是通过我确定的这样或那样的一个微分方程来控制的. 假设我们说 —— "这是电荷, 这是质量, 等等, 这是电流, 现在让我们看看这个粒子的行为". 然后有人就会继续研究并在实验室里去发现它.

让我另外打个比方. 这使我想起物理科学研究委员会 (PSSC) 的理论物理学家弗兰 · 弗里德曼 (Fran Freedman) 在看到七年级课程 (SMSG)③的反应, 我曾经为了在此课程中加入数学对物理的应用, 使它就像一个杠杆的基本单位一样, 以及为了在统计学章节中加入数学在社会科学中的应用而绞尽脑汁. 他说, 这本书里最有实际用处的章节就数有限数学系统那一章了, 因为那章教会了学生如何建立新的模型.

我认为如果我们试图去寻找特定的课程需要什么, 或者就数学已经创建的具体知识而言需要什么, 这是危险的. 基本的问题是应用数学是一门艺术, 数学只是其中的一部分. 在现实世界中, 有一种情况是你必须通过理想化和简化来建立一个数学模型. 现实世界对于我们无力的人类思想来说太过复杂, 以至于我们无法把握, 所以不得不对其进行理想化简化. 然后, 我们会使用所有的数

---

③School Mathematics Study Group, 中小学数学研究组关注于数学教育改革的美国学术智囊团体. —— 译者注

学力量和技术去研究数学模型, 而时常也会用自己的直觉去解释它. 接着当你在现实世界中应用它的时候, 就要测试我们的模型是否起作用. 而中间部分, 数学模型的研究则是数学家的游戏, 这只是整个应用数学过程的一部分. 只要我们把应用数学或数学作为一个成品教给学生即可, 不必告诉学生任何关于如何面对真实境况的想法和如何用数学的方法去处理它, 以及如何测试你的数学对工作是否真的有帮助. 在处理数学模型时还应该考虑到另一点. 通常有人会做一个粗略的近似和极端假设. 我们以 "趋肤效应" 为例, 实际上这是个平面波撞击导体的问题, 这个导体填满了一半的空间. 然后, 你就将它运用到如一根导线这样的实际导体当中去, 并且导线中可以有除平面波之外的任何一种波. 我们正在做的是挑选一个我们可以解决的特殊例子, 并且我们从中可以得到答案, 而且是一个典型的足以使你将它应用到一个较难以至于无法处理的真实境况中的例子. 很多时候, 需要指出的另一点是, 几个完全不同的模型将在任何合理的实验误差内进行数据拟合. 例如, 从我们知道的具有小参数的方程组的解决方案中, 我们总是可以以线性或非线性的方式引入麦克斯韦 (Maxwell) 方程, 使得很多其他理论将适合真实世界以及麦克斯韦方程. 这也是麦克斯韦第一步所做的. 在麦克斯韦方程中涉及 D④的项, 是对称的. 就当时的实验数据而言, 这一项是如此之渺小, 以至于无论是采纳还是弃除它都不会产生任何不同. 但他说, 如果采纳它, 会使得方程显得更漂亮. 它们会显得更对称.

再举一个例子. 在广义相对论中, 只有一两个特定的问题是足够简单的, 因为实际上我们已经通过解决方案的不足来进行预测并与观察结果进行了比较.

这些都是非常简化的情况且非常对称; 一个点粒子, 根本没有其他质量, 等等. 实际上, 尽管所有物理学家都不确信这是正确的理论, 但本质上这一定是正确的看待事物的方式. 之所以他们相信这一点, 并不是由于理论与观察的一致, 而是因为正如我所指出的,

④电位移向量. —— 译者注

证据非常不足, 我们有可以与观察相比的解决方案. 真正的标准是它的审美: 优雅、简单和经济, 它解释并统一了许多不同的东西. 即使这未必是正确的图景, 但确实是目前最令人满意的方式. 如果我们抛弃美学元素, 严格地从功利主义的观点去教授应用数学, 那么我们将在应用数学中失去一种主要的判别方法.

现在, 让我们回顾一下数学模型在现实世界中的研究应用. 这个困难可以用两种具体的方式来阐述, 例如, 我们中的许多人都知道微分方程在教学中的困难. 学生在学习如何解决我们所讨论的微分方程类型这方面并没有困难. 真正的困难在于解决一个物理问题时, 先用微分方程设置它, 在他们明白这个问题后, 再阐明其解决方案.

另一个例子就是在全国的大学中, 数学系都存在统计学教学的困难. 在许多数学系中, 统计学被认为是概率的数学理论的一个分支, 所以做那些事情的杜布 (Doob) 被认为是一位统计学家. 我不否认杜布是一个伟大的数学家. 但我要说的是, 在许多数学系中乃至费勒 (Feller) 书中提到的那些东西也被认为是统计学. 因此, 许多数学系很难让那些操作这些统计的人去明白在建立模型中所存在的严重问题. 并且在测试模型的阶段, 为了检验它是否能起作用以及是否能适应于真实情形的过程中也存着问题. 在这个过程中你会急于做一些有用和无用的分析, 你可能在理论上有一个解决方案的分配在这里或那里, 但在实际的情况下你会发现你做不到. 你所做的这种随机化的问题是别人都不愿去做的, 而实际情况是你还必须尽力而为, 然后你必须去估计, 也许是用原始的方法去估计你在多大程度上偏离模型的假设有可能会影响结果. 关于解决现实世界中粗略地收集数据问题, 我可以给出许多例证. 但问题是, 除非这个人正在做数学概率, 否则他都不能从数学系获得一份教授统计学的工作, 或是数学系没有人了解在这个意义上真实世界中的任何东西, 那么它就意味着, 你不得不让一些人在农业学院做农业统计, 一些人在经济学中做经济统计, 等等, 在没有约束的条件下, 让他们凭借自己科学能力去做那些在数学中不得不做的事.

我想做的是将应用数学的教学中必须做的事情设计成为一种模型, 这是冯 · 卡门 (von Karman) 和毕奥 (Biot) 的小书中所提及的. 我认为这个例子, 必须推广到数学运算的许多不同部分和诸多不同类型的应用程序中. 由于你不能预测任何一个像信息论和博弈论那样的新理论, 所以你根本不会希望通过正式课程来教授应用数学家需要知道的一切, 并且你也不能以任何方式来预测每个人需要知道的东西.

你在课程中要做的就是选择各种各样的数学题目. 你必须要将应用融汇在课程中. 一般的策略是当你决定要教哪一门数学科目后, 需要从一些学科中提取一些实际问题, 你选择的问题, 对这个数学主题很重要. 你必须为此设置数学模型, 接着从中展示出, 其如何引出一个你不得不解决的数学难题. 然后, 你才可以专注于数学并发展纯粹数学理论, 并将其作为本科计划委员会在其国家的建议项目. 之后, 你将基本理论应用于原始问题以及其他问题, 以说明数学中抽象的真正力量是同一数学模型可能有许多不同的具体解释. 所以, 我们可以从研究电磁理论问题引出拉普拉斯方程. 然后除了应用它来处理我们原来的电磁问题, 我们还会使用拉普拉斯方程去研究布朗运动或流体力学.

关于柯朗教授所担心的那种事情, 我认为你必须挑战一般理论的具体问题. 路易斯 · 尼伦伯格 (Louis Nirenberg) 关于抛物型方程的研究说明了这一点. 他对具有连续系数或勒贝格可积系数的方程证明了一般的存在定理. 这里有一个休厄尔 · 赖特 (Sewall Wright) 在研究进化论时遇到的数学问题, 他在试图得到进化论的定量理论时, 遇到了一个系数奇异的抛物型方程, 这时尼伦伯格的一般性理论就失效了. 即使你有一个很好的统一理论, 但有时你还是不能处理一个单基因在可变人口中扩散的简单问题.

由于你不能涵盖正式课程的一切, 所以你必须安排独立的工作. 我们必须有一些基础性研究. 对任何想要从事本科应用数学研究的人来说, 这里有足够的资金. 我们所要做的就是对组织这一切产生兴趣.

柯朗教授认为教育必须与现实紧密联系. 教育制度从根本上讲是现实的一部分, 这样的现实是你不得不立足的出发点. 换句话说, 如果你想改变教育制度, 就必须了解最基本的情况. 在高等院校这样的单位里, 最基本的情况是大多数教工是由纯粹数学家主导的, 而这些纯粹数学家又是在蔑视应用的环境中成长起来的. 我认为我不需要解释这一历史原因, 但它是自 1876 年美国第一所研究生院约翰 · 霍普金斯大学创立以来就在为使教学人员的研究活动合法化以及研究不必是功利的寻求合理解释而斗争的一部分. 1940 年至 1950 年间的这场斗争, 为证明大学内搞研究是合理的而获得了彻底的胜利, 而现在我们最大的问题之一是教学人员的合法活动需要得到承认.

令人惊讶的是, 人们看到了这一点, 即使在我们一些主要的技术研究所里, 为了摆脱服务部门, 数学部门进行了长期的奋斗. 他们常常为没有任何人对应用感兴趣或者没有人打扰他们而感到自豪. "我们有那些普通的教学工程师, 并且我们在这里做真正的数学." 你必须承认, 你所依赖的教你应用数学的大多数人, 之所以进入数学领域, 是因为审美, 而非功利原因. 而数学又是你进入大学的必修课. 那意味着, 如果你想把应用数学纳入大学和研究生院的课程, 你必须以这样一种方式来表达或传递, 即强调应用数学不仅是有吸引力的, 而且也是可以深入了解的. 这些问题在令人兴奋的同时也是具有挑战性的, 就像四色问题或球面的同伦群一样具有挑战性.

你得证明, 去考虑一个实际情况是十分令人振奋的, 比如, 考虑电子的运动. 以下是一些实验. 电子的行为是多么疯狂, 这是狄拉克用来描述一个电子行为的数学模型. 看看所有纯粹数学, 会表明还没有人接触过它, 一个金矿般的问题, 新领域的探索! 看看这样的抽象数学可以引导我们走向哪里. 这些方程的解是对具有 "负能量" 的粒子的回应. 它们意味着什么? 我们从一个诸如电子不在导体和晶体管中或诺贝尔奖的奇怪理论角度出发, 看看什么是纯粹的诗歌! 什么是戏剧! 在世外桃源会有这样的事吗?

你会用这个实物教学课来帮助我们去探索一个模型, 从而来描述两个相互作用的电子吗? 谁又会知道我们会无意中发现什么? 我们可以一起探索这个空白领域吗?

你已得知国家共有 2000 多所高等院校. 如果你想让绝大部分大学用你想要的方式去教授应用数学, 让很多被培育为美学家的人以不同的方式来教微积分, 你必须写出具体的指导.

为什么如此多高校提供了傅里叶 (Fourier) 级数和边界值问题的课程? 你知道, 丘吉尔 (Churchill) 写了一本书. 在丘吉尔写这本书之前, 他们不能提出这样的课程, 因为没有人可以通过自己的思维提出课程. 在 1950 年之前, 只有从事数学逻辑研究的高校才能开设数学逻辑研究生课程. 在我、苏佩斯 (Suppes) 和克林 (Kleene) 的书出版之后, 许多其他学院引进了数学逻辑课程. 如果你在课程中, 有一些像柯朗教授和凯里尔教授所表现出的想法, 或者是莫里斯 · 克莱恩 (Morris Kline) 所谈到的想法, 那么它必须纳入一个可用于课堂的实用教科书中.

如果你想到达真正的瓶颈期, 就必须赶在人们做出他们的职业决定之前. 那意味着, 它必须在课程的早期部分. 这些课程不应只是有用的数学, 也必须包括现代科学和工程的实际应用. 例如, 现在去观察一个典型的微积分文本. 如果只是为了综合实践, 即使没有任何提及物理意义的力学, 你有大量的计算时间. 如果你只是想练习定积分, 你不妨算算量子力学的观测值的期望值. 这是一个很好的做法. 或者你可以展示工程师如何使用这些时间来处理真正的问题.

还有交流的问题. 我没有足够的时间去研究这些. 越来越多的物理学家、经济学家和心理学家在数学方面相当老练.

有很少的书会像辛钦 (Khinchin) 的两本小书一样, 为纯粹数学家解释应用数学的问题. 你看一本典型的理论物理书. 它是为那些在经验主义方面有很好背景的人而写的. 它是为那些很了解现实世界发生了什么、但在数学方面却基础薄弱的人而写的. 经常发生的是, 虽然基本物理学被忽略了, 但好像读者已经知道并理解已经进行的实验和所使用的物理学中的技术术语. 作者假设你不会理解任何难度较高的数学学问, 这就是这本书的写作方式. 这就是大学数学家和他的学生所需要的一本与众不同的书.

我将做最后的陈述. 有一些关于着眼于现实世界的重要性的讨论. 如果你想在一个大学完成这些事情, 柯朗教授在这里就足够了, 他会保证这种活动的继续进行, 并将它建立起来. 这将影响一个小的区域. 如果你想在 60 所研究生院和 2000 所大学做一些事情, 必须有老师与你一同进行. 而这必将成为一场改革, 就如学校数学研究组这样的活动. 他们这样做是有效的, 因为他们是改革者. 像伯特 · 科尔文 (Burt Colvin) 和我试图从内部做起, 或者是去组织自己的团队, 这是你自己的权利. 但如果只是站在边上, 或者是无故抱怨什么是错的, 这样不会做成任何事情.

**格林伯格博士**: 我们最后一位演讲者是普林斯顿高等研究院的杨振宁教授. 杨教授是在世界上占据领先地位的著名的理论物理学家之一. 他与李政道的宇称不守恒的理论使他们在 1957 年获得了诺贝尔物理学奖. 从历史上看, 我们认为大部分应用数学起源于物理问题. 因此, 对于我们来说, 考虑应用数学的未来需要, 从杨教授那里听到代表现代数学物理学的意见, 这是最合适的. 我们非常感谢他抽出时间参与讨论究竟什么是 "数学家的困境" . 有请杨教授.

**杨振宁教授:** 尽管通常最后一个发言挺好, 但在一次座谈会上最后一个发言显然是不占优势的. 因此, 如果我不得不 (也许用不同的话) 重复前面发言人已经阐述了的某些观点时, 请大家原谅.

谈到应用数学的需要问题, 我想首先需要弄懂什么是应用数学. 要达到这个要求是相当困难的. 作为零级近似, 应用数学是介于理论物理和数学之间的科学. 因此, 我们来看看物理学家和数学家对介于他们各自学科之间的这一中间学科有什么看法.

首先就物理学家而言. 在我们中间流传着一个故事, 讲到一位物理学家向一位数学家求教的感受. 一个人带着一大包脏衣服寻找洗衣店, 找了很长时间没找着. 当他终于发现一家店铺的窗户上

写着 “本店洗衣” 的招牌时如释重负. 他走进店铺把脏衣服放在柜台上. 柜台后面的人问道:

“这是什么?”

“我想把这些衣服洗了.”

“我们这里不洗衣服.”

“但是你们窗户写着洗衣服.”

“噢, 那个, 我们只是弄个招牌而已.”

哈代在一本名叫《一个数学家的辩白》的小册子 [1] 中阐述了他对于纯粹数学和应用数学之间的区别、它们各自的应用范畴以及它们对学者的内在魅力的观点. 他讲道:

无须说我希望我不是在企图贬低数学物理, 这是一门很壮丽的学科, 它有许多难解的问题, 对于这些难题, 一些最优秀的想象已告失败. 但是, 一个平常的应用数学家其地位是不是有点太可怜了呢? 如果他想有用, 他必须做单调乏味的工作, 而且不能充分发挥他的想象力, 即使他希望达到那样的高度. “想象” 的世界远比拙劣建立的 “真实” 世界更美好. 一个应用数学家想象出的最优秀的成果, 大部分都会由于残酷但却充分的理由, 使它们刚刚产生就都因不符合实际而被放弃.

他的意思是, 应用数学是枯燥无味的. 在其他一些段落里他讲道, 应用数学实际上不如纯粹数学 (他有时叫真实数学) 用处大. 为了避免回答令人为难的问题, 他将麦克斯韦和爱因斯坦 (Einstein)、爱丁顿 (Eddingtion) 和狄拉克都包括在真实数学家的行列.

这本书是令人兴奋的. 读了他有说服力的一些章节之后, 我从中得到了很大乐趣. 这些文章罗列了各种论据 —— 有些是有深刻哲理的, 有些只是一般的妙语 —— 来阐明数学是一门纯艺术.

我在向你们讲这个故事以及告诉你们哈代对应用数学的看法的意思是想表明一下, 在我看来, 它们正好定义了应用数学应当不是那样的: 应用数学不应当是哈代所认为的枯燥无味的学科, 也不应是做符号的艺术.

应用数学是一门大部分介于数学和物理之间的创造性学科,

但也介于数学和其他学科之间. 在这一领域里, 人们用数学语言综合物理世界的一些现象. 应用数学与理论物理之间应该只有在强调上的一个小区别, 即强调从物理现象到数学公式的归纳过程与从数学公式到物理现象的演绎过程的不同而已. 理论物理学家更强调归纳过程, 应用数学家强调演绎过程. 一位真正好的理论物理学家实际上也应该是一位好的应用数学家, 反之亦然. 我相信这一观点与应用数学家本身的观点是一致的, 当然也与格林斯潘 (Greenspan) 教授于 1961 年 1 月美国数学学会的一次会议上, 在他热烈维护应用数学这一领域的发言 [2] 中所阐明的观点一致.

如果我们同意应用数学的这一特点, 那么我认为, 应用数学的教学和科研必须着重强调物理的实际. 我们来进一步分析一下这一观点.

我们知道, 对一部计算机来说, 线路系统和内部的子程序决定了它操作的基本模式. 尽管具有不同线路和不同子程序的不同机器原则上能通过后加的程序做相同的工作, 但它们工作的难易程度却不同. 同样, 一个学生所受的教育决定了他后来的思考模式、选择课题的兴趣以及面临新困难挑战时的心理和情绪反应. 正如前面引用哈代的文章中所生动表明的, 纯粹数学的训练无助于产生一种对应用数学解释物理现象的美的鉴赏力. 对于一位应用数学家来说, 缺乏这种鉴赏力是不幸的.

另一方面, 一种倾向于物理学的训练, 对于之后的吸收数学概念的过程却不是障碍. 实际上, 它往往有助于进行创造性的数学思维. 为什么会是这样, 显然是一个深奥的问题. 它也许与究竟为什么非得用公式才能解决物理现象这个问题有关, 也可能与有多少数学概念实际上来源于物理现象这个问题有关. 不过, 无论在哪种情况下, 它都是一个连数学家自己都承认的自明之理. 例如, 阿达马 (Hadamard) 在他的《数学领域的发明心理学》一书 [3] 中讲道, 一般来说, 物理解释是数学创造的一个可靠的指导, 而且经常为它扮演这一角色.

当然, 我并不是说每个物理学家都可以学习成为一名数学家,而反过来却不成. 但是, 如果有一位很有才能的学生, 想把他训练成为一名应用数学家, 那么, 我认为, 在他被更为偏激的、较少回旋的、重于想象的数学形式惯坏以前, 让他先接受一些物理学家的情趣和训练是有益的.

从历史上来看, 特别是 20 世纪以前, 物理学已经成为新数学思想的重要来源. 傅里叶在 1822 年曾说过 [4]:

对自然界的深入研究是数学发现的最富饶的源泉. 在为调查提供一个明确目标时, 这一研究不仅毫无疑问地具有排除模糊问题和无用的计算的优点, 也是形成自行分析、发现我们需要去了解的因素和哪种自然科学应该保留的可靠方法. 这些是在所有自然效应中都会出现的基本因素.

但是, 也许大家认为傅里叶太古老了, 也许认为他不足以算是一位纯粹数学家, 因而他的话不值得去听. 那么我们来听听赫尔曼 · 外尔 (Hermann Weyl) 是怎么说的. 他可是一位地道的数学家. 他在一篇名为 "相对论作为数学研究的一个促进因素" 的文章 [5] 中写道:

相对论问题是贯穿几何学和代数学的中心思想之一, 这一观点早已被数学家所承认. ······就我来说, 我可以说, 想了解相对论形式上的结构背后真正的数学实质是什么的愿望, 导致我去研究群的表示和不变式. 我在这方面的经验可能不是绝无仅有的.

进一步说, 外尔研究的群的表示已经很快对现代原子物理的发展产生了深刻的影响.

这个例子极好地说明了来源于物理思想的一种创造性数学思维所产生的丰硕成果, 将物理学的思想上升到抽象的高度, 又回过来丰富物理学的发展. 我认为, 如果应用数学研究要继续成为一个动态领域, 就必须提出自己新的问题, 并且必须在无限和壮观的物理实际中寻找自己的新概念.

## 参考文献

[1] G. H. HARDY, A Mathematician's Apology, pp. 74-75, Cambridge Univ. Press, 1940.

[2] H. P. GREENSPAN, Applied Mathematics as a Science, Am. Math. Monthly, 68, 1961, pp. 872-880.

[3] J. HADAMARD, The Psychology of Invention in the Mathematical Field, Princeton Univ. Press, 1945, p. 52.

[4] J. B. FOURIER, The Analytic Theory of Heat, Cambridge Univ. Press, 1878. (English translation.)

[5] H. WEYL, Proc. Am. Phil. Soc. 93, 1949, p. 535. 有中译文: 相对论促进数学研究, 林开亮译, 收入 "数学与人文" 丛书第十三辑《数学与对称》, 高等教育出版社, 2014.

## 小组讨论

**格林伯格博士**: 我确信演讲者们可能想开始聊一些其他话题, 但是有些话题如果我们今天早上不讨论的话就显得我们有些不负责任. 我想把这个一般性的疑问抛给小组来开始这次的讨论. 一些人听说了许多关于现代应用数学的东西, 并且讨论有限数学是极为流行的. 另一些人质疑这种与众不同的事物是否会对应用数学的未来产生巨大的影响, 或者它是不是那种能让我们充分融入课程和活动中的熟悉事物, 以至于它无须被特别注意地甄选出来. 作为应用数学的一个新领域, 有人愿意评论一下有限数学的作用吗?

**柯朗教授:** 我知道数学是什么, 而我不太清楚应用数学是什么. 但是 "有限数学" 是什么, 与自古以来一直发展和不断完善的数学相比, 有什么区别, 我却一点也不了解. 也许作为一个书名它就是一个卖点罢了, 但是如果让我们将有限和无限的概念剔除掉, 在我看来这就好比一首没有声音的广告曲, 抑或是一幅没有色彩的画作.

**格林伯格博士:** 其他人有异议吗? 我们已经处理了有限数学问题了吗? 让我以这样一个方式来提问. 我们经常被告知 —— 那些从事计算数学以及借助计算机工作的人 —— "人们正在使用数学做一些新的东西. 学生应该参加什么样的培训?" 好像有些数学知识是独特的并且这是以上努力所需要的, 比如我们说, 联立的线性方程组. 我认为他们指的是像布尔代数这样的主题. 那么问题是: 这是新的东西吗? 这对一个独自面对这一切的应用数学家有用吗? 比如说, 这是理论物理的问题吗? 抑或是组合问题?

**罗森布鲁姆教授:** 让我来回答你, 这些组合问题在现代应用中的提出主要是针对社会科学, 有些是针对生物科学. 有一点是可以确定的 —— 组合问题中有些确实是深奥难懂的. 如果你去读曼恩 (Mann) 写的《实验分析与设计》(*Analysis and Design of Experiments*) 一书以及最近里奥丹 (Riordan) 所写的书, 你会从中得到一些灵感. 然而, 要试图去重新平衡我们的大学基础课程, 即我们传统的大一或大二课程, 如果他们提及的所有应用仅仅是关于初等物理, 也就是说有些人比如凯梅尼 (Kemeny) 和塔克 (Tucker) 等人尝试记录大一大二的课程, 并认为应对生物科学和社会科学的应用产生足够的重视. 唯一能解释的就是他们是那个方面的狂热者并且全身心地投入于此. 在他们所做的没有被忽视的情况下, 有人不得不写一些东西目的在于恢复平衡. 应用数学的核心仍然是分析, 所以基于极限、微积分和实数系统等概念. 事实上, 对于生物和社会科学上的应用, 只要你依靠概率做任何实数的东西, 你最终还是会回到分析上. 因此, 一些人在写一些关于大一大二课程的东西时就会批评凯梅尼、斯内尔 (Snell) 和汤普森 (Thompson), 原因在于批评他们在微积分方面所做的大量工作以及给出了许多应用方面的不同例证, 目的是为了说明数学与现实世界联系得多么密切, 而导致其完全脱离数学这一最初的本质.

**格林伯格博士:** 如果应用数学家继续影响着一些新的领域, 那么似乎看起来, 从传统到未来所提供的课程其大部分都是力学的

一个分支 —— 固体和流体力学, 且在课程中需要大量的改变. 那么问题在于: 如果应用数学继续深入到现代物理及更新的如生物、医学领域的话, 那么如何重组这些科目让其融入到数学家所擅长的方面, 好让他们在这些领域的发展过程中发挥重大的作用, 反之亦然?

**凯里尔教授:** 我所疑虑的是它的重组方式将和现在多数主题一样, 以一个传统的方式呈现出来. 职业应用数学家的兴趣极其广泛并且敢在这些新的领域冒险, 而且会看到为了取得一定的进展, 他们必须掌握很多种类的数学, 在某一阶段时, 如果能达到研究生的工作水平, 他将会把这个资料介绍给学生, 随着需求的增长, 资料将在学生能够吸收的最早阶段被传授给他们. 如果你的工作是从一个应用数学家的角度来看, 直到你面对他们对知识的所需时, 我才明白原来你是故意把这些东西放到课程中的. 随着我们所知、所需的事物增多, 课程的内容已经足够庞大了. 在数学系, 可能会开设的课程其强度之大、范围之广远超过学生承受范围, 但是, 它有益于应用数学家了解这些数学领域, 且当他们中某人有能力倾向于开拓这一切时, 其所认识到的一般特性能传授于人.

**格林伯格博士:** 这点涉及观众中一位来自约翰 · 霍普金斯应用物理实验室 (Johns Hopkins Applied Physics Laboratory) 的格雷 (Gray) 博士提到的一个问题. 他问道: “在科学家的教育中, 如何尽可能地给他最好的机会, 以便日后当他面对一个问题时, 他能意识到有一些强有力的数学技术来解决他的问题, 而不是预先就已经感知到其有某种联系?” 就纯粹数学而言, 这是很难去预见一个应用数学家的数学教育应该由什么构成.

**柯朗教授:** “应用数学” 这个术语不是指知识的确切存储. 区别于 “应用数学家” 和 “纯粹数学家” 的本质是一个动机的因素, 即一个应该在纯化论者灵魂深处被呈现出来的东西: 在数学和所谓的现实之间的关联上有着浓厚的兴趣. 正是由这种态度而造就了这种强烈的动机, 这才是 “应用数学家” 的特点. 至于解决问题的能力, 应从外部加强, 没有一个人能对所有的意外情况和问题提前做出准备和对策. 当然, 它是一个悲喜剧, 当一名工程师带着一个问题去求助数学家, 然后数学家经过长时间的苦思冥想、反复修改和简化最后满怀激动地给出答案, 与此同时我们却发现提问者早已失去了对问题的兴趣.

**格林伯格博士**: 我现在提一个重要的问题. 人们似乎普遍同意我们需要将数学和科学的题材交织起来, 其中作为课程基础的一些书不得不去写. 现在, 书正在编写的同时, 一场改革运动也到来了. 罗森布鲁姆教授也已参加到这场改革中. 我想很多人都好奇这些努力而来的成功. 最近有一篇莫里斯 · 克莱恩的文章, 我想许多人都能感受到他对新课程的痛批, 或许这是一种极端方式. 我想请作为 SMSG 中一员的罗森布鲁姆教授来描述下, 他所认为现阶段正在取得的进展处于一个什么样的程度, 以及在数学和科学上何种程度的人会对这一项目起到促进作用, 我确信学校数学研究组的人, 做的东西越多越会意识到需要做更多的事情来满足广泛的需求.

**罗森布鲁姆教授**: 首先, 关于我的好朋友莫里斯 · 克莱恩的文章和他的批评, 他一再强调, 与我二人 1960 年在芝加哥参加的辩论会中所提及的没有太大的改变. 显然, 他没有从辩论中学到更多的东西. 在那段时间, 我已经挑战过他的 "要么去做, 要么闭嘴" 的观点. 换句话说, 我非常赞成他关于数学课程所讲的一些实质内容. 但是, 我认为抱着一种冷眼旁观的态度继续做下去或是指责什么是错误的, 这毫无益处. 我认为, 如果你想要带来一些不得不做出的改变, 你最好制定一个积极的行动计划. 在现今的高校中, 我们在试图改革数学教学的过程中会面临许多问题. 这其中就有社会工程问题, 意味着在任何人无权强压别人的条件下, 你需要迅速地做出改变. 你也不得不让多数人自愿地去决定做他们该做的事情. 并且这个问题不仅仅是解决七年级或者其他年级中数学教什么的问题, 而是一个如何在不强加的情况下, 让这些改革融入到高校中的问题. 因此, 这个过程中就应该将各个国家能代表各种观点的一群人 (应包括数学界、教育界、各大高校的人) 聚集在一起, 在一个自由开放的氛围中写一些书. 比如, 在九年级的课程中这一问题在本质上能代表数学界和教师们的一致观点. 西雅图学校系统已将学校数学研究组引入到西雅图学校系统中. 因为他们的数学监督者是在写作团队中的. 全国数学教师委员会在这方面很有发言权. 他们的中学课程委员会主席在十一年级的写作团队中, 等等. 在一定程度上你所面临的问题是, 出版或发行的内容取决于代表各种观点的写作团队中个人的说服力和成熟的判断力. 在七、八以及十二年级的写作团队中, 有许多人的思考方式与我和克莱恩的一样, 所以在很大程度上我们认为我们得到了需要的东西. 在我们这个九到十一年级的写作团队中, 有的人比较失落, 因为那些我们曾以为会支持改革建议的人, 最后却都倡导写类似自由命题的文章. 我想说的是, 现在机关组织的设立是为了让一些东西进行大规模的实验, 而现在我们已经面临一场空前规模的改革运动. 在我看来, 如果我们寄希望于提出一种方案来替代现在建立的机关组织, 那么这种情况下对机关组织的利用更具实践意义. 事实上, 如果有任何团体认为在学校数学研究组模式下设立的九年级课程有必要被替换且愿意为之投入到这项工作中, 那么这一切都可以通过学校数学研究组的机制来实现, 并且如果一些组织机关的存在是为了在这个国家的许多地方进行实验和为国家获取资源的话, 其将会被立即组建并投入使用. 例如, 去年夏天他们有一个替代十年级课程的方案, 其内容相对之前更强调解析几何的分析. 我正在为 SMSG 中十二年级的应用数学专业写一篇文章, 当它写完时, 我确信贝格 (Begle) 教授将会在他们已经举办过的矩阵代数比赛中进行实验. 我们希望最终能有六个关于替代十二年级课程的文本出现. 自然而然地, 我更想看到更多我所提出的东西, 比如那些为生命而战的数学理论的讨论, 如根据差分方程而非微分方程提出的沃尔泰拉理论 (Volterra's theory)⑤, 以及适当整合在常规课程中的有限的量子力学的数学基础介绍, 将这一切贯穿于常规课程中的

⑤20 世纪 20 年代由美国统计学家阿尔弗雷德 · 洛特卡和意大利数学家维托 · 沃尔泰拉提出的一种理论. 它描述生物系统中, 掠食者与猎物进行互动时的动力学, 被视为一个重要的生态学理论. —— 译者注

只有我一个人. 我一个人不可能将所有的教科书都写完. 我仅有时间为七、八年级写上几章而已. 如果我们想做一些必须做的事情, 那么就必须将学校中好的老师集结起来, 比如像克莱恩和波利亚 (Pólya) 这样的人, 然后组成一个六人小组, 去为孩子们写一些东西. 你在纽约是正确的, 我可以五分钟之内把全纽约市凡是有才能且有较好数学能力的老师名单为你列出来, 便于他们与你、莫里斯 · 克莱恩或其他数学家合作, 目的是让你们在九到十一年级中我认为最需要的地方为孩子们制定一个新的课程. 我认为贝格会很乐意进行合作, 并一定会将他的组织团队也加入其中. 但是, 对于你和莫里斯 · 克莱恩我会说 "要么去做, 要么闭嘴", 并且根本没有借口说 "像我这么好的应用数学家可没有时间去做这些, 让其他人去做吧". 这也正是他在文章中所强调的, 不是吗? 他说, 真正意义上一个好的应用数学家是真心投入到科技工作中的, 而非去提及 "像我"、"没有时间去做这些工作" 这些字眼.

**格林伯格博士**: 我在考虑是不是应该在工业与应用数学协会的会议中邀请莫里斯 · 克莱恩.

**柯朗教授**: 我完全同意你所说的, 但是我认为那些事情不应该完全由委员会完成. 委员会为高中或是幼儿园写的教科书也不一定都是优秀的教科书. 我认为, 那些携巨资支持大型委员会的机构, 应该通过鼓励个人而让其自愿去编写教科书.

**罗森布鲁姆教授**: 我可以提一下, 这已经做了. 首先, 在 SMSG 内, 我可以写一个单独的文本, 或者我们可以设立一个大型委员会. 现在我们已经有了这个机制, 没有必要再建立一个庞大的写作团队和获得大量协议. 我认为现在的情况非常令人满意, 编写小组的成立是服务于九至十一年级的, 小组成员由一位数学家和两位高中教师或一些类似的形式组成. (另附 3 月 2 日: 几位杰出的数学家有为青少年写作的意愿, 但大多数时候需要得到学校里一位优秀教师的帮助.)

**柯朗教授**: 我仍然认为一个人应该作为一个个体去写作, 而非作为一个团队的成员在上级委员会的监督下从事写作. 例如, 在法国, 几十年前, 优秀的数学家独立地为高中编写了重要的教科书, 取得了巨大的成功. 现在俄罗斯也正在进行这项任务.

**凯里尔教授**: 我必须说, 我所关心的是比写书更进一步的东西. 我关心的一件事是高中老师的培训. 你们可能都知道, 国家科学基金会 (NSF) 正在支持暑期学校提高高中教师的教育程度, 我在其中做了一些决定, 关于哪些应该支持, 哪些不应该支持. 在我遇到的每个拟议机构中, 基本上向中学教师提供的所有材料都是被构思过的, 目的是为了提供深奥的数学背景和观点; 我所做的观察会令人非常沮丧, 原因是没有一种材料会提供深奥的数学应用背景.

现在, 尽管我完全同意这些教师必须适当地获得一些精准的数学思想和对某些数学学科透彻的理解, 但同样重要的是, 他们也必须对应用数学的方式有一些观点和理解. 事实上, 他们真的应该获得一些技能, 使用数学来处理科学中的基本定量问题. 毕竟, 我们的中学数学教师教授的绝大多数的学生不会成为专业数学家, 但会有机会在科学和其他专业活动中使用数学. 因此, 在我看来, 中学教师必须认真研究那些准备好并使用着的材料, 这些材料会让他引导他的学生开始养成清晰的数学思维习惯. 而就富有挑战性的数学应用多样性而言, 这些材料也向他介绍了对于需要强调的有关多样性的态度与技巧.

特别是, 这些数学教师应当被告知并认识到, 诸如 "当他们把问题联系实际时经常会玷污数学的纯粹性和美感" 这样时下盛行的想法并不是非常明智的观点. 在科学和其他地方使用数学可能是具有挑战性的, 如美学上是令人愉快的, 对社会是有价值的, 作为 "纯粹的" 自我包容的学科. 我们的老师和学生能够很快很好地发现这一点!

**杨教授**: 我很少到中学去或接触中学生, 但几年前却有一次机会与中学生座谈, 那次座谈的结果对我很有启发. 也许向你们汇报这一情况并不完全是离题. 我住在普林斯顿, 那里有一所很好的中学. 两年前, 这所学校的一群高中生组织了一个物理俱乐部. 这群学生显然很聪明, 对自然科学有兴趣. 他们请来了普林斯顿的许多物理学家, 询问我们是否能花些时间指导他们学习物理. 我们很多人都说可以, 于是他们组织了一次讨论会, 讨论这个俱乐部成员应该怎样开展活动, 以及活动的题材. 我们去参加了, 我记得还有惠勒 (Wheeler) 和怀特 (White). 讨论会上, 俱乐部里的一个男孩站起来说: "下半年我打算学习以下课题." 接着他在黑板上写了一大串题目, 从力学到电学、电磁理论、量子力学、热力学、核物理、量子电动力学和基本粒子, 等等. 对此我们感到十分吃惊, 并且努力劝告这个男孩, 学习没有捷径, 囫囵吞枣地学习很多名词术语而不了解它们的全貌是无益的, 实际上是有害的. 结果表明这种说服工作很不易. 我束手无策, 也不知道这种现象是怎样泛滥的. 我猜测, 随着大众对自然科学的普遍兴趣和近来对自然科学的强调, 特别是物理学, 有才能的中学生可能学到了许多学术名词而没有询问它们的内涵. 这种想匆忙肤浅地吞咽知识、想学会许多东西但不学这些东西的实质的态度是一种传染很快的疾病.

**格林伯格博士**: 让我提出一个我们没有考虑过的问题, 即美国应用数学研究生院 —— 他们做得很好还是做得不好? 有人提出的一个问题, 这是一个很好的问题, 要求我们讨论关于纯粹数学和应用数学的当前状态, 博士论文的问题所起的作用. 在我们的机构中就那些正在被分配的博士论文而言, 我们在应用数学中所做的毕业作品够好吗? 他们是否有意义地深化了应用数学家的角色和地位? 我认为凯里尔教授和柯朗教授可能会有这个答案.

**凯里尔教授**: 明显的答案是, 你不能片面地回答这个问题. 我认为有一些研究生院正在做非常好的工作. 他们有的工作人员知道什么是有价值的研究 (通过一些合理的标准); 他们为学生分配了有意义的工作, 同时通过学生的论文工作来指导他们, 他们以此确保学生使用自己的想象力, 拥有与应用数学家同样的想法, 学生对这些想法有了相当深入的了解, 这时他对学术研究价值而非仅仅对操作做出了贡献. 在这样的学校, 研究是值得的, 更重要的是, 研究的主要背景是建立一个富有成效的研究生涯. 可能有其他学校不能为博士生提供好的教育, 往往是因为工作人员本身不做研究; 博士研究是否有价值取决于学生的研究顾问或者研究委员会; 显然, 有能力强的也有能力较弱的博士生. 我想我们在哈佛做得不错, 我相信这里的每个人对他自己的机构的工作都有同样的感觉. 无论如何, 我相信美国的许多学校正在应用数学方面做一些好的研究.

**格林伯格博士**: 如果未来良好的应用数学来自科学, 在某种程度上也来自工程尝试利用新发现的技术, 研究生院与一个作为问题来源的工业社区的相互作用如何, 等等. 换句话说, 应用数学家在他的系里是否有机会接触到新问题, 除非他在外面担任顾问并有很多朋友. 当然, 很多人确实是这样, 这也是个新问题的来源. 但是我们真的需要这样子的新问题来源吗?

**凯里尔教授:** 我不知道. 但我知道有些人做出了很好的研究, 这些研究与工业基本上没有接触; 他们是非常好的应用数学家, 其中有些还是优秀的工程师. 另一方面, 许多令我兴奋和受到启发的问题来源于我以某种方式与工业接触的过程中, 它可能是不经意间的, 也有可能来自对工业的认真咨询. 但我知道, 在没有这种外部激发的情况下, 其他人的知识主要来源是目前科技的进步水平以及他们的文学知识, 等等, 他们进而从事于有意义的科学问题. 所以我重申它没有单一的答案. 这取决于正在进行研究的人以及为他的学生提供问题 (当需要完成时) 是否需要外部激发. 不同的人以不同的方式受到激发.

**柯朗教授:** 我想发表一些与本次话题不太相关的评论. 与其他发言者一样, 我觉得最大的困难是建立和维持数学家和其他领域之间的良好的联系. 我的意思是, "应用数学家" 应该与物理学家、工程师等一起工作, 而且不只是作为一个临时的顾问. 特别是在大学和研究生院的教学制度可能必须在不同智力组成的学生群体的压力下进行修改. 在应用数学中, 最重要的问题是从现实问题过渡到数学模型的制定, 然后是模型的数学分析, 接下来的步骤是将结果再转换成语言现实. 目前, 这个双重过渡的问题在很大程度上被忽略. 在大学, 我认为弥补这一缺陷的唯一办法为少数杰出的数学家、物理学家或工程师之间以研讨会或工作组的形式建立密切的合作, 正如美国科学研究与发展局 (OSRD) 在战争期间所做的那样. 例如, 在战争期间, 由我们的英国朋友大力发展的整个编程和操作分析的领域, 只有通过受过数学和统计学训练的研究员们以及那些理解现实问题的人们之间的密切合作和相互作用才能变得有意义. 我觉着大学应该尝试朝这些方向发展活动, 跨越学科之间的界限. 但我也没有什么诀窍.

**凯里尔教授**: 我要补充一些东西, 以避免误解我所说的 "受到启发" 这个词的意思. 我说过, 许多激发我的问题都是我通过与工业界的接触而受到启发的. 但我并不是说, 工业界让人回答的问题一定让应用数学家或其他科学家也为之兴奋 (虽然许多情况下, 可能的确如此). 也许, 这些问题的抽象或泛化成为研究的激发因素. 所以, 当我说 "受到启发" 时, 是从非常广义的角度而言的. 我当然不是指一项富有成果的研究事业是由于研究人员完全为了解决外部的问题而变得成功的. 另一方面, 参与研究这些引起 "工业问题" 的现象之下的基础问题也颇有裨益.

**格林伯格博士:** 我还想谈一些个人的观点. 其中一个与乔治 · 凯里尔有关. 在某人为数值计算专门列出备注时, 此人觉得你会由此认为接触计算机也许并非应用数学家的本职工作, 应该交由程序员或其他人士来完成. 他想知道的是, 应用数学家是否应该通过数值分析来解决整个问题, 即使这意味着需要自己编写一些程序.

**凯里尔教授**: 我通常认为答案是 "肯定的". 我曾目睹过的机器最为成功的使用是在洛斯阿拉莫斯, 在那里, 几乎每个人的研究中所涉及的一些必要的计算都是通过机器来实现的. 但是这个答案不是通用的. 当然除了某些形式替换, 编写的所有程序确实适用于某些常规问题; 虽然显得我自己有些无知, 但我相信利用编程来实现不太大的矩阵的转置是可行的. 毫无疑问, 我认为, 那些日常的操作可以由那些做日常工作的人来完成, 从这个角度来讲, 我愿意承认这些人不是应用数学家. 但是, 当处理一些微妙的研究问题时, 其中的过程起先不必是常规的, 其中解的结构不能被准确地预料, 为了决定机器需要做什么以及应用数学家完成非常规部分, 我们需要对所研究的问题有深刻的了解.

**格林伯格博士**: 杨教授是否能就这一点谈谈自己的看法? 因为我知道他最近做了大量的计算, 而且基本上是个人做的, 他自己感到很成功.

**杨教授**: 好. 我不知怎样概括这个问题, 但是, 正如凯里尔教授所说的, 这很大程度上有赖于问题本身, 也有赖于调查者和编制程序设计者. 我个人的经验是, 如果你将这个处于消化状态的问题交给编制程序设计者, 过一会儿你就会担心 (至少我很担心) 产生的数字和所给问题之间的联系是不是准确.

**格林伯格博士**: 这里还有个问题我乐于转达给杨教授. 问题是: 如果早期在数学方面的训练使学生不屑于搞应用, 那么物理学家是不是也教他们的学生鄙视工程应用? 我对此稍加概括, 就是说, 是不是物理学家对数学家和工程师往往有一种固有的蔑视? 为什么? 他们知不知道有关傅里叶和其他人的事情?

**杨教授**: 恐怕我的回答不能代表所有的物理学家, 但我深深地怀疑有这么多心胸狭窄以至于看不起纯粹数学家或工程师的物理学家. 在我所接触的物理学家中, 没有发现这样的例子. 我认为, 根据其所受训练的性质, 一位物理学家不但要学习尊重纯智力要求的学术问题, 也要学习尊重实际问题. 如果不幸某些物理学家出现了格林伯格博士所说的现象, 那么我马上与这种现象脱离.

**格林伯格博士**: 在座的先生们有谁愿意最后发表些记录在案的意见纠正错误印象?

**杨教授**: 我来告诉你们我听到的关于量子力学发展的故事, 这与使一个人成为一名优秀的应用数学家需要教给他多少数学知识的问题不无关系. 大约在 1924—1925 年间, 那时很明显, 一些新的力学会很快发展起来. 实际上那时已反复指出能级, 如氢原子的能级, 可能被看成是某个算子的特征值. 你们知道, 哥廷根是研究这一问题的中心. 他们耗费了大量的心血, 试图找到可提供这一正确特征值的算子. 无须说, 所有这些努力都是徒劳的. 最后, 发生的是从物理学的观点写出了一个算子方程式, 一位物理学家解出了这个算子方程式并准确地提供了所要的特征值. 对人类思维来说, 预测大自然所钟爱的正确组合似乎是很难的. 我认为, 为了预测大自然, 给一个人提供所有数学工具可能是徒劳无益的. 正如柯朗教授所强调的, 重要的是看法, 而不是这样或那样具体的数学知识.

**格林伯格博士**: 好了, 我想我们会得出结论. 我代表全体工作人员衷心感谢这次讨论会的参加者今天上午到会.

(崔继峰译)

# 爱因斯坦和未来的物理学*

大会主席: 汉斯 · 贝特

专题小组成员: 马文 · L. 戈德伯格 (主持人)

斯蒂芬 · L. 阿德勒, 斯蒂芬 · 温伯格,

弗里曼 · 戴森, 杨振宁

---

**贝特 (Hans Bethe)**: 我们已经对过去进行了回顾, 当然也应该对未来做一番明确的展望. 本专题讨论会主持人是来自加州理工学院的戈德伯格 (Marvin L. Goldberger) 教授.

**戈德伯格**: 谢谢汉斯. 近几年里, 人们在有关爱因斯坦引力理论, 也即通常所谓的广义相对论方面掀起了巨大的研究热潮. 这其中至少有三方面的原因. 首先, 大约 25 年以前, 极少数天资聪颖、极富魅力因而颇有影响的物理学家, 对这一理论产生了兴趣, 并培养出一代杰出的弟子. 在这 25 年间, 比较突出的人物包括约翰 · 惠勒 (John Wheeler) 和丹尼斯 · 夏玛 (Dennis Sciama). 其次, 在我看来也许是最重要的一点, 近几年天文学领域里有许多新的发现,

---

*原载: 杨振宁. 杨振宁选集. 杨建邺, 李香莲, 编译. 武汉: 华中科技大学出版社, 2016.

这势必要求相关的物理学家们全面完整地掌握引力理论. 我认为, 由于在这么多年里缺少和实验之间的联系, 大部分物理学家提不起对引力理论的兴趣, 以致它成了数学家或偏向数学的物理学家研究的领域. 最后, 因为量子场论取得了很大的进展, 所以人们重新设法建立一种量子引力理论. 这一重大目标至今尚未实现. 不过该领域的研究依然很活跃. 此外, 强背景引力场下量子理论的发展, 导致了所谓霍金 (Hawking) 辐射的重大发现, 这也激发了更多的理论研究. 下面就请本专题小组各组员讨论上述及其他许多和弱、强、电磁以及我所希望的引力相互作用终极统一有关的发展, 将来会在何种程度上发挥重要作用. 如此大胆抑或是愚蠢地来做出这些预言的先生们, 将按如下的顺序发言: 斯蒂芬 · 阿德勒 (Stephen L. Adler), 普林斯顿高等研究院自然科学学院教授; 斯蒂芬 · 温伯格 (Steven Weinberg), 哈佛大学希金斯理论物理教授; 弗里曼 · 戴森 (Freeman Dyson), 普林斯顿高等研究院自然科学学院教授; 以及杨振宁, 纽约州立大学石溪分校爱因斯坦物理教授.

**阿德勒**: 我准备从这样一个特定的角度来谈谈爱因斯坦对物理学未来的影响, 即与广义相对论的类比对我们理解规范理论、尤其对量子色动力学发展的可能影响. 下面我先对广义相对论做一些简单而相关的评述. 在很好的一级近似下, 相对论中的大多数解析计算可以归为两类. A 类包括微扰法计算, 这种计算主要是在几乎平坦的度规附近展开. 像太阳系实验中的参量化 (parameterized) 后牛顿式广义相对论研究、引力辐射理论以及可重整化研究等, 通常归于这一类. 我将有关诸如视界之类不能当作平坦度规的微扰来处理的强耦合现象, 划归为第二类, B 类. 这一类还包括宇宙学和黑洞物理学. B 类的重要特征是相关的研究主要关注场方程的某些特殊解析解, 比如宇宙学中的罗伯逊–沃尔克度规 (Robertson-Walker metric) 和黑洞物理学中的克尔解族 (Kerr family of solutions). 介于上述两类之间, 同时使对称性不那么完美的问题也能得以研究的, 是近些年来比较盛行的数值方法. 陈省身和雷吉 (Regge) 曾在论文中强调, 相对论和规范理论有着密切的关系, 它们在结构形式上具有许多相似之处. 所以, 我们有理由期望, 这两个领域里用于解决一些物理上彼此相关的问题的有效方法, 也有类似的地方.

下面再看看规范理论. 和我前面描述过的广义相对论中的情形类似, 规范理论中的大多数解析研究也可以分为这样两类: A 类 —— 微扰理论 —— 这里我要先提的是温伯格 - 萨拉姆模型中的树形拉格朗日量研究 (它给出了所有的中性流预言), 以及针对它的各种辐射修正计算 (理论的可重整性使得这些修正结果是有限的). 第二个例子是深度非弹性过程的渐近自由计算和最近量子色动力学中关于喷注现象的研究. 在 B 类 —— 强耦合现象 —— 中, 我要先提及瞬子物理, 其次是单极子解及其同类.

下面让我尝试着将上述关于广义相对论和规范理论的看法加以归纳总结. 首先, 作为一级近似, 下面这些类比是有效的: 类比 1)—— 广义相对论的宇宙学解相当于规范理论的瞬子解. 宇宙学解是描述各种宇宙的含时度规. 瞬子解是描述杨 - 米尔斯场从一个经典极小值到另一个经典极小值之隧穿的含时解. 下述事实就是这一类比的具体例子: 德西特 (de Sitter) 度规的欧几里得延拓和常曲率四维球面同构, 而通过适当的映射, 后者又和泊里雅科夫 (Polyakov) 等人发现的单瞬子解同构. 类比 2)—— 广义相对论中的黑洞解相当于规范理论中的单极子解. 黑洞解是无源场方程的定态解, 而当黑洞带电量为零时, 它们是场方程的欧几里得解和闵可夫斯基解. 单极子解可以看作是静态无源欧几里得杨 - 米尔斯方程的定态解, 我认为这是处理单极子解的一种最有用的方式. 欧几里得一词在这里很重要, 因为技术方面的原因, 它最终可能会具有重要的物理意义, 量子场论的正确量子化离不开欧几里得延拓. 这是近些年里相对论和规范理论研究中一个重要事实. 作为类比 2) 的一个具体例子, 我列举这样一件事情, 那就是路易斯 · 威腾 (Louis Witten) 最近证明, 相对论中的所有稳态轴对称度规, 都可以变换为轴对称静态自对偶杨 - 米尔斯解. 不幸的是, 它们并没有给出具有物理意义的杨 - 米尔斯解 —— 相对论解映入规范方程拓扑平凡 (拓扑量子数 $n = 0$) 奇异解, 而具有物理意义的解应是拓扑非平凡非奇异解.

接下来再谈谈瞬子和单极子解: 瞬子解 —— 即和相对论中的宇宙学解相类似的规范解 —— 已经被阿蒂亚 (Atiyah) 及其合作者通过研究而进行了完全的分类. 单极子解 —— 在某种意义上类似于黑洞解 —— 尚未得到全面的分析. 有关这些解知之甚少. 这方面的研究还存在着一些曲面不能被紧致化 (not compactifiable) 的严重困难, 有些分类问题尚待进行.

在上述分析的基础上, 我试着对未来做一番展望. 首先声明, 我, 同时我认为我所认识的大多数物理学家也同我一样, 在涉及赌钱时是异常吝啬的, 因为我们是当今时代的大赌徒. 过去的一年里我致力于验证, 并且预期可能还要六个月到一年的时间才能最后得出答案的, 是基于直觉的这样一种预感, 即静态欧几里得杨 - 米尔斯解 (也就是相对论中黑洞解的类似物) 或许是重夸克系统动力学中的重要特征. 普遍的形式体系具有许多看似对的性质, 同时我也发现有证据表明, 解的结构比迄今为止我所预想的要丰富得多. 旨在试图验证这一预感是否现实的后续工作, 可能将很大程度上依靠数值相对论中所使用的那种数值方法. 目前看来, 研究的进展不错, 有望得到明确的结果.

**温伯格**: 谈论弱、强、电磁以及引力相互作用的问题, 十分钟的时间是远远不够的, 所以我只局限于谈谈它们的统一问题. 即, 未来这样一个足够简单、优美从而能获得大家青睐, 同时又能把自然界所有的力统一起来的理论, 前景会如何? 今天上午, 维格纳 (Wigner) 教授提到了弱相互作用和电磁相互作用之间的统一, 斯蒂芬 · 阿德勒刚才又讲了量子色动力学, 它是我们目前所理解的基本粒子相互作用中的另一要素. 量子色动力学具有一个非常重要的性质, 在我看来这一性质首次揭示了至少包括弱相互作用、电磁相互作用以及强相互作用在内的富有意义的统一, 而这一性质就是渐近自由, 即虽然在低能情况下作用很强从而导致了强子物理学之丰富多彩的强相互作用, 但在高能情况下却变得很弱. 在我们比较熟悉的能量状态下, 强相互作用表现得和弱相互作用以及电磁相互作用很不一样, 但因为渐近自由的性质, 强相互作用耦合常数会随着能量的变高而逐渐降低, 因此有可能在某一极高的能量下, 弱、强以及电磁相互作用有可能彼此趋近.

这意味着什么呢? 仅说耦合常数变得相等显然不行, 因为这一定义会依赖于电流归一化的精确程度. 比如, 你所用的 $SU(2)$ 生成元有什么特别的意义 —— 你指的是全部的泡利矩阵还是半数的泡利矩阵呢? 不过, 可以用一种自然的方式来定义弱、电磁以及强相互作用三者的耦合常数达成意思一致的问题.

如果存在一个整体规范群, 而弱相互作用和电磁相互作用的 $SU(2)\otimes U(1)$, 以及强相互作用的 $SU(3)$ 都是它的子群, 并假设该整体规范群是数学家称之为简单的那种类型, 那么这样一个理论对耦合常数施加一个相等的条件, 这种相等是那种有明确含义的相等, 那就是说, 如果你将电流归一化以使生成元平方的迹 (traces) 在任何特定的表象中都相等, 则耦合常数相等. 因此, 假如我们发现这样一组粒子, 我们觉得它构成了整体大规范群的一个差不多完备的表象, 那么我们也就知道这些生成元平方的迹是什么了, 同时也能给耦合常数相等赋予一个精确的意义.

我们了解许许多多的费米子, 也了解大量的夸克和轻子, 它们似乎很有规律地分成几代. 我们现在知道大约三代; 但可能有更多的代. 如果合理地假设现存的所有或者几乎所有费米子都可以归入到这一熟悉的夸克和轻子代型中, 那么我们就能很好地理解耦合常数相等的意义: 在传统定义下, 弱电相互作用的 $g$ 和强 (相互作用) 耦合常数相等, 而 $g'$ 等于它的五分之三的平方根. 对许多理论而言这一结果都是正确的; 事实上, 对于任何理论来说, 只要其中的费米子本质上都恰好可以构成已知的那几类, 该结果就成立. 所以, 这方面值得继续研究, 以便弄清楚它的意义.

其中的一个意义是, 弱电统一理论中最初未知的一个参数, $Z$-光子混合参数 $\sin^2\theta$, 得到了预言. 它的预言值约为 0.2 (大约介于 0.19 与 0.21 之间). 这一计算结果最初给出来的时候, 实验上的结果是 0.35, 但此后 $\sin^2\theta$ 的报道结果就降低了. 目前从 CERN 的中微子实验中得到的最好结果是 $0.24 \pm 0.02$, 从 SLAC-Yale 关于深度非弹性电子散射的实验中得到的最好结果是 $0.224 \pm 0.02$. 因此, 从理论分析中得出的一个数竟然和实验结果相差无几, 这有多么引人注目!

通过这一分析, 还可以计算另一个有趣的数: 那个能量尺度 —— 在此尺度下按照我刚才所说的意义下所有耦合常数相等. 计算过程很简单, 得出的结果同样简单: 质量标度之比 —— 即耦合常数相同时的超大质量标度与量子色动力学的质量标度之比 —— 的自然对数趋近于 $137\pi/11$. 当然, 从朗道 (Landau) 开始, 甚至是在他之前, 人们就曾谈论过很大的数, 那是涉及在多高的能量下量子电动力学中的辐射修正, 增大到使电磁现象变得很强的问题. 这里, 我要问的是在多高的能量下, 强相互作用变得可以和电磁作用的强度相比拟. 如果你手中有一个小型计算器的话, 你可以算出能量 $\exp(137\pi/11)m_p$ 约为 $10^{16}$GeV, 这个数表面上看起来很荒谬, 大大超出了我们目前的实验中所涉及的范围, 然而经过进一步思索, 它也并非完全不靠谱, 还是值得我们现在对它加以关注的.

我们还没有一个非常有吸引力的理论: 它将弱、电、强相互作用统一起来, 以至于我们必须认真对待它的所有结果. 但至少我们可以提出: 这一普遍观点的意义结果是什么? 关于存在某种简单理论, 它以 $10^{16}$GeV 数量级的能量为特征, 在该能量下弱、电、强相互作用具有相同的耦合常数, 这样一种观点有什么普遍意义? 那么, 意义之一就是给出我前面提到过的预言: $\sin^2\theta = 0.2$. 随着实验变得越来越精确, 坐等该预言被证实或者证伪将是一件非常有趣的事情.

我们也可以从更普遍的角度来看待这个问题, 并这样发问: 如果在那些极高能量下真的存在一个简单理论, 那么在常规能量下它有可能以其他某种方式表现出来吗? 或者换句话说: 从这一大统一理论的角度来看, 常规能量下的物理学是什么样子的呢? 如果你想知道当物理学的基本标度是 $10^{16}$GeV 数量级时, 在常规能量下能探测到什么, 那么你至少应该能探测到那些因为各种原因其

质量恰好远远小于 $10^{16}$GeV 的粒子. 那些粒子估计可能就是我们大家熟悉的夸克、轻子以及规范玻色子, 而你有可能探测到的这些粒子间的相互作用, 那些没有被 $10^{16}$GeV 的负数次方抑制的相互作用, 可能就是它们的可重整化的相互作用. 因此, 你可能期望找到一个关于夸克、轻子以及规范和标量玻色子的可重整化理论, 而这正是我们当今物理学已经发现的理论.

但是, 可能存在另外一些很弱的效应, 它们虽然被分母中 $10^{16}$GeV 的幂次极大地抑制, 因而极其微弱, 但由于其奇特的性质, 它们依然可以被探测到. 特别是, 如果有幸碰巧存在一个质量为零、自旋为 2 的粒子, 那么它的耦合常数应该恰好和爱因斯坦理论中引力辐射量子 —— 引力子 —— 的耦合常数一样, 而且, 它的相互作用可以在极高的精度下由爱因斯坦提出的场方程加以描述. 其原因不过是拉格朗日量中的高级项, 比如曲率中的二次项, 受到 $10^{16}$GeV 的二次方或者更高次幂的抑制. 这就是我们所看到的, 除了引力相互作用的耦合常数不是 $(10^{16}\text{GeV})^{-2}$ 之外; 它是 $(10^{19}\text{GeV})^{-2}$.

我们预期看到的可能还有另一类现象. 由于将夸克和轻子置于相同的表示中, 这些理论自然存在着重子数不守恒的问题. 有好几个研究团体分析了各种能使上述理论保持重子数守恒的方法, 但说句公道话, 你可以很容易地让它们保持重子数守恒, 但重子数不守恒要更加合理得多. 这样, 我们可以合理地期望重子具有很低但非零的衰变率. 如果采用我提到的质量标度, 即 $10^{16}$GeV, 那么可以合理地估计, 质子的寿命 (有一部分人已经在做这方面的研究) 是 $10^{30} \sim 10^{32}$ 年数量级. 目前实验所得的下限是 $10^{29}$ 年. 所以, 现在是时候解决质子寿命的后几个数量级的问题了. 质子衰变的发现也许能为我们提供一种有关某些物理现象的线索, 而这些物理现象我们目前还无法直接从实验上去研究: 涉及极高的能量水平, 而且根据最乐观的估计, 在该能量水平自然界的四种力全部汇集到一起.

**戴森:** 我主要谈谈过去的情况, 因为谈论过去比谈论将来更加容易一点. 数学有两种. 一种是学院数学, 这是物理学家和木匠们很容易掌握并每天把它们应用到工作当中的一种工具. 物理学家应用学院数学来设计仪器、简化数据, 以及将实验结果与理论进行比较. 但真正的数学, 也即第二种数学, 却有些不一样. 真正的数学是一种艺术而非工具. "一个数学家," 我的老师哈代 (G. H. Hardy) 说, "就像画家或者诗人一样, 是模式创造者. 如果说他的模式比画家或诗人的更永久, 那是因为它们产生于概念." 真正的数学是由一系列大师历经几个世纪积累起来的智力模式形成的结构. 19 世纪真正的数学是黎曼曲面、康托尔集 (Cantor set) 和李群. 我对有关物理学的未来的讨论从这样一个问题开始: 我们有理由期待当代数学家们凭想象创造出来的概念, 在帮助我们理解大自然的杰作方面发挥作用吗?

这个问题的答案并非显而易见. 在 20 世纪 50 年代我还是一个傲慢自大的年轻物理学家的时候, 我会毫不犹豫地给出否定的回答. 在当时的 50 年代, 理论物理学取得了一个又一个的胜利. 我们一个紧接着一个地有了杨振宁 – 李政道的宇称不守恒理论、巴丁 – 库珀 – 施里弗 (Bardeen-Cooper-Schrieffer) 的超导理论、盖尔曼 – 西岛 (Gell-Mann-Nishijima) 的奇异粒子理论. 那是一个计算的伟大时代. 我们走在了前面 —— 运用学院数学而非真正的数学计算了一切能计算的, 并得到了与实验定量一致的结果. 我们不需要数学家的帮助. 我们觉得自己非常聪明, 凭自己的本事就能做得很好. 我们有些轻视地听着数学领域的同事说起纤维丛和拓扑障碍 (topological obstructions). 似乎真正的数学和我们不相干了. 据称本专题讨论会的权威主持人 (马文 · L. 戈德伯格) 曾经在一个偏数学的年轻人被推荐晋职时提出诘问, "那个家伙计算过截面吗?" 计算截面不需要拓扑学.

如果再往前回顾, 我们可以清楚地看到, 真正的数学在物理学的许多重大发展中起过决定性的作用. 爱因斯坦的广义相对论的基础是高斯和黎曼的微分几何. 薛定谔的波动力学建立在哈密顿和雅可比对经典力学所做的深刻数学分析之基础上. 最后, 把亚核世界看作是一个破缺对称和非破缺对称连锁领域的现代粒子理论观点, 也是扎根于菲利克斯 · 克莱因 (Felix Klein) 1872 的《埃尔朗根纲领》(Erlanger Programm) 的基础之上, 在该纲领中, 克莱因首次把当时存在的各种几何学、代数学、分析力学的分支, 描述为关于具有连续变换群的对称空间的普遍统一理论的一些特例. 关于这一点, 值得一提的是, 当 49 年后克莱因发表他的论文集时, 他添加了一条历史评注, 描述了他撰写《埃尔朗根纲领》的那几个星期里索菲斯 · 李 (Sophus Lie) 恰好在埃尔朗根的经过. "李对我用群论来对几何学分类的思想表现出极大的热情." 当时克莱因以 23 岁的年纪就任正教授; 而李已经 30 岁, 刚从法国监狱出来. 他这个倒霉蛋在普法战争期间被一些法国治安团员捉住, 他们怀疑他是普鲁士间谍. 因此李在 1872 年的《埃尔朗根纲领》和李群及李代数之间建立起了直接的联系, 后者在一百年以后成为粒子物理学家们的主要理论工具. 每一个学会用多重态和破缺对称性来对粒子分类的物理学家, 都是在用菲利克斯 · 克莱因的语言分析问题, 不管他自己是否意识到这一点.

如果回顾得更久远一些, 我们会发现, 每一科学分支的历史都遵循着瑞斯 · 约斯特 (Res Jost) 最先描述过的一种模式. 按照约斯特的观点, 每一门科学都会经历三个发展阶段. 第一阶段是定性的; 这一阶段主要是收集和描述事实, 以及提出普遍的分类原理和解释. 第二阶段是定量的; 进行定量的测量, 并用方程来表述定律. 第三阶段则又是定性的; 这时将在更深的层次上来理解一个定量理论的概念, 并且用定理而不是方程来描述所得到的自然现象的规律. 这就有矛盾了. 学院数学, 也即关于基本计算的数学, 在科学的第二阶段, 定量阶段, 起着重要的作用. 真正的数学, 也即关于概念和证明的数学, 在定性的第一和第三阶段发挥重要作用, 但在第二阶段作用不大.

如果我们用三阶段模型来解释物理学史, 那么 20 世纪 50 年代的年轻物理学家们认为真正的数学与己无关的现象就很容易理解了. 50 年代是一个反常的年代, 因为那段时期恰巧物理学各个流行的分支都处在第二阶段. 杨振宁和李政道, 巴丁、库珀和施里弗, 以及盖尔曼和西岛, 都不需要利用真正的数学来做出他们的发现. 只是慢慢地, 随着 60 年代、70 年代的到来, 第二阶段物理学的潮流开始慢下来, 历史上三个阶段的平衡慢慢得到恢复. 如今, 到了 70 年代末期, 好几个属于第一和第三阶段的物理学分支已经有了明显的复苏迹象.

下面我花一两分钟的时间来回顾一下目前存在的各物理学领域. 先看看目前处于第二阶段的领域. 这些是近 30 年里处于物理学主流但现在已表现出衰落迹象的领域. 它们是核物理、固体物理、量子光学以及唯象粒子物理. 当然, 这些领域还远远没有完全研究透. 它们仍然充满活力, 只是不再像 20 世纪 50 年代那样充满各种基本的未解之谜.

目前处于第三阶段的物理学领域有经典力学、经典广义相对论、偏微分方程、统计力学以及量子场论. 其中的每一个分支都在过去的 10 年里经历过一次发展. 每一分支在 1979 年时都比 1969 年时更加有活力. 彭罗斯 (Penrose) 和霍金引入的整体观点使经典广义相对论焕发出新的活力. 彭罗斯和霍金的奇点定理使我们对爱因斯坦方程有了新的定性理解. 我们因此有可能首次对爱因斯坦方程的全部解做出精确的陈述, 而不再像过去那样一次只能建构一个解. 有关其他偏微分方程的研究也因为阿蒂亚 - 辛格指标定理 (Atiyah-Singer index theorem) 的引入而焕然一新.

最后, 还有几个物理学领域尚处于第一阶段. 从多个方面来看, 这是所有领域中最激动人心的一些领域, 在这些领域中, 定性的解释还没有经过定量的阶段. 它们是量子引力、超引力以及粒子物理的规范场模型. 量子引力的复兴是从霍金最近所做的发现开始的, 他发现了广义相对论、统计力学和量子理论之间的深层统一, 在这个统一理论中, 事件的视界面积与它的熵有着密切的关系. 面积和熵之间的等式关系是一种革命性的思想. 它和爱因斯坦的质能等效理论一样令人惊奇, 且很可能也和后者一样富有成效. 在我看来, 超引力是爱因斯坦 1915 年理论的一个唯一增强而非减损原理论之美和对称性的推广产物. 在试图将引力和其他物理场联系起来的所有“统一场论”中, 超引力是首个从美学的角度来看应该正确的理论. 这一基于美学的判断是否和大自然的事实相吻合, 还有待时间的检验. 最后一点, 由杨振宁和米尔斯开创的粒子物理学规范场模型 (gauge-field model of particle physics), 是从菲利克斯 · 克莱因开始用群论将几何学和力学结合起来的悠久传统中最新的一个胜利.

至于说未来的问题, 有一个事实很清楚. 那就是, 要想在理解超引力或者规范场方面取得很大的进步, 势必需要大量真正的数学. 超引力和分次李代数理论有着密切的关系. 规范场的行为在很多情况下都取决于物理学家称之为瞬子的构形, 而瞬子的分类本质上是一个和阿蒂亚 – 辛格指标定理有关的拓扑问题. 因此, 迫使物理学家学会泛函分析的, 并不只是处于第三阶段的旧物理学分支. 即便是最新、最耀眼、最时髦的第一阶段分支, 也涉及只有应用尖端数学才能处理的问题.

根据过去来推断未来总是一件不太明智的事情. 一些出其不意的事情有可能会将未来引向我们无法预知的方向. 但即便如此, 我还是愿意斗胆做一个推测. 我做出的这个推测并不是要大家来相信它, 而只是供大家讨论而已.

假如我根据 25 年前到现在的情况来推测 25 年之后的情形, 那么我所预见的物理学的发展会是什么样子的呢? 我认为真正的数学与物理学之间的联系会愈加密切和牢固. 在过去的 25 年里, 数学本身就经历了广泛的统一过程: 代数、几何、分析和拓扑学等独立的学科统一成一个紧密结合的结构. 我推测, 在接下来的 25 年里数学的这种内在的统一仍会继续, 而且这种统一会被带入到那些在同一时期受到真正的数学渗透的物理学领域. 而作为统一和物理学被数学渗透这一过程的最后结果, 我们将会在今后 25 年里看到物理统一理论的出现, 其中广义相对论、群论以及场论以严格的数学为纽带, 紧密地结合到一起. 当那一天到来的时候, 普林斯顿高级研究院的门上也该悬挂柏拉图曾经置于他的雅典学院门上的那样一幅标牌了: “不懂几何者莫入!”

**杨振宁**: 有人对我说过, 数学家和物理学家的区别就在于物理学家使用视图 (viewgraph), 而数学家不用.

每个科学家都是在他所从事领域传统的熏陶下成长起来的. 而如果他是成功的, 他又可能反过来塑造、发展、甚至显著改变这些传统. 爱因斯坦在他的职业生涯里深刻地塑造了两个特有的物理学传统: 统计力学和场论. 可能特别有趣的是, 在今天这个纪念他诞辰 100 周年的庆祝大会上, 我们看到场论又一次走到了基本物理学的舞台中央. 如果你读过爱因斯坦晚年撰写的自传摘记 (Autobiographical Notes), 你无法不对他反复强调的如下说法留下深刻的印象: 场论是物理学的一个基本问题 —— 或许是物理学最基本的问题. 我觉得这一事实在未来许多年里都会伴随着我们.

爱因斯坦还留下了一个非常重要的新传统, 即对称决定相互作用 (symmetry dictates interaction) 的原理, 我觉得说这一传统是他开创的一点也不为过. 在爱因斯坦之前, 是先在实验中观察到相互作用. 我们都知道四个麦克斯韦方程是对实验定律的数学表述. 而爱因斯坦将这种关系倒过来了. 他的广义相对论至少部分地建立在对称决定相互作用这一原理的基础之上. 在广义相对论之后大约 60 年的时间里, 又在该原理的基础上发展起了许多其他的理论观点. 它们是规范场、超对称以及超引力. 本次大会上所讨论的主题证明了这方面发展的势头.

与利用对称性生成相互作用这样一些特定观点相伴随的, 是对这些对称性进行诠释的问题, 在所有这些情形中, 对称性在某种意义上都和某种几何相联系. 有关数学与物理学之间关系的问题, 已经在本次大会的各种专题中进行了大量的讨论, 其中包括弗里曼 · 戴森的评论. 下面让我再多说几句. 我首先要做的评论源于爱因斯坦反复强调的一个说法, 即优美的数学是基础物理学的语言. 这不是一句空洞的陈述. 让我们以超引力为例. 可能性当然只有两种: 要么最终发现超引力和物理学没有关系, 要么发现它们关系密切. 如果超引力和物理学没有关系, 那么它就将是一种有趣然而未必优美的数学; 但是如果它是物理学的一部分, 那么它显然将成为物理学一个极其基本、极其重要的部分, 因为它带来了有关物质和场之统一的基本理解. 如果最终的结局如此, 而且我们相信爱因斯坦的论断, 那么我们肯定会承认, 超引力数学必然十分优美, 虽然我认为现在还不是做出这一结论的时候. 当然, 现在也有一些代数能够生成超引力, 或者和超引力的数学密切相关. 或许是我有偏见 —— 抑或是因为我无知 —— 可我的确认为这些阶化李代数 (graded Lie algebra) 中的任何一个都不具有李代数和李群的基本与内在之美, 至少迄今为止还不具有!

但是, 我们也不能走极端; 这就是我要评论的第二个方面. 并不是所有优美的数学都对物理学有用. 如果不明白这一点的话, 我们就有可能误入歧途. 在 20 世纪里, 我们看到物理学上一些极具革命性的变化催生了非常优美而深奥的数学. 值得一提的例子是希尔伯特空间和黎曼几何以及当今的纤维丛几何, 当然还有连续群. 但它们实际上只是 20 世纪数学蓬勃而深刻的发展中很小的一部分. 芝加哥大学的马歇尔 · 斯通 (Marshall Stone) 教授曾就此发表过精彩的言论. 他说, 20 世纪数学最伟大的成就是它最终摆脱了物理学的桎梏. 已经发展起来的深奥数学中有多大一部分会进入物理学呢? 这个没有办法来定量地衡量, 但大致说来, 这个比例很小 (只有百分之几的样子). 如果你相信这一说法, 那么你会和我有如下同样的观点, 即若要开始审视全部优美的数学, 以找出适合物理学的那一小部分, 则很可能要失败.

我要说的另一点涉及下述极其有趣的观点, 该观点我认为最先是狄拉克 (Dirac) 教授于 1931 年在他有关狄拉克磁单极子的著名论文中提出的. 他认为, 有两条路线可以通向对基本物理学有用的数学概念. 一条路线是试图发明一些概念, 从而利用这些概念来帮助我们将从实验中获得的信息整理成物理定律. 另一条路线则是从优美的数学出发, 然后将它们与实验事实联系起来. 也许通过图解 (图 1) 可以更好地说明这一思想. 第一条路线从实验出发, 并试图从实验中构想出理论. 当然, 总是要有反馈的, 但主要的概念信息流动是按照图中实线箭头的方向. 而理论和数学以及数学之美强有力地结合起来. 第二条路线则相反; 主要是从理论到实验. 有趣的是, 狄拉克在那篇论文中评论说, 随着时间的推移, 因为实验变得越来越复杂, 人们也许会发现第一条路线变得越来越不如第二条路线重要. 我觉得这一猜想很有道理. 后来在 1963 年, 狄拉克又顺着这一思想继续发挥, 并推测人们有可能先发展出理论, 尔后才慢慢理解其物理意义. 这一观点也同样很有道理. 量子电动力学和重整化就是一个例子. 黑洞是又一个例子. 非阿贝尔规范场同样如此.

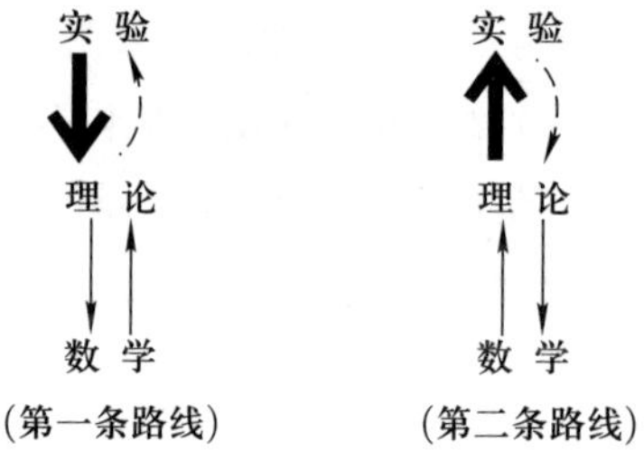


图 1 狄拉克的两条通向与基本物理学有关的数学概念之路线

**戈德伯格**: 下面请各小组成员就彼此的观点自由发言或提问.

**戴森:** 我想问弗兰克 (杨): 你是怎么发现杨 – 米尔斯理论的?

**杨振宁**: 嗯, 它在一定程度上是麦克斯韦方程的直接推广. (笑) 是这样的.

**戴森:** 我们都知道那是一个令人称奇的创造, 但问题是: 它是从纯粹形式美的角度出发得出的呢, 还是来源于物理学?

**杨振宁**: 我在芝加哥大学读研究生的时候, 从泡利 (Pauli) 发表于《现代物理评论》上的文章中了解到的电磁学的规范不变性, 给我留下了极其深刻的印象. 所以我觉得它们值得加以推广, 但一直没有取得成功, 直到 1954 年和鲍勃 · 米尔斯 (Bob Mills)① 合作时才成功地得出一个合适的理论. 不过, 还有另外一个动机. 你们大概还记得, 那个时候发现了介子, 而且还发现了不少的介子, 我们都忙于描述各种相互作用. 我觉得必须有一种原理来指导我们描述相互作用. 显然, 当时已经有一个原理 (我指的不是广义相对论)

①即罗伯特 · 米尔斯 (Robert Mills), 鲍勃是昵称. —— 译者注

能告诉我们如何描述相互作用, 那就是电磁学. 所以我们当时认为应该将它加以推广.

**戈德伯格**: 我隐约还记得这件事. 假如我没记错的话, 你曾经到布鲁克海文国家实验室去待了一年, 而且在你开始思考这些事情之后的那个夏季, 我们共用一个办公室. 我还记得该理论的优美给我留下了深刻的印象, 只是当时没能领会到它深刻的内涵. 还有其他意见吗? 斯蒂芬?

**阿德勒:** 我想就有关数学将在理论物理研究中发挥越来越重要作用的观点发表一下看法. 首先, 我是同意这一观点的. 但我要对数学做一个区分: 技巧层面上的数学和数学认识 (mathematical awareness) 层面上的数学. 我觉得专业数学家和研究数学物理的物理学家 —— 他们的证明确实非常严格 —— 必须掌握技巧层面上的数学. 而我们大多数人则是以一种颇不相同的方式来运用数学. 我感觉我在研究量子场论的时候是这样做的: 先试图猜测正确的答案, 然后再考虑是否能够推出或者证明这一结果. 这一过程中还是需要数学 —— 但我们得说, 这是数学认识层面上的数学. 你需要确保你的猜测不容易被某个精通数学的人反驳. 你要对定理的直观性有足够的把握, 从而不至于跌入陷阱. 但你不必谋求对数学足够精通, 以便证明你的一切猜测.

**温伯格**: 这方面或许我能发表一点看法. 在我看来, 理论物理学家们似乎确实常常被一个概念的美所激励, 从而常常在没有任何实验支持的情况下长时间去探究它, 最后他们希望能够和实验事实建立联系. 但有的时候, 我听到一些令人不安的言谈, 因为他们谈到有关数学之美激发物理学之类的问题. 一些物理学家可能会认为这话没错, 但我觉得似乎应该做个小小的澄清. 有时候激发理论家的是一个理论原理之美. 比如, 作为热力学基础的理论原理是优美的. 但我不认为 $\mathrm{d}S = \mathrm{d}Q/T$ 这样特别的数学公式能激起人们的喜爱之情.

广义相对论就是一个很好的例子. 以惯性和引力等效的原理为基础, 建构一个引力理论是非常美妙的思想, 而广义相对论的

90% 正是遵循这一思想建立起来的. 我想说的是, 即使那时 —— 在爱因斯坦阐述广义相对论的 1915—1916 年间 —— 不知道水星近日点的进动, 一个理论学家也完全有理由说, 它一定是引力理论. 但其中的理由不是方程有多么漂亮, 或者该理论与一百年以前就已经建立起来的一个成熟的理论相似, 而完全是其物理思想太伟大了.

爱因斯坦理论的另一个特点, 即场方程限于二阶微分方程, 你很可能会将它归于方程简洁性、优美性的要求. 但是在我看来, 这一限制似乎从来就不具有说服力, 只不过我们大家在理论物理中都这么处理了. 也就是说, 当你没有其他更好的办法时, 采取一个尽可能最简单的方案, 这样就有机会求解方程, 看看会得到什么结果. 大家都知道, 这一方法屡试不爽, 广义相对论的各种检验都取得了成功. 虽然这可能是理论优美性的一个特征, 但我要说, 应该让我们感到不满意并做新的探寻的, 恰好就是那种优美性.

**杨振宁**: 斯蒂芬说的有一点我不认同.

**戈德伯格**: 哪个斯蒂芬?

**杨振宁**: 斯蒂芬 · 温伯格. 是有关统计力学的数学是否优美的问题. 吉布斯 (Gibbs) 写的小册子是本很好的书. 它实在非同一般, 因为他知道他所研究的和实验证据有矛盾. 他一开始 —— 我记得是在书的引言里 —— 就提到了这一点. 但他还是继续研究了下去. 我可以这么说, 它既是一种深刻的物理洞见, 又是一项漂亮的数学成就. 另外, 我还要补充一点看法. 我们在大会上反复听到说热力学是爱因斯坦最为关注的领域之一. 在这里我得承认, 对于所反复提到的霍金辐射, 我并不是很懂. 我相信它是一种深奥的东西, 但我必须承认我还没有真正理解它. 我想我和弗里曼的观点一致, 即认为它是一个深奥的概念, 同时它还是表明深入理解统计力学和热力学对物理学发展之重要性的又一个例子.

**戈德伯格**: 下面请与会的听众们发表意见. 塞格雷教授?

**埃米里奥 · 塞格雷** (Emilio Segrè, 加州大学伯克利分校): 我对卓越的专题组怀着最深挚的钦佩与敬意, 我想说, 你们五位都是杰出的理论物理学家. 下面我并不准备代表实验物理学家来发言, 但作为一个实验家, 我想提醒大家几句. 除非不时地求助于实验, 否则即使你得出了再优美的理论, 也没有人知道这些理论会通向哪里, 又会遭遇到什么; 如果和实验有联系的话, 那它们就将具有真实性. 毕竟, 物理学在某种程度上被标榜是一门与真实世界相联系的科学, 而非根据李群的要求来确定自己的模式.

**戈德伯格**: 埃米里奥, 我在这之前就跟你说过, 本专题小组中每个人都一致认为物理学是一门实验科学, 并赞成回顾弗兰克 (杨振宁) 对规范理论的探究. 他当时在物理学方面考虑了很多很多——我记得确实如此.

**I. I. 拉比** (I. I. Rabi, 哥伦比亚大学): 我继续埃米里奥的话题, 给大家讲一件我作为才毕业的博士生被带去哥廷根拜访著名理论学家马克斯 · 玻恩 (Max Born) 时发生的趣事. 大家都知道, 当时正是理论物理学界振奋人心的时期. 马克斯 · 玻恩很平静地告诉我们——奥托 · 斯特恩 (Otto Stern) 和我——6 个月之后物理学就结束了. 这并非无稽之谈. 我们的同行狄拉克教授不久前刚提出著名的电子理论, 这是一项令人激动的成就, 也是理论物理学史上最伟大的成就之一, 他的理论表明: 我们有了电子. 他说, 6 个月之后我们将拥有质子. 他还说, 到那时, 我们所理解的物理学就将结束了. 当然还有一些事情要做, 但不过是填补细节, 物理学可是要结束了. 跟大家分享这一回忆片段, 也是想奉劝大家低调一些.

**塞格雷:** 你的话题使我联想到另一件大约也是那个时候发生的事情. 奥托 · 斯特恩给一个研讨小组讲解他在测量质子磁矩方面正在做的工作. 当时他还没有测量. 讲完后, 他传下去一张纸, 请在座的每位在纸上写下他们自己将得到的值. 人人都知道这个值显然只能是一个核磁子, 泡利对斯特恩说: “你为什么要浪费时间?” 泡利的结果差了一个约等于 3 的因子 ……

**戈德伯格**: 我发现这样人为地将理论物理学家和实验物理学家隔成两个阵营的做法不太合适, 我认为我们应该在讨论中抛弃这种过分挑剔的方式. 尤瓦尔 · 尼曼 (Yuval Ne’eman) 教授, 你说呢?

**尼曼**: 我准备对杨教授的讲话发表两点简短的看法, 然后再对温伯格教授的发言做出回应. 首先针对杨教授. 俗话说, 情人眼里出西施, 观者眼里出美景. 作为一个花费多年时间研究李群的人, 我得说, 我对超级群或者阶化李代数极其着迷. 就它们的抽象美而言, 我认为它们无可挑剔, 可以和李群媲美! 事实上, 它们同属一族. 真正关键的问题是它们在物理学上的用途, 这也正是我有所希冀的地方, 而我目前的研究正是建立在超级群的基础之上. 我希望我的研究将卓有成效, 但结果真不是我们所能把握的, 它与大自然同在. 下面是第二点看法: 这其实是过去的一条旧看法, 但杨教授也许并不知情. 我曾偶然看到一篇会议记录 —— 1953 年的卡末林 · 昂内斯会议 —— 纪录发表在《物理学》(*Physica*) 杂志上. 据记载, 亚伯拉罕 · 派斯 (Abraham Pais) 提出用轨道同位旋来解释我们现在叫奇异性 (strangeness) 的东西. 听众席上的泡利接下来问他是否想过将同位旋变成一个局域规范原理. 因此, 这一方法的物理意义显然被泡利意识到了, 但他当然没有试图去做这件事. 允许广义相位为位置函数的原理最终是杨和米尔斯在大约同一时期发明的.

下面的评论是针对温伯格教授的. 我们今天上午花了很长时间来讨论爱因斯坦晚年涉足统一场论的问题, 以及是否像拉比教授所推测的那样, 是对数学的喜爱使他分散了精力或者误入歧途. 我们有些人认为使他分神的并不是数学, 而是这样一个事实, 即他之前曾经设法真正做过同样离奇的事情 —— 在他的广义相对论中所表现出来的统一. 他奋斗了八年, 然后取得了成功, 这是一个伟大的成就. 因此他决定再次尝试做一番长期而类似的努力, 但结果发现, 这次是白费时间了. 海森伯 (Heisenberg) 也做过同样的事情, 我感觉我们那些因为弱电相互作用的成功统一而贸然寻求大统一的同行们, 又是走在这条老路上. 然而,《塔木德》② 里有一种说法用到这里很合适: "寺庙倒后才来预言的人, 是十足的事后诸葛亮."

②《塔木德》(Talmud) 是一部与犹太教有关律法条例、传统习俗、祭祀礼仪的论著和注疏的汇集, 是继《圣经》之后最重要的一部犹太人一生必读的典籍. 主体部分成书于 2 世纪末 —6 世纪初. —— 译者注

因此, 我感觉在现在的能量水平和普朗克质量的 $10^{16}$ 或者 $10^{19}$GeV 的能量水平之间, 还有许多结构有待发掘, 还有许多其他结构会从新型基本场方面的实验中出现. 比如, 当初谁会知道竟然有不止四种夸克呢? (一些人认为有不止四种夸克, 但结果发现他们的理由是错误的.) 因此, 贸然追求大统一恐怕为时过早. 物理学本身将会阻止我们一步到位地找到终极理论, 而是要我们在通向终极理论的道路上发明许多的新生事物. 这些新生事物将使未来许多年的生活变得更加有趣.

**A. 派斯:** 我本来没准备提这事的, 但既然尤瓦尔 (Yuval) 提及了, 那我不妨说说下面的事情. 就你刚刚提到的问题我曾做过一些研究, 并从泡利那里得到了反馈. 泡利说, 这个必须局域化. 这是某种内禀空间的问题. 泡利确实写下了一套公式, 初一看他的理论和你 (弗兰克) 的不太一样, 不过我又记起他曾在给我的一封信中说过, 他的设想和你的理论并无二致, 我还记得他的那封信是以这样一句德文箴言结尾: "现在让我们紧紧拥抱." 泡利的这封信收录在 CERN 的泡利书信集中以及其他一些文献中. 那是泡利独立得出来的, 而且和弗兰克的规范场基本上是同一个东西. 泡利从未发表过, 但有人发表过泡利就这个问题所做的演讲. 不过是在信函中.

**尼曼**: 弗兰克也早已经完成了他的这一研究.

**A. 派斯:** 那当然.

**戈德伯格**: 温伯格教授想对尼曼教授的评论进行部分地回应.

**温伯格**: 刚才尤瓦尔说在我们目前研究能及的数百 GeV 与由牛顿常数的平方根反比所给出的巨大能量, 即普朗克质量所蕴含的 $10^{19}$GeV 的能量 (或者从大统一理论推测出来的类似质量 —— $10^{16}$GeV) 之间, 还有广阔的能量空间. 我觉得这一观点极有道理. 从逻辑上讲, 我想任何现在试图一举架通这两种能量之间桥梁的人, 的确都是在进行着大的跳跃. 但我也并不认为这种跳跃完全没有道理. 毕竟, 我们知道物理学上的一个大质量标度; 它就是牛顿常数提供的质量标度; 这个标度是 $1.22\times10^{19}$GeV. 我们知道, 该能量下和电磁强度相当的耦合常数, 当能量降低至 e 的 137 乘以某个

我们认为大约是 $\pi/11$ 的常数的次幂时, 会变得很强. 所以, 这两种相差极大的标度的存在似乎并非没有道理可讲. 这将会是许多理论中自然发生的事情.

但情况也许要复杂得多. 或许物理学会经历一个阶梯式前进的阶段, 我们将会为之召开无数次罗彻斯特会议. 在这里假设简单性的存在或许正是拉比教授讲的有关理论物理学家自信的一个例子; 我认为现在没有人会说物理学快要结束了, 但即便只是认为我们已经走在正确的路上, 那也是太过自信的想法.

在某种意义上, 我认为理论物理学家就像故事里丢了硬币的醉汉一样. 他不知道硬币是在哪里丢的, 但却只在灯柱下面寻找, 因为那里光线最好. 而我总是同情那个醉汉. 因为事实确实如此. 他真不知道是在哪里丢的硬币, 但如果他到其他光线不好的地方去找, 那注定是找不到的.

**戈德伯格**: 在这深刻的寓意中, 我想本次讨论会也该结束了. 谢谢大家.

## 后记

1979 年为了纪念爱因斯坦百年诞辰, 普林斯顿高等研究院组织了一次座谈会. 上文是座谈会讨论小组之一发表的记录. 在预印本中我把小组讨论的全部记录都收集进去, 而不仅是我个人的发言. 因为这个座谈会恰好是在 20 世纪下半叶理论物理的一个转变时期. 读到不同的理论家对 "物理学未来" 这个题目的不同看法是饶有趣味的.

1979 年元月, 邓小平副总理和卡特总统在华盛顿建立双边外交关系. 当时我是美籍华人全国协会 (National Association of Chinese Americans, NACA) 主席, 我们与其他几个美籍华人组织在华盛顿希尔顿饭店为邓小平举行宴会.

也许因为我在的美籍华人全国协会活动和我为新中国做的一些演讲, 苏联《文学报》(*Literarurnaia Gazeta*) 在 1979 年 3 月 7 日刊登了一则文章, 指控我是 "北京在美国的第五纵队" 的一分子. 幸

而美国中央情报局 (CIA) 和美国联邦调查局 (FBI) 似乎没有把这个谣言当真, 也没有追查下去.

(李香莲译)

# 陈省身、杨振宁、李政道、李远哲在清华 (新竹) 论学*

原编者按: 1992 年 4 月 24 日, 陈省身、杨振宁、李政道、李远哲应清华大学 (新竹) 校长刘兆玄的邀请, 参加清华大学 80 周年校庆, 并在"杰出校友座谈会"上回答师生的问题. 本文是座谈会的谈话记录.

**刘校长**: 今天借着清华大学建校 80 周年的机会, 非常荣幸能邀请到四位杰出的校友, 来校做学术演讲. 承蒙他们在时间上的帮忙与配合, 四位今能共聚一堂. 对清华庆祝校庆而言, 没有比这更具意义了. 由于时间宝贵, 我现在简单介绍四位在数学、物理、化学界各有顶尖成就的杰出校友:

陈省身院士, 清华 34 级校友, 1983 年沃尔夫奖得主, 是国际闻名的数学大师; 杨振宁院士, 清华 42 级校友, 1957 年诺贝尔物理学奖得主, 目前担任纽约大学石溪分部教授; 李政道院士, 清华 45 年到 46 年校友, 1957 年与杨院士共同获得诺贝尔奖, 现任哥伦比亚

*原载: 杨振宁. 杨振宁文集. 上海: 华东师范大学出版社, 1998.

大学教授; 李远哲院士, 清华 61 级校友, 1986 年诺贝尔化学奖得主, 目前担任加州大学伯克利分校化学系教授.

在座谈会之前, 我与他们做了简单意见交换, 决定采用不正式、不指定课题的方式进行, 但焦点仍放在下列几项: 一是四院士求学历程中的可贵经验, 足供后学者借镜之处, 二是中国未来的前途, 三是科学未来发展的展望, 四是对清华大学未来的建议与期许, 包括对我们青年学子的期许. 围绕着这些相关题目, 请他们先提出看法, 再将时间交给大家, 与诸位教授、同学讨论.

首先, 请陈省身教授先为我们说几句话.

## 我想, 一百年的清华应该可以达到全世界第一流大学的水平

**陈省身**: 让我先讲一个小故事. 我是 1930 至 1931 年间, 在清华大学数学系担任助教. 当时学校的大事是招考 —— 没有联招, 由各校自行招生. 记得那时清华全校连研究生在内有一千二三百人. 招考对我这个年轻助教而言是件大事, 因为能在工字厅内阅卷, 并且有一顿丰盛的饭吃, 所以内心很高兴. 大家共聚在厅内阅卷, 一些有趣的试卷可以传观. 有一年是陈寅恪先生出国文试题, 他认为中文很重要的训练之一是对对子, 因此第一题就出了对对子题目 —— "孙行者" 给学生对. 有些学生觉得很困难, 有人则以 "胡适之" 对, 很好的对子. 但对学数学的人而言, 更好的答案应是 "祖冲之", 他是南北朝时一位伟大的数学家.

陈先生那年出的国文试题是"梦游清华园记". 我今天也出一题供大家思考 —— "百岁清华". 清华今天 80 周年, 再过 20 年就 100 岁了, 我们希望届时的清华是何种面貌呢? 这 20 年中我们可做些什么事来达成这些愿望? 我思考了一下, 清华在 80 年前是留美预备学校, 约在 1930 年左右, 留美学生回到国内, 把学术风气提高不少, 成效显著. 如今我们又达到了另一新的阶段, 我想, 100 年的清华应该可以达到全世界第一流大学的水平. 如何能达到这个目标呢? 首先要充实研究院, 继续加强. 其次, 学校最初是希望将西洋科

技移转到中国来, 但不久之后, 就发现西方社会在物质方面虽有进步, 但也充满了矛盾、冲突, 因此, 如何把西洋文化与中国传统文化思想相结合, 创造出更新更完美的文化, 应是当务之急. 新竹人文社会学院的建立, 是很重要的.

当然, 在此我也不禁想到北京的清华大学, 两所学校应该多来往, 加强合作, 才能对中国未来发展有更大的影响.

## 在西南联大与研究院那六年时间, 可以说是奠定了自己后来研究工作的基础

**杨振宁**: 去年年底, 我收到刘校长邀请参加清华建校 80 周年活动的信, 我很快就答应了, 因为我个人与清华有极密切的关系. 我父亲在 1929 年, 我 7 岁时, 到清华担任数学系教授, 于是父亲、母亲与我就在那一年的秋天搬到清华园, 因此清华园是我童年熟悉之地, 留下许多美好回忆. 抗战开始后, 清华先迁到长沙, 再迁到昆明, 在昆明与北京大学、南开大学合并成立了西南联合大学. 我在西南联大读了四年书, 毕业后又考进清华的研究院读了两年书, 获得硕士学位, 然后又考取最后一届的留美公费, 赴美读书, 所以我与清华实有深厚的渊源.

回想我这一生, 对这些多重关系, 怀有非常感激的心情, 尤其在西南联大与研究院那六年时间, 可以说是奠定了自己后来研究工作的基础, 当时写的学士、硕士论文, 是我后来工作主体的开端. 西南联大那时教学、研究的风气非常浓厚, 我深受其影响, 学习了很多. 各位同学在美好的新竹清华园内, 也一定可以学习很多, 希望大家能利用这美好的环境, 创造自己美好的前途.

## 经济的发展与生活的享受是相对的, 而文化的进步与科学的成就是比较绝对的

**李政道**: 我这几十年来, 常回台北, 发觉台湾的经济情况进步飞速, 尤其是这十年之间. 因此, 我想跟各位谈谈, 经济的发展与生

活的享受是相对的, 而文化的进步与科学的成就是比较绝对的. 刚才杨先生提到西南联大, 我是 1945 年进西南联大, 那也是最后一届, 我 1946 年就到美国了.

各位恐怕很难想象西南联大当时恶劣的物质条件, 念书的教室是草屋, 外面下大雨, 里面下小雨. 宿舍都是双层床, 紧密相连成排, 吸血的臭虫很多, 因此每两个月, 就要把床轮流放进一个大锅子中煮一下, 拿回来晒干一天, 然后可以有两天没有臭虫, 两天后, 臭虫就从隔壁床铺爬过来了. 生活的条件十分不良, 最高的生活享受就是每两个月有两天没有臭虫, 可以舒服地睡上一觉, 可是这些并未阻挠我们求知、作学问的精神. 所以说, 经济的发展与生活的享受是相对的.

至于在科学、文化进步方面, 从 19 世纪开始, 量子力学、原子物理、原子能、核物理、核能、分子、镭激光, 再到超导体, 一切近代文化、高技术, 都是在前人基础上逐渐发展的. 文化由人所创造, 近代文化与基础科学有很大的关系, 而这些之产生可能是在很困难的阶段. 所以物质享受是暂时的, 科学文化则比较永久. 我们在 20 世纪末、21 世纪即将开始之时, 应该要有什么样的发展与贡献, 这将来的文化抱负就落在你们大家的身上.

## 把握生命, 克服知识上的不美满

**李远哲**: 首先我要欢迎这几位远道而来的朋友, 我是在新竹长大的, 也算是 "地头蛇". 在日据时代, 清华大学的现址是一座高尔夫球场, 记得念幼稚园时, 我们做飞机模型, 老师带我们到此竞赛. 当时幼稚园学生只能用纸折飞机, 但我父亲善于工艺, 就帮我用竹子做了一个模型, 很大型的 747, 要跟其他同学的纸飞机比赛. 老师说不准, 只好换成纸做的. 不过, 我的纸飞机一样飞得很远.

我高中毕业后就去读台大, 回来念清华是 1959 年, 清华在新竹复校不久. 由于庚子赔款累积了很多钱, 因此清华有了原子炉及加速器, 这在那时是新鲜的东西, 很多人来此念书, 都满怀着热忱在此工作. 当时校舍很少, 山上有很多蛇, 晚上到实验室必须带手电筒及竹棒子, 以免遭到蛇咬. 因为物质条件不佳, 大家生活都很朴素, 但校内的设备很完善. 我是念化学的, 来此读的是 "原子科学研究所", 倒是念了不少原子物理、近代物理实验方面的书, 这对我后来发展有很大的帮助.

有一件事也可一提. 那时学校刚创办, 除了第一届的吴大猷院长回来讲学, 讲 "量子力学" 很精彩以外, 其他的师资并非很理想, 我不是叛逆, 说的是老实话. 我们是土生土长, 但是也希望不丢脸, 如日本教授上课, 我们总是特别认真, 希望他们了解台湾小孩比日本小孩聪明一些, 果然后来很多日本的老师都有同感, 认为台湾长大的学生都做得不错. 不过, 也有很多不理想的地方, 如当时很多人想考清华研究所, 优秀的学生考上第一、二届, 很多人没考上. 过了两个月, 国际原子能委员会招考一些科学家, 送到国外受训八个月, 回来后, 开了记者招待会, 变成原子能专家, 被聘为清华大学的副教授. 所以高我两届的同学就常觉得奇怪, 某位教授似曾相识, 原来是一起参加考试坐在旁边的, 他没考上, 我考上了, 但是他回来却成了教授, 我们还必须去修他的课.

上 "量子力学" 的课也不是很理想. 记得第一次考完试后, 老师骂我们笨, 因为没有一个人考 50 分, 他就叫我们晚上回去, 重新再教我们. 结果全班都回去上课, 发现原来是老师做错了百分之五十, 所以我们最高分数只有 50 分. 我说这些, 倒不是批评当时清华如何不好, 而是指出我们学生满怀热忱, 却看到许多的不美满, 包括社会上与知识上的现象. 我们也知道, 知识的不美满, 一半源自老师, 一半则是人类社会累积的知识并非很完美. 因此, 我们就逐渐学会了自力更生, 靠自己的努力慢慢学. 我后来到了美国伯克利做研究, 跟一位老师学, 可是讨论很多问题时, 他总是说 "我怎么晓得! 要是晓得, 何必要你去做研究!" 我很能适应, 因为我在清华两年就已学会了自力更生. 所以, 我们固然要满怀热忱, 但不要太相信老师, "尽信书不如无书", 对老师教学也是一样.

我以自己切身的体验奉劝各位, 要好好把握自己的生命, 社会上很多事、人类很多知识都不是美满的, 我们应该要努力奋斗, 克服这些不美满, 创造更完美的知识.

**刘校长**: 谢谢四位先生的引言, 把他们的想法告诉我们. 接下来的时间, 欢迎各位同学提问题, 大家交换意见.

## 数学中很多思想的泉源是从物理现象来的

**数学系林同学**: 在科学研究的领域中, 存在很多问题, 这些问题有大有小, 我们研究应该从大问题着手较好, 还是从小问题着手?

**杨振宁**: 我念书时, 有一位教授是当时世界著名的物理学家之一, 常跟研究生座谈, 有一次同学问他: 应该做大题目, 还是小题目? 他说: 多半的时间应该做小题目, 大题目不是不能做, 只是成功机会较小, 若能透过做小题目进行训练, 则更能掌握解决大题目的精神. 几十年来, 我仍觉得他的劝告是正确的.

**陈省身**: 科学工作的好与坏、大与小, 都很难说, 要看各人不同的判断. 像爱因斯坦当年在瑞士联邦工学院做学生时, 数学、物理是同一系. 二者不分, 他在自传中说, 他可能学物理, 也可能学数学, 但数学都是搞小问题, 物理则是大问题, 而他要研究大问题. 爱因斯坦是成功了, 但我还是希望大家先选小问题来研究比较有把握一些 (哄堂一笑).

**物理系同学**: 数学对科学而言是一相当严谨而有用的工具, 但不知诸位在研究过程中, 会不会觉得数学限制了你的思考路径, 发现数学并非十全十美, 有些问题并非数学能解决的? 有时在研究问题时, 若能以数学以外的方法去看待, 反而会变得很简单?

**陈省身**: 有很多问题数学家的确不能解决. 当年我在芝加哥大学教书, 有一位先生就认为, 学物理的人不要念太多数学. 这话不知是否正确? 他说, 一个物理学家所需要的数学, 他自已就可以发现, 用不着去念太多书.

**李政道**: 物理跟数学的确有很密切的关系, 可是数学不是物理, 物理的目的是解释自然界的现象, 解释要用到数学, 可是关键在自然界本身. 有一个故事说: 有个人拿脏衣服要去洗, 看到有家店外面写着 “洗衣店”, 于是他就提着那包脏衣服进店里. 里面的人问他: “你干什么?” 他说: “我来送洗衣服.” “我们店不洗衣服!” “那为什么外面牌子写着 ‘洗衣店’?” “我们是卖那牌子的!” 这故事是说: 物理是真正洗衣服的, 而数学是那牌子, 不过牌子也很重要. (这时陈省身院士不疾不徐接过话)

**陈省身**: 奇怪的是, 这牌子会有用! (又是哄堂大笑)

**杨振宁**: 我有一点补充意见. 物理和数学有很微妙的关系. 在 18 和 19 世纪, 数学和物理发展的时候, 两者的关系十分密切. 牛顿之所以发展出微积分, 是因为他想知道行星的轨道与万有引力以及牛顿的三大定律的关系. 可以说直到 19 世纪的上半叶, 数学中很多思想的泉源是从物理现象来的. 可是后来数学的价值观逐渐独立, 20 世纪一位重要的数学家, 也是陈教授从前在芝加哥大学的同事, 他在 30 年前说: 20 世纪数学最大的成就, 是从物理的约束中自我解放出来. 这句话现在来看并不完全正确, 物理学者通过他们的价值观念, 研究了自然现象, 发现其中有很奥妙的数学结构, 这些结构不是物理学家本来所学过的, 而数学家已从不同的价值观独立研究过, 这情形已屡见不鲜, 最有名的例子是爱因斯坦的广义相对论.

爱因斯坦从 1908 年开始, 想推广他 1905 年的狭义相对论, 使其在引力场中也可运用相对的观念, 这其中所需要的数学是爱因斯坦所不知的, 可是他有了一个思考的方向. 后来他的一位数学朋友告诉他, 这在 19 世纪黎曼已经开始研究, 是 19 世纪数学的一个重要发展方向. 这使他在 1915 年到 1916 年完成了他的广义相对论. 所以, 一个物理学家如果不了解数学可能在他的研究范围里所能发生的作用, 往往不易成功.

## 走对路, 左右逢源; 走错路, 再努力也难有大成

**物理系同学**: 很抱歉再提一个问题, 刚才谈的是物理跟数学的

关系, 现在能否谈一谈物理和哲学的关系?

**李远哲**: 虽然我是学物理化学的, 但主席说我名字有 "哲", 故要我来回答. 我们在谈哲学时, 常会谈到对宇宙世界、客观世界的看法, 而哲学观点与自然界现象的关系是很深刻的. 譬如说, 以前的人以为地球是宇宙的中心, 太阳、月球都绕着地球走, 因此产生君主、帝王是中心, 我们围绕着他走的观念. 但后来大家知道原来是我们围绕着太阳走, 社会上遂有了平等观念, 帝王、君主不再是中心. 所以我们对客观世界的了解, 会影响到社会上很多事情.

**杨振宁**: 如果观察一下全世界各地方的哲学、科学发展的历史, 就会得到以下的结论: 近代自然科学在萌芽时, 如哥白尼、牛顿的时代, 与哲学是有密切关系的. 我们看牛顿的东西可知, 他的自然科学与哲学思想是同一起源, 不过, 牛顿以后, 到今天 20 世纪, 很明显地, 自然科学受哲学的影响程度已逐渐降低. 目前是物理学的发展大大影响了哲学, 反之则日益减少, 我觉得这也是自然的规律.

**电机系黄教授**: 我有两个问题想请教诸位院士. 第一, 如何选取研究的方向与领域? 刚才几位先生谈到, 即使在西南联大物质贫乏的时代, 如杨教授说, 他的学士论文就能奠定他日后研究的基础. 不过, 若从另一观点来看, 诸位所遭逢的正是近代物理学蓬勃发展的阶段, 时也? 命也? 运也? 我们到底要如何选择? 第二, 清华师资的基干大概在四十岁左右, 很多教员很努力, 也愿意努力, 不过有一点困难, 即不知如何做学术生涯的规划, 关于这一点, 想请教各位.

**杨振宁**: 我想把这个问题用另一个方式说明. 大学中有很多优秀的研究生, 他们自己和老师都不能预测未来的成就有多大, 可是二三十年后, 成就却可能悬殊. 回想一下, 成功的同学在当时并不见得比不成功者优秀许多, 这其中有一基本的道理, 即有人走对了路, 左右逢源, 有人走错了路, 再努力也不能有大成. 那么将来有大发展的方向是什么呢? 这无法有一定的答案. 一个研究生对自己前途最重要的责任, 是必须掌握自己所念的学科中哪些部分是比较有发展前途的, 还要掌握住整个领域发展的大方向. 如何做到呢? 我的建议是, 把 “天线” 放长些, 多方浏览, 不只是浏览本身学科狭窄范围的文献, 更要随时留意其他的学科, 透过广泛接触, 才能找出这个领域的大方向.

**陈省身**: 选择科目与方向是很难决定的, 中间有很多是靠机会. 我的建议是, 要有广博的知识, 不要只念自己本身科目的东西, 不管有无相关, 都能尽量吸收, 了解的范围愈广, 做正确决定的可能性就愈大.

**李政道**: 这个问题即使是我们自己也必须面对, 物理可能比数学容易些. 因为物理是要解决自然界基本的构造, 这构造较清楚, 有许多大问题在那里, 因此, 第一步是要了解有哪些大问题, 第二步是考虑要不要做这些大问题. 一个大问题, 其困难常在观念, 而非数学. 每个人对自己本身的优缺点也必须知道, 估计自己能力多寡, 看看哪些路别人走过, 而自己也能走, 能走的原因在哪里? 很多问题之所以成为问题, 是因为看不清楚, 而没有花足够时间, 也很难一下子看得准.

## 抓住 “大题小做”、“小题大做” 的原则

**李远哲**: 我们做科学研究工作的人, 花了很多心血、时间, 总希望能有些创新与成果, 但往往达不到目的. 我喜欢打棒球, 现在依然常跟研究生去打棒球, 虽然我年纪大了, 但偶尔还会击出全垒打, 打到界外. 有一次, 我打到电线杆的右边, 篱笆外面, 球赛必须停止. 因为要把球捡回来才能继续打. 而通常学生都会说: 李教授, 你坐着, 我们去捡球. 于是 10 个学生就一起去找. 他们看到我打到球场外、电线杆的右边, 于是他们都去那里找, 但找了 20 分钟, 还没有把球找回来. 我就去帮忙捡球, 那时我就不去电线杆右边, 而跑到左边, 学生都说我跑错地方, 结果我在左边 20 米处找到那个球. 这件事恰好说明, 我们做科学研究工作, 常常根据自己的观察下判断, 但这观察不一定正确, 判断也不一定对.

一个老师, 必须把自己知道多少告诉学生, 同时也要让学生知道哪些是我们不懂的, 年轻人才知道哪些地方有待克服. 至于大、小题目孰优孰劣, 我觉得都无妨, 只要抓住 "大题小做"、"小题大做", 后者是指在研究一个小题目时, 也要观察到这个题目背后所反映出来的普遍性; 有的人则喜欢 "大题小做", 例如分子结构与化学反应的关系, 分子有数百万个, 如此普遍、庞大的研究要如何着手? 必须从小处开始, 先挑几种分子, 研究跟它的化学反应有何关系. 小题目处理得好, 才有能力解决大题目. 所以, 做化学研究者是没有一定的方向、规律, 只要努力知道哪些题目尚未解决, 做小题目者能注意其普遍性, 而做大题目者应从小处着手, 这样或许就能找到自己的路.

**数学系王同学**: 我有两个问题. 第一个问题想请教李远哲教授, 当您获得诺贝尔奖之后, 在台湾的声望便直线上升, 尤其是一句 "教授治校", 让教育部长、大学校长们面临一阵混乱, 也是在声望正隆时, 您参加了 "国统会", 可否请您谈谈参加 "国统会" 的理由? 第二个问题则想请教四位, 您们都是在获奖之后, 就一直留在美国研究, 事实上也都归化为美国籍, 这是否说明了您们的研究生命必须在美国才得以开展、延续? 西方世界是否有比华人世界更优越的科学研究潜力? 诸位是否曾考虑在未来的日子里回到华人世界, 在大陆、台湾或香港, 从事科学研究或教育下一代?

**李远哲**: 今天在座的还有一位 "国统会" 的研究委员沈君山博士, 如果我的回答不够清楚, 我想他可以补充一下.

看海峡两岸的现状, 我觉得有许多不完满的地方, 还要再努力, 才能使中国社会趋于理想. 台湾这几十年来, 民主步伐在加速, 但积累的很多问题, 使步伐无法走快. 大陆也有很多问题. 现在, 两岸交往日益频繁, 我住在海外, 也感到高兴. 但忧心的是, 有些人只想赚钱, 有些则想维护既得利益, 这都是不正常的, 因此希望两岸在未来交流时, 能走正规、好的方向, 并且是对人民有利的.

另外, 若从长久来看, 两岸都进步, 中国的统一对中国人是有利的, "国统会" 若能做好该做的事, 民主化的步伐或许会快些, 正是基于这样的希望与期待, 我接受了 “国统会” 的邀请.

**李政道**: 研究的环境是不断在变的, 陈省身、杨振宁与我当时的中国环境跟今天又有不同, 我大部分的工作是在美国. 但很多新的成功科学家, 如研究高温超导体的朱经武、吴茂昆、赵忠贤等人, 赵忠贤可说完全是在大陆进行, 而吴茂昆则是在新竹. 我们是一代传一代, 尽自己的努力帮助下一代人成长, 我相信不久, 两岸中国人与海外可以联合起来, 届时中国科学的发展一定可以获得极大的成功.

**陈省身**: 我个人一向对中国数学有热忱, 因此希望能为中国数学做些事, 1948 年我在南京, 在现今南港 “中研院” 数学研究所做事, 也是那一年我到了美国. 一部分工作在国内进行, 一部分在美国. 至于谈到将来, 我是 “与校同寿”, 1911 年生的, 所以没什么 “将来” 好谈了.

## 下一世纪, 中国人将走向每一科技的最前端

**杨振宁**: 我想提两点补充意见. 首先, 我的研究工作若不在美国的环境中是否做得出来? 我曾经思考过, 有一大部分工作, 若我在 50 年代初回到大陆, 是不可能做的, 而这些都是和物理现象发生关系的, 因为这些现象发生的地方, 主要是在美国, 美国有很多人才、财富、大型加速器、新资讯, 若当时回大陆, 恐怕就不会朝这些方向发展了.

但是也有另外的一些工作是可以不在美国做的, 一些不与立刻发生的事情有紧密关系的工作, 我也做过很多, 而且很重要, 如果我回到大陆, 这些工作恐怕不仅能做出来, 甚至会提早, 因为我的精力只好用在这上面.

刚才那问题背后或许还有一层含义, 即中国的传统文化, 是否对于目前政治、社会、经济发展的条件, 对于个人科技研究的前途是不利的. 关于这一点, 我觉得眼光应该放远. 19 世纪末, 中国文化受西方文化冲击, 发生激烈辩论, 产生如 “中学为体、西学为

用” 这种说法. 从近距离看, 人们会觉得中国在近代科学发展上很缓慢, 但从远距离看, 其实不慢. 第一次两个中国人得到物理学博士学位, 都是在 20 世纪 10 年代于美国获得的, 他们回到中国, 教育了一批人, 当我于 1938 年至 1942 年间在西南联大读书时, 其课程跟当时世界第一流的大学相比, 完全是有过之而无不及, “有过之”, 是因为我们良好的教育传统. 西南联大得天独厚, 有强大的师资阵容, 我得到很大益处. 这是因为 从 20 世纪 10 年代那少数的几个人, 通过我父亲那一辈, 再到陈省身那一辈, 等到我念书时, 已经可以在国内接触到国外最前卫的学问, 从这个角度看, 那时间其实是很短的.

再举一例. 中国大陆一直给人落后的印象, 这是错误的, 大陆的科技其实相当进步. 在 1948、1949 年时, 中国根本不知何处有铀矿, 更不用谈开采了, 但到了 1964 年, 他们不仅试爆第一颗原子弹, 两年八个月后, 又试爆了氢弹. 这足以说明他们培养了千千万万的科学家, 所以中华民族与中国传统, 在有组织的情况下, 从科技上进军, 是完全可以跟西方社会抗衡的, 西方人也很清楚这一点. 因此, 他们对中国人能做科技工作不仅非常之佩服, 而且害怕, 这害怕也不是自今日始, 而是从 19 世纪末就开始了, 当时中国人所做之事补偿了几百年之落后. 对于在下一世纪, 中国人将走向每一科技的最前端, 我深表乐观.

## 抛开面子之争, 人与人平等相待

**李远哲**: 杨教授的意见我同意. 如果毕业后, 我一直留在台湾, 大概以后的成就完全不一样. 我做的实验固然需要物质上的条件较好, 但这并不是主要原因, 而是到了美国之后, 看了不少科学家, 学了不少东西, 做过多次讨论, 慢慢培养出不管任何事, 只要想完成就可做到的自信心, 这是美国社会给我的.

1961 年我获得硕士学位后赴美, 当时台湾的科研设备 、经费与海外相比, 差得很多. 但现在看到清华教授的设备 、经费已经相当不错了. 不过, 你若问在目前台湾的科研情况下, 我们是否能做出大贡献呢? 我觉得时机仍未成熟, 原因有二: 第一、年轻人从事科研、学术工作的热忱不够, 低迷很多, 台湾的功利社会迫使这些年轻人走向容易找工作、追求安逸生活的道路, 而任何事情若缺少有心人去全力以赴, 是无法开创新局面的.

第二, 在科学探讨中, 面对真理, 大家应该平心静气讨论问题, 来提高学术气氛. 但我回台后发现, 也许是历史包袱过于沉重, 或是封建社会留下的遗毒, 或是士大夫思想, 使得我们还没学会 "人与人平等" 的观念. 我在美国 30 年, 学会很多事情, 其中最重要的一点是人与人的平等相待, 所以, 我与学生讨论问题也是完全平等. 但这里的讨论似乎不容易, 谁也不服谁, 有些是面子问题作祟, 这是不健康的、不正常的. 因此, 虽然物质条件改善了, 仍使我的一些合作计划进行得不很顺利. 我希望大家能平等相待, 不要因为面子问题阻碍了我们的进步.

**化学系同学**: 能否请李远哲教授给我们大学部还在建构基本化学知识的学生一些建议?

## 用热忱、奉献的心创造更完美的知识领域

**李远哲**: 我只能提供一点经验. 我到台大念书时, 满怀热忱, 但我没有想成为伟大科学家的野心、抱负, 只想成为一名不错的科学家. 我初进台大就问学长学姐, 如果往后四年, 我好好努力, 会成为一名很好的科学家吗? 他们都对我说: 不会. 他们说, 第二次世界大战后, 许多新兴的科学, 如量子力学、统计力学等, 都对化学很重要, 但系里既无此课程, 也无人教, 因此, 若想好好学, 就到物理系多选几门课吧! 我就去选了几门课做实验, 念量子, 果然收获不少. 也是在那时, 我明白了即使修课程、拿学分、考试 90 分, 毕业后也不一定能成为好的科学家. 我跟物理系同学利用晚上念量子力学, 跟年轻讲师一起读书, 一起做研究. 所以, 没有一条路是必须要走的, 只要大学四年能掌握生命, 有目的地培养自己, 按阶段去学习,

这样就可以做得很好.

**刘校长**: 非常谢谢四位杰出的校友在此与大家交换意见, 四位对我们做学问、选题目的建议, 都很有启发性. 此外, 四位也告诉我们, 经济、物质的成长是比较相对、短暂的, 学术、文化、科学的成就是比较绝对、永久的. 更希望同学们能用很大的热忱奉献的心, 去努力求取心得, 获致自信, 届时不必管老师是好是坏, 不必尽信书中所言, 也不必抱怨知识的领域不够完美, 在创造更完美的知识领域时, 我们要有舍我其谁的胸襟抱负. 也许有一天, 通过大家的努力, 两岸都能加速改革的步伐, 创造出对两岸人民都有利的条件, 更进一步, 把中西文化融合、创造出新的中华文化. 在这样大的潮流、大的题目之下, 清华愿尽其一份努力, 从自身努力与两岸清华的合作开始, 朝此方向迈进, 到 "百年清华" 时, 能更有一番新的气象, 诚如四位的勉励, 希望那时清华真正是在学术上有世界地位的一流学府. 在此我谨代表全校师生, 再次感谢四位的抽空莅临与热忱指导.

"四位杰出校友座谈会" 历时两个小时, 却欲罢不能, 同学们反应热烈. 会后, 刘校长代表校方赠予四位校友 "清华之光" 盾牌纪念, 与会师生均报以热烈掌声. 四位院士于校庆期间, 皆各有数场学术研讨会, 亦皆场场爆满, 盛况空前.

# 无题漫谈
## ——2004 年 5 月 12 日在清华大学中文系的讲演*

杨振宁

## 一、中文是一种有诗意的语言

我实在并没有准备什么, 我想这样子海阔天空地谈谈也好, 我就从这个“无题漫谈”讲起. 这是一个救急的但是很雅的题目. 事实上大家一定已经感觉到了, 中文电影的名字比英文电影的名字有诗意. 我在西南联大念书的时候, 同学们常常去看一部名为“The Great Waltz”的电影, 中文翻成“翠堤春晓”; 另外一部电影“Waterloo Bridge”, 中文翻成“魂断蓝桥”. 多么美! 仔细想想, 这不是偶然的, 因为中文的结构有它特别的地方, 用中文容易制造出诗意的文章, 诗意的成语, 或者有诗意的字句. 为什么呢? 我不知道是不是有专著讨论过, 假如没有的话, 我想这是个非常重要的题目. 我不是研究文字学的, 但我觉得这与中国文字的起源就有密切的关系. 因为大家知道中国文字的开始非常可能跟占卜有关系, 占卜

*原载: 清华大学学报 (哲学社会科学版), 2004, 19(4).

的时候用一两个字来代表一个命运, 这个命运可以是人世间的命运, 可以是天然的命运, 比如说国王要东征, 天气怎么样, 他要预先占卜一下. 占卜有时是用龟甲, 一个裂纹就是一个字, 这就产生了《易经》.《易经》里头有六十四卦, 每一卦都代表了很多东西, 从天文地理到人世间发生的事情都在里面. 我想这是中国文化起源一个非常重要的因素; 而这个因素与后来形成单音汉字有密切的关系. 变成单音汉字以后, 就产生了一个审美的观点, 就是精简. "清明时节雨纷纷, 路上行人欲断魂. 借问酒家何处有, 牧童遥指杏花村." 有人说这诗太长了, 它的诗意可以用更简短的方法加以表现, "雨纷纷, 欲断魂, 何处有, 杏花村". 这种游戏在中国的传统里是非常普遍的, 与中国文化的特质有很密切的关系. 中国的诗根本就是很短的, 跟英国诗比起来要短得多. 这是中国文化的一个特点. 中国文字的结构, 与单音汉字, 与今天中国这么大的版图, 这么多的人口, 而又是一个国家, 都有密切的关系. 我想研究人文的, 念中国文学的, 念中国历史的, 在这里面可以挖掘的东西很多.

## 二、冯友兰先生的"旧邦新命"应该接着讲下去

我小时候在清华大学 8 年, 现在过了 60 多年以后又回到故园, 我的人生不是好像走了一个大圈, 而是真正走了一个大圈. 我是去年冬天搬回清华大学来的. 1929 年我 7 岁, 因为父亲做了清华大学的教授, 我们家搬到清华大学来, 那时候我们住在西院 11 号. 冯友兰先生全家是 1928 年搬到清华大学来的, 我在清华大学的 8 年就常听父亲讲起很佩服冯友兰先生, 但我不记得在清华园和冯友兰先生有什么接触. 后来抗战开始了, 从 1938 年到 1942 年, 我在昆明西南联大念本科, 冯友兰先生是当时很有名的教授, 我从来没选过哲学系的课, 可是, 我曾经偷偷到他的班上旁听过一两次, 可能是中国哲学史之类的, 我去只是想听听冯友兰先生到底怎么讲课. 冯友兰先生口才非常好, 你们可以去看冯友兰先生的文章, 因为他的古文修养很好, 他的文章是半文半白, 有精简的作用, 又有条理清

楚的作用. 大家也许晓得冯友兰先生是口吃的, 口吃的人通常不大容易有很好的口才, 可是, 你去听他的课就有一个印象, 冯友兰先生善于利用口吃制造出非常有效果的讲话. 他停顿的时候是有用处的, 在停顿的时候把他刚才讲的话渗透到你的脑子里去, 然后忽然得出一个结论来, 这是非常有效的. 我后来看过冯友兰先生的很多文章, 他晚年写的《三松堂自序》就是非常有意思的文章.

我是 1945 年到美国去的, 1946 年西南联大解散的时候, 冯友兰先生为西南联大碑写了一篇碑文, 这个碑现在在北京大学有一个复制品. 原碑存在昆明从前的西南联大校址, 现在的云南师范大学. 在《三松堂自序》里, 冯友兰先生把这篇碑文收进去了, 显然他很得意这篇碑文. 这篇碑文写得非常之好, 西南联大的精神, 西南联大的意义, 西南联大的影响, 都淋漓尽致地写出来了.

我最后一次看见冯友兰先生是在 20 世纪 80 年代末或 90 年代初, 是在哥伦比亚大学. 他从前在那里念过书, 学校给了他一个特别的荣誉学位, 因为西方承认冯友兰先生是 20 世纪中国哲学和中国哲学史的大师. 他是由女儿冯钟璞 (即笔名宗璞的文学家) 陪着去的, 他们请我在纽约中国总领事馆里吃了一顿饭. 90 年代我读到冯友兰先生的《三松堂自序》, 像我刚才讲的, 这是非常好的一本书, 我尤其喜欢里面的一个词, 这是冯友兰先生发明的, 叫 "旧邦新命". 他有一个特点, 会制造一个综合了很多想法的词, 这在他的书里会屡屡出现. "旧邦新命" 的意思是说, 中华民族从商周以来就是一个邦, 现在有了一个新的命运.

我看了他的书以后常常有这样一个想法, 冯友兰先生故去已经快 10 年了, 10 年间中国又发生了巨大的变化, 我想如果冯友兰先生能延长他的寿命, "旧邦新命" 这个名词也许他还要再加一句, 因为这 10 年的发展使他可能把 "旧邦新命" 接着讲下去.

## 三、如何看待中国现当代历史

据网络上说我参加了纽约市纪念毛泽东诞辰 110 周年的活动. 这不可能. 我那时在中国, 没有参加纽约市任何活动, 网络上乱七八糟的东西, 尤其我在美国看到的关于中国的东西很多都是乱讲一气的.

我昨天看了电视连续剧《延安颂》. 不知大家看了没有? 演得很好, 讲的是 1935 年到 1945 年延安的一些情况, 我猜想百分之八十是事实. 我想那个时候是毛泽东最成功的时代. 那个时候假如没有毛泽东, 就没有中华民族后来的发展. 20 世纪 80 年代初或者 70 年代末邓小平、胡耀邦主持写了一个文件, 对于毛泽东的历史地位有一个评价, "功大于过". 我从远距离来看, 觉得这个评价很正确, 而且再过 100 年赞同的人会更多, 因为没有毛泽东就不会有今天的中国. 至于邓小平, 大家更清楚, 没有邓小平也没有今天的中国. 所以, 我想再过一个世纪、两个世纪, 大家会认为毛泽东、邓小平是 20 世纪的伟人, 因为中国的崛起, 是 20 世纪最重要的史实, 不管他们有过什么错误, 这个史实是不能忘记的.

如果到网络上去看, 有很多人会骂我, 因为很多人知道毛泽东犯了大错误. 我是安徽人, 安徽在三年灾害的时候死的人极多, 这是没人能否认的事实. 如果一个人的父亲在那时被饿死了, 或者在"文革"中被整死了, 他不同意我的话是很正常的. 不过历史是复杂的, 中国的历史尤其非常复杂, 我想非常不同意我的意见的人有一个倾向, 要把很多事情绝对化, 绝对化之后当然很容易找出毛泽东的毛病. 如果咬住这点不放的话, 当然一切别的就不能够谈了.

如何认识当代中国社会, 现在是最好的时代还是最坏的时代. 我想之所以同学会问这个问题, 一定是大家讨论时, 有两极分化的意见. 我认为, 很显然这是一个最好的时代. 为什么这么讲呢, 我 1922 年出生的时候, 对于我父亲那一代 (我父亲是 1896 年出生的), 今天 20 岁的人没有经历那个时代, 不能完全了解那个时代知识分子的心态, 也不能了解那时大家心目中的整个中华民族的命运. 你拿那个时候人的心态和现在的人相比, 这个历史的转变是一个惊人的、几乎不可置信的转变. 我曾经讲过, 将来如果讨论 20 世纪人类历史上哪些事情是最重要的, 哪些事情是对人类历史有最大影响的, 我认为不是两次世界大战, 不是希特勒的崛起和灭亡, 不是苏联的革命和苏联的解体. 这些当然是重要的事情, 可是, 我认为不是对人类历史有最大影响的. 最重要的是两个, 一个是人类学会了用科技增进生产力, 在这 100 年是空前的, 而且会继续发展下去; 第二个是中华民族的崛起. 这两件事情之重要再过 50 年、100 年之后会越来越清楚. 如果你同意的话, 你就会同意我刚才讲的, 20 世纪最伟大的人物里, 一定要有毛泽东、邓小平, 没有他们整个的世界今天就会不一样, 所以, 这个问题的答案我认为很清楚, 就是好得很.

我现在搬到中国来, 如果我认为中国坏得很的话, 我是不会搬到中国来的.

## 四、20 世纪中华民族的大转换, 应该有一个有长久价值的小说或者史诗来描述

现在中国的出版界大大发展了. 我还记得 15 年前出书是很困难的, 因为那时候纸张缺乏. 现在去海淀图书城, 各种各样的书简直多得不得了, 小说也是多得不得了. 有意义的小说, 没有意义的小说; 有意义的文章, 没有意义的文章, 到处都是. 我觉得现在是一个好机会, 因为 20 世纪是中华民族一个大的时代, 中华民族从一个贫困、被欺负到一种不能再悲惨的地位到了今天, 这个转换是史无前例的. 这样一个大转换, 应该有一个有长久价值的小说或者史诗来描述. 我还没有看见这样的一本书出来. 这当然不是一个很容易的事情, 不过我想每一个人不管做什么, 总需要很多条件, 一个非常重要的条件是得有机会. 我刚才的意思是, 对于做文学的人现在是一个机会, 可以说现在已经有一个题目了, 这个题目非常之大, 非常之宽泛. 在座的哪位同学在 30 年、50 年之后能写出像《战争与和平》(War and Peace), 像《日瓦格医生》(Doctor Zhivago) 这种

大手笔、大眼界的小说, 如果我看不见, 在座的很多人可以看得见.

我在中国住了 20 多年, 在美国住了差不多 60 年, 对这两种文化的异同有亲身的感受. 西方的价值观对我当然有很多影响, 对这种文化的价值观也有一些认识和选择. 西方有许多是先进的, 是有永久价值的东西. 而有一些东方的东西也是有永久价值的. 大家晓得, 大概 10 多年前, 李光耀提出了亚洲的价值观, 这一概念被美国的传媒批评得一塌糊涂, 可是, 我觉得他讲的是对的. 我想今天全世界都受到了西方的传媒的影响, 这些影响有时候是不自觉的. 假如不自觉地就全面地吸收了西方传媒的影响, 我认为是不幸的. 有许多人因为西方物质文明的成功, 就仰慕, 或者被同化了.

现在世界上发生的一件非常重要的事情是中华民族的崛起, 尤其到了 30 年、50 年、100 年以后, 这两种文化之间的冲突和融合将是 21 世纪的大事情, 这值得在座的各位同学多思考. 这个时代也是发表你们自己的观点、发展你们自己的事业的好机会, 是创作大手笔的史诗或小说的机会.

## 五、科学和人文的关系

在我念初中一年级到二年级的暑假里, 我父亲跟清华大学历史系雷海宗教授说, 你能不能推荐一个你们系里的高才生. 他就推荐了一位叫丁则良的, 丁则良确实是当时的高才生, 教了我一暑假的《孟子》. 我记得很清楚, 那时我父亲的办公室在科学馆, 就是大礼堂旁边的那个楼. 因为楼比较高, 所以, 夏天那地方比较凉快, 每天丁先生就给我在那儿讲一个钟头的《孟子》. 一夏天没教完, 然后第二个夏天又教了一夏天或者半夏天. 所以, 我那时候可以把《孟子》从头背到尾. 刚才有同学问这个对我有没有什么影响. 当然有, 譬如, 孟子说 "八口之家, 可以无饥矣", 这里面的背景当然使我更了解中国的传统观念是怎样的. 我吸收中国文化的精神, 我想比没念过《孟子》的要吸收得多.

那么, 刚才这位同学说你是念科学的, 你怎么处理科学和人文这两种不同的发展方向, 怎么达到和谐. 大家晓得 30 年以前, 英国的斯诺 (C. P. Snow) 写过一本书叫做《两种文化》(Two Cultures), 他就是讲这件事情. 那个时候在欧洲, 在美国, 今天在中国, 都有一个现象, 就是政府资助研究对于科学、工业注意得比较多, 对于人文注意得不那么多. 所以, 斯诺就是在这个情形下写这本书的.

从个人观点讲我想一个念科学的, 或者是念工科的, 他要吃饭, 同时还有七情六欲, 所以, 是不可能不和人文发生关系的. 至于怎么处理这件事情, 在不同的情形之下, 在不同的社会背景之下, 当然不一样. 刚才有一位同学问我, 我想也可以说我在二三十岁以前, 对于人文的问题注意得比较少, 那个时候我的上意识和下意识的考虑多半是在科学方面. 渐渐地年纪大了以后, 旁及别的, 我想这也是多半念科学的人的经验.

这两个之间有没有冲突呢? 我想时间的分配上有冲突, 可是, 实际上当然并没冲突, 而讨论两者的关系是一个非常有意思的事情. 譬如, 我曾经写过一篇文章《美与物理学》, 这个题目, 我想还应该发挥下去, 有机会我还要发挥下去. 因为科学中是有美的, 这个美的观念, 跟文学里面美的观念、艺术里面美的观念, 有相同的地方, 又有不同的地方. 仔细去研究, 我想是一件很有意思的事情. 我知道美学上东方、西方都已经有过很多的著作了, 他们是不是都讨论过这个问题我不知道, 我想这是很好的题目.

有同学问对世界历史发展的整体观念对我日常的物理研究有没有什么影响, 还问我读过《孟子》, 对我几十年的物理研究有没有影响. 这个问题很难回答. 原因是, 你看一个、两个人, 有时候看不出来. 但是, 现在世界上有很多国家, 你看很多日本人做研究有没有很特别的地方, 和美国人、德国人做的很不一样呢? 是有些不一样. 这个不一样不是因为有人念过《孟子》, 别人没念过《孟子》; 有人念过歌德, 别人没念过歌德, 所以, 会出现不一样的地方. 这里面有一个传统的问题. 假如在日本出了一个汤川秀树, 他研究什么问题, 他的学生就会跟他走, 有意识无意识地学他, 这就影响了其发展, 这个发展里面文化的影响不见得很大, 是几个大师的影响很大. 这个很显然, 在 1950 年前后华罗庚回来了, 后来中国数学的开拓者基本都是他的学生. 他喜欢研究的东西、他喜欢研究的方法就在中国数学界留下了足印, 这个影响比整个文化传统的影响要大. 可是要问文化有没有影响呢, 我想也有一点, 比如, 德国人就有一个倾向, 喜欢问逻辑的问题. 法国人也问, 但比较不那么专注. 所以, 要问文化对科学研究有没有影响, 我想是有, 不过最重要的, 是一个传统问题.

## 六、现代各学科不会融化为一

有同学说知道我讲过一句话, 近代数学书有两种, 一种看了一页就看不下去, 一种看了第一句话就看不下去. 确实我是讲过这句话, 因为我有亲身的经验. 数学的书到了 20 世纪中叶以后越来越精简, 越来越把赤裸裸的逻辑放在最外边, 所以, 虽然它那个逻辑系统是对的, 可是, 你看的时候不大知道它要向什么方向走, 所以是非常难看的. 我当时讲那句话的意思是要把这个感受描述出来. 这个发展在物理里也有, 20 世纪初的物理文章比较长, 现在越来越短, 也越来越难懂. 20 世纪初, 你如果对一个领域有两年没有去弄, 再去看以后的文章, 很快就可以补上去. 现在就不行了, 现在你两年没看, 再去看, 根本不懂它在讲什么, 因为在两年之内有了新的发展, 而且新的发展被他们用很浓缩的语言讲出来. 如果你不把两年内的文献从头到尾地看一遍, 你根本不了解它后来写的是什么. 这是国际上的一个通病, 这个很难会有逆反, 为什么呢, 因为现在文献多得不得了, 科学家在世界上的数目我不知道有没有人研究过, 我想是 10 倍于 100 年前还不止. 我想在这个情形之下, 写长篇大论大家无法看, 所以, 大家就越写越简单.

刚才同学说有朋友跟他说, 数学跟物理、哲学 —— 尤其是现在有交叉的学科的发展 —— 将来是否会融化为一? 不会的. 相互影响是事实, 数学和物理这些年来有很多交叉的地方, 可是, 对于每一个领域, 交叉的地方只占 (我觉得也许) 百分之五. 百分之五今天的数学是跟物理发生密切的关系, 百分之五今天的物理是跟数学发生密切的关系. 这个百分之五重复的地方, 数学和物理交叉的地方, 现在每年越来越大了. 可是, 不交叉的地方也越来越大了, 这个百分之五的比例一时是不会有很大的变化. 在这样的前提下就没法讲数学跟物理要并到一起去了.

至于说哲学, 这其实是 20 世纪一个非常重要的事情, 就是在 20 世纪初, 通过几个数学家和哲学家的努力, 其中最重要的, 也许是当时世界最大的一个德国数学家, 叫希尔伯特 (David Hilbert), 他想把数学逻辑化. 你们都学过欧几里得的几何, 是用逻辑来讨论几何的, 希尔伯特要把整个的数学逻辑化. 受他的影响非常大的罗素 (Bertrand Russell) 也是一位哲学家, 还得过诺贝尔文学奖. 罗素从逻辑学的眼光讲起来做的一些贡献不是最重要的. 这个领域后来有了惊人的发展是在 1930 年左右, 一个德国的研究生写了一篇文章, 证明出来, 说是希尔伯特的想法, 要把整个的数学建立在逻辑的系统里面是不可能的, 这个叫做哥德尔 (Gödel) 的不完备性定理. 我想这是人类思想史上一个重大的发展, 以后影响了整个逻辑的发展. 它对于数学发展的影响不是那么大, 因为不能够把整个数学完全绝对地逻辑化, 并不代表传统的数学不可以继续发展下去. 所以, 你要问今天的一个数学家, 说哥德尔的贡献是不是重要的, 他一定说是的; 要问对现在的数学是不是有极为重要的影响呢, 我想大家会把它搁置在一边, 数学还是照从前那样子发展. 哥德尔发展出来的这个方向叫做数理逻辑, 这个数理逻辑后来跟计算机程序发生非常密切的关系. 我们清华大学高等研究中心非常高兴的一件事情, 就是把这个领域现在世界最大的权威之一, 一位叫姚期智的教授请来了, 今年秋天他就要住进清华大学来. 他现在是普林斯顿大学的一个讲座教授, 他前年得了图灵奖 (Turing Prize). 假如有人问 20 世纪数理逻辑最重要的, 还有, 基本的软件原理最重要的三个人是谁, 就是哥德尔、图灵、冯 · 诺依曼, 三个人现在都不在了, 他们这个领域后来设立了一个图灵奖, 就是纪念图灵的, 前几年姚期智就是得了这个图灵奖, 我想清华大学的搞计算机软件的人, 对于把姚期智请来一定是非常高兴的. 而姚期智做的东西呢, 就跟刚才讲的哥德尔的贡献可以说是延伸下去的.

## 七、文科学生如何学习理科

我们晓得钱钟书, 他的数学是不及格的. 在中国的传统之下, 在清华大学这样一个学校, 我猜想文科学生恐怕都要念物理或者化学. 假如一个中文系的学生念了物理, 大概有一个倾向, 觉得太难了一点. 我很容易相信这种情形, 因为我刚才讲中国的文化传统以及清华大学有这么多非常好的学生, 这两件事情加在一起, 课程恐怕会太难. 假如学校来问我, 我会说我觉得文科学生不必要念那么多很复杂的东西. 物理有一些精神, 大概的精神了解了, 我觉得就够了. 钱钟书的数学不及格与他后来的成就一点关系都没有. 至于念微积分的话, 可以设法教得使文科的学生接受. 微积分是很妙的东西, 如果能够将妙的精神吸收进去, 我想同学是会很欣赏的.

## 八、我在 20 岁的时候

我 20 岁的时候是在西南联大刚刚念完四年级. 那个时候整天笼罩在我头脑中的是物理和数学. 物理学和数学当然有数不清的可以挖掘、可以了解的东西. 那时候虽然很贫乏, 西南联大当时却有足够多的图书, 所以, 我当时乐在其中, 没有问题. 我所交的朋友基本上都是物理系的. 我们整天讨论物理方面的东西, 当然日常生活问题也是重要的一个部分.

我有没有参与当时的政治运动呢? 我参与的事情很少. 学校有壁报, 那时候, 共产党的地下工作是非常厉害的, 有很多壁报, 是当时进步学生写出来的. 后来我知道这些进步学生有许多是地下党员. 可是也有一些三青团的壁报, 三青团是国民党所搞的一个组织. 这些壁报我当然也经常看到. 我当时没有在任何壁报上写文章, 因为它不是我当时整天想的问题.

我有没有恋爱的故事呢? 香港政府的 RTHK (Radio and Televison of Hong Kong) 无线电视台拍一个杰出华人系列, 每年出三四集, 1998 年派了一位叫唐敏明的女导演, 他们一队人马到美国我家去了两三次, 到清华大学也来了一两次, 拍了一个小时的片子. 这个片子有一段, 唐女士问, 杨教授, 在昆明的时候你有没有恋爱的故事? 我说有, 还给了她一张照片. 这张照片是当时西南联大和我同班的一位女孩子, 姓张. 那个时候我刚刚 17 岁. 当时在西南联大大家都穿得很朴素, 都穿蓝布大褂, 可是, 张景昭常常穿一个红的外套, 非常引人注意. 我注意到了. 记得我从什么地方知道了她早上 10 点钟在某个教室上课, 于是早上 11 点钟, 我就在那个教室旁边徘徊, 她出来的时候我好跟她谈谈. 她是数学系的学生, 我父亲是数学系主任. 所以, 她有时候到我家来. 那时候我父母亲也都很喜欢她, 在我们交往几个月后, 我想了一下, 张景昭对我影响很不好, 我自己的情绪从前好像一片很平静的湖, 而张景昭来了以后, 现在起伏得很厉害. 这对我自己不好. 对我来讲, 当时应该做的事情是好好念书, 不要想这些交女朋友的事情. 所以, 后来我们的关系就渐渐淡下去了. 这可以说是我第一次, 也是唯一一次, 在遇到杜致礼 —— 我后来的太太以前的故事.

前两天我看到一本书《大学往事》, 它收集了二三十位作者回忆他们的四年大学生活, 也选了我一篇关于西南联大的文章. 我随便翻了翻, 发现原来很有意思. 我想在座的每一位都会发现它很有意思. 为什么呢? 因为它讲了 20 世纪几代人对于他们大学生活的回忆. 从胡适、徐志摩, 到季羡林, 到我, 到后来的好几代, 直到 20 世纪 90 年代. 好像一个相片本, 你看到了 20 世纪的中国经过了多少事情. 像胡适到美国, 他的那段回忆主要是讲他在康奈尔大学念书的时候怎么样吸收了美式民主的精神. 到我那代所讲的, 是西南联大非常艰苦的生活. 再到后来就有了比如说是抗战以后、新中国成立以前, 那个时候国民党和共产党的明斗暗斗在学校里面所产生的影响. 然后就有三反、五反的一些描述, 然后就有 "反右"、"四清"、"文革" 的时候, 然后就到了 20 世纪 80 年代. 以前很少有在回忆里面讨论恋爱的事情. 可是到了八九十年代, 很多同学专门讨论的就是恋爱的事情, 这些我想都是代表各个时代不一样的回忆.

## 九、几本有意思的书

同学们要我举出对我影响最深的书, 一本英文的, 一本中文的. 这个问题很难回答, 因为世界上的书太多了. 不过我想可以换一个说法, 推荐几本有意思的书.

先讲数学. 在我念大学一年级的时候, 我父亲从图书馆借来一本《纯数学》(Pure Mathematics), 这是 20 世纪初一个英国的大数学家哈代 (Hardy) 写的, 我看了这本《纯数学》后大开眼界, 什么缘故呢? 因为所有世界上的数学在开始的时候都是像教小孩子 1、2、3、4、小数点、分数这样出来的, 但是, 对整个逻辑系统没有注意. 这本书的整个方法是从逻辑的系统开始的, 这使得当时 16 岁的我忽然了解到, 数学的结构原来还可以有另外一种看法, 这对我是一个很大的启发.

哈代这本书很有名, 相当于大学一二年级数学的程度, 可是, 它吸取了近代数学的精神, 对任何一个对数学有兴趣的同学我都推荐. 也许今天在这儿这种人很少, 可是, 你们也许会对他的另一本书发生兴趣. 这本书叫《一个算学家的道歉》(A Mathematician's Apology). 这是一个俏皮话, 他的意思 (他整本书就是说), 他认为数学是纯粹的艺术, 是没有用处的. 他说他一生最得意的事情是没做过任何有用处的事情. 他非常会写, 所以, 他把这样简单的一句话写成一本小书. 这本小书, 我想从文学的立场讲起来是写得非常之好的, 而且里面有很多的小故事. 刚才我讲冯友兰先生, 冯友兰先生非常会写. 他的书讨论哲学的东西里面也有许多小故事.

我另外推荐一本和科学有关系的书给大家, 是沃森 (Watson) 写的. 你们知道 20 世纪最重要的生物学的发现就是双螺旋. 一个年轻的美国人沃森跟一个比他大 10 岁的英国人叫克里克 (Crick) 的 (两人现在都还健在), 在 1953 年写了一篇文章, 讲 DNA 的结构是双螺旋. 这篇文章现在公认是 20 世纪最重要的生物学文章, 我想将来会跟 19 世纪达尔文的进化论相提并论. 在 20 世纪 60 年代, 也许是 50 年代, 他们两人因此而得到了诺贝尔奖 (1962 年). 然后又过了几年, 沃森写了本小书, 这本书就叫做《双螺旋》(Double Helix). 这个书我相信在国内一定有不止一种的翻译本.

这本书非常好. 为什么好呢? 不是因为他把他们这个发明讲得很清楚, 主要是讲了一点 —— 他从来没有明白讲这句话, 可是, 你看了以后想一想就知道他是要讲这个事情 —— 是说研究生物学不需要念过很多的书, 只要你肯猛干, 胆子大, 天不怕地不怕, 猛闯, 就会出成果. 这就是他写这个书的时候对于自己之所以成功的一个分析. 大家晓得他后来还做了一些相当重要的工作. 不过从 1960 年以后他基本上没有做太多研究工作了. 他搞了一个冷泉港实验室, 这是一个世界上有名的实验室. 最近这 10 年, 又由他倡导搞了 DNA 的基因组 (genome) 的研究, 是最近这些年非常重要的研究. 他后来对于生物学的研究以及对于全世界研究 DNA 遗传因子的顺序是有大贡献的.

这本书我特别推荐给你们, 因为如果要晓得中西文化的对比, 看了这本书以后, 就可以了解到一个年轻的美国人怎样赤裸裸地把他们的文化特点讲出来. 我相信在座的同学看了以后肯定觉得这里面是有非常重要的、值得任何一个中国人深思的地方, 可也有不可取的. 比如书里对于罗莎琳德 · 富兰克林的描述, 后来在美国就被人批评得很厉害. 沃森之所以能够做出那么重要的贡献, 是因为他们偷看了一张照片. 这个照片不是他们两个人的实验, 而是一个女生物学家罗莎琳德 · 富兰克林做出来的. 罗莎琳德 · 富兰克林是一个非常谨慎的生物学家. 她照了那张照片以后, 还不够, 还得再照, 希望能够照得更准确. 这就是她的个性, 这种个性在学术界是很被尊崇的. 结果他们两人用了一个可以说是不太正当的手段弄了一张照片来. 他们急不可耐, 研究研究就写了这篇文章. 过了很多年以后他写《双螺旋》的时候, 却对富兰克林的为人讲了一些不该讲的话. 他说富兰克林不苟言笑, 是一个 "老处女". 在西方老处女这个名词的意义在中国没有, 中国传统文化对于老处女的看法怎样我还不够了解, 但在西方这是一个很清楚的贬义词, 应该说还不止于贬义词. 那个时候丝袜子不是现在这种织法, 后面有条线, 他说富兰克林穿的袜子背后老是不直的. 他的书里头尽是这样一类的话, 所以后来被人批评得很厉害, 人家说富兰克林袜子的线直不直和她的工作有什么关系呢? 从这件小事可以看出他的书的写作风格.

我要讲的是, 美国像他一样的人很多, 他怎么成功, 有哪些要素, 好的坏的在这本书里头都有. 你们想要了解美国文化的特征, 我建议你们去看一看. 我认识一些生物学家, 有一位告诉我他本来是念物理的, 看了沃森的书后就改去念生物了, 后来做得很好. 我看这书的时候已经是念物理的, 所以并没有影响我后来的研究工作.

我小时候看不懂《红楼梦》, 看了以后毫无兴趣, 我想恐怕很多中学生都有这个想法, 它讲的一些事情有什么意思呢? 等到我年纪大了以后, 才懂得这是一部杰作, 年纪越大对这些事情越有深的了解. 但对我有什么影响呢, 也很难讲.

我回清华大学后看了很多很有意思的书, 比如刚才介绍的《大学往事》. 又有一位女作家叫聂华苓, 她是 1925 年出生的, 可能访问过清华大学. 她最近写了本自传, 叫《三生三世》, 这书写得非常好. 当然她年轻的时候有很难想象的经历, 她所谓的三生, 意思是她在武汉和重庆, 然后在南京的一个大学毕业, 这前后是她头二十几年, 一生; 然后她到台湾去, 在台湾十几年, 做一个杂志的编辑, 二生; 然后到美国去, 三四十年, 三生. 她非常会写, 我觉得这本书将来很可能变成电影, 因为这是个很好的电影材料.

我看的另外一本书也是最近刚出来的, 是我一个很熟的朋友, 一个非常成功的历史学家何炳棣写的. 何炳棣 1934 — 1937 年在清华大学念历史系, 后来他和我同船到美国去. 我想他现在是美国最有名的华裔史学家, 他写了本书叫《读史阅世六十年》, 这里面对于 20 世纪 30 年代的清华大学、三四十年代的西南联大, 对于后来美国研究中国历史的一些人物和事件都有非常有意思的描述. 像这一类的传记现在很多.

## 十、我是在设法超越人间是有限的这个大限

举个例子讲中西文化的差别. 我认为中国的文化是人本文化, 西方的文化是神本文化. 神本是什么意思呢? 每个人都有他自己的神, 都叫做上帝, 可是每个人有他自己的上帝, 他要对他自己的上帝负责任, 所以有原罪这个观念. 这个原始的观念和中国文化不一样, 中国文化是建筑在人和人的关系上的. 二者发展出来各有好有坏, 我们现在不是要讨论好坏的问题, 而是要讨论发展出来的现象.

这现象有很多, 举个最清楚的, 对于我搬回来这件事有直接关系的, 就是对待老年人的态度. 这里有很大的分别. 在西方或是在美国, 要说对父母不照顾, 我想是不对的. 但西方对于老年人的态度, 尤其是美国对于老年人的态度, 跟中国整个社会确实是完全不一样的. 当然, 中国这个传统也不一定全是优点. 比如我屡次讲过, 学校里有一个倾向, 论资排辈很厉害, 学校里对于年轻人和新的想法不够重视.

我今年快 82 岁了, 回国以后一切都很好, 精神、身体都很好. 前些日子, 我弟弟给我发了一个电子邮件, 他说你回来不是一个很好的措施, 而是一个完美 (perfect) 的措施. 学校非常照顾我, 这跟在美国是不一样的. 我 60 岁时, 有一天碰见一位叫 Wolfenstein 的很有名的物理学家, 跟我曾经是同学. 我跟他说: 我刚有一个大发现, 一个非常重要的发现. 他以为我又有什么新的物理理论, 他说: “你讲给我听听.” 我说: “人生是有限的.”

我 80 岁时讲 “人生是有限的”, 跟我 60 岁时讲 “人生是有限的” 意义又不一样. 你们也许不完全了解我这句话的意思, 等到你们 80 岁的时候就了解了. 我从前常常看一些吴昌硕的画、齐白石的画, 上面写 “时年 75”, 或者 “时年 81”, 当时我觉得这是中国画家的一个传统, 现在我懂了, 不只是这样, 这里面有很复杂的含义. 第

一是很庆幸, 我已经活到 75 岁了, 我已经活到 81 岁了; 第二是我现在还能画画, 我还能写这句话, 那就代表我今后还有很多年可以画画. 总而言之, 我要讲的就是老年人的心境和你们的心境有很大的不同. 一个老年人, 对于人生有限这件事情, 是自觉或者不自觉地, 随时都知道的. 那么, 我现在回来呢, 从某种意义上说, 我是在设法超越这个大限. 我希望在有生之年, 能够帮清华大学搞一个好的高等研究中心, 能够训练出一批年轻人. 我是在想超越人间是有限的这个大限.

(本文经杨振宁先生审改)

# 美在科学与艺术中的异同*

杨振宁

原编者按: 2015 年 4 月 18 日, 著名科学家、诺贝尔物理学奖得主杨振宁教授应邀来到中国美术馆学术报告厅, 为听众做了一场题为“美在科学与艺术中的异同”的演讲. 该演讲为中国美术馆“大师讲大美”学术讲坛系列讲座的第二场.

“大师讲大美”学术讲坛系列讲座是中国美术馆于今年正式推出的高端公共教育品牌, 旨在从多角度探讨美育, 强调话题的跨学科性、学术性和教育效果的社会普及性. 杨振宁的本次演讲, 深入浅出, 观点鲜明, 视野开阔, 颇具“跨界”色彩, 唤起了听众的莫大兴趣. 演讲之后, 杨振宁还与听众展开了长时间的互动交流, 耐心地回答了听众的提问, 他的许多观点特别是对于少年儿童教育的看法, 很有启发性. 本刊在此刊发讲座全文, 并摘发了杨振宁答听众问的实录, 以飨读者.

我非常高兴今天在中国美术馆里跟大家谈谈“美在科学与艺术中的异同”.

---

* 原载: 中国美术馆, 2015(3).

先讨论一下科学中的美. 大家都知道, 艺术与美有密切的关系. 但也许有很多人觉得, 科学跟美没有什么关系. 所以我现在就用几分钟的时间给大家阐释一下科学里为什么有美.

我是研究物理学的. 物理学的发展要经过四个阶段. 第一个阶段是实验, 或者说是与实验有关系的一类活动; 第二个阶段是从实验结果中抽炼出来一些理论, 叫做唯象理论; 唯象理论成熟了以后, 如果把其中的精华抽取出来, 就成了理论架构, 这是第三阶段; 最后一个阶段, 理论架构要跟数学发生关系. 上述四个不同的步骤里都有美, 美的性质不完全相同.

我以虹和霓的现象为例, 讲讲实验. 有人在很小的时候就看见过虹和霓, 觉得漂亮极了, 美极了. 为什么会觉得美呢? 因为它们都呈圆弧状而且有很特别的规律: 虹是 42 度的圆弧, 红色在外面, 紫色在里面; 霓是大一点的弧, 是 50 度的弧, 其色彩排列顺序与虹相反, 红色在里面, 紫色在外面. 虹和霓具备这个规律, 所以即使是小孩子也会觉得它们非常漂亮. 这是一种在实验经验里的美的标准的例子.

实验阶段结束后, 就到了唯象理论阶段. 虹和霓到底是怎么一回事? 了解多了以后我们就会发现, 原来虹和霓是太阳光在小水珠里折射而产生的光学现象. 在虹的小水珠里是一次内反射, 在霓里是两次内反射. 这样, 我们就可以计算. 计算的结果验证了这样的事实: 一次或者两次反射以后, 就会出来 42 度或者 50 度的弧. 一个人了解到这点以后, 他对于这个很美的现象的理解又深入了一层.

再进一步就到了理论架构阶段, 这个到 19 世纪才完成. 19 世纪中叶, 一个名叫麦克斯韦的英国人写下来了一组方程式, 用这组方程式就可以彻底地解决折射现象的问题. 在前面的唯象理论阶段, 人们是不了解折射现象的, 而麦克斯韦方程式可以告诉你为什么有折射现象. 这就更进一步了, 也等于更上一层楼. 上一层的美跟底下一层的美当然有所不同.

再上一层是数学. 麦克斯韦方程式是在 19 世纪中叶推导出来

的, 一个世纪以后, 到了 20 世纪 70 年代, 物理学家才了解原来这个麦克斯韦方程式的结构有极美的纯数学的根源, 叫做纤维丛. 纤维丛是一个数学观念, 这个数学观念在发展的时候, 与物理学没有关系, 与实际现象没有关系. 可是到了 20 世纪 70 年代的时候, 人们忽然发现原来麦克斯韦方程式的结构就是纤维丛. 这到达了一个更高的境界, 使得我们知道原来世界上非常复杂、非常美丽的现象最后的根源是一组方程式, 就是麦克斯韦方程式.

事实上, 如果今天你问问物理学家对于宇宙结构的了解, 他们会告诉你, 最后的最后就是一组方程式, 包括牛顿的运动方程式、刚才讲到的麦克斯韦方程式, 以及爱因斯坦的狭义和广义相对论方程式、狄拉克方程式和海森伯方程式. 这七八个方程式就 "住在" 了我们所看见的一切一切里, 它们非常复杂, 有的很美妙, 有的则不是那么美妙, 还有的很不容易被人理解. 但宇宙结构都受这些方程式的主宰.

麦克斯韦方程式, 看起来很简单, 可是等到你懂了它的威力之后, 会心生敬畏. 为什么说这些方程式有威力呢? 因为无论是星云那么大的空间还是基本粒子内部那么小的空间, 无论是漫长的时间还是短短的一瞬, 都受这几个方程式控制. 这是一种大美. 我们也可以说这些方程式是造物者的诗篇. 为什么? 因为诗就是语言的精华. 造物者用最浓缩的语言, 掌握了世界万物包括人的结构、人的情感, 世界上的一切都在 "诗人"—— 造物者写下来的东西里浓缩起来了. 其实这也是物理学家最后想达到的境界.

这些方程式的内涵往往随着物理学的发展而产生当初完全没有想到的新意义. 我以诗歌对于读者的感受为例, 阐述这一点. 你少年时诵读一首诗, 当时就会对那首诗歌的内涵、意境等有所了解. 但当你进一步成熟之后, 以及你步入晚年之后, 又会发现这首诗的含义远远比你小时候所领悟的要多得多. 同样的道理, 这些方程式在不同时期被人们运用的时候, 也会产生不同的意义.

诗人对于科学的美曾经有过一些描述. 英国大诗人布莱克 (W. Blake) 写过一首有名的诗, 译成中文是:

一粒砂里有一个世界,
一朵花里有一个天堂.
把无穷无尽握于手掌,
永恒宁非是刹那时光.

陆机的《文赋》有这样一句话 “观古今于须臾, 抚四海于一瞬”, 表达的意思类似.

上面两个例子, 都是诗人用诗性的语言阐述对于宇宙结构的了解, 传达出一种力量的美. 牛顿故去以后, 英国大诗人蒲柏 (A. Pope) 这样表述牛顿, 译成中文就是 “自然与自然规律为黑暗隐蔽! 上帝说, 让牛顿来! 一切遂臻光明.” 人类从远古以来就知道有日月星辰的运动, 这些运动有很好的规则, 可是在这些规则里又有一些不规则的变化, 很奇怪. 我想, 这些现象是几千年、几万年以来人类要想了解又难以了解的. 最后牛顿来了. 牛顿的方程式对于日月循环, 对于行星的运转甚至对于星云等一切天体运动的现象都有了非常准确的描述. 我想, 这是人类历史上非常重要也非常美的一个新的发展.

前面列举的诗句所描述的, 是物理学的美, 它们给了我们特别的感受. 诗人对于美的描写很到位, 可是仅有这些还不够, 因为诗句里缺少庄严感、神圣感, 以及初窥宇宙奥秘的畏惧感. 这种庄严感、神圣感, 也是哥特式教堂的建筑师们所要歌颂的东西, 即崇高美、灵魂美、宗教美、最终极的美. 这个最终极的美是客观的. 我们知道, 早在人类尚未出现的时候, 麦克斯韦方程式以及刚才所讲的那些方程式就已经支配着宇宙间的一切了, 所以科学里最终极的美与人类没有关系. 我想, 庄子所讲的 “天地有大美而不言” 也包含类似的意思.

接下来, 我们讨论艺术中的美.

物理学的发展历经了几个明确的阶段, 而艺术则不然. 事实上人类对艺术的了解远远早于对科学的了解. 比如说在三千多年以前, 商朝的金属铸造师们就已经具备了非常好的艺术感. 这是商朝的一个小犀牛形青铜器, 现保存在美国旧金山博物馆里, 是镇馆之宝. 据说它是由巴黎的一个大古董贩子 C. T. Loo 于 20 世纪 40 年代卖到美国的, 当时只卖了五万美金, 今天当然是无价之宝.

这是商朝的另外一个青铜器, 叫做觚, 现保存在美国华盛顿的费瑞尔 (Freer) 博物馆里. 费瑞尔是一个有钱人, 他在 20 世纪初到北京买了很多铜器, 这个觚是其中的一个. 费瑞尔博物馆是美国所有博物馆中收藏中国古文物最丰富的一个.

青铜器的制造师们或许不懂甲骨文, 更不懂艺术理论, 可是他们对美的感受已经达到了极高的境界. 这个 "小犀牛" 和这个铜觚都很美, 可是有不同的美法, 让我们分析一下. "小犀牛" 是童稚型的, 铜觚是思考型的; "小犀牛" 体现出直觉的美, 铜觚是抽象的美; "小犀牛" 的美是 "形似" 的美, 铜觚是 "神似" 的美. 它们显示, 艺术中的美离不开人类, 这与科学中的终极的美不同. 我刚才讲了, 科学里的终极的美是客观的, 没有人类的时候就已经有这些美了. 可是没有人类就没有艺术, 也就没有艺术中的美. 换句话说, 科学中的美是 "无我" 的美, 艺术中的美是 "有我" 的美. 大家知道, 这个 "无我" 和 "有我" 的概念是王国维在《人间词话》里提出的, 很有名. 王国维拿它来描述诗词的意境, 我想也可以拿来分辨科学中的美和艺术中的美的基本不同点. 艺术创作的本质是什么? 唐朝的画家张璪说是 "外师造化, 中得心源". 这句话概括地描述了艺术真正的精髓, 道出了人类怎样感受到美并开展艺术创作. 这个犀牛形青铜器的塑造者 "外师造化", 它的美来源于铸造者所看到的一个真正的犀牛, 所以这是写实的美. 而铜觚是一种 "中得心源" 的美, 它之所以漂亮, 是因为有曲线轮廓, 用几何学的术语来讲叫 "双曲线". 商朝的人当然不知道什么是 "双曲线", 可是直觉告诉他这是抽象的美. 这就是所谓的 "中得心源", 是从心里了解到了自然界的美, 因此这个铜觚的美也是一种 "写意" 的美.

西方的艺术在很长一段时期里向写实方向发展, 而东方的艺术则主要向写意方向发展. 为什么会有这两种不同的发展方向呢? 这值得深思, 但我觉得这方面的研究还不够. 西方在 19 世纪才充分认识到写意美的重要意义, 从而发展出来了印象派. 所以印象派的出现, 简单讲起来就是因为西方人了解到在写实的美以外还有写意的美, 就尽量向这个方向发展, 于是就发展出来印象派以及 19 世纪后来的种种新流派, 审美观也因此更多元化. 到了 20 世纪初, 毕加索和勃拉克把多元审美观进一步具体化了, 创建了立体派. 立体派的出现是艺术界的大革命. 有人说他们是受了爱因斯坦在 1905 年提出的相对论的影响, 这个观点很有意思, 不过据我所知现在还没有成定论. 毕加索的这张画是在他所谓的 "蓝色时代" 即立体派出现之前绘制的, 而这张画的创作时间在立体派出现之后. 其中的不同点, 显示出毕加索意识到艺术美的新方向. 毕加索等人的探索, 带来了 20 世纪众多的新尝试. 毕加索是一个天才, 他既有眼光和魄力, 又有技巧, 他关于创新的尝试非常之多. 可是, 他的创新中也有怪异的东西, 不堪入眼, 扭曲了美的含义.

科学追求的是认识世界、理解造化, 并从认识中窥见大美. 我认为, 艺术若是完全朝着背离造化的方向发展, 就会与美渐行渐远.

## 附录 杨振宁答听众问

**提问**: 科学家能否给艺术写一个方程式?

**杨振宁**: 艺术的美是不能用一个方程式捕捉下来的, 但强调这一点并不是说艺术的美跟科学的美没有共同点. "艺术""科学" 这两个概念与同一个字 "美" 相连, 决非偶然. 可是, 非但艺术不能用一个方程式来描述, 科学里的美也不是一个方程式所能概括的, 因为它是很多方程式的总和.

**提问**: 著名的 "钱学森之问" 发人深思. 有人说清华大学 60 年以来没有诞生过像您这样的大师, 对此您怎么看?

**杨振宁**: 科学的发展需要一个过程, 要有一个传统. 西方近现代的科学发展到今天, 我想有三四百年的传统. 中国要想在三四十年里把别人三四百年的传统浓缩起来一蹴而就, 是不可能的事情. 当然, 我不是说中国的科学没有发展前途, 而是说需要时间. 客观地讲, 近些年中国科学的发展不是太慢, 而是非常快. 为什么这么讲呢? 简单地回顾一下历史就能明白我的意思. 我上西南联大的时候, 中国现代意义上的高等教育、科学教育才刚刚开始. 一些于一九一几年、一九二几年出国留学回来的先贤教我这一代人. 我父亲他们那一辈人就是最早的老师. 所以, 可以说是一代或者两代的教育就可以培养出来一个像我这样的人. 我到美国的时候, 我的科研水平已经达到了美国的最前沿. 这种速度, 让人很难想象. 现在第三世界所有的国家都努力发展科技, 不过绝大多数国家没有中国发展得这么快. 原因何在? 应该去讨论讨论. 换个角度说, 不要老是抱怨中国为什么没有发展得那么快, 而是要思考什么样的背景、什么样的文化传统才能够使得中国发展得更快. 中国有这么多人口, 在这么短时间之内, 从第三世界中崛起. 目前中国经济的发展, 快得惊人, 是历史上所没有过的. 现在中国的经济虽然不能说达到了第一世界的水平, 可是毕竟已经达到了很不错的水平. 今天, 世界上没人可以忽视中国. 中国成功的原因何在? 这是非常重要的研究课题, 但还没有得到很深入的研究.

**提问**: 在讲座的最后, 您强调 "如果艺术背离自然造化的话, 就会与美渐行渐远". 您这里说的 "造化" 是不是与上帝的 "造物" 有关? 您如何认识科学和上帝之间的关系?

**杨振宁**: 简单地说, 中国的传统里面没有上帝的观念, 可是中国传统有一个造化的概念. 所以, 中国的造化就是西方的上帝.

**提问**: 假如您当年和钱学森先生一样回到国内, 您觉得您还能获得诺贝尔奖吗?

**杨振宁**: 我是 1945 年在西南联大得了学士、硕士学位以后到美国去的. 事实上, 在 1949 年、1950 年前后, 亦即我在美国做今天所谓的博士后的时候, 就跟我父亲他们那一代的人一样计划学成后回国, 因为当时所有的留学生都觉得这就是前途. 然而, 在 1950 年 6 月, 朝鲜战争爆发. 于是美国总统杜鲁门下令, 在美国得到理工博士学位的中国人不准回国. 大家也许晓得, 钱学森当时就被扣住了. 最后中美两国通过外交途径磋商, 美国同意用几个被中国抓住的美国空军飞行员来交换钱学森.

在我做博士后的后几年, 由于上述原因没能回国的人很多. 有没有回来的呢? 有, 但为数很少, 而且还用了特别的办法. 举个例子, 谢希德, 即后来复旦大学的校长, 就是少数回国者之一. 谢希德在美国得了学位, 先到英国去, 因为美国没有限制中国的博士生到英国去. 而随后她就假道英国回中国了. 但这样的例子极少. 所以, 我没能够回国. 在美国, 我的研究工作做得很好. 所以就有人问了, 先不管这个杜鲁门的法令, 假如你 50 年代初回国, 你还能不能获得你今天的成就? 我的回答也很清楚, 我说我跟李政道得到诺贝尔奖金的工作叫做宇称不守恒, 那是 1957 年得到的. 假如我在 1953 年、1954 年回国的话, 我不可能做出来这个工作, 为什么呢? 因为这个工作与当时国际上前沿的实验有密切的关系, 假如我回国的话, 我得到的科研信息就要比在国外晚了五个月, 甚至一年. 科研前沿的竞争很激烈, 所以宇称不守恒的研究工作我就不可能参与. 我一生最重要的工作不是宇称不守恒, 而是研究规范场理论, 它与宇称不守恒有重要关系. 事实上我在这方面的成就也是学术界公认的. 1954 年, 我跟一个名叫米尔斯的年轻的美国博士后合作写出一篇论述规范场的文章, 那是纯理论研究的结果, 与当时的实验没有直接关系. 当时有了一个问题, 这个问题大家都没注意, 而我注意到了, 所以我就去研究能否有一种理论的结构可以解决当时很多的问题的总和, 结果一下子就给解决了. 我很幸运, 因为与我同时代的人都没向这个方向发展, 而我在这个方向发展了. 我要强调的是, 假如我在 1951 年或 1952 年回国, 我写出这篇文章的可能性比在美国还要大. 为什么呢? 因为我回到中国以后, 跟实验的消息就隔绝了, 所以只能做一些跟实验不大发生关系的研究, 恰巧这个规范场就是一个跟当时的实验没多少关系的研究. 所以, 如果我 1951 年或 1952 年回来后, 很可能看着别人在研究宇称不守恒而自己没法参与, 只能转而求其次, 朝这个方向发展. 在 20 世纪五六十年代, 因为里面有一个没有被解决的问题, 这篇文章当时也就没有被人注意. 可是到了 70 年代, 一直到今天, 这五十多年之中, 这个理论大放光明.

**提问**: 在现在这个信息爆炸的时代, 家长培养孩子的时候怎么兼顾科学和艺术?

**杨振宁**: 科学要发展, 艺术也要发展. 中国美术馆邀请不同学科的人士讲美, 我觉得非常好, 因为这深化了国民对于美术的含义以及它跟人类别的活动之间的关系的理解. 1945 年底, 我从昆明出发, 历时一个多月, 辗转多地, 最后到了纽约. 我们同船的二十几个公费留学生住在同一个旅馆, 以后的一个礼拜, 天天去看博物馆. 先前我们没有见过那么大的博物馆, 比如说大都会博物馆、MOMA 近代艺术博物馆以及历史博物馆. 我记得我到历史博物馆里看见橱窗里陈列着老虎的标本, 非常漂亮.

幸运的是, 中国经济目前发展到了一个较好的阶段, 所以我相信以后中国各个城市一定会有很多更好、更能够对大众发生作用的博物馆出现.

**提问**: 我们生活中有很多美, 包括一草一木的美, 或者一段爱情的美. 在您的生活中有没有具体的美对您的科学研究带来了灵感或者让您受到了启发?

**杨振宁**: 一个人的发展, 与他成长时候的环境, 与他家庭的结构, 与当时的社会结构都有极为密切的关系. 我想多半在座者都比我年轻很多, 都没有经历过我所经历过的安徽合肥的落后状态. 大家都看过《红楼梦》, 那部小说描述的是大家族的兴衰, 也反映出乾隆时代或者是更早时期的社会结构. 巴金的小说《家》所描述的, 是作者成长的时代四川一个有钱家族的生活情形, 该书其实就是作者的自传. 当然, 比起《红楼梦》里所描述的大家族, 巴金的家族要小得多, 但两者的基本结构以及当时社会人际关系的结构没有明显不同. 而在安徽合肥我们杨家, 在一九二几年我出生的时候, 家族规模更小, 可以说是中产阶级最穷的, 但仍是一个大家庭. 我父亲的叔伯兄弟很多, 都聚族而居. 当时, 我的长辈亲戚里抽鸦片烟的非常多, 纳妾的也非常多. 合肥当时没有电, 没有自来水, 所以我们家就有一口井, 喝的水都从里面打上来.

从那样一个社会, 忽然到了今天这个社会, 其变化之大, 我感触很深, 而在座的多数人都很难有感受, 因为你们没有见过中国从前那样落后的情形. 这种感触, 对于我的整个生活以及世界观, 特别是对于个人应该做什么事情, 有决定性的影响. 很多人常常问为什么西南联大能那么成功? 答案很简单, 因为西南联大当时不过一千多名学生, 规模很小, 可是我们所有的人都有救亡的意识, 都觉得国家民族面临生死存亡之关口. 在那样一个困难的时候, 我们还能够坐下来学一些学术上的东西, 非常不容易. 所以, 大家都非常珍惜每一分钟、每一秒钟. 这是西南联大成功的基本原因.

现在, 如果一个家庭问我应该怎么样教育下一代人, 我想说, 最重要的就是要了解到这个小孩成长时的环境. 孩子成长时, 其他人的言行以及孩子吸收的知识, 是决定他将来命运的重要因素. 这是每一个父母必须注意的.

**提问**: 您是 1922 年生人. 以您的年龄, 如何能保持这么健康的状态? 您的思路之清晰, 也让我非常敬仰. 到目前这个年龄, 有没有什么东西始终困扰着您?

**杨振宁**: 一个人年纪大了以后, 不可避免地对于养生之道越来越发生兴趣. 我有没有什么经验可以介绍给大家呢? 没有. 事实上我是一个比较懒得运动的人, 我从未系统地遵循某个所谓的养生方法. 我想, 我 “最占便宜” 之处是我的基因很好. 我的祖父很年轻时就得了糖尿病, 那个时候得糖尿病比今天得癌症还要可怕. 我父亲没有姊妹, 只有一个弟弟, 他们兄弟俩都有糖尿病. 可是我跟我的弟弟妹妹都没有糖尿病, 我最小的妹妹现在也八十几岁了. 显然是母亲给了我们好的基因. 好的基因不是决定健康长寿的唯一因素, 但是至少起到 50%的作用.

**提问**: 50 年或 100 年以后, 随着物理学的发展, 会不会出现 “时空穿越”、人工智能? 人工智能会不会比人更加聪明, 会不会取代人类?

**杨振宁**: “时空穿越” 这一类的东西, 我认为纯粹是科幻, 与实际的科学发展没有关系. 至于说今后 50 年科技发展要出什么成果, 这是所有的科学家都非常注意的事情. 我的看法是, 科技还将突飞猛进, 这是因为全世界都知道科技的发展对于人类的生活有极大的影响, 所以努力发展科技. 这个发展将有多快呢? 我认为其速度不像第二次世界大战以后的头几年那么乐观. 在第二次世界大战的头几年及结束后的几年, 比如说一九四几年的时候, 人类发现了一个新的能源, 就是核能. 后来, 人们知道核能既有非和平用途, 像制造原子弹、氢弹, 也可以有和平的用途, 譬如发电.

那个时候, 世界各国都在恢复经济, 发展科技. 美国在 20 世纪 40 年代末至五六十年代的时候, 科技突飞猛进. 美国的突飞猛进是因为占了一个大便宜, 就是在第二次世界大战的时候, 希特勒把很多犹太人赶出来, 逃到美国的犹太人中包括非常优秀的科学家. 这样一来, 美国的科技一跃而执世界之牛耳. 大家也许知道, 在 20 世纪二三十年代, 美国的年轻人倘若学科学, 就要到欧洲去修博士学位. 欧克 · 汉文就是其中之一, 他出生于 1904 年, 在美国长大, 可是 1928 年、1929 年的时候, 他要到德国去, 因为那个时候美国的科学水平远不能跟欧洲比. 二战爆发以后, 大批优秀的科学家从欧洲跑到美国, 美国一跃变成了执世界科技之牛耳者, 今天依然保持这样的地位.

当然, 美国科技发展得这么成功, 也有其他原因. 不过我们现在不探讨美国的成功之道. 我要讲的, 是在 20 世纪五六十年代, 美国的科学家们不可一世, 觉得科学的作用大得不得了. 我还记得当时有一个新的学科叫 "人工智能", 而且很多大学都设立人工智能系 (专业). 当时的人觉得, 无须等到十年、二十年或三十年, 人们就会知道脑子的结构, 就可以造出比人脑更聪明的东西, "人工智能" 的前景无限光明. 可是, 五十多年以后, 到了今天, 没有人讲这个话了, 为什么呢? 因为五十多年的研究发现, 脑子的结构远比现在科学家所了解的要复杂得多. 结论现在反过来了. 有一种观点认为, 人类永远不能了解人脑的结构. 这一观点似乎悲观, 但我觉得可能是正确的.

**提问**: 科学领域的人想了解艺术, 比艺术领域的人了解科学要容易很多. 很多艺术专业的学生或者艺术工作者, 他们的数学能力好像没有被激发出来. 我们学艺术的人小时候看起来都非常没有数学天赋, 似乎脑子里全是形象思维. 从教育的角度看, 如何激发小孩子的数学潜能?

**杨振宁**: 你所讲的第一部分我当然同意. 一个学科学的人想要去对艺术多了解一点, 是比较容易的. 而一个艺术专业的人想要多学一点科学是比较困难的. 不过, 我想这个还不是他个人的问题, 而是一个社会的问题, 牵涉科普工作. 我早年曾在北平崇德中学学习. 崇德中学在宣武门附近, 那个学校现在还在, 不过已改名为三十一中, 就在绒线胡同. 那所学校当时是教会学校, 条件不是特别好, 但学校里有一个非常小的图书馆, 其实就是一间屋子. 我就不时到那个屋子里翻看, 翻看到一本书. 那本书是一个英国的大物理学家金斯写的, 叫做《神秘的宇宙》, 描述的是 20 世纪头三十年里物理学领域的三大革命, 包括爱因斯坦的相对论. 我看了以后非常神往. 这件事情对我有长远影响, 我一生不会忘记.

这个故事说明了科普工作对社会的作用. 所以我建议那些既有写作才能又对科学有一些认识的人以科普工作作为自己的事业.

**提问**: 70 年代我就听过您的演讲. 当时您还赋诗一首, 其中有“云水风雷变幻急, 物竞天存争朝夕” 的句子. 请您对今天所有在座的朋友们也送一句格言. 谢谢!

**杨振宁**: 根据我自己的经验, 我孩子的发展经验, 以及我所认识的很多同辈人及其孩子的发展经验, 我觉得一个小孩可以有不同的发展方向, 而且不同的发展方向在不同的小孩身上是可能完全不一样的.

对一个小孩, 不管是父母也好, 老师也好, 要鼓励孩子发现自己的兴趣, 要鼓励他培养自己的兴趣, 然后鼓励他将来发展自己的兴趣. 我一些朋友的孩子, 非常聪明, 什么都好, 但这个恰恰要非常注意, 因为这种小孩以后可能成功, 也可能不成功.

讲到这里, 我可以再举一个我自己的例子. 我升入中学以后, 算学就很好. 我父亲是大学算学教授, 所以最容易发生的事情就是他赶忙教我数学. 现在回想起来, 假如我父亲在我初中一二年级的时候就教我微积分、高等分析, 我学得很好, 他一定会很高兴. 可是我父亲很明智, 他不做这个事情. 他的想法是, 我 (杨振宁) 已经发展得很快, 不用着急, 我将来自己会发展的. 我父亲要做的, 是弥补我的不足. 所以我念完初一之后的那个夏天, 我父亲就在清华大学找了一个历史系的高才生教我学《孟子》. 那位先生名叫丁则良, 他很会讲, 后来是很成功的历史学家. 我对这个很有兴趣, 一方面我读了《孟子》, 知道了孟子与儒家的思想; 另一方面《孟子》里有很多故事, 丁老师给我讲了很多我在别的课堂里听不到的故事. 一个暑假过去了, 我没念完《孟子》, 于是第二学年后又念了半个暑假. 两个暑假以后, 我可以把《孟子》从头到尾背下来. 这段经历对我的人生有决定性的影响, 远比我早早地去学一些高等分析、微积分更有用.

然而不幸的是, 目前多半聪明小孩的父母都没有我父亲当年看得远. 这类父母都有一个倾向, 就是尽早把孩子送到学校, 提前学一些高深的课程. 前些年香港许多报纸报道说有一个 15 岁的小孩被浸会大学接收成研究生了, 宣传得非常厉害. 后来我问了浸会大学的人, 他们说确实接收过这么一个孩子, 孩子每天由父亲陪着来上课. 而现在几年过去了, 已经没有人提这个小孩了.

我刚才讲的两个故事, 值得家长和老师思考.

**提问**: 现在世界各国竞争非常激烈, 主要是科学技术的竞争. 有人说文化在科技中的作用是深层次的. 您在中国和外国都有丰富的生活阅历, 您认为中国的文化能够推动中华民族走向复兴吗?

**杨振宁**: 中国文化的竞争力非常大. 刚才我讲过好几次, 中国最近四五十年的发展成就很大, 这么多的人在这么短的时间, 从那么贫苦的状态达到了今天的小康状态, 这是人类历史上未曾有过的成就. 当然, 今天的问题多得不得了, 可是当你看看已经有的成绩, 就会得出较为客观的结论. 其他国家的元首都佩服中国的发展成就, 而且我相信他们未必懂得中国成功的原因. 成功的根本原因何在? 我觉得答案很简单, 一句话, 就是中国的文化使然.

中国文化有它的特殊之处, 中国文化传统产生的影响处处可见. 比如说, 今天中国要大举跟非洲发展关系, 中国跟非洲发展关系就比美国跟非洲发展关系来得容易. 什么缘故呢? 不是因为中国比美国更有钱, 美国当然比中国有钱; 也不是因为美国的科技没有中国的科技好, 美国的科技今天当然还是比中国发达. 可是中国的文化传统所孕育出来的人跟美国人不一样, 所以中国人去了以后, 中国工厂的运营方法是美国人、日本人都做不出来的. 行为模式的差异来自文化传统的差异. 我认为可以用文化传统来解释刚才讲的很难解释的现象, 就是为什么中国能从那么困难的地步发展到今天这个状态. 也正是因为这一点, 我才对未来持很乐观的态度.

(根据速记整理而成)

# 量子化、对称和相位因子
## —— 20 世纪物理学的主旋律*

杨振宁

我很荣幸有机会参加中国科学院成立 50 周年的纪念活动.

近代科学进入中国是 20 世纪初的事情, 头 50 年可以说是一个慢慢的准备时期, 近代科学在中国真正发展起来是近 50 年的事情. 中国科学院所做的贡献是骄人的. 我能够参加这次活动非常高兴. 我今天要跟大家讨论的题目是: 量子化、对称和相位因子 —— 20 世纪物理学的主旋律.

20 世纪在人类的历史上是一个非常特别的世纪, 有很多非常重要的事情在这个世纪发生了. 人类远祖发现了第一种能源 —— 火; 在 20 世纪里, 人类又发现了第二种能源 —— 比火还要强的核能. 在这个世纪里, 人类学会了控制电子的行为, 从而创造出半导体, 引导出计算机, 大大地提升了人类的生产力. 在这个世纪里, 人类还发现了研究极小结构的方法, 从而发现了双螺旋结构, 引导出今天的生物工程技术. 也是在这个世纪里, 人类首次克服了地球的引力, 成功地登上了月球. 这许许多多人类历史上的大事, 之所以

---

* 原载: 路甬祥, 主编. 百年科技回顾与展望. 上海: 上海教育出版社, 2000.

能够发生, 都是因为科学技术发展所引导出来的. 而近代科学的发展, 我们回想起来, 是以物理学的进展, 尤其是以伽利略和牛顿的研究为先锋的.

许多重要的发展毫无疑问是物理学家所引以为傲的. 不过, 如果要问 20 世纪物理学发展的动力是什么? 我们就会得到一个结论: 真正驱使物理学家在 20 世纪里致力于一些革命性发展的, 是对一些基本原理的深入了解. 通过这些深入的了解, 人类对于自然界许许多多的原始现象、原始概念 —— 时间、空间、运动、能量、动量等, 所有这许多人类对于自然界的最基本的认识, 在 20 世纪都有了革命性的、新的了解. 这个, 我想是 20 世纪物理学真正的、最重要的精神. 那么, 今天我想跟大家谈的也就是关于这些认识发展的大概经过.

这些发展是通过了很复杂的, 多方向的理论和实验上的结果所产生的. 可是, 如果我们从一个远距离、从一个宏观的方向来看, 我们会发现, 这许多非常深入的、新的革命性的发展里, 有一些最主要的方向, 这些方向有点像在交响乐里的旋律. 我们知道, 每部交响乐里都有一些主题旋律. 那么, 如果我们把 20 世纪物理学的发展当作一部交响乐的话, 就会发现其中有几项非常重要的、连续不断出现的, 而且是连续不断地有演变与交织的概念, 可以说这些概念也就是 20 世纪物理学的旋律. 今天, 我希望跟大家谈的是三个主要的旋律.

第一个旋律是量子化.

| 量子化 |
|---|
| 1900 普朗克 |
| 1905 爱因斯坦 |
| 1913 玻尔 |

1900 年, 普朗克写了一篇文章, 这篇文章第一次引导出量子化的概念. 这是普朗克在 20 世纪开始时发表在《物理年刊》(Ann. de Physik) 上面的一篇文章, 这篇文章中引导出一个常数, 当时普朗克把它叫做 $h$, 在今天物理学里这是一个非常重要的常数. 大家管它叫做 “普朗克常数”. 普朗克所引进的

这个概念, 是一个非常复杂且非常奥妙的概念, 当时不容易被大家所理解, 包括普朗克自己. 事实上, 如果看普朗克后来所写的文章, 可以发现, 他渐渐地有点觉得自己当初的想法也许太革命了, 觉得也许不太妥当. 可就是普朗克所引进的这个概念, 经过很多新的发展, 尤其是 1905 年爱因斯坦关于光子的概念, 以及 1913 年玻尔所发展出来的原子结构的概念, 对物理学产生了很大的影响. 可是, 这些影响也不是很容易被物理学家所接受和理解的, 就拿普朗克自己来说吧, 他在 1918 年获得诺贝尔奖的时候, 讲了这样一段话: "它(就是普朗克常数) 代表时间与能量的乘积. 根据第一原理计算, 它是 $6.6260755\times10^{-34}\mathrm{J}\cdot\mathrm{s}$, 它描述了最基本的作用量 —— 量子, 对于正确的熵的表达式它完全是必不可少的, 只有通过它的帮助, 作用量的基本尺度才能确定下来. 这证明了把它放在经典物理学的框架下只能是幻想和有限的." 原因是经典力学讨论的东西是连续的, 一个电子绕着原子核做连续的运动, 这个跟量子化的观念是格格不入的, 所以一时不容易理解. 这就是普朗克在他领诺贝尔奖的演讲里所说的两个不能够相容的缘故.

就在那个时代, 物理学发生了极大的紊乱, 这个紊乱一直延续到 20 年代中叶. 那个时候 (那十几年间的) 物理学的发展情形, 我想最好引用奥本海默 1953 年在英国的一次演讲里所描述的:

"那是一个在实验室里耐心工作的时代, 有许多关键性的实验和大胆的决策, 有许多错误的尝试和不成熟的假设. 那是一个真挚通信与匆忙会议的时代, 有许多激烈的辩论和无情的批评, 里面充满了巧妙的数学性的挡驾方法. 对于那些参加者, 那是一个创新的时代, 自宇宙结构的新认识中他们得到了激奋, 也尝到了恐惧. 这段历史恐怕永远不会完全被记录下来, 要写这段历史, 需要有像写《奥德赛》或写《荷马史诗》那样的笔力, 可是由于涉及的知识距离日常生活是如此遥远, 实在很难想象有任何诗人或者史学家能够胜任."

奥本海默用了很美妙的语言描述了那十几年物理学家所面临的困境, 这个困境最后在 1925 年到 1927 年之间, 通过海森伯、薛定谔、狄拉克、尼尔斯 · 玻尔, 还有许多别的人的努力, 才创建了量子力学. 我想量子力学是人类历史上最重要的革命性的发展之一, 以后所有 20 世纪的物理学的发展都可以说是建立在量子力学 (当然还有一些别的重要的) 概念之上的.

第二个旋律是对称.

| 对 称 |
|---|
| 1905 爱因斯坦 |
| 1907 闵可夫斯基 |

对称这个概念其实很早就已经有了, 不管是古代中国的哲学家, 还是古希腊哲学家, 都对这个概念有许许多多不同的想法. 可是对称真正引到物理学上来, 变成物理学的主旋律, 起源于 20 世纪. 第一篇对于对称有重要作用的文章是 1905 年爱因斯坦所写的关于狭义相对论的. 狭义相对论告诉我们, 传统的关于时间和空间的理解是不对的. 从一个 26 岁年轻的、初出茅庐的物理学家的笔下所引导出来的这个概念, 是 20 世纪第一个最重要的革命性的发展. 爱因斯坦自己在文章中没有提到对称这个观念. 事实上, 爱因斯坦当时 (1905 年) 并没有意识到他所讲的狭义相对论与对称有什么密切的关系. 两年以后, 由闵可夫斯基 (Hermann Minkowski) 这位大数学家指出来了, 说爱因斯坦 1905 年的文章可以用对称的概念简化, 从此引进了对称的概念, 把时间与空间可以同等地处理. 闵可夫斯基这个想法, 成了物理学里非常重要的一个旋律. 爱因斯坦最初看见闵可夫斯基的文章, 不太佩服, 他认为闵可夫斯基引进的这个想法好像很深入, 其实并不必要. 不过没过几年, 爱因斯坦因为要研究广义相对论, 才渐渐地理解: 用闵可夫斯基的方法来看狭义相对论, 是一个正确的方向. 所以等到爱因斯坦发展了广义相对论以后, 他的看法完全改变了, 他认为对称是最重要的概念. 这个概念引导出他后半生致力于他所想象的一个方向 —— 统一场论. 关于这一点, 我下面还要讨论.

我要跟大家讨论的第三个旋律是相位因子.

相位因子概念的引入, 可以说是从 1918 年外尔 (H. Weyl) 的一篇文章里引出来的. 外尔是 20 世纪的一位大数学家, 他在数学上有多方面重要的贡献, 他对哲学有非常大的兴趣, 在物理学里也有很重要的贡献. 他在物理学里的贡献是从他的数学与哲学观点出发的, 与一般的物理学家从物理的现象出发是不一样的. 广义相对论发表以后, 爱因斯坦说: 我们现在对引力场有了一个几何的理解, 我们知道另外还有一个场, 这个场是电磁场, 所以应该把电磁场也几何化, 而且把电磁场跟引力场合起来, 变成一个统一的几何化的统一场论. 两年以后 (1918 年), 外尔响应了爱因斯坦这个号召, 写了一篇文章, 引进了一个概念. 这个概念是说: 根据爱因斯坦的广义相对论, 一个向量在时空之间走一个圈, 回到原来的地方, 由于时空不是平面的, 而是曲面的, 那么这个向量用平行移动走了一圈以后回来, 不一定是原来的方向. 这是一个很妙的、几何的和物理的观念. 外尔在 1918 年就想到: 一个向量经过平行移动, 回来了以后, 它的方向可以跟原来的方向不一样. 那么, 为什么它的长度不可以也同样发生改变, 等到它回来的时候, 与原来的长度不一样了? 这是外尔的基本想法. 所以外尔就引进了一个概念, 叫做 "伸缩因子". 他说: 假如你让一把尺子在四维时空里走一圈, 回到原来地方的话, 在走的时候, 就跟平行移动的概念类似, 这把尺子长短随时在变, 等到它回到原来位置的时候, 尺子的长度就可能与原来不一样了, 可能拉长了, 这个拉长的因子, 就叫做伸缩因子 (stretch factor), 那么它的数学表示, 就是这样的一个指数的因子, 这个指数是这个括号里面的. 外尔所讲的这个伸缩因子, 遭到爱因斯坦反对, 爱因斯坦写了一个很短的附注加在外尔这篇文章的后面, 指出假如外尔的想法是对的话, 那么世界不可能有物理学了. 为什么呢? 因为假如你有两把尺子, 它们是一样长的, 你将每一把尺通过不同时空的一圈回到原来的地方, 由于是两个不同的圈, 那么它回来的时候, 每一把尺都有一个伸缩因子, 这两个伸缩因子不一定一样, 那就意味着, 这两把尺回来以后, 就不是一样的长短了. 假如是这样的话, 你就没有方法能够把世界上所有的尺子都变成标准化了, 那岂不是就不可能有物理学了? 这可以说是一个当头棒喝. 这个打击使外尔没有法子能够讲清楚他到底是怎么一个想法. 在那以后, 外尔曾经写过好几篇文章, 不过这些文章你如果今天去看的话, 都是一些哲学性的讨论, 并没能清楚地回答爱因斯坦的疑问.

接下来的一个发展是 1922 年. 那年, 薛定谔写了一篇文章, 题目叫做《量子轨道的一个引人注意的性质》. 薛定谔讲了什么呢? 他用了外尔的这个 "伸缩因子": 如果你把外尔的伸缩因子绕着玻尔 1913 年的轨道来算一下的话 (我们知道玻尔在 1913 年所做出来的量子轨道是有一个量子化, 用了普朗克的 $h$), 那你就发现他这个方括号里的东西是等于这么一个数目, $h$ 是普朗克常数, $\gamma$ 是一个常数, 是外尔本来就有的, 然后得出来一个数目是负 $n, n$ 是一个整数, 换句话说, 这个 $n$ 就是玻尔所引进的整数. 薛定谔说这个很妙, 因为玻尔这个轨道, 上边外尔的这个伸缩因子是一个指数, 而那个指数是一个正整数乘上一个常数, 他说这是一个非常引人注意的性质, 这也就是他的文章叫这个名字的原因.

**相位因子**

1918 外尔 : $\exp\left[-\frac{e}{\gamma}\int A_\mu \mathrm{d}x^\mu\right]$ 伸缩因子

1922 薛定谔: 玻尔轨道上, 方括号 $= -n\left(\frac{h}{\gamma}\right)$

"引人注意的性质"

* * * * *

$\gamma = -\mathrm{i}\hbar \rightarrow$ 伸缩因子 $= 1$

今天看起来, 他这篇文章最有意思的地方, 是他最后很短的一段, 在最后这一段里, 他忽然讲了这么一句话: 假如把这个 $\gamma$ 拿来当它是负的 $\hbar$, $\hbar$ 就是 $h$ 被 $2\pi$ 除, i 是 $-1$ 的平方根. 假如把这个 $\gamma$ 换成这个的话, 那么把它替换到外尔的这个伸缩因子上, 这个伸缩因子就等于 1, 因为有一个 i 在里头, 所以它可以等于 1. 薛定谔讲了这句话以后, 在这一段里他没有再把这个概念发展下去. 这是一个很有意思的事情, 因为薛定谔在 1926 年写了他的革命性的波动力学以后, 从来没有再讲过他 1922 年这篇文章, 事实上 1922 年的文章完全是对的, 与波动力学有密切的关系. 这中间的奥妙, 是到了 60 年代, 才由两位物理学史家找出来. 原来薛定谔在 1922 年就已经把一个 i 引导到伸缩因子里, 这个伸缩因子就变成了一个相位因子. 相位因子跟伸缩因子不一样的地方, 就是伸缩因子是一个实数, 而相位因子是一个复数, 它的绝对值是等于 1 的. 那么这里所说的伸缩因子变成了相位因子. 刚才我讲了, 事实上在 1922 年薛定谔已经有过这个概念, 可是他后来没有把它发展下去, 他把这个事情完全忘掉了, 是在量子力学发展了以后, 经过伦敦 (London) 和福克 (Fock) 指出来, 在经典动力学里, 有 $p-eA$ 这么一个概念, 它把量子力学引进去以后, 这个 $p$ 变成了一个微分, 你如果把它积分一下的话, 那就是把这个 $\mathrm{d}x^\mu$ 乘上去, 你把这个跟外尔的伸缩因子来比一比的话, 就可以看出这两个其实是一回事. 那就是说, 量子力学告诉你, 外尔的伸缩因子 $\gamma$ 应该是 $-\mathrm{i}\hbar$, 这正是 1922 年薛定谔的文章里所讲的一句话. 当然你就要问了: 为什么薛定谔在 1922 年没有把 $\hbar$ 发展下去? 你也会问: 为什么到了 1926 年他写下了波动力学以后, 再没有回到他 1922 年的文章? 这里有比较复杂的原因, 我想今天不能跟大家仔细讨论, 假如大家对这个问题有兴趣, 可以看我的一篇有关薛定谔与 $-1$ 的平方根这个概念之间发展经过的

$$p-eA \rightarrow -\mathrm{i}\hbar\left(\frac{\partial}{\partial x^\mu}-\frac{eA_\mu}{-\mathrm{i}\hbar}\right) \rightarrow \frac{-e}{\mathrm{i}\hbar}\int A_\mu \mathrm{d}x^\mu$$

$$\exp\left[-\frac{e}{\gamma}\int A_\mu \mathrm{d}x^\mu\right] \therefore \gamma=-\mathrm{i}\hbar!!!$$

伸缩因子 → 相位因子

$$\text{相位因子} = \exp\left[+\frac{e}{\mathrm{i}\hbar}\int A_\mu \mathrm{d}x^\mu\right]$$

文章. 在那篇文章中, 我曾经探讨了是什么缘故使薛定谔在 1922 年以后, 不再讨论他自己 1922 年的文章.

刚才我跟大家介绍了, 20 世纪头 30 年在物理学里引进了三个重要的旋律: 一个是量子化, 一个是对称, 一个是相位因子. 这三个旋律在以后 70 年间, 通过很多展开、变奏与交织, 就创建了 20 世纪以后基本物理学里种种不同的发展.

对称渐成主旋律 (1925—1970)

- 群论
- 对称与不变性 (Invariance)
- 宇称不守恒 (1956—1958)

在 1925 年至 1970 年这么长的一段时间中, 对称渐渐变成了物理学里的主旋律. 这个发展的经过, 先是通过 1925 年到以后的很多年间, 把群论引进物理学, 这是第一步. 群论要引到物理学的原因是量子力学发展了以后, 大家对于量子力学所讨论的原子构造做了很多理论的和实验的工作, 通过这些工作, 尤其是讨论到多电子原子的时候, 你就发现用群论可以获得非常有力的新方法. 群论的引进, 最初是在 20 年代后期、30 年代初期, 当时也有许多物理学家不满意, 认为这是不必要的一些数学, 这也就跟刚才我讲的闵可夫斯基的文章发表以后, 爱因斯坦最初不接受闵可夫斯基的看法类似, 他认为闵可夫斯基的看法是不必要的数学方法的一些花招, 没有什么大的道理, 可是如同我刚才讲的, 后来爱因斯坦还是改过来了, 所以到了 1916 年以后, 爱因斯坦反过来认为这种数学概念引到物理学里是必要的, 而且是非常重要的. 同样到了 30 年代中叶, 群论渐渐被所有的物理学家认识到是必须要引到量子力学里来的. 那么, 通过 30 年代的发展, 到 40、50、60 和 70 年代, 群论先应用在原子结构上, 后应用在分子结构、原子核结构、基本粒子结构上, 通过这一系列发展, 群论就跟理论物理学发生了极为密切的关系, 而大家所讨论的从最早的 $SO(3)$ 越变越大, 最后到 $SU(3)$, 甚至更大的群.

另外一个重要的发展, 是通过刚才所讲的这些工作, 把对称跟不变性之间紧密结合. 物理学家渐渐地认识到对称跟不变是极为密切联系在一起的概念, 今天在物理学家讨论的时候, 比如说你可以讲规范对称, 也可以讲规范不变, 这两个概念基本上是一回事, 不过规范对称是一个比较原理性的名词, 而规范不变则是一个比较技术性的名词, 可是这两个其实是一回事. 跟这个有密切关系的, 是 1956 年到 1958 年间发现了宇称不守恒, 通过吴健雄、安布勒, 还有他们在美国国家标准局的合作者的工作, 发现在弱相互作用之下, 左右对称是不完整的. 这一点引起了当时极大的振荡, 因为大家了解到, 原来对称不单是重要, 而且宇宙之间的对称不是百分之百对的, 稍微有一点点缺陷, 这就是不对称, 而这个不对称跟对称两个概念都非常重要. 当时这个发展引导出很多文章, 有人说 20 世纪 20 年代 (量子力学发展的前夕) 那个时候的物理学的空气好像又在 50 年代重现了, 尤其是泡利跟海森伯, 他们是经历过 20 年代物理学量子力学革命性的发展的, 他们两位当时变得非常激动, 他们感觉到通过对称与不对称这些主要概念, 可以重新发生像量子力学一样新的革命, 他们想要做的一件事情是写下一个公式, 他们给它起了个名字, 叫做世界公式, 可以把所有的基本粒子与它们的相互作用一网打尽, 放在里头.

在 70 年代, 海森伯晚年的时候写了一篇自传性的文章, 讲了这么一句话: 50 年代, 宇称不守恒发现以后, 他从来没有看到泡利如此为物理学所激动, 所以他俩在 1957 年至 1958 年间就进行了一些合作, 想要写下这个世界公式. 后来发现他们所走的方向是不对的, 没有引导出真正很重要的结果. 可是对于对称的重要性, 对于对称的热诚, 并没有因为海森伯跟泡利的工作没有成功而减退. 事

世界公式

"我从来没有看到泡利如此为物理学所激动"

- 八重法

实上是到了六七十年代, 更多的关于对称的讨论引到物理学里, 其中最有名的就是盖尔曼 (Gell-Mann) 和尼曼 (Ne'eman) 他们所发展出来的 “八重法” (Eightfold Way). 这个八重法与当时一些物理学实验结果非常吻合, 引起了极大的震动. 在那几十年间, 这些都使得对称变成物理学里的主旋律.

另外一个发展与刚才我所讲的不直接发生关系 (可是从今天看起来是有极为密切的关系和影响的) 的是 40 年代末, 费曼 (Feynman) 所发展出来的路径积分. 费曼引进了这么一个概念, 说是一个传播子 (propagator) 等于一个积分, 这个路径积分是一个指数, 方括号里是 i 被 “$\hbar$” 除, 乘上这个作用量 (action). 现在看起来, 这是一个非常重要的概念, 而且他把刚才我所讲的三个主旋律 —— 量子化、对称与相位因子连在一起. 我为什么这么讲呢? 因为你看它有个 i 在里头, 所以这个当然是一个相位因子, 而这个相位因子的单位是 “$\hbar$”, 所以跟量子化极为密切地发生联系, 至于这个作用量, 等会儿我们再讨论. 这个相位因子后来在物理学的最近 40 年里发生重大影响的原因, 是有所谓规范不变. 这个规范不变的意思就是代表这个作用量通过一个规范变化, 却引起一个使得整个传播子基本上没有变的变化. 这把相位因子跟传播子间的关系描写得很清楚, 而且费曼的这个公式把量子力学跟经典力学里的作用量原理的关系描写得非常清楚. 假如你有一个作用量, 它是稳定的, 那么当然这个积分就变得非常重要, 这就是量子力学与经典力学有很密切关系的缘故. 所以从这点看, 这个公式是非常重要的, 把刚才我所讲的 20 世纪的三个主旋律都放在一起了.

外尔的工作经过我刚才讲过的, 福克跟伦敦把伸缩因子变成相位因子以后, 那整个的东西就叫做规范对称. 规范对称在 1954 年有了一个推广, 这个推广就是把 $p-eA$ 这个经典力学里就有的观念, 写成 $p-eB, A$ 是一个数目, $B$ 是一个矩阵, 所以这是一个很简单的推广. 为什么在 1954 年要做这个推广呢? 有三个道理 (或有三个动机): 第一是因为当时奇异粒子发现多了, 需要有普遍的原理来写下它们之间的相互作用. 那么相互作用在经典电动力学

## 费曼的路径积分

传播子 $= \int \exp[\mathrm{i}(\text{作用量})/\hbar]\mathrm{d}(\text{路径})$

- $\hbar$ 与相位因子之关系
- 规范不变性为什么使规范变化不影响传播子
- 量子力学与经典力学中作用量原理之关系

里, 是怎么样写出来呢? 是 $p - eA$. 那好了, 你现在要想找出一个新的普遍的相互作用原理, 你把它写成 $p - eB$, 而这个 $B$ 要比 $A$ 复杂, 因为它是一个矩阵, 所以这是第一个动机. 第二是电荷守恒与电磁场之间有密切的关系, 能量守恒与引力场有密切的关系. 于是就问, 为什么其他的守恒原理不同样地引起类似的场? 你用这个方法来问的话, 也得到这个概念, 就是你把 $eA$ 写成 $eB$ 以后, 因为这个 $B$ 是比 $A$ 更复杂的观念, 很容易就引导出推广了的规范场. 第三是因为这个守恒原理当时已经知道, 比如说是电荷守恒与电磁场之间的关系, 这个守恒原理与一个总体的相位转变有关系, 这个概念是外尔在 1929 年和泡利在 1933 年都已经发展出来的概念, 可是这个概念跟定域场 (local field) 的概念不融洽. 定域场的意思就是每一点的场是自己独立存在的, 那么总体的相位是要拉着大家一块, 虽然并不冲突, 可是不融洽. 怎样使得它们融洽呢? 就是使得每一点的相位可以随便地改, 从这个立场讲, 你就能引导出这个概念. 可见, 不同的动机最后都达到同一个概念, 那么这个概念就是推广了的规范场. 这个用术语叫做非阿贝尔规范场 (non-Abelian Gauge Field). 这个非阿贝尔规范场在 1954 年提出来了以后, 一时不能够与实验符合, 幸亏当时的《物理学评论》(Physical Review) 的编辑部没有说这篇文章不准发表. 那个时候跟今天不一样, 今天因为这类文章多得不得了, 所以这些重要的杂志的编辑是采取一种很严的态度, 他们不喜欢的文章就不准发表. 假如 1954 年那篇文章拿到今天那个杂志上, 我想这个重要的杂志就不肯发表, 因为他们可以说你这个与实验不直接发生关系, 幸亏 1954 年的时候, 文章比较少, 所以《物理学评论》的编辑一个问题都没问, 就把这篇文章发表出来了. 不能够直接跟实验发生关系, 是什么缘故呢? 因为在实际的世界里, 没有理论上的那个对称, 就是刚才我讲的, 推广了的规范场, 是比普通的规范场还要对称一些, 是非常大的一个对称, 那么这个对称在实际的实验里, 是看不到的, 所以就有一个问题, 为什么实际的物理现象, 没有这个理论的想法这么对称, 虽然这个理论的想法是非常美非常妙的. 这中间经过了相当长的时间, 通过好多工作, 才引进一个叫做对称破缺的概念, 这个对称破缺就是这样讲出来的. 为什么你可以有一个理论上的极端对称的理论, 而产生的实验结果却不那么对称? 这个概念引进了以后, 又通过了 1971 年、1972 年另外一个重要的发展, 非阿贝尔规范场可以重整化. 这个非阿贝尔规范场的数学形式非常美妙, 可是你要把那个公式写出来很复杂, 它虽妙, 可是太复杂. 那么这个复杂的东西就使得它的场论的一个特别的性质重整化, 不容易理解, 所以这

## 规范对称之推广

$$p\text{-}eA \to p\text{-}eB$$

动机:

(1) “奇异粒子” 发现多了, 需要有普遍原理来写下它们之间的相互作用.

(2) 电荷守恒 → 电磁场

能量守恒 → 引力场

为什么别的守恒原理 $\nrightarrow$ 其他场?

(3) 守恒原理与总体的相位转变有关.

此观念与局部场的观念不融洽.

个搞了好几十年, 最后在 1971 年、1972 年的时候, 通过两位荷兰物理学家韦尔特曼 (M. J. G. Veltman) 和霍夫特 (G.'t Hooft) 证明出来, 说这个非阿贝尔规范场是可以重整化的, 他们两位上个月刚刚被宣布将要得到今年的诺贝尔物理学奖. 这篇文章有决定性的影响, 一方面它使得大家对于非阿贝尔规范场增加了很多信心, 而且通过对称破缺与这个重整化, 引导出后来的弱电理论和 QCD 理论, 这些都是最近这 30 年里非常重要的发展. 可是从另外一个立场讲, 更重要的也许是它告诉你, 是什么缘故可以重整化, 换句话来讲, 就是它能够重整化, 是因为它非常对称, 越对称的场论就越容易重整化. 这点已经是在 20 世纪的物理学里, 我们好几次吸取的教训. 这句话到底最后将要变成什么状态, 我们现在还不能完全懂, 不过每一个重大的发展, 都给我们一个教训: 越对称的东西, 就跟自然界的现象越吻合, 这个概念, 所有的理论物理学家今天都吸收了, 而且还在这上面做文章. 比如说现在所讲的超对称, 或者是超引力, 或者是超弦, 这些理论都是它的最基本的精神, 就是我刚才讲的, 要把对称的观念再推广, 使得它更微妙 (subtle), 希望通过这个方向的努力, 能够得出一些新的发展, 解决我们现在还没能解决的问题.

通过我刚才所讲的关于重整化、弱电理论、QCD 理论、对称破缺这一系列发展, 在 1979 年为纪念爱因斯坦诞生 100 周年的一次会议上, 我曾提出过 "对称支配相互作用" (symmetry determines interaction). 今天在基本物理学里, 我们已了解到了由对称来决定世界上所有力的结构, 而这个决定的方式就是规范不变性.

在 70 年代, 另外一个重要的发展是把相位因子跟数学家的纤维丛概念连在一起. 数学家在 40、50、60 年代发展出一个新的几何观念, 叫做纤维丛. 刚才我讲的相位因子这个概念, 由物理学家讲起来, 是从物理学的发展, 从物理学的概念所推出来的. 到 70 年代, 人们渐渐地了解到, 原来非阿贝尔规范场的数学是与纤维丛的数学有密切关系的. 通过这个了解, 拓扑学 —— 20 世纪数学里重要的一支就被引到物理学里, 所以今天你看一个基本理论物理学的文章, 常常引进了很多拓扑学的观念, 而通过这一发展, 今天的数学跟理论物理学重新紧密地结合在一起. 我们知道数学与物理学在牛顿的时候 (即 17 世纪和 18 世纪开始), 就很密切地联系在一起了, 可是到了 19 世纪末 20 世纪初, 两者又分开了, 数学变得越来越抽象化, 越来越公理化. 到了最近这三四十年, 通过刚才讲的这个发展, 这两者又重新结合在一起, 我想这是物理学工作者与数学工作者都非常高兴的一件事情.

- 对称破缺
- 规范场可重整化
- 弱电理论
- QCD

刚才我跟大家所讲的这些, 所讨论的这些主旋律, 跟爱因斯坦的遗志有很密切的关系, 我前半个多钟头曾经讲, 爱因斯坦后半生主要致力于他的统一场论. 统一场论是想要把电磁学与引力场连在一起. 今天通过对非阿贝尔规范场的理解 (他当时没有完全理解的问题, 其中一部分我们现在理解了) 引出了一个新的问题, 就是怎么能够把量子力学与引力场紧密地连在一起, 这还是一个现在没有能够解决的大问题. 爱因斯坦在 1933 年一篇有名的演讲——《理论物理之方法》里讲了几句话: "理论物理之公理基础不能自实际经验提炼出来, 而是要创想出来." 这个话跟他早年 (1905 年至 1912 年之间) 的想法是不一样的, 因为他最初完全是从一个物理学家的眼光出发, 即从实际经验提炼出物理学的原理, 可是到他发现了广义相对论以后, 他 180 度地转变过去, 认为理论物理的公理基础不能从实际经验提炼出来, 而是要创想出来. 我们也可以说, 外尔所想到的这个伸缩因子, 虽然不完全对, 可是关键的一点, 只要加上一个 i 以后就对了, 这就是这句话的一个证明.

在同一个演讲里, 爱因斯坦说: "创想的泉源来自数学. 从某种意义上来讲, 我认为纯思索可以了解世界, 像古人所认为的." 他这句话所讲的意思就是说: 古希腊人认为世界的一切结构是从对称开始的. 他认为这个话是对的, 所以他讲这句话的时候, 已经完全认为 "对称" 是最后理解物理世界结构的最基本的概念. 他还说:

## 爱因斯坦的遗志

《理论物理之方法》(1933年):

"理论物理之公理基础不能自实际经验提炼出来, 而是要创想出来."

"创想的泉源来自数学. 从某一意义上来讲, 我认为纯思索可以了解世界, 像古人所认为的."

- 物理几何化
- 基本相互作用必须是非线性的
- 各种相互作用必须统一起来

物理学必须要几何化; 他又说: 基本相互作用必须是非线性的. 这个 "非阿贝尔规范场" 的结构是很妙的, 可是有很复杂的非线性, 这个刚才我已经提到了. 爱因斯坦还说: 各种相互作用必须统一起来. 所有他讲的这些话, 都是今天 —— 20 世纪末理论物理学的中心思想, 而这些思想都与我开始时所讲的三个主旋律有着密切的关系.

# 20 世纪数学与物理的分与合*

杨振宁

在中国的传统里大家讲“书画同源”, 就是说书法跟绘画是从一个源头来的; 那么我们也可以说, 数学跟物理历史上也是同源的. 比如说微积分, 大家知道是数学里面一个关键性的基本发展, 它是从牛顿在万有引力的研究里面发展出来的. 事实上, 牛顿在研究万有引力定律的时候, 中间发生了一个数学问题, 他为解决这个数学问题, 花了不止十年的功夫. 而解决的方法, 就是后来的微积分.

数学分析 (mathematical analysis) 跟动力学 (dynamics) 也是一起发展的: 在牛顿的工作以后, 数学家跟物理学家要研究行星、研究卫星 (比如说月亮)、研究潮汐规律的时候, 把牛顿所发展的微积分跟万有引力定律再发展出来. 一些大数学家, 像拉普拉斯 (Pierre-Simon Laplace) 和拉格朗日 (Joseph-Louis Lagrange), 发展了数学分析和动力学, 所以这两个学科也是一起成长的.

可是 19 世纪末以来, 数学变得越来越抽象. 1961 年有一个有名的美国数学家, 叫做马歇尔 · 斯通 (Marshall Stone). 我在芝加哥大学做研究生的时候, 他是芝加哥大学数学系的主任, 他把芝加哥

*原载: 环球科学 (《科学美国人》中文版), 2008(10).

大学数学系的地位大大地提高了. 所以现在有人说, 20 世纪 50 年代、60 年代初在芝加哥大学是马歇尔 · 斯通时代. 他在 1961 年发表了一篇半通俗的文章, 其中讲了这么几句话: “自 1900 年起, 数学跟我们对于数学的一些观念, 出现了非常重要的变化 (他所谓出现了非常重要的变化, 就是越来越抽象), 其中最富革命性的发展是原来数学完全不涉及物理世界. 数学与物理世界完全没有关联.” 这确实是当时数学发展的整个趋势. 当时数学发展就是要研究一些数学结构之间互相的、非常美的、非常妙的关系, 这是当时数学思想的主流. 所以在 20 世纪的中叶, 数学跟物理是完全分家了.

这个半世纪以前的情形与今天已经大大地不一样了. 我要谈的, 就是这个分开的关系怎么又合了起来. 要谈这件事情我们要先谈谈麦克斯韦 (James Clerk Maxwell). 麦克斯韦是 19 世纪最伟大的理论物理学家. 他在 19 世纪的中叶写下了有名的 “麦克斯韦方程式”.

他把以前关于电与磁的四个实验定律写成了四个数学方程式:

$$\nabla \cdot \boldsymbol{E} = 4\pi\rho,$$

$$\nabla \cdot \boldsymbol{B} = 0,$$

$$\nabla \times \boldsymbol{E} = -\frac{1}{c}\dot{\boldsymbol{B}},$$

$$\nabla \times \boldsymbol{B} = \frac{4\pi}{c}\boldsymbol{J} + \frac{1}{c}\dot{\boldsymbol{E}}.$$

这些方程式是今天电的时代、无线电时代与网络通信时代的基础. 没有这些方程式, 人类的生活不可能是今天的样子.

1915 年到 1916 年, 爱因斯坦发表了广义相对论, 把引力理论变成一个几何化的理论. 文章发表了以后, 他又写出文章, 说另外还有一种力量, 即电磁力 (electromagnetism), 也必须要几何化.

一两年以后, 有一个德国数学家叫做外尔 (Hermann Weyl), 响应了爱因斯坦这个号召. 外尔是大家公认的 20 世纪最伟大的几个数学家之一, 他的工作领域是纯粹数学, 是非常抽象的. 可是他大胆提出来一个关于电磁学的理论.

我于 1949 年到普林斯顿高等研究院做博士后, 那个时候他是高等研究院的一个教授, 所以我见过他多次. 可是那个时候我和同辈的物理学家们感兴趣的领域, 都跟当时外尔感兴趣的数学没有关系, 所以我们跟他只是在鸡尾酒会上有一些交谈. 在我的记忆之中, 我从来没有和他谈过学术上的问题.

在 1918 年、1919 年的时候, 外尔发表了几篇文章, 他认为他想出来了一个办法能够把电磁学几何化. 他先讨论平行移动, 这是爱因斯坦的几何中的一个重要观念. 平行移动是什么意思呢?

假如我在平面上画一个圈, 从 $A$ 这一点走回来. 在 $A$ 这一点上我画一个向量 (一个箭头), 然后当我走的时候, 尽量使得那个向量平行于自己, 这样走回来, 当然它还是在原来的方向. 可是这只是因为我是在平面上. 假如我是在一个曲面上, 比如说在一个球面上画一个圈, 从一个原点 $A$ 出发, 在那个地方放一个向量, 然后尽量使得这个向量在移动的时候跟自己平行, 那么你可以想象, 转了一圈回来以后, 向量就不一定跟原来的方向一样了. 所以在一个曲面上, 经过平行移动的向量未必回到它原来的方向.

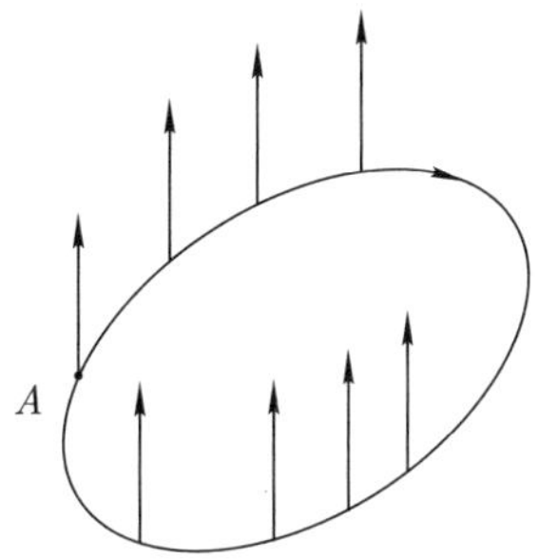


于是外尔问, “Warum nicht auch seine Lange?” (德语: 为什么长度不能也这样?) 假如是这样, “一个向量的长短为什么不可以也改变?” 也就是说, 如果让向量的长短也在移动中连续不断地改, 那么回到原来的 $A$ 点, 既然向量的方向可以不一样了, 为什么它的长短不可以也不一样呢? 这是他的关键想法. 为了贯彻此想法, 他说在下图中, 自 $A$ 到 $B$, 一路上尺的长短都在继续改, 改的因子如下图所示, 他给此因子起了一个很长的名字, 翻译出来应是 “比例因子”. 他说此因子中的 $\varphi_\mu$ 应为电磁势 $eA_\mu$. 然后他说虽然移动一圈回来

有些量改了, 但是仍有一些不改的量, 这些不改的量才是真正的电磁现象, 这样他就给了电磁现象一个几何意义.

$$\exp\int_A^B \varphi_\mu \mathrm{d}x^\mu$$

外尔把他的理论叫做尺度不变 (Masstab Invarianz) 理论. 这个名词后来被翻译成规范不变 (Gauge Invariance). 他把他的文章投到德国普鲁士科学院 (Prussian Academy) 去发表. 普鲁士科学院请爱因斯坦审稿. 爱因斯坦一针见血地指出一个大问题. 他说我在 $A$ 放一样长的两个尺, 一个尺从一个路径走到 $B$, 另外一个尺从另外一个路径走到 $B$, 根据外尔的讲法, 到了 $B$ 的地方, 这两个尺就不一定一样长了. 那么本来是标准尺, 后来哪个算是标准尺呢? 没法做标准尺, 就不能做任何物理实验, 整个物理学就要垮台. 这真是一针见血的批评.

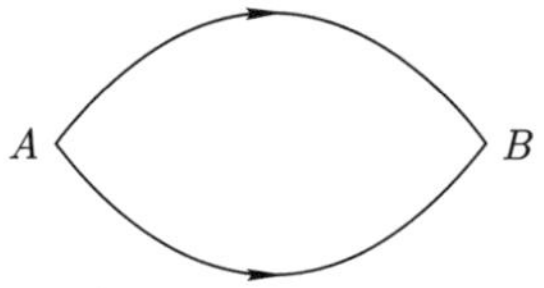


非常幸运的是, 编辑依然把外尔的文章发表了, 后面加了爱因斯坦的后记, 爱因斯坦提出了他的批评. 然后又请外尔写了一个后后记放在最后面. 在这后后记里面外尔是怎么讲的呢? 后后记很短, 只是一段, 说爱因斯坦所讲的意思跟他讲的不一样. 可是他没讲清到底是怎么不一样法. 他以后又写了好多文章, 都是哲学讨论, 没有公式. 显然, 他对于他的想法仍然热衷, 可是他始终不能够响应爱因斯坦的反对.

6 年以后, 量子力学的发展把这个问题解决了. 量子力学跟刚才讲的发展, 本来是没有关系的. 量子力学是人类历史上一个大革命, 发展以后, 发现基本物理里面要用到 $\mathrm{i}=\sqrt{-1}$. 念过高中数学的人, 恐怕还记得这个 i. 它在量子力学以前也出现过, 可是不是基本的, 只是一个工具. 到了量子力学发展以后, 它就不只是个工具, 而是一个基本观念了. 为什么基础物理学必须用这个抽象的数学观念: 虚数 i, 现在没有人能解释. 底下我还要回到这一点上.

量子力学发展于 1925—1926 年. 一两年以后, 弗拉基米尔 · 福克 (Vladimir Fock) 在苏联, 弗里茨 · 伦敦 (Fritz London) 在德国, 分别指出外尔当初那个很长名字的因子中, 得加一个 i 上去.

$$\exp\int\varphi_\mu \mathrm{d}x^\mu \to \exp\int \mathrm{i}\varphi_\mu \mathrm{d}x^\mu.$$

加了一个 i 以后, 本来是一支尺的长短变化, 现在不是长短变化, 而是相位变化, 所以外尔的因子就变成了相位因子. 加了 i 以后, 外尔的想法与电磁学完全符合, 就变成 1929 年以来大家完全同意的理论. 当然有了 i, 规范理论 (Gauge Theory) 其实应该改为新名: 相位理论 (Phase Theory), 规范不变理论也应改为新名: 相位不变理论. 可是因为历史关系, 大家今天都仍然沿用旧名.

长短变化改为相位因子变化以后, 爱因斯坦的反对理由也就不存在了.

1929 年以后, 大家同意以规范理论的观点来看电磁现象是很漂亮的数学观点, 可是并没有引出任何新物理结果.

1946 年至 1948 年我是美国芝加哥大学的研究生, 对外尔的规范不变理论之美妙十分欣赏. 我尝试把它推广, 把电磁势 $A_\mu$ 推广为 $2\times 2$ 的方阵 $B_\mu$. 这个想法引出头几步的计算, 很成功, 可是推广到电磁场 $F_{\mu\nu}$ 时却导出了冗长的丑陋的公式, 使得我不得不把此想法搁置下来.

以后几年, 许多新的基本粒子被发现, 它们之间的相互作用成了热门题目. 我想规范不变性也许是一个普遍的相互作用原则, 所以又回到上面提到的推广外尔的规范不变理论来. 这次遇到了同样的困难, 同样于尝试以后只得再放弃. 如此每一两年重复一次, 却都没有进展.

1953 年至 1954 年我在美国布鲁克海文国家实验室 (Brookhaven

National Laboratory) 访问一年, 和一位年轻的物理学家罗伯特 · 米尔斯 (Robert Mills) 共享一个办公室. 我们一块儿讨论此问题, 当然又遇到了同样的困难. 不过这次我们没有放弃, 而尝试将推广电磁场 $F_{\mu\nu}$ 时的公式稍微修改一下. 这个想法果然灵, 数天以后, 用了下面的公式, 所有冗长的计算都自然化简了, 得到了一个极美的、极简单的理论! 这就是现在被称为 "非阿贝尔规范理论" 的雏形.

$$F_{\mu\nu} = \frac{\partial B_\mu}{\nabla x_\nu} - \frac{\partial B_\nu}{\partial x_\mu} + \mathrm{ie}(B_\mu B_\nu - B_\nu B_\mu).$$

我们的理论于 1954 年发表, 可是它不能被当时关于新粒子的实验结果证实. 要等到十多年以后, 通过好多人的工作, 引进来了另一个新的观念, 叫做 "对称破缺". 把对称破缺跟非阿贝尔规范理论合在一起, 才跟实验对上口. 以后几十年, 上千个实验, 证实这个理论跟实验完全符合. 它今天被称为标准模型, 是基础物理学里面一个重要基石. 今年在瑞士日内瓦即将建成的大加速器 LHC 就是最新的研究标准模型的大设备.

在 70 年代我总结了这一切发展的精神, 说这是 "对称支配相互作用" (Symmetry Dictates Interaction): 因为规范不变其实是一种对称, 一种与圆的对称、晶体的对称、左右对称等观念类似, 但是更深入、更抽象的对称.

1969 年我在美国纽约州立大学石溪分校教书的时候, 教了一个学期广义相对论. 有一天我在黑板上写下了广义相对论中有名的黎曼张量公式. 当时我就想它有点像我所熟悉的上面那个公式. 下课后把二者仔细对比, 最后发现原来二者不只是像, 而是完全相同, 假如把一些数学符号正确地对应起来的话.

$$F_{\mu\nu} = \frac{\partial B_\mu}{\partial x_\nu} - \frac{\partial B_\nu}{\partial x_\mu} + \mathrm{ie}(B_\mu B_\nu - B_\nu B_\mu),$$

$$R^l_{ijk} = \frac{\partial}{\partial x^j}\begin{Bmatrix} l \\ ik \end{Bmatrix} - \frac{\partial}{\partial x^k}\begin{Bmatrix} l \\ ij \end{Bmatrix} + \begin{Bmatrix} m \\ ik \end{Bmatrix}\begin{Bmatrix} l \\ mj \end{Bmatrix} - \begin{Bmatrix} m \\ ij \end{Bmatrix}\begin{Bmatrix} l \\ mk \end{Bmatrix}$$

(上面是规范理论公式, 下面是广义相对论中的黎曼张量公式, 两者完全相同).

这个发现使我震惊: 原来规范理论与广义相对论的数学结构如此相似! 我立刻到楼下数学系去找系主任吉姆 · 赛蒙斯 (Jim Simons). 他是我的好朋友, 可是那以前我们从来没有讨论过数学. 那天他告诉我, 不稀奇, 二者都是不同的 "纤维丛", 那是 20 世纪 40 年代以来数学界的热门新发展!

后来赛蒙斯花了两个多星期的功夫, 给我们几个物理学家讲解纤维丛理论. 学到了纤维丛的数学意义以后, 我们知道它是很广很美的学问, 而电磁学中的许多物理观念原来都有纤维丛的对应观念. 于是 1975 年吴大峻和我合写了一篇文章, 用物理学的语言, 解释电磁学与数学家们的纤维丛理论的关系. 在文章中我们列出了一个表, 是一个 "字典". 表中左边是电磁学 (即规范理论) 名词, 右边是对应的纤维丛名词.

| 规范场术语 | 纤维丛术语 |
|---|---|
| 规范或整体规范 | 主坐标丛 |
| 规范形式 | 主纤维丛 |
| 规范势 | 主纤维丛上的联络 |
| $S$ | 转移函数 |
| 相因子 | 平行移动 |
| 场强 $f$ | 曲率 |
| 源 $J$ | ? |
| 电磁作用 | $U(1)$ 丛上的联络 |
| 同位旋规范场 | $SU(2)$ 丛上的联络 |
| 狄拉克的磁单极量子化 | 按第一陈氏级将 $U(1)$ 丛分类 |
| 无磁单极的电磁作用 | $U(1)$ 平凡丛上的联络 |
| 有磁单极的电磁作用 | $U(1)$ 非平凡丛上的联络 |

字典中左边有一项 "源", 右边没有对应, 因为赛蒙斯说纤维丛理论中没有这个观念. 后来美国麻省理工学院的数学家伊萨多 · 辛格 (Isadore Singer) 来纽约州立大学石溪分校访问, 我和他谈了此事. 他随后去英国牛津大学, 带了吴大峻和我的文章, 与迈克尔 · 阿蒂亚 (Michael Atiyah) 和奈杰尔 · 希钦 (Nigel Hitchin) 写了一篇关于

无 “源” 的文章. 因为他们在数学界的名望, 规范场与纤维丛的密切关系很快即传遍数学界, 从而引起了以后这些年物理与数学重新合作的高潮.

20 世纪 80 年代开始, 赛蒙斯辞了石溪分校的职位, 转而进入华尔街, 成了最成功的对冲基金主持人. 2001 年聂华桐和我请他们夫妇到清华大学访问, 那是他们第一次访问中国. 回去后他们夫妇捐一百多万美元给清华建了一座陈赛蒙斯楼. 陈是陈省身教授 (1911—2004), 是数学大师, 曾和赛蒙斯合写一篇关于陈 - 赛蒙斯不变式的文章, 现在在物理学中极富重要性.

陈省身先生在 20 世纪 30 年代曾是我父亲的学生, 抗战时期在昆明西南联大我又曾是他的学生. 他在纤维丛理论里面曾做过重要的奠基性的工作. 我在 1980 年发表的一篇文章里说 (译自英文):

1975 年, 规范场就是纤维丛上的联络的事实使我非常激动. 我驾车去陈省身在伯克利附近埃塞利托 (El Cerrito) 的家 [1940 年初, 当我是国立西南联大的学生、陈省身是年轻教授的时候, 我听过他的课. 那是在陈省身推广高斯 - 博内定理 (Gauss-Bonnet Theorem) 和 “陈氏级” 的历史性贡献产生之前, 纤维丛在微分几何中还不重要]. 我们谈到朋友们、亲戚、中国. 当我们谈到纤维丛时, 我告诉他我从赛蒙斯那里学到了漂亮的纤维丛理论以及深奥的陈省身 - 韦伊定理 (Chern-Weil Theorem). 我说: “令我惊诧不已的是, 规范场正是纤维丛上的联络, 而数学家是在不涉及物理世界的情况下搞出来的.” 我又说: “这既使我震惊, 也令我迷惑不解, 因为, 你们数学家居然能凭空想出这些概念.” 他立即反对说: “不, 不, 这些概念不是凭空想出来的. 它们是自然而真实的.”

今天没有人会再说 “数学与物理世界完全没有关联” 了. 可是为什么 “自然而真实” 的、与物理世界本来无关的数学观念, 是这样 “对称” , 而且 “支配” 了宇宙间一切基本 “力量”, 恐怕将是永远不解之谜.

# 我的学习与研究经历*

杨振宁

1933 年到 1937 年我在北平崇德中学念了四年书, 从中一到中四. 崇德中学当时有差不多三百个学生, 有一间很小的图书馆, 我常去里面翻阅各种杂志和书籍. 我第一次接触到 20 世纪的物理学就是在那间图书馆内看到了 Jeans 的《神秘的宇宙》中译本 (见图 1). Jeans 把 1905 年的狭义相对论、1915 年的广义相对论和 1925 年的量子力学用通俗的语言描述, 引起了我的浓厚兴趣.

图 1 神秘的宇宙

* 原载: 物理, 2012, 41 (1).

1937 年抗日战争全面爆发, 我随父母经过了漫长与困苦的旅程, 于 1938 年春到了昆明. 那时流离失所的中学生非常多, 所以重庆的教育部准许中学未毕业的学生以同等学历的资格参加大学入学考试 (见图 2), 我就是这样于那年秋天成了西南联合大学 (以下简称联大) 第一届新生.

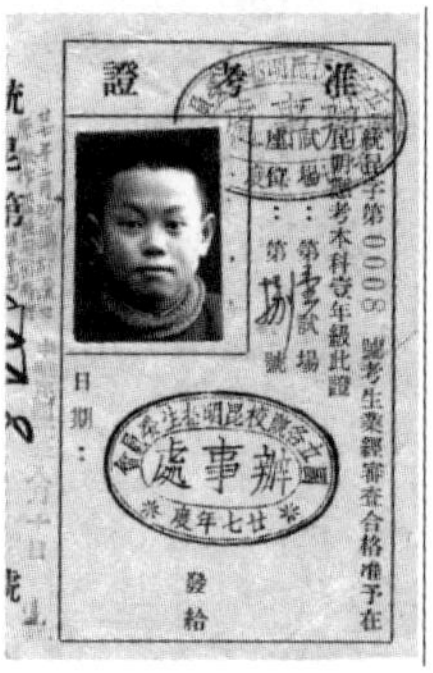


图 2　大学入学考试准考证

我没有学过高中物理学, 为了参加那次入学考试, 借了一本高中物理教科书, 闭门自修了几个星期, 发现原来物理是很适合我研读的学科, 所以在联大我就选择了物理系. 记得非常清楚的是, 那次我在教科书中读到, 圆周运动加速的方向是向心的, 而不是沿着切线方向的. 最初我觉得这与我的直觉感受不同, 仔细考虑了一两天以后才了解, 原来速度**是一个向量**, 它不仅有大小而且是有方向的.

这个故事给了我很大的启发: 每个人在每个时刻都有一些直觉, 这些直觉多半是正确的, 可是也有一些需要修正, 需要加入一些新的观念, 变成新的较正确的直觉. 我从而了解到: **一方面直觉非常重要, 可是另一方面又要能及时吸取新的观念修正自己的直觉**.

1942 年春天, 为了准备写一篇当时联大要求的学士毕业论文, 我去找吴大猷教授 (见图 3), 请他做我的导师. 四十多年以后, 我这样描述吴先生怎样给我出了一个题目 [1]:

(他) 给了我一本 *Reviews of Modern Physics* (《现代物理评论》),

让我去研究其中一篇文章, 看看有什么心得. 这篇文章讨论的是分子光谱学和群论的关系. 我把这篇文章拿回家给父亲看. 他虽不是念物理的, 却很了解群论. 他给了我狄克逊 (Dickson) 所写的一本小书, 叫做 *Modern Algebraic Theories* (《近代代数理论》). 狄克逊是我父亲在芝加哥大学的老师. 这本书写得非常合我的口味. 因为它很精简, 没有废话, 在二十页之间就把群论中"表示理论"非常美妙地完全讲清楚了. 我学到了群论的美妙和它在物理中应用的深入, 对我后来的工作有决定性的影响. 这个领域叫做对称原理. 我对于对称原理发生兴趣其实起源于那年吴先生的引导.

对称原理是我一生主要的研究领域, 占了我研究工作的三分之二.

图 3 吴大猷先生 (1907—2000) 和杨振宁 (1982 年摄于纽约石溪)

1942 年秋天我考进了清华大学研究院的物理系做博士生. (那时考入联大的本科生都是联大的学生, 可是研究生各自算为北京大学、清华大学、南开大学三个学校的学生, 虽然所有课程学习和考试仍然是在一起进行的.) 我的导师是清华大学的王竹溪教授 (见图 4), 他的专长是统计力学, 是他引导我进了统计力学的研究领域. 今天估计起来我一生的研究工作有差不多三分之一是在统计力学里面.

关于我在联大做研究生的经历, 很多年后我作过这样的描述 [2]:

图 4 王竹溪先生 (1911—1983) (1980 年聂华桐摄)

1941 年到 1942 年, 我是昆明西南联合大学物理系四年级的学生. 这个系比较小, 共有约 10 位教员、10 位助教、几位研究生和一些本科生. 本科生每班不到 20 人. 1941 年秋天开学的时候, 一个新的面孔出现了, 那就是黄昆. 当时, 他已经从北京燕京大学获得了物理学士学位, 到联大来做助教. 开学不久, 我们就熟识起来, 开始了我们半个世纪的友谊.

我们所读的课程里, 有两个是吴大猷教授教的经典力学和量子力学. 量子力学是一个革命性的新发展. 在 1925 年到 1927 年间起源于德国、瑞士、英国和丹麦. 吴教授是中国的物理学家中, 在 20 世纪 30 年代到 40 年代训练了最多量子力学学生的教授. 我记得当时许多关于量子力学的讨论都是在吴教授的演讲之后进行的. 通过这些讨论, 我开始认识了黄昆的为人和他学物理的态度.

一年后, 在 1942 年的夏天, 黄昆和我都注册为联大的研究生. 黄昆跟着吴大猷教授做有关天体物理学里原子和分子问题的论文, 我跟王竹溪教授做有关统计力学的论文. 当时研究生的补助金是不够的, 所以我们都在找教学职位来增加我们的收入. 我父亲的朋友徐继祖先生, 是昆华中学的校长, 他安排黄昆、我和张守廉 (另一位物理学研究生) (见图 5) 到昆华中学教书. 三个人分了一个教师的位置, 而学校安排了一座新建筑角落里的一间房间给我们三人住.

图 5 黄昆、张守廉和杨振宁 (1992 年 6 月 1 日摄于北京大学为周培源先生举行的生日会上)

那所中学距离联大差不多三公里. 我们三人白天经常在大学校园里上课、吃饭、去图书馆, 晚上才回到我们的房间睡觉. 因为大学校园内没有供应食水的设施, 所以我们养成了一个习惯: 每天晚饭后, 回到中学以前, 花一两个小时在茶馆里喝茶. 那些茶馆集中于大学附近的三条街上. 通过那些喝茶的时间, 我们真正认识了彼此. 我们讨论和争辩天下一切的一切: 从古代的历史到当代的政治, 从大型宏观的文化模式到最近看的电影里的细节. 从那些辩论中, 我认识到黄昆是一位公平的辩论者, 他没有坑陷他的对手的习惯. 我还记得他有一个趋向, 那就是往往把他的见解推向极端. 很多年后, 回想起那时的情景, 我发现他的这种趋向在他的物理研究中似乎完全不存在.

茶馆的客人们包括各种人物, 有不少学生. 可是大多数的茶客是镇民、马车夫和由远处来的商人们. 大家都高谈阔论, 而我们通常是声音最大的. 有时候, 正当我们激烈地辩论时, 会突然意识到我们的声音太大, 大家都在看着我们 (这种意识并不一定使我们停止辩论). 可是一般来说, 学生们和其他茶客之间并没有不和的气氛.

在茶馆中, 我们曾经目睹一些永远不能忘记的情景和事件: 好几次坐在凤翥街的茶馆里, 我们看见一队一队的士兵押着一些犯人向北方走去, 走向昆明西北郊的小丘陵地带, 那里满布着散乱的野坟. 每一个犯人都背着一块白色的板子, 上面写着他们的名字和罪行. 大多数的罪犯都静静地跟着士兵走, 有少数却喊着一些口号, 像: “二十年后, 又是一条好汉!” 每一次当这种队伍走过时, 茶馆的喧闹声就会突然止息. 然后, 远处预期的枪声响了, 我们都静静地坐着, 等待着士兵们走回来, 走向南方回到城里去.

衬着这种背景, 我们无休止地辩论着物理里面的种种题目. 记得有一次, 我们争论的题目是关于量子力学中 “测量” 的准确意义. 这是哥本哈根 (Copenhagen) 学派的一个重大而微妙的贡献. 那天, 从开始喝茶辩论到晚上回到昆华中学; 关了电灯, 上了床以后, 辩论仍然没有停止.

我现在已经不记得那天晚上争论的确切细节了, 也不记得谁持什么观点. 但我清楚地记得我们三人最后都从床上爬起来, 点亮了蜡烛, 翻看海森伯 (Heisenberg) 的《量子理论的物理原理》来调解我们的辩论.

我们的生活是十分简单的, 喝茶时加一盘花生米已经是一种奢侈的享受. 可是我们并不觉得苦楚: 我们没有更多物质上的追求和欲望. 我们也不觉得颓丧: 我们有着获得知识的满足和快慰. 这种十分简单的生活却影响了我们对物理的认识, 形成了我们对物理工作的爱憎, 从而给我们以后的研究历程奠定了基础, 这是我们当时所没有认识到的.

与黄昆和张守廉的辩论, 以及我自己做教授以后的多年经验, 都告诉我: **和同学讨论是极好的真正学习的机会**.

张守廉后来改念电机与控制论, 在美国得到博士学位, 现在还健在, 是纽约州立大学石溪分校退休教授. 黄昆后来在英国得到博士学位, 在固体物理方面有重要贡献. 他于 20 世纪 50 年代初回国, 引进半导体物理学到国内, 开启了中国的半导体研究. 他于 2001 年获中国最高科技奖, 于 2005 年去世.

1945 年抗战结束后, 我乘很小的 DC3 飞机飞到加尔各答. 等了几个月的船位, 于那年 10 月乘船经过红海、苏伊士运河和地中海, 于 11 月 24 日到达纽约. 1946 年初我注册成为芝加哥大学物理系的博士生, 去芝加哥的主要原因是我想跟恩里科 · 费米 (Enrico Fermi, 1901—1954, 见图 6) 写一篇实验方面的博士论文.

2001 年是费米诞辰 100 周年, 在芝加哥和罗马都举办纪念他的学术会议. 我在会议上宣读的文章里有这样一段 [3]:

图 6 恩里科 · 费米 (摄于 20 世纪 40 年代)

恩里科 · 费米是 20 世纪所有伟大的物理学家中最受尊敬和崇拜者之一. 他之所以受尊敬和崇拜, 是因为他在理论物理和实验物理两方面的贡献, 是因为在他领导下的工作为人类发现了强大的新能源, 而更重要的是因为他的个性: 他永远可靠和可信任; 他永远脚踏实地. 他的能力极强, 却不滥用影响, 也不哗众取宠, 或巧语贬人. 我一直认为他是一个标准的儒家君子.

当时芝加哥大学的物理系是全世界数一数二的. 除费米以外, 另外一位重要的理论物理教授是特勒 (Edward Teller, 1908—2003, 见图 7), 在物理与化学领域做过重要的工作, 是天才型的物理学家. 后来在 20 世纪 50 年代, 他发现了制造氢弹的方法, 一跃而成世界名人.

我本来想跟费米做实验物理学的研究, 可是那个时候他的实验室在阿贡 (Argonne), 当时是保密的, 我不能进入. 所以费米推荐我先跟特勒做理论工作.

1946 年上半年, 我是特勒的研究生. 记得他给我的第一个研究题目是关于 Be 与 BeO 的 K-电子湮没的概率问题. 他建议我用

图 7 爱德华 · 特勒与杨振宁 (摄于 1982 年)

Thomas-Fermi-Dirac 与 Wigner-Seitz 的近似方法做计算. 几个星期以后, 我给他看我的计算结果, 他很高兴地安排我做一个报告, 那是我在美国第一次做学术报告. 记得那天在座的十几个人中有好几位重量级人物, 如费米、特勒、尤里 (Harold Clayton Urey) 和迈耶夫妇 (Mayer) 等. 报告以后大家的反应都非常好, 特勒要我把此计算写成一篇文章. 于是我花了一星期来做此工作, 可是写来写去始终觉得不能完全掌握我的计算的可靠性, 因为其中用了好几种不同的近似方法, 所以写不下去了. 特勒倒也不在意, 给了我另外一个关于核物理的题目.

特勒当时有六七个研究生, 我们每周一次或两次聚在一起和他讨论, 也常常和他共进午餐. 特勒的新见解非常之多, 对于当时的核物理学、凝聚态物理学、宇宙射线问题等都非常有兴趣. 可是我渐渐发现, 他的研究方法与我所喜欢的研究方法不一样. 所以我虽然继续参加他的讨论会, 可是开始自己找理论题目.

1946 年秋天, 费米介绍我去做艾里逊 (Allison) 教授的研究生, 他是核试验物理学家, 当时正在建造一台 400 千伏的 Cockroft-Walton 加速器. 他的实验室里有五六个研究生, 我就成为其中一员, 虽然我仍然继续参加特勒的讨论会.

当时我在芝加哥大学的物理系是非常有名的研究生, 因为我在联大所学到的基本理论物理知识已达到了当时最前沿的标准, 可是我的动手能力非常蹩脚. 同学们很佩服我的理论知识, 常常要我帮他们解决理论习题, 可是大家一致笑我在实验室里笨手笨脚. “Where there is Bang, there is Yang!”

1947 年对我来说是不快活的一年. 那时黄昆在英国做研究生, 我给他的信中就曾用 “disillusioned” (幻想破灭) 来描述我当时的心情. 为什么呢? 因为一方面我虽然努力, 可是没有做实验的天分, 而理论方面呢, 自己找的几个题目都没有成果.

**博士生为找题目感到沮丧是极普遍的现象.**

回想起来, 那一年我自己找的理论题目包括下面四项: (1) 1944 年昂萨格 (Onsager) 的关于伊辛 (Ising) 模型的文章; (2) 1931 年贝特 (Bethe) 的关于 Spin Wave 的文章; (3) 1941 年泡利 (Pauli) 的关于场论的综合报告; (4) 1943 年以后, 许多关于角分布的文章. 这四个题目中前两个是统计力学里面的问题, 我对它们感兴趣是受了王竹溪先生的影响. 后两个题目与对称性密切相关, 我对它们感兴趣是受了吴大猷先生的影响.

在这四个题目中, 前三个当时芝加哥大学没有别人感兴趣, 我自己一个人在图书馆中研读, 求了解, 求发展. 每一项都花了几个星期的努力, 都以无成果而告终. 只有第四项是特勒极感兴趣的研究. 当时这方面的理论论文很多, 可是都不够严谨. 我花了几个星期用群论分析 “物理规律旋转不变” (Invariance of Physical Laws under Space Rotation) 的意义, 得出了几个漂亮的定理, 写成一篇短文. 特勒很喜欢这篇文稿. 恰巧在 1948 年春天, 全系师生都知道杨振宁在艾里逊实验室的工作不成功. 于是特勒主动来找我 [4]:

有一天, 特勒来找我. 他问, 你做的实验是不是不大成功? 我说, 是的. 他说: “你不必坚持一定写出一篇实验论文. 你已写了理论论文, 那么就用一篇理论论文来作毕业论文吧. 我可以做你的导师.” 我听了这话很失望, 因为我确实是一心一意想写一篇实验论文的. 我说需要想一想. 想了两天, 我决定接受他的建议. 作了这个决定以后, 我如释重负. 这是我今天不是一个实验物理学家的原因. 有的朋友说这恐怕是实验物理学的幸运.

那么我的一年多的实验经历是否白费了呢? 不是, 绝不是: 我从中了解到, 实验工作者的价值观与理论工作者不同, 这一点影响了我以后的许多工作, 最显著的是 1956 年的宇称可能不守恒的文章与 1964 年的 CP 不守恒的唯像分析 [5] (phenomenological analysis).

我的博士论文是我进入对称与不变性 (invariance) 领域的第一篇文章. 紧接着又发表了我在此领域中第二篇文章, 是关于 $\pi^0$ 的自旋的工作, 其中仔细分析了场论中不变性的群论表示. 这两篇文章使我一跃而成为用群论与场论分析对称的专家. 那时此领域才刚刚开始, 能在那时进入此领域是极幸运的.

**最好在领域开始时进入一个新领域.**

1948 年夏我得到博士学位以后, 芝加哥大学留我做教员 (Instructor). 我那时想学习重整化理论, 而当时在芝加哥, 费米、特勒和文策 (Wentzel) 三位教授都不研究此理论, 所以一年以后我就申请去普林斯顿的 IAS (Institute for Advanced Study). 费米说去 IAS 很好, 但那里的工作太理论化, 像中古的修道院, 要我只去一年, 就回到芝加哥. 我当然很同意他的劝告, 可是 [5] 后来因为找女朋友的压力, 我没有回芝加哥, 结果在 IAS 共待了十七年 (1949—1966).

在这十七年间, 我在芝加哥自己找的四个题目都开花结果了. 其中第一项, 伊辛模型, 我是在偶然的机会找到了突破口 [7]:

1949 年 11 月初的一天, 在往返于普林斯顿大学对面的巴尔麦广场与研究所之间的街车 (2011 年注: 应为面包车) 上, 路丁格 (Luttinger) 偶尔和我谈及伊辛模型. 路丁格说, 考夫曼 (Bruria Kaufman) 已经把昂萨格的方法简化, 因而他的解可以通过 $2n$ 个一系列反对易厄米矩阵而搞清楚. 我对这种表象了解得很多, 因而很容易就掌握了昂萨格 – 考夫曼方法的要点. 一回到研究所, 我就推导出昂萨格 – 考夫曼解法的基本步骤, 并为终于理解了昂萨格的解法而高兴.

............

我感到, 利用隐藏在昂萨格 – 考夫曼方法中的其他信息, 便能把这个矩阵元计算出来.

............

经过大约 6 个月断断续续的努力, 终于, 所有的片断突然融合在一起, 产生了奇迹般的各项相消的情形.

我眼睁睁地盯着出奇简单的最后结果.

为什么我能够 “**很容易**就掌握了昂萨格 – 考夫曼方法的要点” 呢? 一方面我对 “反对易厄米矩阵的表象” 在昆明研读狄拉克 (Dirac) 方程时就有了**透彻**的了解, 而更重要的是我在芝加哥大学曾花了数星期去研究昂萨格的 1944 年的文章, 虽然当时没有出成果, 但是对其中的主要难懂的地方为什么难懂有了深入的认识, 所以听到路丁格的几句话就**很容易**地完全了解昂萨格解的真正精神.

这个经过可以浓缩为: 王竹溪先生使我对统计力学发生兴趣. 芝加哥时候的努力不成功, 可是做了必要的准备工作. 最后吸收了新方法, 就开花结果了. 这个过程: **兴趣→准备工作→突破口**, 我认为是多半研究工作必经的三部曲.

在上述过程中, 最后的突破口, 是由新的外来的启示引导出来的 (路丁格的几句话). 可是在多半的情形下, 启示是自己 “顿悟” 出来的: 在准备工作后, 脑子里面下意识仍在寻找新的观念组合, 最后突然找到了正确的组合, 就顿悟了. 庞加莱 (Poincaré) [8] 曾把此顿悟叫做 sudden inspiration, 他说是 unconscious work 的结果.

我在芝加哥找的第三个题目是关于泡利的有名的综合报告中电磁学之规范不变性 (Gauge invariance). 这是外尔 (Weyl, 见图 8) 于 1918—1929 年间发现的. 我对此很妙的不变性非常感兴趣, 想把它推广. (为什么当时与我同时代的研究生们没有这么想呢? 我猜是因为我对群论与不变性特别有兴趣, 而他们多半对此没有什么兴趣.)

我把电磁学中的重要公式

$$F_{\mu\nu} = A_{\mu,\nu} - A_{\nu,\mu} \tag{1}$$

图 8　外尔 (Hermann Weyl, 1885—1955)

推广为

$$F_{\mu\nu} = B_{\mu,\nu} - B_{\nu,\mu}, \tag{2}$$

其中 $B_\mu$ 是一个 $2\times 2$ 的矩阵, 不像 $A_\mu$ 只是一个简单的 $1\times 1$ 的矩阵. 这个很自然的推广, 却引导出越来越复杂的计算, 所以最后只好放弃, 那是 1947 年. 那时我的目的是想把当时新发现的许多粒子, 如 $\Lambda$, K 等用推广了的规范不变性来创建它们之间的相互作用. 那时的几页杂记 V5 到 V6a 现在复印于图 9.

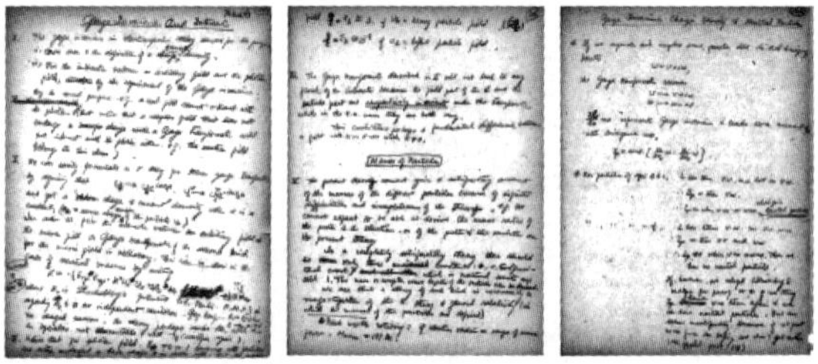

图 9　1947 年的几页杂记

以后的几年新发现的粒子越来越多, 所以我数次回到这项尝试, 每次都因同一原因: 越算公式越复杂, "越丑陋", 而作罢. 1953—1954 年, 我到 BNL (Brookhaven National Laboratory) 去访问一年, 同办公室有两位年轻人, 一位叫米尔斯 (Robert Mills, 1927—1999, 见图 10), 是 Norman Kroll (1922—2004) 的学生, 那时即将获得博士学位. 另外一位是实验物理研究生 Burton Richter (1931—), 后来于

1976 年与丁肇中同时获得诺贝尔奖.

图 10 米尔斯和杨振宁 (1999 年 5 月 22 日摄于石溪)

我很自然地就和米尔斯谈到了关于推广规范不变性的不成功的尝试. 有一天, 我们说 (2) 式虽然很自然, 但是也许应修改为

$$F_{\mu\nu} = B_{\mu,\nu} - B_{\nu,\mu} + (B_\mu \text{ 与 } B_\nu \text{ 的多项式}). \qquad (3)$$

当时决定先尝试二次的多项式, 如果不行, 就尝试三次的, 等等. 幸运地, 很快我们就发现如果把 (2) 式加上极简单的二次多项式, 即

$$F_{\mu\nu} = B_{\mu,\nu} - B_{\nu,\mu} + B_\mu B_\nu - B_\nu B_\mu, \qquad (4)$$

以后的计算就**越算越简单**. 我们知道我们挖到宝贝了!

有了这项突破, 我们循着麦克斯韦 (Maxwell, 1831—1879) 理论的发展方法, 很快就写下了很漂亮的规范场方程式. 可是新问题出现了: 这些方程式似乎显示要有带电荷而质量为零的粒子, 这是没有见过的粒子, 也是理论上讲不通的. 这个问题给我们带来了大半年的复杂而未能解决问题的计算, 中间还有一段泡利为难我的故事 [9]. 最后我们决定虽然此问题没有解决, 但整个想法太漂亮, 应该发表, 于 1954 年 6 月写了一篇文章寄给 *Physical Review*, 幸而立刻被接受了, 于 10 月初发表.

这篇文章是我一生最重要的工作. 虽然未竟全功, 但是决定当时发表是极正确的. 我从而认识到: **物理中的难题, 往往不能求一举完全解决**.

关于质量为零的粒子问题, 后来于 1970 年前后引进了对称破缺的观念而发展成极成功的标准模型. 我当时不喜欢在基础物理理论中引进对称破缺 [10], 所以失去了在这方面做贡献的机会.

关于米尔斯和我的合作, 五十多年以后, CCTV 的王志先生于 2005 年 1 月 26 日在电视访问中曾问过我, 为什么我的很多工作都是跟人合作的. 我的回答是 [11]:

合作有很多的好处, 因为你知道在讨论一个问题时, 有时候, 你的想法都走不通了, 那个时候假如另外有一个人跟你讨论讨论, 问你几个问题, 或者想出来一个新的方向, 于是你就又起劲了, 这是很重要的一个研究的途径.

所以我认为: **和别人讨论往往是十分有用的研究方法.**

1954—1956 年间, 新实验发现了更多新粒子, 而奇怪的是其中两个粒子, $\theta$ 与 $\tau$ 的性质: 它们衰变成不同数目的 $\pi$:

$$\theta \to \pi + \pi,$$

$$\tau \to \pi + \pi + \pi.$$

越来越多与越来越准确的实验, 都显示二者其实是一个粒子, 只是有两种不同的衰变. 这本来没有什么稀奇, 可是物理学中有一项 "宇称守恒" 定律, 是金科玉律. 根据此定律, 两个 $\pi$ 的 "宇称" 是 +1, 而三个 $\pi$ 的 "宇称" 是 –1. 如果 $\theta$ 与 $\pi$ 是同一粒子, 那么它既能衰变成 +1 的宇称, 又能衰变成 –1 的宇称, 宇称就不守恒了, 这是绝对不可能的!

这个问题当时叫 $\theta$-$\tau$ 谜, 是 1954—1956 年间基本物理学中最困扰人们的问题. 后来在 1957 年的一篇文章中 [12] 我说:

那时物理学家们的处境曾被描述为一个被关在黑屋子中的人. 他知道在某个方向一定有一个门可以走出去, 但是这个门在哪个方向呢?

1956 年夏天, 李政道和我 (见图 11) 为了找这个门, 在**仔细检验**过去五类所谓证明弱相互作用中宇称守恒的实验后, 发现原来它们都**并没有证明**宇称守恒: 它们都不够复杂. 我们也从而指出几类够复杂的实验可以检测**宇称在弱相互作用中 [13] 究竟是否守恒**.

图 11 李政道和杨振宁 (1957 年摄于普林斯顿高等研究所)

那年 6 月我们把这些结果写成预印本, 寄给 *Physical Review*, 也寄了很多份给同行们. 很快就收到, 与听到, 一致的回应: **宇称绝对不会不守恒**, 杨 – 李所建议的实验都是浪费时间与资源! 只有吴健雄 (1912—1997, 见图 12) 独具慧眼, 她虽然受了泡利的影响也不相信宇称会不守恒, 可是她认为既然过去在 $\beta$-衰变中并没有证明宇称是否守恒, 那么现在就应该用实验去测试这个基本定律.

经过六个月的努力, 她于 1957 年初宣布: 在弱相互作用中**宇称并不守恒**, 而且是极度不守恒. 这项结果影响了物理学里的多个领域: 粒子物理、核物理、原子与分子物理, 所以**震惊了整个物理学界**. 至于为什么物理世界既有极准确的左右对称 (宇称守恒), 又有微小的左右不对称 (宇称不守恒), 至今仍是一个未解之谜.

吴健雄的巨大成功给她的启示是 [14]:

**永远不要把所谓 "不验自明" 的定律视为是必然的**.

宇称不守恒给了物理学界, 尤其是海森伯 (1901—1976) 与泡利 (1900—1958) 那一代人, 极大的震撼. 他们似乎觉得整个物理学基础都动摇了. 1957 年 1 月 15 日哥伦比亚大学召开记者会, 宣布吴健雄的结果. 次日《纽约时报》头版登载此消息, 说 Rabi (1898—1988) 在会上说:

"可以说一个完整的理论体系从基础上被打碎了, 我们不知道

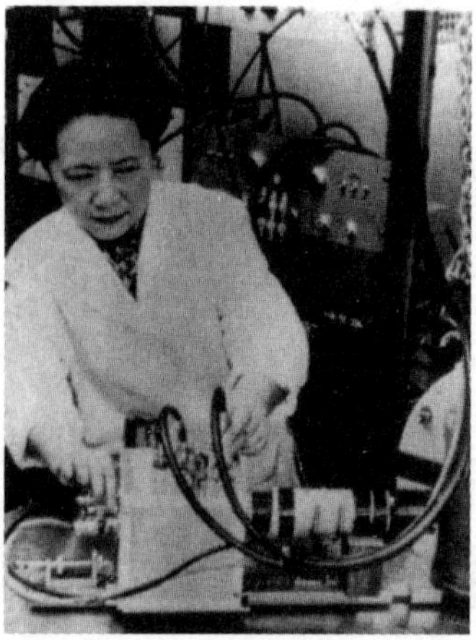

图 12　吴健雄 (1912—1997)

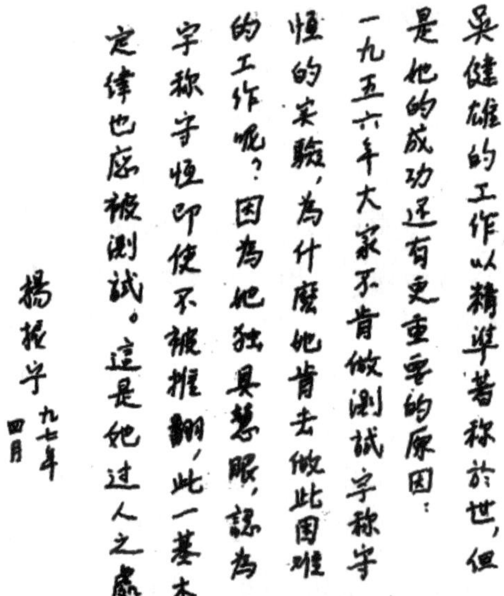

吴健雄的工作以精準著称於世，但
是她的成功还有更重要的原因：
一九五六年大家不肯做测试宇称守
恒的实验，為什麼她肯去做此困难
的工作呢？因為她独具慧眼，認為
宇称守恒即使不被推翻，此一基本
定律也应被测试。這是她过人之處。
楊振宁 九七年四月

图 13　吴健雄去世后我写的一段话

如何把碎片重新拼起来."

受了宇称不守恒的震撼, 海森伯和泡利重新合作, 于 1957—1958 年间尝试解决当时物理学中几个极基本的问题, 如精细结构常数 $\alpha \sim 1/137$ 等. 这段不成功的合作的奇怪历史我曾在 [15] 1986 年一个演讲中作过描述. 显然他们二位认为基本物理原理又动摇了, 又回到了 1924—1925 年前后的极端紊乱状态, 又需要大胆的新的理论框架, 又需要大胆的新的猜测. 他们二人这一年多的合作研究的态度与方法, 和我这一代物理学家所熟悉的完全不同. 我认为科学史家从他们这次合作细节中, 也许能够窥测到 1924—1925 年间, 他们创建不相容原理 (Exclusion Principle), 与创建矩阵力学时的心理状态. 这项研究历史细节的工作我以为极值得做, 但是至今还没有人做过.

1961 年夏天, 我到斯坦福大学访问, 恰巧 Fairbank 和 Deaver 在做超导圈中磁通量量子化的实验. 这个实验把我引入超导领域, 后来从而发展出 ODLRO 观念. 1963 年开始, 为了寻找确有 ODLRO 的数学模型, 我和吴大峻、杨振平做了许多计算, 又回到我在芝加哥时研究过的第二个题目: 贝特的 1931 年的文章. 可是这一次我们是从扩大了的角度研究贝特的问题, 所以自然地引入了延拓 (continuation) 的观念. 用此观念, 贝特的复杂的方程式就受到控制了, 就可以向许多方向发展了. 1966—1969 年间, 杨振平和我利用此观念, 写了好几篇颇有分量的文章. 事后分析一下, 这次经过仍然是上文所提到的

**兴趣→准备工作→突破口**

模式, 可是 “准备工作” 与 “发展” 之间有了外来的新因素: 从扩大了的角度研究贝特的方程式. 所以, **把问题扩大往往会引导出好的新发展方向**.

事实上, 1954 年米尔斯和我所做的工作, 把电磁学的规范不变观念扩大到非阿贝尔规范不变, 就是扩大问题的另一个实例.

1966 年我离开普林斯顿, 接受纽约州立大学 (SUNY) 新创建的石溪 (Stony Brook) 分校的聘任. 在石溪我开始与研究生接触. 我自己很少收研究生, 一生只指导过大约十个博士生. 不过我影响了好几位不是我指导的石溪博士生. 他们本来都想搞理论高能物理, 我告诉他们理论高能物理在 50 年代到 70 年代虽有辉煌的成就, 但是到了 70 年代末一个年轻人就很难搞进去. 而且进入 80 年代, 因为大加速器太昂贵, 有识者认为前途堪忧. 但是年轻人不了解这一

点, 以致全世界聪明的研究生进入这一行的特别多, 造成僧多粥少的现象.

受了我的影响, 好几位石溪博士生与博士后改入了别的领域, 例如加速器原理和生物物理, 今天十分成功, 他们都很感激我早年给他们的劝告. 这个经验所给的启发是:

**一个研究生最好不要进入僧多粥少的领域.**

图 14　范曾于 2004 年所作大画

上面讲到了好多项我个人多年来得到的启发与感受:

(1) 一方面直觉非常重要, 可是另一方面又要及时吸取新的观念修正自己的直觉.

(2) 和同学讨论是极好的真正学习的机会.

(3) 博士生为找题目感到沮丧是极普遍的现象.

(4) 最好在领域开始时进入一个新领域.

(5) 兴趣→准备工作→突破口.

(6) 物理中的难题, 往往不能求一举完全解决.

(7) 和别人讨论往往是十分有用的研究方法.

(8) 永远不要把所谓 “不验自明” 的定律视为是必然的.

(9) 把问题扩大往往会引导出好的新发展方向.

(10) 一个研究生最好不要进入僧多粥少的领域.

其中我觉得特别值得注意的是: **兴趣→准备工作→突破口**. 下面我对此项从兴趣到准备工作到突破口的三部曲做两点补充:

(1) 我父亲是研究数学的, 我小时候他很自然地给我讲了一些

“鸡兔同笼”、“韩信点兵” 等四则问题. 我学得很快, 他很高兴. 很多年以后在美国, 我有三个孩子, 他们小时候我也给他们讲 “鸡兔同笼”、“韩信点兵” 等问题, 他们也都学得很快, 我也很高兴. 可是我与他们有一个区别: 我父亲给我讲四则问题之后, 过了一年他再问我, 我都记得很清楚; 我的孩子们, 我一年后再问他们, 他们已把四则问题忘得精光. 结论: 外来的信息如果能够融入个人脑子里, 就可能会 “情有独钟”, 有继续发展的可能, 像是一粒小种子, 若再有好土壤、阳光和水, 就可能发展成一种偏好 (taste), 可以使这个人喜欢去钻研某类问题, 喜欢向那些方向去做 “准备工作”, 如果再幸运的话, 也就可能发展出一个突破口, 而最后开花结果.

(2) 诗人、画家范曾于 2004 年作了一张大画 (见图 14) 送给南开大学陈省身数学研究所. 画上他题了一首诗, 其最后七个字是锤炼出来的美丽诗句: *真情妙悟铸文章*. 范曾从来没有和陈先生、也没有和我, 谈起科学创作的过程. 他的诗句似乎表明艺术家的创作过程也和科学家一样遵循同样的三部曲吧.

## 参考文献


[1] 杨振宁. 读书教学四十年. 香港三联书店, 1985, 114.

[2] 张奠宙. 杨振宁文集. 华东师范大学出版社, 1998, 705.

[3] 杨振宁. 曙光集. 三联书店, 2008, 311–312.

[4] 杨振宁. 读书教学四十年. 香港三联书店, 1985, 118.

[5] Cronin. 1992 年演讲 C. N. Yang and CP Violation. 见 Chen Ning Yang, A Great Physicist of the Twentieth Century, Ed. by C. S. Liu and S. T. Yau, International Press, 1995.

[6] 杨振宁. 读书教学四十年. 香港三联书店, 1985, 120.

[7] 张奠宙. 杨振宁文集. 华东师范大学出版社, 1998, 21.

[8] Poincaré H. Science and Method. Dover, 1952, 56.

[9] Yang C N. Selected Papers 1945—1980 with Commentary. World Scientific Publishing Corporation, 1994, 20.

[10] Yang C N. Selected Papers 1945—1980 With Commentary. World Scientific Publishing Corporation, 1994, 67.

[11] 杨振宁. 曙光集. 三联书店, 2008. 364–365.

[12] Yang C N. Selected Papers 1945—1980 with Commentary. World Scientific Publishing Corporation, 1994, 241.

[13] 弱相互作用包括 $\theta$、$\tau$、$\beta$ 等衰变.

[14] 江才健. 吴健雄. 复旦大学出版社, 1997, 193.

[15] 杨振宁. 物理, 1986, 15(11): 690; 张奠宙. 杨振宁文集. 华东师范大学出版社, 1998, 530.

# 统计力学和多体问题的研究体验*

杨振宁

---

我今天想和大家谈的, 是有关我个人在统计力学和多体问题研究方面多年来的经验. 今天在座的有许多青年人, 也许他们对这些经验会感兴趣.

我在统计力学和多体问题方面的兴趣起源于我在西南联大读书期间跟王竹溪先生学习的时候, 大概讲起来是这样的, 1942 年我进入昆明西南联大研究院, 那时在研究院念两年就可以得到硕士学位. 为获得硕士学位, 需要写一篇论文, 我为此去找王竹溪先生. 那时王先生从英国念完博士学位回国, 他曾是福勒 (Fowler) 的学生. 他所研究的课题是相变问题, 所以很自然地他把我引到相变问题这个研究方向上来.

但是, 我对相变问题产生兴趣并不仅仅是因为我跟王先生做论文. 在我没进研究院以前, 王先生曾做过一系列演讲, 在当时是很轰动的. 为什么呢? 在 20 世纪 30 年代中期, 大家对相变发生了很大兴趣, 所以福勒让王先生做相变问题研究, 在座的也许知道张宗燧教授 (已故很久), 他和王先生年纪差不多, 也是福勒的学生, 并且

* 原载: 自然杂志, 1989, 12(10).

也做相变问题研究. 现在看起来, 相变问题是一种平均场理论, 是一个物理想法很浓但不够准确的方法, 在 1938 年至 1939 年左右, 一个年轻的美国人叫约瑟夫 · 梅逸 (J. Mayer) (他是玛丽 · 梅逸 (M. Mayer) 的丈夫, 而玛丽 · 梅逸后来在原子核理论方面取得了很大成就), 他在 30 年代时, 发表了称为梅逸相变理论的文章, 这在当时是十分轰动的. 他的文章较为数学化, 里面有许多推论现在看来是不对的. 当时大家辩论得很厉害.

在 30 年代, 他的这个理论曾被很多人讨论过. 因为在 30 年代以前, 即在梅逸理论之前, 对两个不同的相之间的关系, 采取这样一种态度: 有一个液体的相, 有一个气体的相, 这两个不同的相是不发生关系的. 这是两个不同的运动系统, 不同的力学系统. 假若偶然有一个自由能的话, 那么它们可以产生一个相变. 梅逸的理论与此不同, 他的理论是使用同一个微观运动系统, 指出可以出现两个不同的相, 而且这两个相运动到一个适当的情形之下, 可以从一个相到另一个相, 发生一个相变, 这在当时是一个革命性的想法, 所以很多人不相信.

在 1938 年或 1937 年左右, 在阿姆斯特丹的一个很大的国际会议上有许多人不同意梅逸的这个理论. 不过, 这个新理论很快就被很多人注意了, 其中发展出来两个很重要的工作. 一个是克恩 (Kahn) 和乌伦贝克 (Ulenbeck) 的工作. 克恩是乌伦贝克的学生, 不幸的是他死于第二次世界大战, 当时他是一位非常杰出的青年物理学家. 还有一个是玻恩 (Born) 和福克斯 (Fuchs) 的工作. 他们分别写出了很多数学文章, 用以讨论梅逸的理论. 这对 30 年代末的物理学界来说是非常轰动的一件事情.

这件事与我的联系起因于王竹溪教授. 在英国时, 王先生了解到这些理论, 尤其了解了布朗和福克的理论, 我记得非常清楚的是, 我大学还没有毕业时, 王先生在西南联大做了一系列演讲, 当时去听的人很多, 我也去听了, 我懂不懂王先生所讲的呢? 没有懂, 因为那时我大学还没有毕业, 他所用的数学和物理概念很多, 不是我当时能够理解的, 不过王先生的演讲给我留下了很深的印象, 对我后来很有用处, 为什么说很有用处呢? 因为我知道这里面有一些很妙的东西, 并且与实际的现象有密切的关系, 所以这件事情我以后一直没有忘记.

刚才我讲过, 我在中国时跟王先生学了很多统计力学的知识. 后来在 1945 年到 1948 年, 我在芝加哥大学读研究生, 然后又在那里当了一年教员, 由于受到费米 (Fermi)、特勒 (Teller)、约瑟夫 · 梅逸和玛丽 · 梅逸的影响, 这期间我主要的工作是有关基本粒子和核物理方面的. 可是由于我在中国时听了王先生的演讲, 对统计力学发生了兴趣, 所以我自己在图书馆里又继续看了许多统计力学方面的文章. 其中有两个重要方向: 一个是昂萨格 (Onsager) 在 1944 年所作的二维空间伊辛 (Ising) 模型的精确解, 还有一个是在 1930 年贝特 (Bethe) 所发表的关于布洛赫 (Bloch) 的自旋波在一维空间的精确解. 这两个方向都引起了我的兴趣.

不过当时我虽然花了很多时间, 但没有得到成功的结论, 因为昂萨格的解是非常难懂的. 他的文章虽不长, 只有十四五页, 可是浓缩得很. 虽然每一步的代数运算我都可以花些时间弄懂, 但总体上他向什么方向走, 并没有解释清楚, 所以我不了解.

在贝特假定方面, 布洛赫写了一篇当时立即就引人注目的关于自旋波的文章. 在文章中物理概念很多, 可是解不精确. 因为各个不同的自旋波可以碰撞, 可以散射, 但布洛赫不知怎样处理这个问题, 他只是给了一个激进的讨论. 结果贝特写了一篇文章, 指出至少在一维空间可以严格解这个问题, 即使是有许多自旋波. 他当时对此充满信心, 这一点可以看他 1930 年文章的脚注. 他说这个观念可以推广到二维和三维空间, 并说在以后发表的文章中他会讨论这些问题. 可是以后的文章他再也没发表. 今天, 我们知道这是不能推广到二维和三维空间的, 这里有着很深的道理. 或者反过来说为什么在一维空间可以解这个问题的道理是很深的.

总而言之, 我在中国受到了王先生的训练和听了他的演讲后, 我对统计力学发生了兴趣. 在芝加哥期间, 在这方面我做了一些尝试, 可是这些尝试都不太成功. 对于贝特假定, 最大的困难是我虽然懂了他的方程式, 但这些方程式是一些有许多三角函数和反三角函数的方程式, 这些方程式的第一个问题就是它没有实数解. 有关这个问题, 后来一位瑞典固体物理学家和理论物理学家 Hulthén 写了很多文章, 但看起来非常难懂. 所以我在这两方面的尝试都不太成功, 不过这些尝试都对我后来的工作有决定性的影响.

1949 年, 我离开芝加哥大学到了普林斯顿高等研究所. 普林斯顿高等研究所当时最热衷于重正化理论. 我自己也做了一些重正化理论的工作, 同时我也做了一些和实验物理比较接近的高能物理方面的工作, 例如, 当 $\pi^0$ 介子变成两个光子时, 从对称的观点看起来, 会使我们得到什么结论? 不过我还是继续注意着统计力学.

在当时有一件对我来说是非常幸运的事情, 这也表明学术交流是非常重要的, 同时也表明学术交流不能在一片沙漠上开花, 需要在本来有一些条件的地方才能开花, 为什么这样讲呢? 因为当时 (1951 年初) 我主要不是在做统计力学, 但我对统计力学一直有兴趣. 普林斯顿高等研究所在市区外, 乘坐面包车 1 小时就可以从市中心到所里. 我住在市里, 每天早上坐面包车到所里去. 研究所里那时有 20 余位现在称为 "博士后" 的年轻人 (当时 "博士后" 这个名称还不存在), 我也是其中的一个. 跟我同是 "博士后" 的年轻人中有一个叫路丁格 (Luttinger) 的, 他现在是哥伦比亚大学教授, 一直在做固体物理方面的工作. 就在坐面包车的时间里, 有一天, 他对我说, 他刚弄懂昂萨格和他的一个学生考夫曼 (Kaufman) 的文章, 他把昂萨格的原来不能弄懂的文章变得可以弄懂了. 我问他, 有什么妙诀? 他告诉我, 这个妙诀就是他们引用了一个定理. 这个定理我想在座的很多人是知道的. 这个定理说: 假如有 $2N$ 个反对易算符或矩阵, 它们有一个表示. 这个表示的大小是比较高的, 是 $2N/2$ 那么大的矩阵. 这个定理在我念狄拉克理论时就已经知道了, 可是为什么能引用呢? 路丁格就在车上的十几分钟内告诉了我. 我想, 这果然是很妙的. 这一点弄懂后, 我立刻明白了我在芝加哥大学没弄懂而被昂萨格牵着鼻子走时做的那些事情是怎么回事了.

到了所里后, 整个上午我没做别的事情, 专门把这个问题弄清楚. 到了中午, 我就完全弄清楚了昂萨格和考夫曼做的是怎么回事了. 我想这东西很妙, 也许我们可以研究研究别的东西. 当时我想也许可以研究三角形晶格等类似问题. 于是我去找路丁格, 对他说, 这个东西现在我懂了, 果然非常之妙. 知道了昂萨格的妙诀是什么, 我们来做一做三角形晶格, 一方面可以对昂萨格的东西更了解一些, 一方面也许可以发展出一些新的东西. 可是那时候, 他正大算重正化, 对此不感兴趣. 我自己想了想, 虽然这东西有用处, 可是不能导出完全新的结果, 所以也就没有做下去.

但过了几天, 我又回想起这个问题, 我想也许有更深入的问题可以做. 昂萨格把比热曲线算出来了, 我可不可以算磁化? 我花了半年时间算出来了. 这件事情对我有很重要的影响, 因为这把我引导到了统计力学的精确解这个领域, 而这一领域后来大大地发扬光大了. 在很早的时候, 我就进入了这个领域, 对我来说是占了很大便宜的.

我现在应该补充一下, 在 1951 年我写出了伊辛模型的方晶格的磁化以后, 过了一年我到西雅图华盛顿州立大学去访问, 那里有个研究生, 即张承修教授, 如今在武汉, 我对他说, 你也许可以把我前年的工作推广到一个长方形的晶格做同一计算, 这个计算也很复杂, 不过方晶格计算用过的方法都可以搬来, 只是要改一改.

这样他计算了几个月, 把结果得出来, 写了一篇文章. 非常有意思的是, 他在文章的末尾加了一段话, 指出在二维空间中方晶格和长方形晶格得出同一 $\beta$ 值的结果, 都是 1/8, 也许具有普适性, 我相信这是历史上第一次在文章中有这样的观念.

现在我回过来讲我自己在统计力学方面发展出的新的结果. 1951 年秋天, 李政道从伯克利来到普林斯顿. 李政道在芝加哥大学获得博士学位比我晚两年, 他花了几个月时间在约克斯 (Yerkes) 天文台跟钱德拉塞卡尔 (Chandrasekhar) 做天文物理学研究, 然后在 1950 年夏季到伯克利当了一年教员. 我在 1951 年初对研究所所长奥本海默 (Oppenheimer) 讲, 在伯克利有一位非常聪明的、年轻的物理学家, 我建议所里请他来这里做两年 "博士后", 结果奥本海默就请他来了. 所以 1951 年秋天, 李政道就到了普林斯顿高等研究所.

那时我对伊辛模型还是非常有兴趣的, 所以同他合作. 我说我们来研究一下后面的计算, 后面的计算是什么问题呢? 昂萨格做了比热, 我做了后面的磁化计算, 再后面就是磁化率的计算. 也可以说, 一个是原来的计算, 一个是它的微分, 一个是它的微分的微分. 当时我看得很清楚, 昂萨格的计算里面, 内容非常之广, 绝对不仅仅是比热, 所以我就做了它的第一个微分, 就是磁化, 那么还有第二个微分、第三个微分, 还可以继续做下去, 这些都有准确的公式. 所以李政道和我在 1951 年秋天做的第一件事情就是计算磁化率, 也就是第二个微分. 计算了几个星期后, 就发现太复杂了, 是一个越搞方程越长的问题, 所以后来我们就改变了方向.

所改变的方向是很惊人的, 因为我们把整个发展方向改了, 是向着梅逸的理论方向转过去了. 从而在 1952 年夏季, 我们写出了两篇很有意思的文章, 内容是把解析延拓这个观念放到配分函数里面去, 尤其这里面有一个很有名的定理, 现在称为单位圆定理. 这是我们在那一年发现的. 通过这一类定理, 对梅逸理论的理解得到很大的进展. 也可以说, 这是我对统计力学发生兴趣后的第二步工作.

在我与李政道的工作之后, 在 20 世纪 50 年代初到 60 年代中, 德伯尔 (De Boer) 到普林斯顿高等研究所来访问, 他是当时大家都知道的对液氦的理论和实验知道得最多的人. 所以我们请他在所里作了关于液氦的一系列演讲. 这对我来说好处是很多的. 以后几年, 我在做基本粒子的工作以外, 又跟黄克孙, 后来跟李政道做了一系列工作. 到了 1960 年底, 关于液氦的结构以及用微扰法来计算多体问题里面的许多统计力学问题这一类工作可以说结束了. 虽然我们没有完全解决这些问题, 不过我们发明的方法当时已经不知道怎么再推广下去, 所以后来几年我没有做这方面的工作.

1961 年我又发现了新的兴趣, 因为 1961 年夏天我到斯坦福大学去访问. 那个时候费尔班克 (Fairbank) 跟他的学生正在做束量子化的问题, 我一到那里他就问我: “假如我们发现有束量子化, 这是一个新的、物理的、原则性的现象, 还是就由原有的物理学可以推演出来的?” 那个时候, 我从来没有听说过这个束量子化. 束量子化最早是在 20 世纪 50 年代由伦敦 (London) 和昂萨格提到过的, 所以我说研究研究. 过了一个多月, 他做出实验来了, 有束量子化. 另一位物理学家和我研究这个问题也得到了一个结论, 我们会回答他们的问题了, 就是束量子化不是一个新的原则, 而是用经典的统计力学加上量子力学加上麦克斯韦方程可以推导出来的.

这个事情就引起了我对这类问题的兴趣. 大家也许知道量子霍尔效应, 它跟这一类工作有很密切的关系, 阿哈罗诺夫 - 玻姆 (Aharonov-Bohm) 实验也跟这个有很密切的关系. 所以在 1961 年, 到斯坦福大学访问对我后来的工作也有很大的影响, 因为它使我走到了一个新的领域.

1962 年, 我把以前的一个想法和它的数学基础重新分析了一下, 写了一篇文章. 中间我引入了一个名词, 叫做 “非对角长程序” (off diagonal long range order). 我认为这是一篇非常重要的文章, 我觉得这篇文章的重要性今天还没有完全发挥出来. 最近发现了高温超导, 所以使得我对于超导问题重新发生兴趣, 证实了我当时的想法. 超导理论中一个划时代的贡献是 BCS. 不过 BCS 不是唯一的超导机制, 今天的超导机制很可能是 BCS 之外的. 我现在正研究这个问题, 不过还没有什么成果可以向大家报告. 1962 年关于超导的这一类工作, 也是一种统计力学的工作, 不过跟我以前做的统计力学不完全一样. 以后我就做了下面这样一件事情. 既然我给了一个条件, 在这个条件之下, 一个运动系统就会有超流或超导的现象, 这就是非对角长程序 (ODLRO). 所以从 1962 年开始, 我就热衷于这样一件事, 即我能不能找出一个运动系统、一个模型, 这个模型我可以严格证明它有 ODLRO.

1962 年我的文章指出了 BCS 理论之所以对的原因, 就是他们猜出了一个波函数, 而这个波函数有 ODLRO. 可是, 这个原来的物理问题与这个猜出来的波函数有什么关系, 他们不能证明. 从严格的意义讲, 这个波函数是原来模型的解. 而笼统地说 "这样一个波函数是一个很好的近似解", 是不严格的. 从 1962 年我所要做的一件事情, 就是我能不能找一个简化的模型, 使得在这个模型里我可以严格地证明, 它的基态波函数有 ODLRO.

这个问题我弄了好几年, 中间与我的弟弟杨振平合作, 与吴大峻合作. 我们找出了一些模型, 很多工作并没有发表, 我对它们不太满意, 因为这些模型都太牵强, 使我觉得不容易跟实际发生关系. 不过这一类工作搞来搞去, 就把我的注意力重新吸引到贝特假定 (B-A) 上. 因为我对 B-A 有了些了解, 提出模型的时候, 就很自然地不同程度用到了 B-A. 所以 1965 年开始, 我又重新注意 B-A, 而且注意一个问题, 即用 B-A 解出来的模型有没有 ODLRO. 那个时候, 离我在芝加哥讨论 B-A 已经有十六七年了.

当时文章多如牛毛, 我和我弟弟读的时候有些苦恼. 这个我也许可以和年轻的研究工作者谈一谈. 我想你们刚走到一个领域是会很苦恼的, 不过你们不要害怕, 因为多半的文章都是没有什么价值的, 最重要的是你得抓住问题在什么地方, 然后你有自己的想法, 那么你就会看到多数的文章不必去读它. 我刚才讲过有人在 20 世纪 30 年代写出了一些关于 B-A 的文章, 这些文章越来越复杂. 一个很基本的问题, 也是我在芝加哥大学不了解的, 不知道这些有反三角函数的方程式的解是实数还是虚数.

关于这个问题, 我在芝加哥大学学了很多, 笔记还有, 后来都未形成结论, 这个问题太复杂. 60 年代的某一天跟杨振平讨论时, 我忽然发现一个非常简单的道理, 就是在以前做的文章中, 用了反余切, 我们觉得这不好, 把反余切换成反正切就非常好. 当然, 大家会想反余切和反正切是密切相关的, 这简直是一个微不足道的进步. 其实不然, 因为反余切有些不连续的地方, 这些不连续处, 正是最关键的地方. 如果你把它换成反正切的话, 那么它在最关键的地方就没有这个困难了. 所以一引进这个, 一切东西都变得非常清楚了. 我们就连续写了很多文章, 指出这个 B-A 是非常之妙的. 而且在什么情形下有一个实数的解, 我们较有控制.

我们做这个工作的时候, 发现大家已经忘记贝特了, 多半的人已经不再讨论贝特了, 因为贝特是 30 年代的人, 离那个时候已经三十多年了. 我们认为这样不对, 因为其中最早的一个重要的观念是贝特引进来的, 所以我们在一篇文章中特别写道, 这个想法应该叫做 "贝特假定". 现在这个讲法已经生根了, 现在大家都叫它 Bethe's Ansatz 或者贝特假定. 关于贝特假定, 我在 60 年代末和 60 年代中期写了许多文章. 这个发展了以后, 就分出了许多分支. 这一类的工作在 60 年代有很多, 即关于贝特假定的种种应用, 我听说赵保恒教授、阎沐霖教授上个星期给你们介绍了好多关于 B-A 的知识.

在 1967 年, 我想写一个问题, 这是在一个小范围内的热门话题, 即费米子 $\delta$ 函数相互作用一维问题. 我就把这个研究了一下, 用了一些群论的方法, 把 B-A 连用两次, 把这个问题解决了. 在这个过程中, 我写下一个方程式, 如果你要证明 B-A 是对的, 那么这一方程是十分关键的. 这个方程通俗地讲起来, 是 $ABA$ 等于 $BAB$ 这样一个方程, 比这个稍微复杂一点.

这个写出来以后五年, 巴克斯特 (Baxter) (我认为巴克斯特是昂萨格以后做精确解的第二个人) 发明了很多的方法, 他为了解一些统计力学中新的模型, 写出了一组方程, 这一方程是在 70 年代初写出来的. 在 80 年代初, 法捷耶夫教授和他的学生指出, 我在 60 年代写的公式就是 $ABA = BAB$ 那样的方程, 和巴克斯特的公式一样, 只是另外一种写法, 所以他们把这个叫做杨 - 巴克斯特 (Y-B) 方程.

非常重要的是, 苏联的学者们比我当初更进了一步, 我当初指出, 因为杨 - 巴克斯特关系存在, 所以可以用贝特假定解出许多东西, 包括 $S$ 矩阵. $S$ 矩阵算出来了! 多体的 $S$ 矩阵是多个两体 $S$ 矩阵的乘积. 法捷耶夫他们进一步的地方在于, 把这个次序倒过来了, 他们说不管什么具体的模型, 只要符合杨 - 巴克斯特关系, 就有 $S$ 矩阵是乘积的性质, 把整个的问题重新改观了. 所以后来形成了好多文章, 在美国也有人做.

最近两年有了一个非常重要的新的发展, 还是方兴未艾的时候, 就是在数学里面有一个重要的观念叫做结 (knot) 理论. 结理论是什么意思呢? 就是你拿一根绳子来, 这样子 (做手势) 就是一个平庸的结, 要是打一个扣子再把它结起来, 就是一个最简单的结. 当然你可以打两个扣子, 或者 50 个. 所以有无数个不同的结, 拓扑学上一个重要的问题, 就是世界上有多少种结, 这个问题到现在还没有解决.

不过在 20 世纪 30 年代, 有一位重要的拓扑学家亚历山大 (Alexander, 1888—1971), 他是高等研究所的教授. 我想, 他的年纪大概比陈省身先生大二十几岁, 他发明了一个想法, 把结理论跟他的补空间的基本群联系起来, 然后就写出了一些式子, 叫做亚历山大多项式. 亚历山大多项式有什么重要性呢? 就是你有一个结, 他就可以写出一个多项式, 给另一个结, 他又可以写出一个多项式. 他的定理是说, 如果两个结可以从一个变到另一个, 拓扑学的意义上是等价的, 那么两个多项式一定是一样的. 可是反过来不对, 你可以举出这样的例子来, 两个不同的结, 从一个不能变到另一个, 可是写出来的多项式却是一样的. 就是说这个亚历山大多项式虽可以分辨结, 可是它的分辨率不够. 一直到最近一些年, 这都是一个重要的没有解决的问题. 还可用什么别的方法来分辨吗?

两年前一件轰动数学界的事情, 就是伯克利数学研究所的琼斯 (Jones) 教授发明了一种新的多项式, 现在叫做琼斯多项式. 它的分辨率和亚历山大多项式的分辨率是不一样的, 把两个加起来, 当然分辨率就更大了, 可是还不够. 换句话说, 你可以找出两个结来, 可以证明这两个结是不一样的, 可是它们的琼斯多项式和亚历山大多项式却一样. 琼斯的文章说, 这个东西与物理学中的 pot 模型, 以及杨 - 巴克斯特方程有关系. 这个事情现在很多人在研究, 一些日本人, 一些苏联人, 很多的美国人现在都在研究这个问题. 现在大家都认为可以这样讲, 几乎每个杨 - 巴克斯特方程的解都可以带来新的、可积的动力学的模型, 这个是这几年大家已经知道的了. 几乎这些新的解, 每一个都会给出一个新的多项式, 所以使结理论中的分辨能力大大提高了. 现在这是很热门的课题.

在石溪有一位数学教授叫萨支汉, 他是萨本栋先生的儿子, 他研究这个问题并经常同我讨论, 所以我想以后我们可以请萨教授多讲一些这些数学上的新发展和它们跟杨 – 巴克斯特方程的关系, 也许可以通过这个, 使大家再多了解一些统计力学上新的东西. 这个杨 – 巴克斯特方程大概讲起来, 就是 $ABA = BAB$, 这里 $A$、$B$ 都是一些算子. 这个之所以与结理论发生关系, 其实是很容易懂的.

因为结的理论可以说是辫子理论的一个分支 —— 所谓辫子理论, 就是说假如有一条线, 你在那里编来编去, 问这样的结构有多少种, 这就是辫子理论. 辫子理论你去想几分钟, 那么第一个问题就是我给你一条辫子, 要写出一个公式来, 你怎么做. 当然做法不唯一, 不过随便你怎么做都会有一些算子, 比如说左边两根对换一下叫 $A$, 随后两个对换一下叫 $B$, ……, 如果你有 5 条辫子的话, 就有 $A$、$B$、$C$、$D$ 四个算子. 一个辫子你把它写下来, 比如说它是 $A$ 乘上 $B$ 的逆再乘上 $A$, 这就是一条辫子. 这样再去想几分钟, 你就自然发现了一个重要的方程式, 这个方程就是 $ABA = BAB$, 这其实是一条辫子的结构. 所以杨 – 巴克斯特方程与辫子理论发生关系, 其实是很自然的, 并不稀奇.

这件事是最近两年才被人注意到的, 就是杨 – 巴克斯特方程与辫子理论有极密切的关系. 我与大家谈我个人的历史已经说得很多了, 假如要有一个结论的话, 就是, 一个年轻人, 要把他的眼睛, 他的视角, 扫向各个地方, 多注意一些新发展的东西, 不要整天死钻人家已经做过的东西, 自己多从原始的地方着想, 这样对你自己的工作会有很好的影响 (掌声). 谢谢!

(本文是闵宁根据杨振宁教授 1987 年 10 月在南开大学的一次演讲整理的.)

# 第三部分

# 追随杨振宁

# 爱因斯坦对理论物理学的影响*

杨振宁

对称性支配相互作用, 几何学位于物理学的核心, 形式的美在描述世界中起着一定的作用, 这些都是对当代思想产生了深刻影响的识见.

在 20 世纪初, 发生了三次概念上的革命, 它们深刻地改变了人们对物理世界的了解, 这就是, 狭义相对论 (1905 年)、广义相对论 (1915 年) 和量子力学 (1925 年). 前两次革命是爱因斯坦本人发起的, 他并且影响和帮助了第三次革命的成形. 但是我在这篇文章中要写的并不是他在这些概念上的革命中的工作. 人们关于这些工作已经写得很多了, 而我则将一般地讨论爱因斯坦关于理论物理学结构的识见, 以及这些识见和 20 世纪后半期的物理学发展的关系. 我将把这种讨论分为四节, 它们当然是密切相关的.

* 原载: 自然辩证法通讯, 1981(2).

## 对称性支配相互作用

在基础物理学中发现的第一条重要的对称性原理是洛伦兹不变性, 它是作为麦克斯韦方程组的数学性质而被发现的, 而麦克斯韦方程组又是建筑在电磁学的实验定律上的. 在这个过程中, 不变性, 或者说对称性是一种附带性的发现. 爱因斯坦在他的《自述》[1]中认为是海尔曼 · 闵可夫斯基 (Hermann Minkowski) 把这个过程扭转过来的. 闵可夫斯基从洛伦兹不变性出发, 并要求场方程对这种不变性为协变, 如下表所示.

| 对称性和物理定律 |
|---|
| **爱因斯坦和闵可夫斯基以前** |
| 实验 · 场方程 · 对称性 (不变性) |
| **爱因斯坦和闵可夫斯基之后** |
| 对称性 · 场方程 |

爱因斯坦自己对于对称性原理的强有力的物理推论印象很深, 并曾力图扩大洛伦兹不变性的范围. 这个更普遍的坐标不变性的概念和等价原理一起导致了广义相对论. 我们可以说是爱因斯坦倡导了对称性支配相互作用的这个原理. 这个原理近年来在导致各种场论的兴起方面起了不可缺少的作用:

▲ 坐标变换的不变性导致广义相对论

▲ 阿贝尔规范对称性导致电磁学

▲ 非阿贝尔规范对称性导致非阿贝尔规范场

▲ 超对称性导致费米子和玻色子之间的对称性的理论

▲ 超引力对称性导致超引力

## 场论和统一化

1920 年以后, 爱因斯坦在他的文章和演讲中反复强调了场的概念对基础物理学具有非常的重要性. 例如, 在于 1936 年发表在

富兰克林学会杂志 (Journal of the Franklin Institute) 上的一篇文章中, 他写道 [2]:

*法拉第和麦克斯韦的电场理论摆脱了这种不能令人满意的状况, 这大概是从牛顿时代以来物理学的基础所经历的最深刻的变化.*

那时 (1936 年) 已知的两种场论就是麦克斯韦理论和爱因斯坦的广义相对论. 爱因斯坦用他一生的最后二十年来努力统一这两种理论. 关于这样做的必要性, 他在 1934 年发表的一篇题为《物理学中的空间、以太和场的问题》[3] 的文章中解释道:

*…… 有两种彼此独立的空间结构, 即度规 – 引力的结构和电磁的结构 …… 这就使我们相信: 这两种场必定对应于一个统一的空间结构.*

在《相对论的意义》一书的最后一版中, 爱因斯坦增加了一个附录, 他在该附录中提出了一个含有非对称度规张量 $g_{\mu\gamma}$ 的统一理论. 反对称部分被认为等同于电磁场张量 $F_{\mu\gamma}$. 这个努力并不特别成功, 曾经有一段时间, 在一些人中有这样的印象, 认为统一的想法是在爱因斯坦的老年侵袭了他的某种成见. 是的, 它是成见, 但这是关于理论物理学的基本结构应该是怎样的一个有洞察力的成见. 我还要加上一句, 这种洞察力是今天物理学中经常出现的主题.

不管怎样, 爱因斯坦对统一的强调立即产生了某些成果, 它引导了许多杰出的数学家, 包括莱维 – 齐维塔 (T. Levi-Civita)、嘉当 (Elie Cartan) 和外尔 (Weyl) 去更深入地考察对空间 – 时间数学结构可能的补充.

从 1918 年和 1919 年开始, 外尔曾力图把电磁纳入引力之中. 他的想法导致了所谓的 "规范理论", [4] 由于坐标不变性的适当处理产生了引力理论, 外尔设想有一种新的几何不变性能够联结在电磁学上. 他的建议就是标度不变性.

| 标 度 变 化 | | |
|---|---|---|
| 量 | 在第一点的值 | 在邻近点的值 |
| 坐标 | $x^\mu$ | $x^\mu + \mathrm{d}x^\mu$ |
| 场 | $f$ | $f + (\partial_\mu f)\mathrm{d}x^\mu$ |
| 标度 | 1 | $1 + S_\mu \mathrm{d}x^\mu$ |
| 标度场 | $f$ | $f + (\partial_\mu + S_\mu) f \mathrm{d}x^\mu$ |
| 我们使用记号 $\partial_\mu = (\partial/\partial x^\mu)$ 及求和惯例 | | |

如果 $x^\mu$ 和 $x^\mu + \mathrm{d}x^\mu$ 是两个彼此邻近的时间 – 空间点, 而 $f$ 是某一物理量, 使得在 $x^\mu$, 它是 $f$, 而在 $x^\mu + \mathrm{d}x^\mu$ 它是 $f + (\partial f/\partial x^\mu)\mathrm{d}x^\mu$, 外尔考虑了依赖于空间 – 时间的 $f$ 的重新标度, 如上表中最后的两行所示. 特别要注意第三行所给的标度因子

$$1 + S_\mu \mathrm{d}x^\mu. \tag{1}$$

现在外尔对于这个标度因子观察到两点. 第一, $S_\mu$ 和电磁势 $A_\mu$ 有同样数目的分量. 第二, 在进一步的发展中, 他证明了如果要求理论在标度变化时不变, 则理论中只能出现 $S_\mu$ 的旋度而不能出现 $S_\mu$ 本身. 这也是电磁势 $A_\mu$ 的特点. 所以他把 $S_\mu$ 和 $A_\mu$ 等同了起来. 但是, 这种看法并不成立. 包括爱因斯坦在内的一些人讨论了这个问题, 爱因斯坦证明了外尔的理论不可能描述电磁, 因而外尔就放弃了这个理论.

接着就到了 1925 年, 完全独立于这个进程, 人们发明了量子力学.

我们都知道, 在经典力学中, 在有电磁存在的情况下, 出现的不是粒子的动量 $p_\mu$, 而总是组合

$$\pi_\mu = p_\mu - (\mathrm{i}e/\hbar c)A_\mu. \tag{2}$$

在量子力学中, 这被换成了

$$-\mathrm{i}\hbar[\partial_\mu - (\mathrm{i}e/\hbar c)A_\mu]. \tag{3}$$

这是由福克 (V. A. Fock) 在 1927 年指出的. [5] 后来, 紧接着伦敦 (Fritz London) 将 (3) 式和表中最后一式中的增量算符 $(\partial_\mu + S_\mu)$ 作了比较, 并得出结论, $S_\mu$ 不是要和 $A_\mu$ 而是要和因子 $-\mathrm{i}eA_\mu/\hbar c$ 等同起来. [6] 重要的新鲜之处仅仅在于加入了一个虚数单位 i. 这有深远的影响, 即 (1) 式变成了:

$$\begin{aligned} &1-(\mathrm{i}e/\hbar c)A_\mu \mathrm{d}x^\mu \\ &\qquad \to \exp[-(\mathrm{i}e/\hbar c)A_\mu \mathrm{d}x^\mu]. \end{aligned} \tag{4}$$

这是一种相位变化而不是标度变化, 因此, 局部相位不变性就是电磁学的正确的量子力学特征.

外尔自己起初称他的概念为 "尺度不变性" (Masstab Invarianz), 但后来改称为 "度规不变性" (Eich-Invarianz), 在 20 世纪 20 年代初期翻译成英语叫 "规范不变性". 假如我们今天要重新命名, 显然我们应该把它叫做相位不变性, 而规范场则应该叫相位场.

一旦懂得了规范不变性是相位不变性, 人们就会发现关键的概念是一个不可积分的相因子. 用更复杂的相位即李群的一个元来取代复数的简单相位, 就引导人们走向非阿贝尔规范理论, 这个理论是在 1954 年最初表述出来的.

我们在这里应该强调, 相位的概念在现代物理学中具有重大的实际意义. 例如, 超导和超流性理论、约瑟夫逊效应、全息照相、微波激射器和激光器都是从根本上奠基于相位概念的各个方面.

在 1967 年, 温伯格 (Steven Weinberg) 和萨拉姆 (Abdus Salam) 独立地提出了一个关于电磁和弱相互作用的统一场论模型. 这个模型以两个关键的概念为基础: 非阿贝尔规范场和破缺对称. 为了消除和实验的矛盾, 还需要由格拉肖 (Sheldon Glashow) 提出的一个进一步的重要概念. 在最近六年中, 这个模型得到了惊人的实验上的支持. 而这种成功却又导致极大的努力以达到强相互作用、电磁相互作用和弱相互作用的更大的统一. 我想, 恐怕我们离一个成功的较大的统一还有一段路, 而离这些相互作用与广义相对论的神圣的统一则更加遥远. 不过, 几乎无可怀疑的是, 爱因斯坦对于统一的重要性的坚持是一种深刻的洞察力, 面对所有的已说出和没有说出的批评, 他勇敢地捍卫了这种统一的重要性.

## 物理学的几何化

在爱因斯坦关于理论物理学基础的理解中, 另外一个经常性的论题起源于他对几何概念的偏爱. 这并不奇怪, 因为正是他自己创造了关于重力和力学应该用黎曼几何来描述的深刻概念. 至于他把电磁看成也是几何性的, 从前面引自他 1934 年的文章的话就可以明显看出. 他在那篇文章中谈到, 电磁是一种空间的 "结构". 如果人们承认关于爱因斯坦对几何概念有偏爱的论点, 那么人们甚至可能进而提出一种观点, 即他喜欢波动力学, 因为这更加几何化, 而不喜欢矩阵力学, 因为这太代数化了.

爱因斯坦努力探索能给出电磁学的几何结构. 他意识到这样一个事实, 洛伦兹不变性不足以给出麦克斯韦方程: [7]

麦克斯韦方程蕴含 "洛伦兹群", 但是 "洛伦兹群" 不蕴含麦克斯韦方程.

例如, 标量场似乎比麦克斯韦的电磁场要简单一些, 并且也和洛伦兹不变性相一致, 但它并不是电磁的基础.

爱因斯坦还深深地意识到, 得到能导致非线性方程的几何结构的必要性: [1]

真正的定律不能够是线性的, 也不能从这样的定律推导出来.

原来爱因斯坦要找的结构就是规范场: 它是一个几何的结构, 正如同我们马上就要讨论的那样; 最简单的阿贝尔规范场就是麦克斯韦的电磁场, 而且一个非阿贝尔规范场必然是非线性的.

我们前面曾提到规范场的早期历史. 规范场和纤维丛上的联络的几何概念有深刻的联系, 物理学家认识到这一点还仅仅是近年来的事.

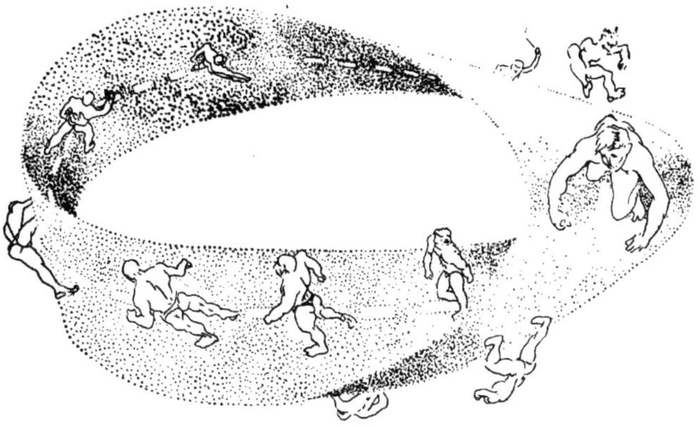

区域的边界没有边界．这个莫比乌斯带（Möbius Strip）只有一面；它的边界是单独一个棱，而这个棱本身没有边界．这个定理的进一步解释见“一条拓扑学定理”的图．

## 一 条 拓 扑 学 定 理

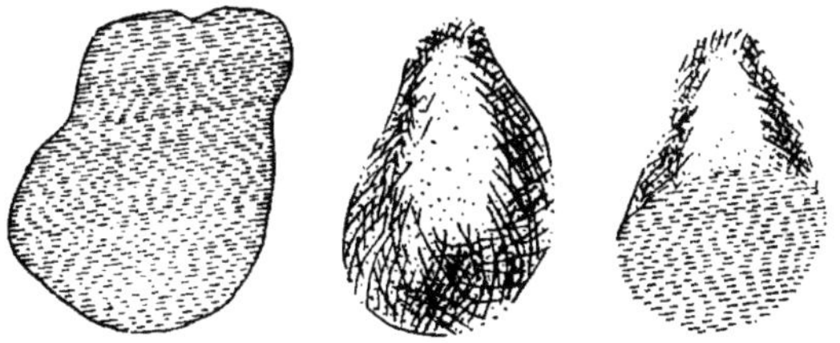

一个区域的边界本身并无边界．在左图所示的例子中，画影线的二维区域，以一个一维环线为其边界，这环线没有端点，这就是说，它本身没有边界．

中间的三维图形，以一个闭合的二维曲面为其边界；这个曲面同样也没有棱，这就是说没有边界．

如果我们切割这区域，使得曲面有一个棱，则我们将造成第二个曲面以补全较小体积的边界，如右边的草图所示：如果这个切口的棱的转向设为顺时针方向，那么原有曲面部分的棱必定是逆时针的转向．因此，虽然包围此三维区域的曲面的这两部分中的每一部分都是有边界的，但这个体积的整个曲面却没有边界，因为曲面的棱被算了两次，而转向相反，从而抵消掉了．

为了说明规范场的几何性质，让我们将电磁学的高斯定律和法拉第定律写成如下众所周知的形式：

$$\partial_\lambda f_{\mu\gamma} + \partial_\mu f_{\gamma\lambda} + \partial_\gamma f_{\lambda\mu} = 0,$$

式中 $f_{\mu\gamma}$ 是电磁场. 这个方程被证实为和一个区域的边界本身没有边界这一定理紧密相关, 而这一定理当然是一个几何的叙述 (见 "一条拓扑学定理" 的图). 规范场的几何性质的另一例证可以从一个事实中找出, 即通过下述理论上和实验上的进展, 对于规范场的全局考虑变得更为重要了:

▲ 狄拉克的磁单极子 (1931)

▲ 玻姆 — 阿哈罗诺夫 (Bohm-Aharonov) 实验 (1960)

▲ 特霍夫特 — 波利雅科夫 ('t Hooft-Polyakov) 磁单极子 (1974)

▲ 瞬子 (instantons)(1975)

这些概念在 "规范场的全局效应" 的图中进行了描述.

**规 范 场 的 全 局 效 应**

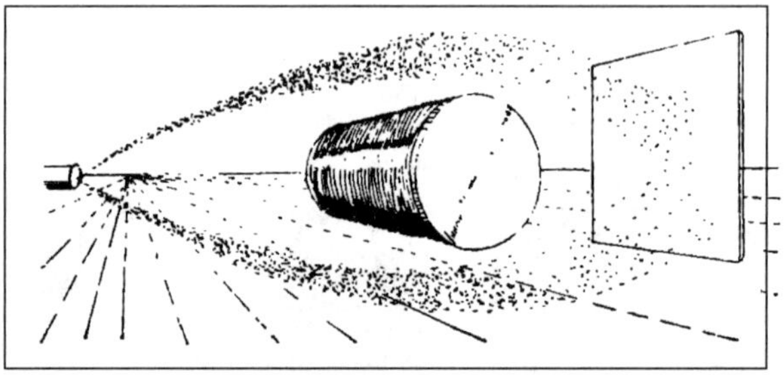

一个强度为 $g$ 的磁单极子是一个简单而自然的想法. 狄拉克在1931年指出, 在量子力学中 $g$ 的大小必须通过条件 $2eg/hc=$ 整数而与电荷 $e$ 相联系. 这个条件乃是一个很普遍和深刻的拓扑学定理, 即陈省身–韦伊定理的最简单的例子. 这个定理的又一个最简单的例子是 1975年发现的 $SU_2$ 规范场的所谓 "瞬子" 解. 特霍夫特 – 波利雅科夫单极子是某种规范场的无奇点解, 它的存在决定于拓扑性质. 玻姆 – 阿哈罗诺夫实验在1959—1960年提出并完成的. 如上图所画, 从电子源发出的电子走过一长螺旋管, 但是被从其内部排斥开. 它们在屏幕上产生干涉花样. 在螺旋管外面没有电场或磁场, 因此电子没有受到局部力. 然而干涉花样依赖于螺旋管内的磁通量, 这就证明电磁的效应并不完全是局部的.

规范场也内禀地和广义相对论有关, 而后者是建立在几何概念的基础上的. 但是, 确切的关系是相当难以捉摸的, 而且仍在探索之中.

## 论理论物理学的方法

爱因斯坦的 1933 年度斯宾塞 (Herbert Spencer) 讲座演讲就用了我在本节所用的标题. 爱因斯坦在演讲中分析了理论物理学的意义和它的发展. 下面是引自那次演讲的一些值得注意的引语 [8]:

…… 理论物理学的公理基础不能从经验中抽取出来, 而必须自由地发明出来. ……

经验可以提示合适的数学概念, 但是数学概念无论如何却不能从经验中推导出来. ……

但是这种创造的原理却存在于数学之中. 因此, 在某种意义上, 我认为, 像古代人所想的, 纯粹思维能够把握实在.

爱因斯坦是在说基础理论物理学是数学的一部分吗? 他是在说基础理论物理学应该具有数学的传统和风格吗? 对这些问题的回答是: 不. 爱因斯坦是一个物理学家而不是一个数学家, 而且, 他自己也认为他是一个物理学家而不是一个数学家, 他以一种极其透彻的方式在他的《自述》[1] 中说明了这个道理:

…… 这显然是由于我在数学领域里的直觉能力不够强, 以致不能把真正带有根本性的最重要的东西同其余那些多少是可有可无的广博知识可靠地区分开来. 此外, 我对自然知识的兴趣, 无疑又比较强, 而且作为一个学生, 我还不清楚, 在物理学中, 通向更深入的基本知识的道路是同最精密的数学方法联系着的. 只是在几年独立的科学研究工作以后, 我才逐渐地明白了这一点. 诚然, 物理学也分成了各个领域, 其中每一个领域都能吞噬短暂的一生, 而且还没有满足对更深邃的知识的渴望. 在这里, 已有的而且尚未充分地被联系起来的实验数据的数量也是非常大的. 可是, 在这个领域里, 我不久就学会了识别出那种能导致深邃知识的东西, 而把其他许多东西撇开不管, 把许多充塞脑袋、并使它偏离主要目标的东西撇开不管 ……

但是, 从他自己的经验和从 20 世纪初期物理学的伟大革命中,他认识到, 尽管物理学是而且仍然是扎根于实验定律之中, 数学简单性和数学美却在基础物理学中各概念的形成中起着越来越大的作用. 他把 "接近于经验" 的理论和更数学的理论作了比较 [7]:

另一方面也该承认, 如果理论的基本概念和基本假说是 "接近于经验" 的, 这理论就具有重大的优点, 对这样一种理论给以较大的信任, 那肯定也是理所当然的. 特别是因为要由经验来反驳这种理论, 所费的时间和精力都要少得多, 完全走错路的危险也就比较小. 但随着我们知识深度的增加, 在我们探求物理理论基础的逻辑简单性和统一性时, 我们势必愈来愈要放弃这种优点 ……

作为对同辈物理学家们的误解的答辩, 他辩解道 [3]:

理论科学在越来越大的程度上被迫以纯数学的、形式的考虑为指导 …… 理论家从事这样的工作, 不应该吹毛求疵地认为他们是 "富于幻想"; 恰恰相反, 他们应该有权让自己的想象力自由奔驰, 因为要达到目的没有别的办法.

基础理论物理学和数学的关系是一个很有兴趣的题目, 或许你们能允许我告诉你们关于这方面的一个故事.

在 1975 年, 我被规范场就是纤维丛上的联络这一事实所打动, 就开车去了伯克利 (Berkeley) 附近爱耳色雷脱 (El Cerrito) 的陈省身家 (在 20 世纪 40 年代初, 当他还是一个年轻教授的时候, 我听过他的课, 而且我是中国昆明国立西南联合大学的学生, 那还是在纤维丛在微分几何中变得重要以前, 也是在陈省身以他对推广的高斯 – 博内 (Bonnet) 定理和 "陈氏级" 写入历史以前). 我们有许多话题可谈: 朋友, 亲属, 中国. 当我们的谈话转到纤维丛时, 我告诉他, 我终于从赛蒙斯 (Jim Simons) 那里学到了纤维丛理论的美妙和陈省身 – 韦伊 (Weil) 定理的深刻. 我说我对规范场恰好就是纤维丛上的联络而感到震惊, 而数学家发展纤维丛并没有考虑物理世界. 我还说: "这令人又激动又迷惑, 因为不知道你们数学家从什么地方想象出这些概念来." 他立刻就抗议道: "不, 不. 这些概念并不是想象出来的. 它们是自然的和实在的."

尽管数学和物理之间的关系是那样地深刻, 要认为这两种学科交叠很多却是错误的. 它们不是那样. 它们有各自的目标和口味. 它们有明确不同的价值判断, 而且有不同的传统. 在基本概念水平上, 它们令人惊奇地共有某些概念, 但是, 即使在那里, 每一学科的生命力仍是沿着它自己的血管流动的.

* * *

(本文摘自 1979 年 7 月在意大利的里雅斯特为纪念爱因斯坦诞辰 100 周年而举行的第二届格罗斯曼 (Marcel Grossman) 会议上的一次讲话.)

## 参考文献

[1] A. Einstein, "Autobiographical Notes" in Albert Einstein, Philosopher—Scientist, P. A. Schilpp, ed., Open Court, Evanston, III (1949). 中译文见许良英等编译《爱因斯坦文集》第一卷, 商务印书馆 1976 年版.

[2] A. Einstein. J. Franklin Inst. 221, 43 (1936).

[3] A. Einstein in Mein Weltbild, Querido, Amsterdam (1934), 译自 Ideas and Opinions, Bonanza, New York (1954).

[4] 关于规范场历史的简要叙述, 见 C. N. Yang, Ann. N. Y. Acad. Sci. 294, 88 (1977).

[5] V. Fock, Z. Phys. 39, 226 (1927).

[6] P. London, Z. Phys. 42, 375 (1927).

[7] A. Einstein, Sci. Am., April 1950, 13 页. 中译文见许良英等编译《爱因斯坦文集》第一卷 502 页, 商务印书馆 1976 年版.

[8] A. Einstein, On the Method of Theoretical Physics, Clarendon, Oxford (1933), 重印于参考文献 [3]. 中译文见许良英等编译《爱因斯坦文集》第一卷, 商务印书馆 1976 年版.

(乐光尧译自 Physics Today/June 1980, 戈革校)

# 几何学和物理学
## ——在耶路撒冷爱因斯坦 100 周年寿辰纪念会上的演讲*

杨振宁

为纪念 20 世纪伟大的物理学家爱因斯坦诞辰 100 周年的文集撰文, 使我深感荣幸.

我的论题是 “几何与物理”.

几何是一门起源于对形状和尺寸定量研究的学科, 并且几乎在一切文化领域内都始终影响着人类. 这或许就是为什么认为几何结构在艺术中起着重要作用的一个基本原因. 几何结构在物理定律中也具有重要的地位已是众所周知的事实, 尽管我们对于这一点的确切理由并不真正理解, 我想勾画出几何在现代物理中所处的错综复杂的地位.

1946 年爱因斯坦在他的自传中说道: “当我还是个大学生时, 最吸引人的课题是麦克斯韦理论. 这个理论的革命性在于把超距力过渡到以场作为基本变量.” 用现在的记号, 麦克斯韦方程组为:

*原载: 杨振宁. 杨振宁文录. 海口: 海南出版社, 2002.

$$
\begin{aligned}
&\nabla \cdot E = 4\pi\rho, && \text{库仑定律}\\
&\nabla \cdot H = 0, && \text{高斯定律}\\
&\nabla \times H = 4\pi j + \dot{E}, && \text{安培定律}\\
&\nabla \times E = -H. && \text{法拉第定律}
\end{aligned}
$$

这些定律的实验基础来自 18 世纪后半叶开始的近五十多年中, 物理学家所做的有关电与磁方面的基本实验, 熟悉这些定律, 使得法拉第 (1791—1867) 创造了力线的几何概念 (图 1) 和场的概念. 法拉第是一名实验物理学家, 他具有深刻的直觉, 但是他不擅长数学, 因此不能用数学的语言描述他的电与磁的概念.

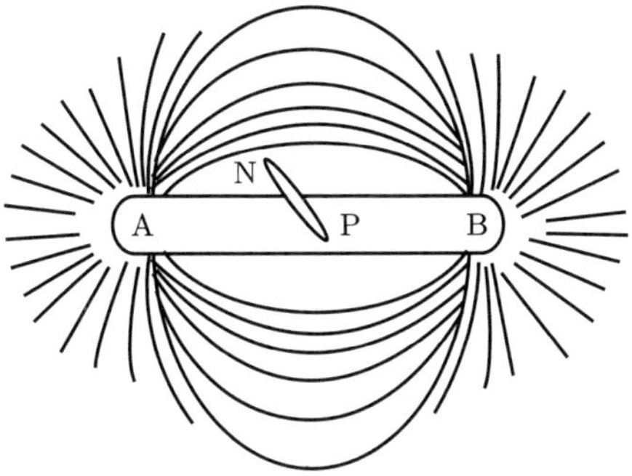


图 1　法拉第对力线富有哲理性的处理

虽然法拉第提出了场的概念, 但 "场论" 这个术语的发明权应属于麦克斯韦 (1831—1879). 1865 年年轻的麦克斯韦曾发表了一篇文章, 这篇文章理所当然地被认为是 19 世纪物理学界中最伟大的一篇文章, 文章的题目是 "电磁场的动力学理论". 文章中有两句话是这样写的: "我所提出的理论之所以称作电磁场理论, 这是因为它必须与带电体或磁物体附近的空间有关. 它也可以称作动力学理论, 这是因为这个理论假定在此空间存在着物质运动, 这种运动产生了所观测到的电磁现象." …… "电磁场是空间的一部分, 它包围着处于荷电或荷磁状态的物体." 通过这些清楚的叙述, 麦克斯韦的方案是用数学公式写出法拉第已经表达的物理思想. 在写这篇文章的过程中, 当他把实验定律总结为方程形式时, 他发现只有通过附加位移电流才可消除存在的矛盾, 这个发现具有伟大的重要性, 并说明直觉往往是不够的. 而一个详细的数学公式是决定性的, 因为借助于这些数学公式, 人们就能够使用完善的数学工具进行运算.

引入了位移电流之后, 麦克斯韦继而阐明了他的方程允许有波动解, 他推导出了波的速度并与所观测到的光速相比较, 得到了重大的结论: 光的传播就是电磁波的传播.

麦克斯韦告诉比他年长 40 岁的法拉第, 他用数学形式表达了他的物理思想. 法拉第钦佩年轻的麦克斯韦的成就, 但并不完全放心. 作为一个真正的实验学家, 他担心过多地使用数学公式有损于他的物理思想. 今天许多实验学家对接受在理论家的语言中日益盛行的现代数学时, 也同样地持有踌躇的态度.

麦克斯韦谈到了传光的媒质 —— 以太, 他这样做是很自然的, 因为在那个时代, 力学规律被认为是最基本的, 而一个力学模型当然必须在一种媒质中构造. 麦克斯韦为了解释他的方程组, 非常精心地构造了力学模型. 麦克斯韦对自己的模型的态度是矛盾的, 有些地方他说这些模型并不是本质的, 仅仅是为了教学, 另外一些地方他又说这种媒质必须存在.

爱因斯坦在他的自传中引述了这些材料, 并且自问, 为什么对物理学家来说, 扬弃静止以太的概念如此困难, 他的结论是: 在 19 世纪波的传播必须在媒质中进行, 而 “真空” 恰恰被认为是媒质的一种特殊情况.

许多物理学家研究了麦克斯韦方程组, 他们当中有赫兹 (Hertz, 1857—1894), 洛伦兹 (Lorentz, 1853—1928) 以及庞加莱 (Poincaré, 1854—1912). 一个特别重要的发展是洛伦兹变换的发现, 这种数学代换导致麦克斯韦方程不变. 但是需要有爱因斯坦这样的天才, 才能告诉物理学家这些变换的精确含义.

虽然庞加莱才华横溢, 洛伦兹学识渊博, 但他们都不敢迈出决定性的革命的一步, 去重新检验我们的同时性概念. 这个概念或许不只是从我们的父辈那里学来的, 而简直就像经过漫长的进化过程遗传到我们的基因中一样.

概括起来,

电磁的经验规律
↓
力线
↓
麦克斯韦方程组(第一个场论)
↓
洛伦兹变换
↓
平直时空的几何

于是, 在概括电磁经验规律的历史发展中, 导致了力线的概念. 用数学形式表达这一概念, 给出了麦克斯韦方程组. 麦克斯韦方程组导致了场论的诞生, 而场论至今仍然是粒子物理的中心论题. 麦克斯韦方程组还导致了洛伦兹变换的概念, 这个变换通过爱因斯坦的工作揭示了平直时空的几何.

爱因斯坦所作的一个特别重要的结论是对称性起了非常重要的作用, 在 1905 年以前, 方程是从实验中得到的. 而对称性是从方程中得到的, 于是 —— 爱因斯坦说 —— 闵可夫斯基 (Minkowski) 做了一个重要的贡献. 他把事情翻转过来, 首先是对称性, 然后寻找与此对称性一致的方程.

这种思想在爱因斯坦的头脑中起着深刻的作用, 从 1908 年起, 他就想通过扩大对称性的范围来发展这一思想. 他想引进广义坐标对称性, 而这一点是他创造广义相对论的推动力之一. 另一个推动力是等价原理的思想, 这两者结合在一起, 经过七年多的奋斗在 1915 年, 他终于给出了一个弯曲时空的几何与广义相对论.

广义相对论是一种场论, 这个奇异的创造也深刻地影响了爱因斯坦自己, 他强调指出, 我们应当在它的基础上建立物理理论. 并且包括更多的物理世界. 如图 2 所示, 在那个时代除引力之外, 唯一熟知的相互作用是电磁相互作用, 因此他想建立这两种场的统一场论.

这个计划耗费了他后半生的大部分时间, 在《相对论的意义》

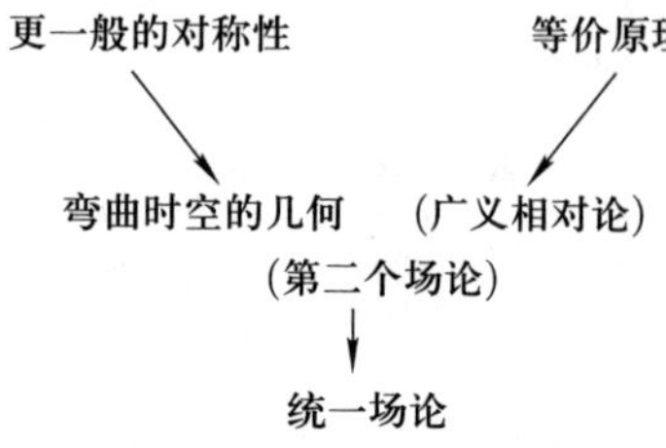


图 2

最后一版中, 他增添了一个附录, 在这个附录中, 他提出了一种具有非对称度规 $g_{\mu\nu}$ 的统一场论, 他认为反对称部分代表电磁场张量 $F_{\mu\nu}$. 这种努力不是特别成功的. 有一段时间里, 在一些人当中一直有个印象, 认为统一场论的思想像一种魔力缠住了老年的爱因斯坦. 是的, 它是一种魔力, 但是它是理论物理的基本结构所应具有的洞察力. 我还应当附加上一点, 这种洞察力是当代物理大量的研究课题.

这种强调统一场论的思想立即产生了一些后果, 许多著名的数学家包括莱维 - 齐维塔 (Levi-Civita)、嘉当 (Cartan) 以及外尔 (Weyl) 都深入地考虑了时空数学结构可能增加的性质.

外尔努力将电磁场纳入引力, 他的思想导致了 "规范理论". 这一发展可以追溯到 1918 年和 1919 年, 由于坐标不变性的处理, 产生了引力理论. 外尔认为一种新的几何不变性可以与电磁相联系, 他提出了标度不变性. 如果 $x^\mu$ 与 $(x^\mu + \mathrm{d}x^\mu)$ 是两个相邻近的时空点, $f$ 描述在 $x^\mu$ 点的场.

$$f + \frac{\partial f}{\partial x^\mu}\mathrm{d}x^\mu$$

表示在 $x^\mu + \mathrm{d}x^\mu$ 点的场. 外尔考虑用一个标度因子将 $f$ 作依赖于时空的重新标度, 该因子在下表的第三行中给出:

| | | |
|---|---|---|
| 坐标 | $x$ | $x^\mu + \mathrm{d}x^\mu$ |
| $f$ | $f$ | $f + \frac{\partial f}{\partial x^\mu}\mathrm{d}x^\mu$ |
| 标度 | $1$ | $1 + S_\mu \mathrm{d}x^\mu$ |
| 标度的 $f$ | $f$ | $f + (\partial_\mu + S_\mu) f \mathrm{d}x^\mu$ |

(1)

特别注意标度因子 $1+S_\mu \mathrm{d}x_\mu$.

当时外尔看到了两点: 第一, $S_\mu$ 具有和电磁势 $A_\mu$ 相同的分量数目. 第二, 由进一步的发展, 他证明了当要求理论在标度变更下不变时, 仅仅有 $S_\mu$ 的旋度而不是 $S_\mu$ 本身出现, 这也是 $A_\mu$ 的一个特点, 所以他将 $S_\mu$ 等同于 $A_\mu$.

然而这个思想并不成功. 一些人讨论了这个理论, 其中包括爱因斯坦. 他证明外尔的理论不能描述电磁作用, 外尔放弃了这个思想.

到了 1925 年, 量子力学诞生了, 它是完全独立于上述讨论而发展起来的.

我们都知道, 在包含电磁的经典力学中, 不是以粒子的动量 $p$ 出现, 而是以下面的组合形式出现:

$$\pi_\mu = p_\mu - \frac{e}{c} A_\mu.$$

在量子力学中, 它由下式所代替:

$$-\mathrm{i}\hbar\left(\partial_\mu - \frac{\mathrm{i}e}{\hbar c} A_\mu\right). \tag{2}$$

这是福克 (Fock) 在 1927 年指出的. 随即伦敦 (London) 将表达式 (2) 与 (1) 中增量算符 $(\partial_\mu + S_\mu)$ 相比较做出结论: $S_\mu$ 不能等同于 $A_\mu$, 而是等同于 $\frac{-\mathrm{i}e}{\hbar c}A_\mu$. 一个重要的新要点仅仅是虚数单位 i 的引入, 这一点具有深远的影响, (1) 的标度因子变为:

$$1 - \frac{\mathrm{i}e}{\hbar c} A_\mu \mathrm{d}x^\mu \approx \exp\left(-\frac{\mathrm{i}e}{\hbar c} A_\mu \mathrm{d}x^\mu\right). \tag{3}$$

它是相因子改变, 而不是标度的变化, 因此局域相因子不变性是电磁作用的量子力学的特征. 起初, 外尔自己将这个想法称为 Masstab Invarianz, 后来改变了命名, 称为 Eich-Invarianz. 早在 1920 年就将它译成英文称为规范不变性 (Gauge Invariance).

如果我们今天重新命名, 显然我们就要称它为相位因子不变性, 并且将规范场称为相位场.

一旦我们理解了规范不变性就是相因子不变性, 我们就会发现关键的思想是不可积相因子, 将复数的简单的相因子用更复杂的相因子即李群的一个元素代替, 就导致了非阿贝尔规范理论 (见图 3).

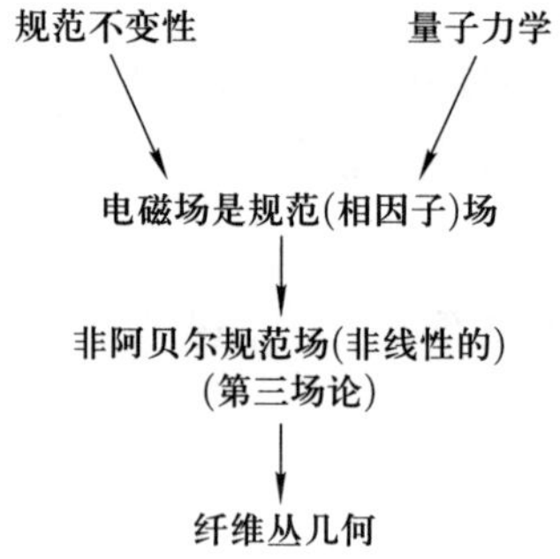


图 3

然而从历史上说, 非阿贝尔规范场的概念不是源于这种方式, 而是出自于两个根源.

一个根源是局域对称性的概念, 它说起来很简单. 质子和中子非常相像, 它们组成同位旋的双重态, 但它们又并非完全相同, 因为一个是带电的, 而另一个则不带电, 同时两者具有微小的质量差. 每个人也都相信, 如果能够去掉电磁作用的话, 那么它们将会变得真正地等同. 于是让我们进入这样一种世界, 我们可以称核子中的一个为质子, 另一个为中子, 但这仅仅是一种约定. 实际上可以取两个态的任意的线性组合, 并采用一种约定, 称它为质子, 而称垂直于它的态为中子, 这就引起一个问题, 在这间屋子里这种约定的选择是否对在隔壁房间正在做实验的人也有约束呢? 也就是说, 在不同时空点的每个观察者是否都可以独立地选择他们的约定呢?

如果你相信这种约定是可以独立选择的, 你就应该构造一种理论, 在这个理论中, 允许点到点的约定自由, 你就很自然地得出 $SU(2)$ 非阿贝尔规范理论.

导致非阿贝尔规范理论的第二个动机如下: 我们都知道, 20 世纪 50 年代物理学家发现了具有不同质量、自旋、宇称和同位旋的各种介子, 大家就忙于想写出它们间的相互作用形式. 但仅仅给定了洛伦兹不变性与整体内部不变性 (同位旋) 的自洽性要求, 还是有大量的允许的相互作用形式存在, 并且没有一般的原则去选择. 另一方面, 任何新粒子的电磁作用又总是用一种唯一的方式通过 $(p-e/c)A$ 的方法描述. 即只要你有一个守恒量 (电磁情况下是电荷), 规范原则允许你用唯一的方式写出相互作用形式. 由于除了电荷之外, 还存在其他的守恒量. 例如同位旋, 问题是: “对于同位旋我们能完全重复同样的步骤吗?” 这样做下去, 我们就得到了一般的非阿贝尔场.

显然可以看到, 非阿贝尔规范场与麦克斯韦场完全不同, 它具有所希望的非线性. 因此在没有外源的情况下, 它能自身产生, 我们需要非线性场论是爱因斯坦所反复强调过的.

非线性规范理论的另一个有吸引力的特点与刚刚讨论过的第二个推动因素直接有关, 它允许人们用一个耦合常数写出相互作用. 而这一点是今天努力将所有强、电磁和弱相互作用统一起来的中心论题.

我们今天离大统一还很远, 但是过去 6 年的实验已经表明: 弱、电磁统一的模型 —— 温伯格 - 萨拉姆 (Weinberg-Salam) 模型令人惊异地同实验符合. 这个模型由两个概念组成, 一个是非阿贝尔规范理论, 另一个是对称性破缺.

对称性破缺的概念是很巧妙的. 我们必须处理自然界不是完全对称的, 质量和耦合常数也不全部相同这样一个事实. 对称性破缺机制允许人们有一种理论, 在这个理论中, 相互作用拉氏函数具有完全的对称性, 而同时又顾及实验结果不完全是对称的. 在晶体中可以看到对称破缺的例子. 晶体的哈密顿具有完全的旋转对称性, 这种对称性在液相中是明显的, 但是在低温下, 系统变成固体后, 物理上就不再是旋转对称系统. 换句话说, 某些问题中的对称系统, 经过对称破缺机制, 可能引起非对称的实验结果.

将规范场与对称破缺的思想相结合, 温伯格在 1967 年, 萨拉姆在 1968 年构造了一个弱、电磁统一模型, 虽然从理论角度来看, 它是许多可能模型中的一个, 但它与实验符合得非常好.

我想强调在一个对称性破缺的模型中, 没有完全对称性是一种低温效应, 如同在统计物理中那样. 从这一观点来看, 在做通常的高能实验时, 我们总是在绝对零度探测对称性破缺的规范理论, 无论能量多么高, 初态总是处于绝对零度. 因此完全对称性是绝不能在任意能量下去实现的. 然而如果我们能达到一个足够高的温度范围, 就能看到恢复了的完全对称性. 这是令人满意的, 因为它意味着完全对称性在原则上可以直接为实验所检验.

也有许多人努力发展强相互作用的规范理论, 关于这方面, 本书后面还有许多讨论.

在关于规范场的历史起源的图中 (图 3), 我说明了一些概念的发展, 而物理学家已经发现这些概念在描述实验定律时是必要的, 这些概念起源于对物理现象的认识. 因此, 结果表明规范场的概念等同于一个称作纤维丛的几何概念是令人惊异的. 这些几何概念是由一些数学家很早就在同任何物理实际无关的情况下发展起来的.

不仅规范场是一种几何概念是对的, 而且业已清楚, 拓扑复形对规范场也是重要的. 这一点的评价可从狄拉克的磁单极、特霍夫特 ('t Hooft) 的磁单极以及贝拉万 (Belavin) 等人的赝粒子解中看到. 实际上, 例如通过狄拉克磁单极所必需的拓扑复形, 使我绝对地相信, 诸如麦克斯韦场的规范场, 不仅仅在于它能够用纤维丛的几何语言来表达, 还在于必须这样表示才能表现出它们完全的意义.

20 世纪中物理学的基本概念的发展业已表明可以纳入一些深刻的数学概念的框架.

| | |
|---|---|
| 狭义相对论 | 四维时空 |
| 广义相对论 | 黎曼几何 |
| 量子力学 | 希尔伯特空间 |
| 规范理论 | 纤维丛 |

这个表中未包括数学作为求解物理学中数学问题的工具等具

体应用. 然而如果认为数学与物理两个学科的交叠非常大的话, 也是不对的. 它们并非如此 (见图 4), 它们有其各自的目的与特点, 它们有性质截然不同的判断标准, 它们有不同的传统. 在基本概念的层次上, 它们令人惊异地共用一些概念, 即使在这里, 每一学科的生命力都是按照各自的脉络行进.

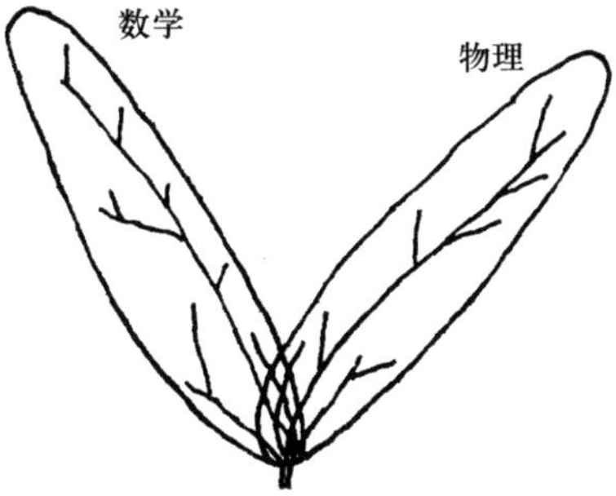


图 4 数学与物理的交叠

(葛墨林, 罗春荣译)

# 关于理论物理发展的若干反思*

杨振宁

---

今天上午我要讲的是, 最近几百年来有关理论物理发展某些方面的几点彼此松散相关的看法.

1936 年, 在英国有一次拍卖, 其中拍卖了牛顿 (Isaac Newton, 1643—1727) 的许多论文, 这是牛顿在离开三一学院赴伦敦时放在一只箱子中的. 伟大的经济学家凯恩斯 (Keynes) 开始收集并重新编订这些论文. 他成功地收集了其中的一半. 在研读了这些论文之后, 他于 1946 年写了一篇令人感兴趣的文章 [1], 标题为《牛顿其人》(Newton, The man). 这篇文章对牛顿在人类知识历史中的地位作了有洞察力的评价. 让我从这篇文章中引用两小段:

“从 18 世纪以来, 牛顿曾被认为是近代第一个最伟大的科学家, 一个理性主义者, 一个教导我们按照客观的和不加色彩的理智来思考问题的人. 我却不用这种眼光来看待他. …… 牛顿不是理性时代的第一个人. 他是最后的一位巫师, 最后一个巴比伦人和苏曼尔人, 最后一位伟大的智者, 他看待周围世界和智识世界, 和几千年前开始建立我们知识遗产的那些人的眼光一样.”

---

*原载: 世界科学, 1993(6).

凯恩斯是正确的. 在牛顿的总共有 100 多万字的论文中, 除了他的数学著作外, 还有他 "研究" 神学问题和炼金术的大量记录. 他深深地沉浸在神秘与奥秘之中. 在如此大的干扰下, 他能够集中进行清晰的数学思维, 写出他的巨著《原理》(The Principia), 这必须被看成是伟大的历史奇迹之一.

在牛顿活着的时候, 人们已经明白, 他为人类开创了一条充满力量的光明之路. 他终究解决了 "世界系统" (这是《原理》第三册的标题) 的奥秘, 当然, 那是自人类文明以来, 人类社会的最大的奥秘. 亚历山大 · 波普 (Alexander Pope) 以感激之情写出了下面不朽的诗句:

"自然与自然规律为黑暗隐蔽:

上帝说, 让牛顿来! 一切遂臻光明."

人们并将它刻在牛顿的出生地林肯郡沃尔沙普的房间的壁炉上方.

那是 1727 年. 60 年之后, 拉格朗日 (Lagrange, 1736—1813) 的《解析力学》(Mécanique Analytique, 1788 年) 出版了, 力学科学, 包括天体力学和地球力学, 都已成熟了, 关于宇宙结构的宏观和微观的力学观点终于得以形成. 这时, 科学完全脱离了宗教, 并以充沛的活力做好了起飞的准备, 它给人类带来了各种或好或坏的后果.

在拉格朗日的时代, 人们将解析力学看作是数学的一部分. 例如, 拿破仑曾说过: "拉格朗日是数学科学中高耸的金字塔." 令人感兴趣的是, 在 1781 年, 拉格朗日写信 [2] 给良师益友达朗贝尔 (d'Alembert, 1717—1783) 说:

"我也认为, 矿藏挖得太深了, 假如没有发现新矿脉的话, 迟早将必须放弃它. 目前, 物理学和化学展现出光彩夺目的宝藏, 而且容易开发, 因此显然地, 人们完全转到这一方向, 总有一天, 科学院中几何学教授的职位可能会落到像现今大学中阿拉伯语教授的那种地步."

拉格朗日称之为矿藏的就是由《原理》所发展出来的数学和物理学. 他称之为物理学的, 就是对热、光、声、电、磁的研究. 他确实成功地预言了以后几年中在后几种领域中所发现的丰富宝藏. 但他的错误在于没有认识到, 数学中 "新的矿脉" 并不直接和《原理》相联系, 事实上, 正是后来从他自己解方程的一些研究中才体现这种联系, 导致群的理论, 以及在 19 世纪和 20 世纪的数学和物理学中扮演主要角色的其他代数结构.

19 世纪物理学中第一个重大发现是奥斯特 (Oersted, 1777—1851) 在 1820 年发现了关于电与磁之间的联系. "电磁" 和 "电动力学" 等词就出自这一工作. 又因为这项工作以及后来安培 (Ampère, 1775—1836) 等人的研究, 法拉第 (Faraday, 1791—1867) 试图从磁造出电, 于是在 1831 年发现了电磁感应. 在接着的四分之一世纪中, 法拉第实实在在地做了几百次实验, 并将它们发表在 1831—1854 年的《哲学汇刊》(Philosophical Transactions) 上. 这些实验报告描述了重要的工作, 包括了电与磁现象的整个领域: 感应、电解、静电、绝缘体、抗磁体等. 但对 20 世纪的物理学家来说, 它们是不容易读的. 因为没有公式, 它们只是描述了法拉第试图以他的直观来理解有关电磁探究的细节.

这些探索包含了后来深深影响物理学历史的两个重要概念: 磁力线和电紧张 (Electrotonic) 状态. 首先, 法拉第宁可将带电物体或带磁物体间的力看作沿着力线发生, 而不看作远距离的作用. 其次, 他相信环绕磁体的状态 [3] 或情况是

"一种压紧状态或一种振动状态, 或许是类似于电流的某种状态, 它是与磁力线紧密有关的某种状态." (1)

在别处他称这种状态为电紧张状态.

在 1854 年, 就是法拉第停止发表他的实验结果的那一年, 年轻的麦克斯韦 (Maxwell, 1831—1897) 从剑桥大学毕业了. 那一年初, 他写信 [4] 给威廉 · 汤姆孙 (William Thomson, 1824—1907), 信的开头如下:

"亲爱的汤姆孙:

由于我已进入了不神圣的学士等级, 我就开始想到读书. 能有一段时间遨游在公认有价值的、尚未读过的但应当去读的书籍中

间, 这是非常令人愉快的. 但我们都强烈地倾向于回到物理学课题, 并且我们这里的几个人希望去攻读电学.

假设一个人具有电学示范实验的通俗知识, 又有些厌恶墨菲 (Murphy) 的《电学》, 那么他应当如何去进行阅读和工作, 以领悟这一课题并使之用于进一步阅读?

假如他希望阅读安培、法拉第的著作, 那么应怎样来安排, 又在哪个阶段他可以阅读你在剑桥期刊上的文章?

假如在你的心中已有了对上述问题的回答, 那么我们这里的三个人都愿意将你具体写出来的回答看作忠告.

1854 年 2 月 20 日于三一学院"

汤姆孙是一个天才, 他那时才 30 岁, 但已在格拉斯哥大学当了 8 年自然哲学教授. 他是电磁学理论方面的第一流权威, 又是麦克斯韦的一个亲密朋友. 麦克斯韦接近汤姆孙是幸运的, 因为汤姆孙在 1851 年引入 [5] 了现在称为向量势 $\boldsymbol{A}$ 的概念, 以表达磁场 $\boldsymbol{B}$ 如下:

$$\nabla \times \boldsymbol{A} = \boldsymbol{B}. \tag{2}$$

(当然, 汤姆孙不是使用向量记号, 他写出三个方程, 即 (2) 的三个分量来代替.) 我不知道汤姆孙是怎样回答麦克斯韦的, 但除了别的事情外, 很自然地会猜想他要麦克斯韦注意他的 1851 年的论文, 我们确实知道, 在一年多以后, 麦克斯韦发表了他的使物理学产生革命的两篇论文中的第一篇 [6, 7].

麦克斯韦的论文是非常难读的. 或许那就是为什么大多数近代有关麦克斯韦工作的参考文献都集中于他的第三篇论文 [8] 和他的《电磁学专论》(Treatise on Electricity and Magnetism, 1873 年), 而不看重前两篇论文, 事实上, 前两篇文章已包含了一切重要的思想.

这两篇论文的第一篇中的关键性想法是将汤姆孙引入的向量势认同为法拉第的电紧张强度:

$$\text{向量势}=\text{电紧张强度}. \tag{3}$$

麦克斯韦深刻地认识到这一认同的重要性. 该论文的第二部分带有标题: 论法拉第的 "电紧张状态", 也就是在这一部分中做出了上述等同. 麦克斯韦十分谨慎地把功劳归于汤姆孙和斯托克斯 (Stokes):

"关于目前理论的历史, 我可以说, 认识到将某些数学的函数作为表示法拉第的'电紧张状态', 并且利用它们来决定电动势和电动力, 就我所知, 是我首创的, 但数学表达式的可能性的清晰概念, 是在阅读了 W. 汤姆孙教授的论文后才出现在我的头脑中 ……. 斯托克斯教授曾向我指出, 他曾在他的《衍射的动力学理论》中使用过类似的表达式 (剑桥大学学报, 第 9 卷, 第一部分, 第一节)."

麦克斯韦是怎样得出关键的同一性认定 (3) 呢? 关于这点我们从来不能确切知道, 但我大胆地猜测, 麦克斯韦曾仔细地研究了汤姆孙的论文, 并且做了许多 "例子". 事实上, 他在文献 [6] 的末尾, 加上了 12 个这种 "例子" 作为附录. 例 10 对沿球体纬度绕有厚度 $t$ 的导线的球状电磁体, 明确地给出了向量势的分量 $\alpha_0, \beta_0$ 和 $\gamma_0$. 例 12 对在一个均匀的磁力线场影响下的传导物质做成的旋转壳体的情况, 给出了类似的分量 (法拉第在他的《实验研究》第二辑中曾研究过这一现象). 作这样的猜测是自然的, 由于熟悉向量势, 麦克斯韦最后明白了法拉第在上面引文 (1) 中的模糊陈述意味着什么.

无论如何, 在标题为《电紧张状态的概要》一节中, 麦克斯韦陈述了六个定律. 以近代的记号, 其最后一个就是

$$\boldsymbol{E} = -\mathring{\boldsymbol{A}}/c, \tag{4}$$

经过一次积分, 那就是法拉第定律

$$\nabla \times \boldsymbol{E} = -(\nabla \times \mathring{\boldsymbol{A}})/c. \tag{5}$$

实际上, 在麦克斯韦的一生中, 他将向量势看作电磁理论中的基本量. 在 1873 年, 作为卡文迪什 (Cavendish) 讲座的教授, 在著名的专论中, 他写道:

"法拉第在早期研究中想到的感应电流, 仅依赖于这样一个量的改变, 而不依赖于该量的绝对值大小 …… 在实验过程中, 经过

紧张的思维, 但没有数学计算的帮助, 他认识到存在某种东西, 现在我们知道它是一个数学量, 并且甚至可以称之为电磁理论中的基本量."

那个量就是向量势, 在麦克斯韦的所有出版物中, 他总是明白地写出他的方程, 以向量势扮演主要角色. 只是在许多年之后, 赫兹 (H. Hertz) 与赫维赛德 (Heaviside) 消除了 [9] 向量势, 从而产生了 "赫兹与赫维赛德形式的麦克斯韦方程" (随着量子力学的发展, 通过阿哈罗诺夫 – 玻姆 (Aharonov–Bohm) 实验, 向量势变成了 [10] 一个可测的量, 不可能完全被消除).

现在让我们回到上面提到过的文献 [6] 的那节中概括的 6 个定律. (与那最后的定律相关), 其他 5 个定律联系到各种形式的安培定律, 其中麦克斯韦反复地利用了下列两式的一致性: (用现代的记号) 方程

$$\nabla \times \boldsymbol{H} = 4\pi \boldsymbol{j}/c \tag{6}$$

通过斯托克斯定理, 等同于

$$\int \boldsymbol{H} \cdot \mathrm{d}l = 4\pi \iint \boldsymbol{j} \cdot \mathrm{d}\sigma/c. \tag{7}$$

此式还没有一个名称 [11]. 麦克斯韦意识到, 法拉第的想法一般被表示为积分形式, 如上面的 (7) 式, 但当时通常的数学思维趋于循着微分形式, 如上面的 (6) 式. 为了强调这一点, 他后来在《专论》第一版的前言里写道:

"当我着手研究法拉第的著作时, 我察觉到, 他构想现象的方法也是一种数学的方法, 虽然没有被表达成通常的数学记号的形式. …… 当我将我认为是法拉第的想法翻译成数学形式时, 我发觉, 一般来说, 两种方法的结果是相一致的, 因此, 对同一现象, 用两种方法推出了同样的行为法则, 但法拉第的方法类似于我们从整体开始, 然后通过分解以得出各个部分的那种方法, 而通常的数学方法是基于这样的原则: 从各个部分开始, 然后通过综合建立起整体. ……" (8)

那就是说, 法拉第使用积分形式, 而通常数学方法使用微分形式.

顺便说一下, 斯托克斯定理当然是近代微分几何中关键性思想, 用今天的数学语言, 它具有非常简单的形式:

$$\int_{\partial R} \boldsymbol{A} = \int_{R} \mathrm{d}A. \tag{9}$$

它的第一次引入 [11] 应当归功于斯托克斯与汤姆孙, 而麦克斯韦则用它将法拉第的积分型的观念翻译为微分方程, 因而创造了场论. 也只有麦克斯韦才能欣赏到它的深刻的数学意义.

在麦克斯韦的关于电磁学的第一篇论文 (文献 [6]) 发表后 5 年左右, 他又发表了关于这一课题的第二篇论文 [7], 其中他得到了位移电流的思想, 并导致 "光是横向电磁波状态" 的历史性结论.

那篇论文分成四部分, 其中第一与第二部分发表于 1861 年的 3 月 、4 月与 5 月, 第三部分发表于 1862 年的 1 月与 2 月. 很奇怪, 位移电流引入得较迟, 是在第三部分的一个命题 (命题 14) 中作为第一部分的一个前面的等式 (安培定律) 的校正而引入的. 那篇论文的目的在文章的一开头就说得很清楚. 联系到 1856 年的早期工作, 文章说道:

"在同一篇论文中, 我发现了 '电紧张状态' 的几何意义, 并指明如何推导电紧张状态, 磁、电流与电动力之间的数学关系式, 利用力学例子说明以帮助想象, 而不是要说明现象."

"现在我打算从力学的观点来考察磁现象, 从而决定一种介质中的什么样强度或什么样的运动可能产生所观察到的力学现象."

他当时所讨论的力学模型是 "分子旋涡" 理论, 这是一种非常复杂的模型, 直到现在我还不能理解它. 事实上, 我也不清楚他的关于位移电流的关键性的发现与模型的复杂性究竟有什么关系. 无论如何, 后人是幸福的, 麦克斯韦在下一篇论文中, 完全消除了旋涡模型 (见文献 [8]). 后来, 在 1873 年发表的《专论》中, 这一模型在书的主要部分中不起任何作用了.

在 1936 年的一篇文章 [12] 中, 拉摩 (Larmor) 公开了从 1854 年到 1879 年麦克斯韦写给汤姆孙的信件. 不幸的是, 其中有 1856—1861 年 5 年的空档, 大概是拉摩没有找到这一期间的任何信件, 在这一空档之后, 第一封信是 1861 年 12 月 10 日发出的, 显然, 那时麦克斯韦已发现了位移电流, 并已发现了电磁波的速度与光速的同一性. 不幸的是, 这封信没有说明他如何发现位移电流, 也没说明分子旋涡模型如何在位移电流中起作用.

法拉第于 1867 年 8 月 25 日去世. 麦克斯韦为他写了颂词发表在《自然》杂志上. 颂词的一部分具有强烈的维多利亚女王时代的风味:

“法拉第生活的国家是强大的, 假如我们中间有更多法拉第的话, 国家就会更加强大.”

对我来说, 颂词的最有兴趣的几段是麦克斯韦描述了法拉第的直观与数学之间的联系:

“法拉第利用他对磁力线的想法与电磁感应现象等同起来的途径, 表明他实际上是一个出类拔萃的数学家 —— 未来的数学家可以借助他的工作导致大量有价值的方法. …… 从欧几里得 (Euclid) 的直线到法拉第的磁力线, 这就是科学赖以前进的思想的特征, 并且由于自由地使用和动力学的观念, 我们可以期望有进一步的发展.”

显然地, 这些评语表明了麦克斯韦对法拉第直观地理解电磁学方程的积分形式的极大钦佩. 我们可以把这与法拉第对数学的怀疑态度相对照: 在 1857 年, 法拉第收到麦克斯韦关于电磁学的第一篇论文 [13] 后, 在 3 月 25 日写信给年轻的作者:

“我收到了你的论文, 为此非常感谢你. 我没有因为你提到了“磁力线”就冒昧地感谢你, 因为我知道你是出于关心科学基本原理的真理性而这样做的, 但你一定会认为那是令我愉快的工作, 从而给我更多的鼓励以继续去思考. 当我看到用这种数学上的力来支撑研究课题时, 我一开始几乎惊呆了, 可接着又惊奇地看到这一课题被处置得那么好.”

这就把我们带到了数学与物理学之间的微妙关系的题目上了,

这一题目是经过几百年逐渐发展的. 在最近一百年来, 数学变得越来越抽象, 有着脱离它的物理学源泉的强烈趋向. 著名数学家马歇尔 · 斯通 (Marshall Stone) 在一篇文章中雄辩地强调了这一趋向 [14]:

"虽然自 1900 年以来, 在我们的数学概念中, 或在我们关于数学的观点中, 已发生了若干重要的变化, 但思想方面真正卷入革命的一个变化, 则是发现了数学完全独立于物理世界. 比说 "思维产生于大脑" 这类含糊的意思更进一步, 可以将它说得稍微精确些, 即现今已认为数学与物理世界没有任何必然的联系. 可以毫不夸张地说, 这一发现标志着人类历史上最重大的知识进步之一, 就数学而言, 只有另一个伟大的发现可与之相提并论 —— 希腊人认识到, 几何学的经验事实可归结为一些逻辑的模式, 它们结合得如此之好, 以至于整个几何学可作为基于有限个公理之上的、内容协调的逻辑结构而出现."

照我看来, 斯通的话很有道理, 但并不全对. 虽然在 20 世纪中这两门学科的分离的势态变得越来越明确了, 但也确有迹象表明这两门学科从根本上是深深地联系着的. 其间的关系太微妙了, 以致不容许作简单、片面的描述.

我曾写到过 [15] 这一微妙关系的两叶理论 (见图 1) 如下:

"尽管数学与物理学之间的联系很深刻, 但认为两门学科交叠很多, 那将是错误的. 它们并不交叠很多, 它们有各自的目标和风格. 它们有不同的价值观, 不同的传统. 在基本概念上, 它们令人惊异地共同使用某些概念, 但即使在那些上面, 每个学科的生命力总是沿着它自己的叶脉流动."

交叠的面积只是每个学科的一小部分, 或许仅有百分之几. 例如, 实验物理学就不在交叠的区域中, 虽然它代表物理学中一大块研究领域. 有时, 交叠的面积会扩大, 例如, 当爱因斯坦 (Einstein, 1879—1955) 将黎曼几何引入物理学时. 但同时这两门学科的不相交叠的面积也大大地扩张了.

两门学科之间的微妙关系也产生了数学家与物理学家之间的

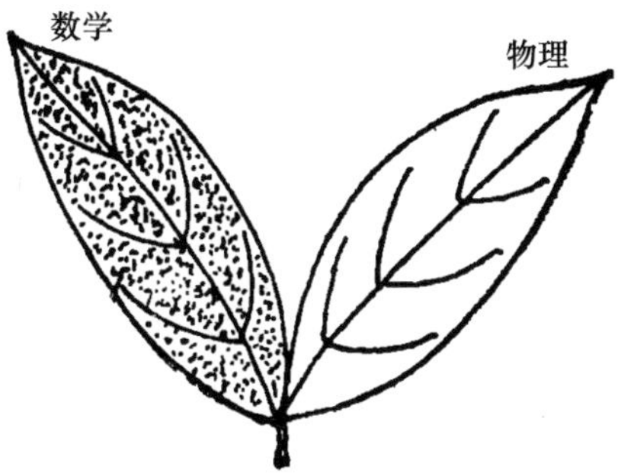


图 1 数学与物理学之间的关系的两叶理论

一种牵引力. 数学家倾向于离开物理学家, 但在物理学家中间, 有一些人认为数学家们是在自鸣得意, 依我看来, 这一现象的社会学还没有被充分分析过.

尽管 20 世纪中一大群数学家有脱离物理学的倾向, 但在这时期中, 交叠区域却大大扩张了: 黎曼几何、希尔伯特空间、李群、纤维丛、拓扑学和量子群都是当代物理学许多分支的概念性基础. 很难避免得出这样的结论, 自然界似乎倾向于用数学中漂亮的基本结构去组织物理的宇宙. 我们可以不明白为什么会这样, 但我个人坚信, 在 21 世纪, 交叠区域将继续扩大, 这对两门学科都会有益.

## 参考文献

[1] J. M. Keynes, Essays and Sketches in Biography (Meridian Books, N. Y., 1956).

[2] V. I. Arnold, Huygens and Barrow, Newton and Hooke, p. 107 (Birkhauser, 1990).

[3] W. P. Magie, A Source Book in Physics, p. 511 (Harvard University Press, 1969).

[4] J. Larmor, Proc. Camb. Phil. Soc. 32 (1936) 697.

[5] W. Thomson, Phil. Trans. Roy. Soc (London) 141 (1851) 243–285.

[6] J. C. Maxwell, On Faraday's Lines of Force, Trans. Camb. Phil.

Soc. 10 (1856) 27–83.

[7] J. C. Maxwell, On Physical Lines of Force, Phil. Mag. 21 (1861) 161, 281, 338; 23 (1862) 12, 85.

[8] J. C. Maxwell, A Dynamical Theory of the Electromagnetic Field, Phil. Trans. Roy. Soc. (London) 155 (1865) 459.

[9] J. F. Mulligan, Physics Today, March 1989, p. 50.

[10] C. N. Yang, Proc. 3rd Int. Symp. on the Foundations of Quantum Mechanics, p. 383 (Physical Society of Japan, 1990). 又 C. N. Yang, Hermann Weyl (Springer-Verlag, 1986).

[11] 麦克斯韦熟悉斯托克斯定理, 因为他在 1854 年初参加了史密斯奖考试 (Smith Prize Examination) (与路兹 (Routh) 一起得到第一名), 而考试的第 8 题就是要证明斯托克斯定理. 细节可参看 J. C. Maxwell 的 Treatise 第 24 页末尾, 又见 L. Larmor 关于 1854 年史密斯考试题的脚注, 在 Mathematical and Physical Paper of G. G. Stokes (Cambridge University Press, 1905) 第 5 卷第 320–321 页. 又见 C. W. F. Everitt, James Clerh Maxwell, p. 91 (Schribner's Sons, 1974).

[12] J. Larmor, The Origins and Clerk Maxwell's Electric Ideas, as Described in Familiar Letters to W. Thomson, Proc. Camb. Phil. Soc. 32 (1936) 695.

[13] L. Camptell and W. Garnett, The Life of James Clerk Maxwell, p. 519 (Johnson Reprint Corp., 1969).

[14] M. Stone, Am. Math. Monthly 68 (1961) 715.

[15] C. N. Yang, Proc. Second Marcel Grossmann Meeting on Gen. Relativity, R. Ruffini (ed.), p. 7 (North Holland, 1982).

(本文译自纽约州立大学石溪分校理论物理研究所预印本, 编号 ITP—SB—92—55. 郭毓陶译, 张奠宙校)

# 20 世纪物理学中各种对称性观念的起源*

杨振宁

---

对这位对称性的顶尖大师 Frank 杨, 的确不需要我多介绍了. 他大胆提出大自然该是怎样, 是非阿贝尔的. 令人多少感到惊异的是, 大自然同意了. (引自 Denys Wilkinson 的介绍)

今天下午我想和大家讨论 20 世纪物理学中各种对称性观念的起源. 大家将看到各种对称性的起源构成十分错综复杂的关系.

20 世纪是在一巨大的震响中开始的. 我们都知道在 1881—1887 年间, Michelson-Morley 实验的精度越来越提高, 这些实验检验以太到底是否存在. 实验的否定结果使 19 世纪末的物理学家大为困惑. 如果翻阅 1904 年圣路易斯博览会那 10 卷文集, 其中专门介绍科学和艺术发展至今日状况的有关篇章, 可看到当时还很年轻的 Poincaré、Boltzmann 和 Rutherford 等杰出人物写的文章. 他们大都认为物理学处在严重的困境中, 因为构成当时物理学基础的几乎所有的基本概念必须改变. 这种改变很快就出现了, 几个月后 26

*原载: 自然杂志, 1997, 19(6).

岁的 Einstein 发表了他的狭义相对论论文.

狭义相对论着重强调 Lorentz 对称性或 Lorentz 不变性, 事实上它是建立在此基础上的, 这是 20 世纪物理学的一个至关重要的概念. 我清楚地记得 1982 年在意大利 Erice 的那次会议, Dirac 参加了, 我也参加了, 一天 Dirac 问我: "你认为 Einstein 最重要的贡献是什么?" 我以前曾考虑过这个问题, 所以脱口而出: "广义相对论." Dirac 说: "的确, 广义相对论是很有特色、很漂亮的贡献, 但我认为他的最重要的贡献是狭义相对论." Dirac 的意思是由 Lorentz 对称性所导致的狭义相对论较之广义相对论对 20 世纪物理学产生了更为深刻的影响. 我想大家都会同意这样一种看法.

1905 年过后两年, Einstein 开始了广义相对论的工作, 这从他在 70 岁左右所写的回忆录中可以看到. 他叙述了 1907—1915 年间导致建立广义相对论的原始工作. 他说在 1907 年左右他思考狭义相对论是如何建立的. 首先在实验上经历了几乎近 100 年, 建立了电磁学的四个基本规律; 然后在 1865 年左右, Maxwell 写下了那十分重要的 Maxwell 方程. 1905 年人们清楚了 Maxwell 方程内在的漂亮的对称性. Einstein 说, 在 1907 年时他想 "为什么我们不能将这样的过程倒过来? 为什么我们不能从对称性出发建立符合对称性原则的基本方程, 并由此得到和方程符合的实验结果?" 他说这就是在 1907 年时的想法. 当时他正跋涉在一条艰难的道路上, 而最终导致了广义相对论的建立.

用今天的术语来说就是 "对称性支配相互作用第一时期". Einstein 选择了对称性, 即物理规律对坐标变换的对称性或不变性. 我们都知道正是出于这样的观念他写下了那优美的广义相对论方程, 并由此导致了检验广义相对论的三个基本实验.

过后不久, Einstein 坚信一旦搞清楚了引力的场论表示形式, 即广义相对论, 就应该将它和当时已经知道的另一种场论, 即电磁场统一起来. 事实上, 这也是他在以后的整个生涯中所探索的基本课题.

Weyl 是第一个从事此项工作的. 我们称为 "对称性支配相互

作用第二时期", 也就是规范理论的开始. Weyl 在 1918 年写了几篇文章, 这几篇文章用不同的方法讨论同一课题. 他当然深受 Einstein 和 Levi-Civita 的影响. 他的基本观点如下: 他认为按照广义相对论或黎曼几何, 如果将向量由时空中 $A$ 点经过两不同的路径移动到 $B$ 点, 在沿路径移动过程中始终保持向量平行, 最后到达 $B$ 点时两个向量的方向一般来说是不一样的. 他说为什么不能将这一概念用到长度上呢? 即如果向量的方向依赖不同路径的平行移动, 为什么不能提出向量的长度沿这一路径或另一路径亦不相同呢? 即他提出在移动中向量的标度是在变化的. 这就是他的最基本的想法. "规范" 这个术语来自我们所谈论的 "标度", 在德文中称为 "Eich", 到 1920 年翻译成英文的 "gauge".

我想对此作稍详细的讨论. Weyl 所指出的是如有相邻两点, 其位移为 $\mathrm{d}x^\mu$, 则可建立起标度的改变. 设起始点的标度为 1, 另一点的标度稍大于 1, 即可表示为以下形式

$$1+S_\mu \mathrm{d}x^\mu.$$

现将此概念应用到起始点的函数 $f$, 因 $f$ 和时空坐标有关, 所以在另一点有

$$f+\frac{\partial f}{\partial x^\mu}\mathrm{d}x^\mu.$$

如果将标度变换应用于此函数, 则在最低级近似下有

$$f+\left(\frac{\partial}{\partial x^\mu}+S_\mu\right)f\mathrm{d}x^\nu.$$

这样我们可得到一作用在函数 $f$ 上的算符为

$$\frac{\partial}{\partial x^\mu}+S_\mu.$$

他认为物理理论应该对与时空有关的标度变换保持不变. 接着指出, 由于不变性, $S_\mu$ 本身并不是物理可观察量, 而 $S_\mu$ 的旋度才是可观察量. 我们都知道 $A_\mu$ 不是可观察量, 但 $A_\mu$ 的旋度, 即 $F_{\mu\nu}$ 是可观察量. 因此他就将 $S_\mu$ 等同为 $A_\mu$. 这就是 Weyl 的原始的规范理论.

这一理论由于遭到 Einstein 的批评而陷入困境 (这将在下面再叙述), 所以 Weyl 有一段时期很灰心丧气. 随后就是量子力学的到来. 在 1927 年, 即量子力学建立后的第二年, Fock 和 London 独立地指出, 在量子力学中, 经典动量 $p_\mu$ 改成 $-\mathrm{i}\hbar\partial_\mu$, 因此在电磁学中带电粒子算符表达式为

$$\frac{\partial}{\partial x^\mu}-\frac{\mathrm{i}e}{\hbar c}A_\mu.$$

(我查阅了很多文献, 但没有找到在经典电动力学中首次出现 $p_\mu-\frac{e}{c}A_\mu$ 的文献. 我相信此式大概出现在世纪交替之际, 可能在 Lorentz 或 Larmor 的文章中. 但我至今没确切找到此式首次出现的文献.)

London 进一步指出 Weyl 的理论事实上是正确的, 但将 $S_\mu$ 和 $A_\mu$ 等同是不正确的. $S_\mu$ 应对应 $-\frac{\mathrm{i}e}{\hbar c}A_\mu$, 这里 $\frac{e}{\hbar c}$ 是一个常数, 可通过标度变换将它除去. 重要的是因子 –i 无法除去. 所以在定义 $S_\mu$ 或将 $S_\mu$ 等同为 $A_\mu$ 时如引入因子 i, 则 Weyl 的规范理论就完全正确了. 事实上这正是量子力学所要求的, 现在如将 $S_\mu$ 换成 $-\frac{\mathrm{i}e}{\hbar c}A_\mu$, 则这一表达式显然变为相因子

$$1+S_\mu \mathrm{d}x^\mu \to \exp\left\{-\frac{\mathrm{i}e}{\hbar c}\int A_\mu \mathrm{d}x^\mu\right\}.$$

也就是说, Weyl 的标度变换现在变为相位变换. 所以 Weyl 的规范变换概念实际上是相位变换的概念, 规范变换应为相位变换, 而规范理论应为相位理论. 虽然相位这一术语更有建设性也更有意义, 但大家至今仍沿用 20 世纪 20 年代的这一并不十分恰当的用词.

有了这些工作的进展, Weyl 在 1929 年又回到了他以前的工作, 引入了因子 i, 并将这些进展的工作系统化. 他指出有两种规范变换: “第二类规范变换” 是将 $A_\mu$ 加一梯度量

$$A_\mu \to A'_\mu = A_\mu + \partial_\mu \alpha;$$

而相位变换

$$\Psi \to \Psi' = \exp\left(\frac{\mathrm{i}e\alpha}{\hbar c}\right)\Psi$$

称为 "第一类规范变换". 这一段简述是我这一代物理学家所熟悉的, 但我们不是从 Weyl 的原始论文而是从 Pauli 在 1930—1940 年的论文中学到的, 我这一代研究生的场论知识就是从那里学来的. 另外在 Weyl 的这一论文中首次提出并写出二分量中微子理论, 但立即因 "非物理" 而遭到反对, 因为不保持宇称守恒.

现在我想谈以下两点:

首先是有关 Schrödinger 的 1922 年那篇鲜为人知的论文. Schrödinger 在 1922 年写此论文, 是在 Weyl 的原始规范理论论文之后, 但在量子力学之前. 他考虑了 Weyl 规范理论中的标度因子

$$1+S_\mu \mathrm{d}x^\mu \to \exp\left\{\gamma\int A_\mu \mathrm{d}x^\mu\right\}.$$

他引入因子 $\gamma$ 并将之应用于 Bohr 的旧量子论概念, 他说给出了 Bohr 轨道不寻常性质. 什么是不寻常性质呢? 如考虑圆半径为 $r$ 的 Bohr 轨道, Bohr 的量子化条件为

$$\oint p\mathrm{d}q = nh,$$
$$p2\pi r = nh,$$
$$pr = n\hbar.$$

Schrödinger 说, 如考虑 Weyl 标度改变中的指数因子

$$\oint A_\mu \mathrm{d}x^\mu = \int \varphi \mathrm{d}t = \frac{e^2}{r}\frac{2\pi r}{v} = \frac{2\pi e^2}{v},$$
$$\frac{e^2}{r^2} = m\frac{v^2}{r} \to \frac{e^2}{v} = mvr = pr,$$
$$\oint A_\mu \mathrm{d}x^\mu = 2\pi pr = (2\pi\hbar)n,$$

则 Weyl 积分为 $(2\pi\hbar)n$. 所以 Schrödinger 指出, Bohr 条件和 Weyl 指数因子为 $h$ 的整数倍事实上是一致的, 这就是他所说的不寻常的结果.

这一论文已为大家所遗忘, 被遗忘的一个原因是 Schrödinger 在 1926 年那些重要的论文中从未提及这篇 1922 年写的论文 (Schrödinger 在 1926 年写了六篇重要的论文导致了波动力学的建

立). 但在他 1922 年的论文中, 他的确指出指数中的 $\gamma$ 因子可能为虚数. 如果沿着这一概念追寻下去, 他可能在 1922 年就会建立量子力学.

两位科学史家 Raman 和 Forman 也指出了这一值得注意的历史事实. 他们写了一篇很有意思的文章: "为什么是 Schrödinger 建立了波动力学". 他们的观点是因为 Schrödinger 写了那篇 1922 年的论文, 因此他对沿着 Bohr 轨道的相位概念十分熟悉, 这使 Schrödinger 有成效地从事波动力学的工作. Raman 和 Forman 关于波动力学历史的这一观点后来被证实了, 因为 Hanle 发现了一封 Schrödinger 在 1925 年 11 月写给 Einstein 的信, 在信中他说 de Broglie 的论文和他 1922 年那篇文章非常相似, 而他目前正沿着此方向发展这方面的工作. 大家如想对此知道更为详尽, 可参阅我 1987 年在纪念 Schrödinger 诞辰百周年文集中的那篇文章, 文中我对此作了详细的解释, 其中对 Schrödinger 为什么在 1926 年没有提到 1922 年的那篇文章谈了我的看法. ①

第二点我想要谈的是和这一段发展有关的以下史实. Weyl 将 1918 年的论文寄给了柏林科学院. 在投寄论文前, 他曾和 Einstein 初步交换过意见, 他说自己已找到了表述电磁学的某种方法, Einstein 鼓励了他. 当他完成论文后即将预印本寄至柏林科学院, 编辑 Planck 和 Nernst 将预印本转给了 Einstein. Einstein 看了后说是错误的. 很幸运, Planck 和 Nernst 不像当今 *Physical Review Letters* 的编辑那样, 他们并没有拒绝这篇文章. 他们同意将 Weyl 的文章发表, 并请 Einstein 写一按语, 又请 Weyl 对此作一回答, 这三者一起发表了.

Einstein 是一位非常出色的持异议者, 他说什么呢? 他说, 如果 Weyl 先生的结论正确, 则在同一起始点的两把尺子, 一把尺沿这一路径, 另一把尺沿另一路径, 二者伸长或缩短是不一样的, 所以当到达同一终点时, 二者不再有相同的长度, 也就无法将尺标准化, 因此也就没有物理学. 这当然是个带有毁灭性的论据.

①译文见《杨振宁演讲集》. 天津: 南开大学出版社, 1989. —— 译者注

在 Weyl 的回答中, 他竭力却又无奈地申辩, 很明显他实际上无法做出摆脱 Einstein 反对意见的解释.

我前面已谈过, 在 1929 年当引入因子 i 后 Weyl 又回到了原来的工作并写了重要的文章. 就我所知, 没人再提 Einstein 的反对意见, Einstein、Weyl、Planck 都没有, 任何人都没有持异议. 我们可以问引入 i 后对 Einstein 的异议会怎样? 的确, 引入 i 后, 尺从这里到那里, 得到一与路径有关的相位, 但两把不同相位的尺仍具有相同的长度, 所以不再成问题.

但我们可以接着问 "相位差是否能测量?" 测量相位差, 必须做某种干涉实验. 每个人都知道, 不能使两把尺干涉, 至少目前不能. 但可使两个电子干涉, 所以如有两个电子 (如图 1 所示) 经过两不同路径, 就可测得它们的相位差. 特别是在两条路径构成的回路中置入螺线圈, 就可控制相位, 这就是著名的 Aharonov-Bohm 实验. 但 Aharonov 和 Bohm 在 1959 年写他们的论文时并不知道 Einstein 的反对意见. 关于这段历史, 在纪念 H. Weyl 诞辰百周年文集中我写了一篇文章, 1986 年由 Springer 出版社出版.①

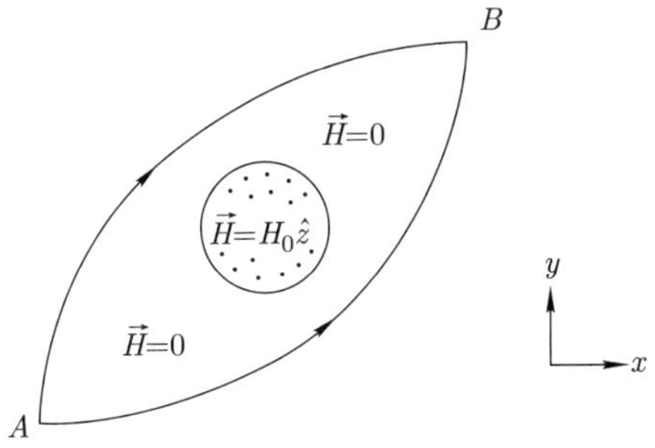


图 1

现在来讨论各种不同类型的对称性. 在量子力学建立前, 已经知道各种量子数, 20 世纪初 20 年中的某些年在原子物理中广泛地讨论到量子数, 例如 $n$、$l$、$m$、自旋、宇称等. 所有这些都是从实验上得到的, 因为它们和实验紧密联系. 只是在量子力学建立以后, 1927—1931 年之间由于 Weyl 和 Wigner 的工作, 群论才初显身手.

①译文见《自然杂志》1987 年 9 卷 11 期. —— 译者注

特别是在 $SO_3$ 和 $SU_2$ 群以及反演算符等方面, Weyl 和 Wigner 两人都做了十分清楚的讨论.

有一天我问 Wigner: “是谁第一个用 ‘宇称’ 这一词汇?” 他记不起来, 我也没有在文献中找到 “宇称” 在何处第一次出现. 但如果翻阅 Condon 和 Shortley 的那本在原子物理中十分重要的《原子光谱理论》(*The Theory of Atomic Spectra*, London: Cambridge, and New York: MacMillan, 1935), 可知在 1935 年已清楚表明 “宇称” 在量子力学中是十分重要的量子数了.

我相信对称性的考虑对物理学家显得日益重要的另一个十分重要的进展就是 Condon 和 Shortley 早在 20 世纪 30 年代在书中对 $LS$ 耦合、$jj$ 耦合那些复杂而又出色的讨论. 这些讨论促使 Racah 在战争年代大大地发展了 $SU_2$ 的 C-G 系数, 以及后来的 Racah 系数, 这些显然对当代物理学是十分重要的. 但在 20 世纪 40 年代末当我是研究生时, Racah 系数对我们是十分遥远的. 当时在芝加哥没有一个和我同时代的研究生, 也没有一个教师真正熟悉 Racah 系数.

正因为这样, 当群论首先在原子物理中应用时, 遭到物理学家的强烈抵制. 也许你们中有人听说过 “群害虫” 这一名称. 如果读一读 Weyl 那本群论的引言, 可发现当时一些人认为群论就像讨厌的害虫. 曾流传这样一个有名的故事, 当 Slater 发现可用波函数行列式而避免用置换群时, 人们就说他杀绝了群害虫.

电荷共轭的原始概念在理论上见于 Dirac 在皇家学会的那篇文章 (*Proc. Roy. Soc.*, 1930; A**126**: 360). 这是他提出 Dirac 方程之后的另一篇论文. 在他困惑于负能量状态时, 他提出了负能量海这一概念. Oppenheimer 和 Weyl 两人也都在这方面有工作. 而最后 Kramers (*Proc. Acad. Aust.*, 1937; **40**: 814) 和 Furry (*Phys. Rev.*, 1937; **51**: 125) 在 1937 年将电荷共轭不变的概念以更为明确的数学形式表达出来. 电荷共轭不变在实验上的证实和实现则是 1932 年正电子的发现和 1955 年反质子的发现.

时间反演不变有一段复杂的历史, 起始于 1930 年 Kramers 那篇

文章 (*Proc. Acad. Aust.*, 1930; **33**: 959). 文中指出在各种相互作用的具有奇数电子的许多原子系统中, 每一能级一定是双重的. Wigner 很快指出这是时间反演不变的结果 (*Nachr. Akad. Wiss. Göttingen Math-Phyk.*, 1932; 546). 这是一篇十分奇妙而重要的论文. 说它奇妙是因为它第一次指出时间反演算符不是幺正算符, 而是反幺正算符. 这一与众不同的概念并未被普遍接受. 如阅读 Pauli 在 1941 年发表在《现代物理评论》上的文章, 可发现 Pauli 并没接受 Wigner 对真正的时间反演不变含义的解释. 对时间反演不变 Pauli 没有用反幺正算符这样的概念. Lloyd 的论文 (*Phys. Rev.*, 1951; **81**: 161) 讨论了时间反演不变性的应用. 这篇文章在当时鲜为人知, 至今仍是这样的. 但该文首次指出由于系统的时间反演不变性, 则初态和末态的矩阵元的相位差, 例如: E2 跃迁和 M1 跃迁, 是可以测定的. 的确, 从更多的实验事实中我们可得知, 时间反演不变对决定相对相位是十分有力的.

CPT 定理也有一段复杂历史. Schwinger 在 20 世纪 50 年代早期的文章中已清楚地认识到 CPT 定理的结果, 但没有用数学形式表达这一定理. Lüders 第一个将之称为定理但没有一般性的证明. 后来 Pauli 在 Bohr 纪念文集上的一篇重要文章中叙述并证明了 CPT 定理 (*N. Bohr and the Development of Physics*, Pergamon, 1955). 这之后 Jost 在将 CPT 定理和场论中解析延拓相联系时给出了 CPT 定理的更为实质性的证明 (*Helv. Phys. Acta.*, 1957; **30**: 409). CPT 定理的真正实质性的应用首先在李、Oheme 和我的文章中, 是在 1957 年宇称不守恒实验以后. 而 1964 年在分析 $K^C$-$\overline{K}^C$ 衰变时, 对此就更为清楚了.

同位旋守恒最先是作为一种数学形式理论来讨论的, 和物理世界并没有什么联系 (Heisenberg, *Z. Physik*, 1932; **77**: 1). 随后在 1936 年, Breit、Condon 和 Present (*Phys. Rev.*, 1936; **50**: 825) 分析了 p-n 和 p-p 相互作用, 指出它们在同一状态下是等价的. 这导致 Cassen 和 Condon (*Phys. Rev.*, 1936; **50**: 846) 以及 Wigner (*Phys. Rev.*, 1937; **51**: 106) 1936 年和 1937 年的论文确立了同位旋守恒的

概念.

现在来谈不守恒. 在这次会上我第一次得知 P 这一符号.[①] 李和我 1956 年的论文提出弱作用中宇称不守恒也许可解释 $\theta$-$\tau$ 之谜. 说真的当时我们两人都不认为这可能就是真正的解释, 因为自然界为什么不遵从完美无缺的对称性呢? 文章写完后我们即转入统计力学的研究, 并为统计力学那些复杂的讨论而完全脱不开身了. 如果当时理解到这是正确的方案, 我们肯定不会在统计力学中花费那么多的时间. 大家都知道半年之内, 吴、Ambler 以及他们的合作者 (1957 年) 从实验上真正发现了在 $\beta$ 衰变中宇称是不守恒的. 之后不到几天, Lederman-Garwin 的实验出色地表明在 $\pi \to \mu \to e$ 一系列衰变中宇称又一次遭到破坏.

到了 1964 年, 我们都知道 Christenson、Cronin、Fitch 和 Turlay 向物理界公布了出色的也是决定性的实验结果, 即 CP 也不守恒. 20 世纪 50 年代末以后, 对称性的讨论在物理界成为一个居主导地位的课题. Gell-Mann、Ne'eman 及其他人在 $SU_3$ 对称性方面做了完美的工作, 并在 Brookhaven 的实验中证实了 $\Omega^-$ 的存在.

现在来谈 "对称性支配相互作用第三时期" —— 非阿贝尔规范场. 从 Weyl 的形式理论以及 Pauli 的评述性文章中, 物理学家已知道电动力学中所谓的规范不变性, 但当时只是将它用来检验计算结果正确与否. 事实上 40 年代末所有的博士后都知道在复杂的理论演算后, 常常提出一个时髦的问题, 其结果是否规范不变. 从某种意义上来说这也是当时唯一的用处.

Mills 和我觉得规范变换如适当地推广, 可以用来决定场方程本身. 我们当时认为这是很美妙的发展, 所以 1954 年我们写了文章. 阅读这篇文章, 可看出我们并没有将之与实际相联系, 主要的问题是规范场的质量. 我们知道当时并没有无质量带电荷的规范场, 也不知道如何将质量加进去. 到 1971—1972 年, 't Hooft 和 Veltmann 证明了非阿贝尔规范场可重整化. 由于非阿贝尔规范理论中的非线性项十分复杂, 证明重整化是一项十分困难的工作. 之后不久的

①指宇称不守恒. —— 译者注

另一项进展就是搞清楚了所有的规范场, 阿贝尔的和非阿贝尔的都和数学中的纤维丛概念相联系, 并在物理中引进了场论的拓扑概念, 这在以后的发展中是十分重要的.

另一项更为重要的进展是关于对称破缺的概念, Higgs 机制就是其中之一. 其基本思想是在数学上对称但在物理上并不对称, 这是一个非常妙的想法. 对称破缺的概念和非阿贝尔场相结合, 就得到了标准模型. 当引进囚禁的概念时, 则得到量子色动力学. 所以目前的情况是除了引力外所有的基本相互作用都是规范场.

引力是否为规范场? 人们可能会说是. 但准确说来它到底怎样为规范场并不清楚. 这是因为引力场更为复杂, 同时引力和量子力学的结合至今尚未完成.

1973 年提出了超对称这一美妙概念. 这是介于费米子和玻色子之间的又一种对称性. 费米子和玻色子在数学上和物理上都是十分不同的, 所以当我第一次听到超对称性时并不相信. 我认为可能只是检验到二级项或三级项, 而在所不知道的某高级项一定不成立. 当我清楚该理论后, 觉得其中确有奥妙之处, 但至今还没有实验检验超对称. 另外一个美妙的概念就是 1976 年发展起来的超引力. 所有这些想法都是沿着揭示新的对称性这一思路, 并以此帮助我们去解决那些悬而未决的问题.

回顾 20 世纪的物理学, 可以发现对称性的概念是一项非常重要的主题, 占据了当今理论物理的中心舞台. 我们无法预言 21 世纪将带给我们什么, 但我有把握地说在今后 10~20 年之内, 许许多多的理论物理学家将会继续运用各种对称性这一基本主题, 从理论上去了解物理世界的构造.

(本文为杨振宁教授在第一届亚原子物理国际会议上的报告, 由 W. Y. Pauchy Hwang 和 Keng-Hui Lin 整理成英文刊登在 *Chinese Journal of Physics* 1994; **32**: 1437–1447. 许伯威译)

# 麦克斯韦方程和规范理论的观念起源*

杨振宁

---

早在法拉第的"电紧张态" (electrotonic state) 和麦克斯韦的向量势 (vector potential) 概念中, 规范自由度 (gauge freedom) 的存在就已经不可避免. 它如何演化成为一个支撑粒子物理标准模型的对称原理? 这里有一段值得叙说的故事.

人们常说, 继库仑 (Charles Augustin de Coulomb)、高斯 (Carl Friedrich Gauss)、安培 (André Marie Ampère)、法拉第 (Michael Faraday) 发现了电学和磁学的四条实验定律之后, 麦克斯韦 (James Clerk Maxwell) 引入了位移电流, 在他的麦克斯韦方程组中实现了电磁学的伟大综合. 这种说法不能说是错的, 但它并没有道出微妙的几何和物理直觉之间的关联, 而正是这种关联促使场论在 19 世纪取代了超距作用的概念, 也正是它带来了 20 世纪粒子物理中非常成功的标准模型.

---

* 原载: 物理, 2014, 43 (12).

# 1 19 世纪的历史

1820 年奥斯特 (Hans Christian Oersted, 1777—1851) 发现电流能使其附近的小磁针偏转. 这一发现使整个欧洲科学界大为振奋, 带来的结果之一是安培 (1775—1836) 关于 "超距作用" (action at a distance) 的成功理论. 在英格兰, 法拉第 (1791—1867) 也因为奥斯特的发现而激动不已, 但他缺乏足够的数学训练, 所以无法理解安培的工作. 在 1822 年 9 月 3 日写给安培的一封信中, 法拉第叹息道: "很不幸, 我不具备足够的数学知识, 也不具备自如地进行抽象推理的能力. 我只能从那些相互密切关联着的事实中摸索出自己的道路." [1]

法拉第所说的 "事实" 指的是他那些已发表和未发表的实验. 从 1831 年到 1854 年的 23 年间, 他把这些实验结果汇编成三卷本, 取名《电学的实验研究》, 这里我们简称为 ER (见图 1). 不同寻常的是, 这三卷本不朽巨著里竟然没有一个公式. 从这里我们可以看到, 法拉第确实是以几何直觉而非代数公式的方式摸索他的道路.

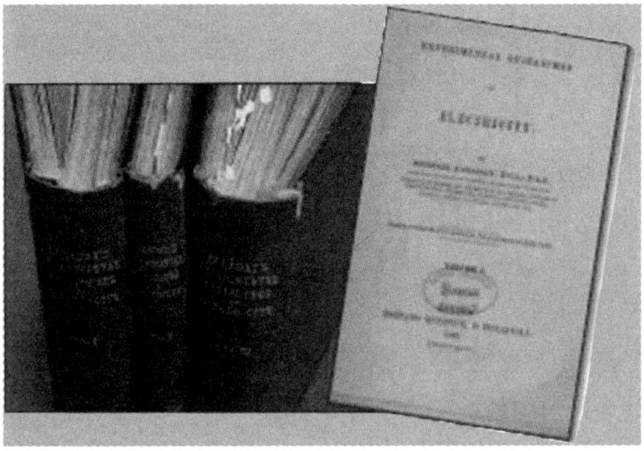

图 1 法拉第的《电学的实验研究》三卷本, 分别发表于 1839 年、1844 年和 1855 年. 右侧是第一卷的扉页

图 2 展示了法拉第 1831 年 10 月 17 日的日记里的一幅图, 这一天, 他发现把一根磁棒放入或移出一个螺线管, 就会在其中产生

电流. 他就这样发现了电磁感应现象. 这个发现使得制造大大小小的发电机成为可能, 由此改变了人类的技术发展史.

图 2　迈克尔 · 法拉第的蚀刻肖像. 插入部分展示的是他在 1831 年 10 月 17 日的日记中的一张图, 这一天他发现了电磁感应现象

在 ER 三卷本里, 法拉第记录了他的电磁感应实验的各种变种: 他改变缠绕螺线管的金属品种; 把螺线管放在各种媒质中; 在两个线圈之间产生电磁感应; 诸如此类. 他对以下两种现象印象深刻: 第一, 只有运动的磁体才能产生电磁感应; 第二, 电磁感应产生的效果似乎与动因 (cause) 垂直.

在理解电磁感应的摸索中, 他引进了两个几何概念: 磁力线 (magnetic lines of force) 和电紧张态 (electrotonic state). 前者很容易图像化, 只要在磁体和螺线管附近撒上一些铁屑就行了. 我们今天

用磁场强度 $\boldsymbol{H}$ 来表示这些力线. 后一个概念, 也就是电紧张态, 在 ER 全书中一直模糊不清, 难以捉摸. 它在第一卷中很早就出现了. 见于第 60 节, 但是没有明确定义. 在后续部分它以不同的名字出现过: 奇特态 (peculiar state)、张力态 (state of tension)、奇异状态 (peculiar condition), 还有其他一些名称. 例如, 在第 66 节他写道 "所有金属都可以呈现奇异态"; 在第 68 节, 他又写道 "这一状态好像是瞬间呈现的". 此外, 我们在第 1114 节还读到:

如果我们努力把电和磁理解为同一个物理作用者 (agent) 的两面, 或者说是物质的一种奇异状态, 表现在相互垂直的两个方向上, 那么根据我的理解, 我们必须认为这两种形态或者说两种力之间或多或少可以互相转化.

1854 年时法拉第已经 63 岁, 此后他不再编写 ER, 但是直到那时, 他的几何直觉 —— 所谓电紧张态, 还缺乏明确定义, 显得难以捉摸.

## 2 麦克斯韦登场

恰好也在 1854 年, 麦克斯韦 (1831—1879) 从剑桥大学三一学院毕业. 此时他 23 岁, 朝气蓬勃, 热情洋溢. 他在 2 月 20 日给汤姆孙 (William Thomson) 写了一封信:

假如一个人对通常的电学展示实验有些了解, 但不太喜欢墨菲 (Murphy) 的《电学》, 他应该如何阅读和工作, 才能在这个方向上收获一些对进一步阅读有益处的见解呢?

如果他想读安培、法拉第的那些著作, 他应该怎么安排呢? 在什么阶段他能够阅读您发表在《剑桥杂志》(Cambridge Journal) 上的那些文章呢? 以什么次序研读呢? [2]

汤姆孙 (1824—1907, 后来被称为开尔文勋爵) 是一个神童. 当时他担任格拉斯哥大学教授已经八年了. 麦克斯韦找对了人: 1851 年汤姆孙引进了今天我们称之为向量势的 $\boldsymbol{A}$, 从而将磁场表示为

$$\boldsymbol{H} = \nabla \times \boldsymbol{A}, \tag{1}$$

我们接下来会看到, 这个方程对麦克斯韦来说具有重大意义.

我们不知道汤姆孙是如何答复麦克斯韦的. 我们只知道. 仅仅一年多后, 麦克斯韦在他的文章里就利用方程 (1) 阐明了法拉第的电紧张态的含义. 这篇文章是他那永远改变物理学和人类历史的三篇伟大论文中的第一篇. 它们和麦克斯韦的其他一些作品可见于尼文 (William Davidson Niven) 在 1890 年编辑的两卷本文集《麦克斯韦科学论文集》(*Scientific Papers by James Clerk Maxwell*, 以下简称 JM).

这篇发表于 1856 年的文章充满了数学公式, 所以比法拉第的 ER 易读. 它的主要结论包含在文章的第二部分, 题为 "法拉第的电紧张态". 在这部分 (JM 的第 204 页) 我们注意到一个方程, 用今天的向量形式写出来是

$$\boldsymbol{E} = -\dot{\boldsymbol{A}}, \tag{2}$$

这里的 $\boldsymbol{A}$ 就是法拉第的电紧张强度 (electrotonic intensity).

在 3 页后, 也就是 JM 的 207 页, 这一结果由文字重新表达如下:

定律六: 导体中任何部位的电动力 (electromotive force) 的大小和方向均由此处的电紧张强度的瞬时变化率决定.

将法拉第不可捉摸的电紧张态概念 (或者称为电紧张强度、电紧张函数) 等同于方程 (1) 中汤姆孙的向量势 $\boldsymbol{A}$, 这件事在我看来是麦克斯韦科学研究中的第一个重大观念突破. 对方程 (2) 左右两边都取旋度, 我们得到

$$\nabla \times \boldsymbol{E} = -\dot{\boldsymbol{H}}, \tag{3}$$

这正是法拉第定律的现代形式. 它的另一种现代形式是

$$\oint \boldsymbol{E} \cdot \mathrm{d}\boldsymbol{l} = -\iint \dot{\boldsymbol{H}} \cdot \mathrm{d}\boldsymbol{\sigma}, \tag{4}$$

这里 $\mathrm{d}\boldsymbol{l}$ 是线元, $\mathrm{d}\boldsymbol{\sigma}$ 是面积元. 麦克斯韦没有以方程 (3) 和 (4) 的形式写下法拉第定律, 因为他的主要目的是给予法拉第的不可捉摸

的电紧张态一个精确定义. 向量势 $\boldsymbol{A}$ 这一概念确实在麦克斯韦一生的思想中处于一个核心位置.

用今天的术语来说, 麦克斯韦知道方程 (1–3) 里含有规范自由度 (gauge freedom), 也就是说, 给 $\boldsymbol{A}$ 加上任意一个标量函数的梯度并不会改变最后结果. 在 JM 第 198 页的定理 5 中, 他明确讨论了规范自由度. 那么在方程 (1–3) 中他采用了什么规范呢? 他没有讨论这个问题, 而是完全保留着 $\boldsymbol{A}$ 的不确定性. 我的结论是: 麦克斯韦默认存在 $\boldsymbol{A}$ 的某个规范使得方程 (1–3) 成立.

麦克斯韦也完全意识到将法拉第的电紧张态等同于汤姆孙的向量势 $\boldsymbol{A}$ 这件事的重要性. 他担心由此可能会引起和汤姆孙之间的优先仅问题. 所以, 他以如下评论结束第一篇文章的第二部分 (JM, 209 页):

*关于目前这一理论的历史, 我可以说, 据我所知, 认识到某些数学函数恰好表示法拉第的"电紧张态", 以及利用它们来确定电动势 (electrodynamic potentials) 和电动力, 这些是本文的原创; 然而, 清晰地构想数学表达的可能性, 来自于我对汤姆孙教授论文的研读.*

## 3 麦克斯韦的涡旋

在完成第一篇文章 5 年之后, 麦克斯韦开始发表他的第二篇文章, 它分成 4 个部分在 1861 年到 1862 年间陆续发表. 和他之前的文章不同, 这篇文章非常难懂. 从 JM 第 489 页我们可以看到, 这篇文章的主要想法是以如下方式来理解电磁现象: "按照这一假说, 磁场里充满了无数旋转着的物质的涡旋, 它们的转轴在每一点的方向都和磁场方向一致."

麦克斯韦为这类复杂的涡旋群提供了一个明确的例子, 见图 3. 对此, 他在 JM 的第 477 页详细写道:

*以 $AB$ (插图页 VIII, 488 页, 图 2) 表示从 $A$ 到 $B$ 的电流. 以 $AB$ 上方和下方的较大空白区域表示涡旋, 并以分隔这些涡旋的*

小圆圈表示它们之间的粒子层, 在我们的假说里这些粒子代表电现象.

现在让一个电流从左向右通过 $AB$. 这将带动 $AB$ 上方 $gh$ 行的涡旋开始逆时针运动. (我们记作 "+" 方向, 相反方向记作 "–" 方向. ) 我们可以设想 $kl$ 行的涡旋还处在静止状态, 这时, 两行之间的粒子层的下方在 $gh$ 行涡旋的带动下开始运动, 而上方尚处于静止. 如果它们可以自由移动, 它们将会朝负方向旋转, 同时从右向左运动, 或者说朝着 $AB$ 电流的相反方向运动, 它们形成了感生电流.

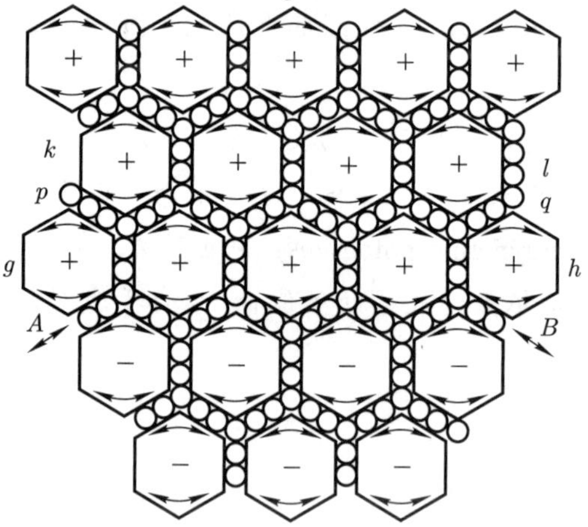


图 3 涡旋图, 选自 1890 年的文集《麦克斯韦科学论文集》中的插图页 (第 488 页的对面). 倒数第二行里有两个六边形涡旋的箭头方向标错了, 这可能是麦克斯韦的制图员的疏忽

麦克斯韦模型的这一详细解释出现在他的第二篇文章的第二部分, 最初发表在《哲学杂志》第 21 卷 (1861 年 4—5 月). 麦克斯韦对待他那复杂的涡旋网络模型的态度明显很认真, 他在第二部分随后的 11 页里细致地研究了这一模型.

接下来, 在 1862 年 1—2 月, 麦电斯韦发表了第二篇文章的第三部分, 标题是 "分子涡旋理论应用于静电学". 通过 7 页分析, 他得到命题 14: "由于媒质的弹性而产生的电流方程的修正" (JM, 496 页).

这个修正是指在安培定律中加入“位移电流” (displacement current) $\dot{\boldsymbol{E}}$, 修改后的安培定律用现代符号可以写成 $\nabla \times \boldsymbol{H} = 4\pi \boldsymbol{j} + \dot{\boldsymbol{E}}$.

为了搞清楚麦克斯韦是怎样得到他的修正项的, 我曾经几次试图去读麦克斯韦论文第二部分的最后 11 页和第三部分的开头 7 页. 我尤其想了解他所说的“由于媒质的弹性”具体指的是什么. 我的所有尝试都失败了. 值得一提的是, 在第二部分的最后 11 页, “位移”这个词只是在第 479 页出现了一次, 而且是在一个不太重要的句子里, 可是在第三部分的开头 7 页, 这个词成了麦克斯韦的重点. 所以, 在发表这两部分之间的 8 个月里, 麦克斯韦大概探索了涡旋网络模型的新特征, 并得出了位移电流.

在命题 14 之后, 麦克斯韦很快得出电磁波应该存在这一结论. 他计算了它们的速度, 并和当时已知的光速作比较, 得到了一个极其重大的结论, “我们几乎无法回避这样的结论: **光是某种媒质的横向波动, 这种媒质正是产生电磁现象的同一种媒质.**” (JM, 500 页, 黑体是麦克斯韦自己所加).

麦克斯韦是个虔诚的教徒. 我想知道, 在做出如此巨人的发现后, 麦克斯韦是否曾在祷告的时候因为揭示造物主的最大秘密之一而请求宽恕.

## 4 场论的诞生

麦克斯韦的第三篇文章发表于 1865 年, 其中提出了令天我们所熟知的麦克斯韦方程组. 如果用向量形式写下来, 它们是四个方程. 麦克斯韦最初的方程有 20 个: 他是用分量形式来写的; 另外, 麦克斯韦还加入了电介质和电流的方程.

正是这篇文章在历史上第一次清晰地阐明了场论的概念基础——能量储存在场中 (JM, 564 页):

当我提及“场的能量”时, 这个词指的就是它的字面含义. 所有形式的能量都和力学能量一样, 不论它以动能的形式、弹性能的形式还是以其他形式存在. 电磁现象中的能量也是一种力学能量.

> 唯一的问题是: 它储存在何处? 在过去的理论里它存在于带电体、导电回路和磁体中, 其形式是 "势能", 或者说是一种产生超距作用 (effects at a distance) 的能力, 而其本性则是未知的. 在我们的理论中, 能量不仅存在于带电体和磁体中, 也存在于它们周围空间里的电磁场中. 其存在方式有两种, 不需要引入任何假说, 它们可以被描述为电极化和磁极化; 如果进一步引入一种非常可信的假说, 它们可以被描述为同一种媒质的运动和应变 (strain).

但是, 遵从当时流行的思想, 麦克斯韦又写道 (JM, 528 页):

> 根据光现象和热现象, 我们有理由相信存在以太这样的媒质, 它充满空间和物体, 它能够被驱动, 也能够把这种运动从一部分传导至另一部分, 它还能够把这种运动传达至普通物质, 从而加热它们或者以各种各样的方式影响它们.

麦克斯韦意识到, 他的位移电流的发现以及光是电磁波的结论都具有深远意义. 在第三篇文章中, 他收录了前两篇文章中的公式, 把它们整理在一起. 这时候他一定回顾了把他引向这些公式的推理过程. 经过这番回顾, 他会如何看待三年前促使他引入位移电流概念的那些复杂的涡旋网络呢? 麦克斯韦并没有回答我们. 但我们注意到, "涡旋" 这个词在第三篇文章的整整 71 页里从未出现. 因此, 我们可以设想麦克斯韦在 1865 年时已经认为他在第二篇文章中采用的涡旋网络是不必要的. 但他还是认为有必要引入 "充满空间和物体的以太媒质".

1886 年, 赫兹 (Heinrich Hertz, 1857—1894) 从实验上证实了麦克斯韦方程组的一个重要结论 —— 电磁波可以被一个电流回路激发, 并被另一个电流回路检测到.

从 19 世纪 80 年代中期开始, 赫维赛德 (Oliver Heaviside, 1850—1925) 和赫兹独立发现麦克斯韦方程组中的向量势 $\boldsymbol{A}$ 可以消去. 简化后的方程组展示出另一种魅力: 电和磁之间的高度对称性. 今天我们知道, 在量子力学里, 向量势无法消去, 它可以在阿哈罗诺夫 - 玻姆 (Aharonov–Bohm) 效应中被观察到.

## 5 步入 20 世纪

20 世纪初期, 场论发生了一次观念革命, 它源于爱因斯坦在 1905 年提出的狭义相对论. 狭义相对论断言自然界根本没有传导电磁场的所谓媒质: 电磁场自身就是媒质. 所谓"真空", 指的是场在某一时空区域的特定状态, 它既没有电磁辐射也没有物质粒子. 这就解决了 1887 年的迈克尔孙 – 莫雷 (Michelson-Morley) 实验所导致的疑难: 这个实验试图寻找假想中的媒质"以太", 但是没有成功. 今天, 大多数物理学家倾向于认为爱因斯坦建立狭义相对论的原始动机并不是解释迈克尔孙 – 莫雷实验, 而是要理解"同时性"这个概念的物理意义.

在 1930 年到 1932 年间, 由于正电子的发现, 人们对真空的观念需要再次发生重大改变. 根据保罗 · 狄拉克 (Paul Dirac) 的理论, 真空是一个充满"负能量电子"的无限海洋. 这是场论中的又一次观念革命, 其高潮是量子电动力学 (QED) 的建立. 20 世纪 30 年代里, QED 在低阶计算中很成功, 然而, 在高阶计算中, "无穷大"的问题总是纠缠不休.

1947—1950 年间, 由于一系列光辉夺目的实验和理论突破, QED 取得了定量上的成功. 在理论方面这有赖于一种计算高阶修正的方法 —— 重整化 (renormalization). 这类计算给出的最新的电子反常磁矩数值 ($a = (g-2)/2$) 和实验的符合程度十分惊人 [3]: 误差仅在十亿分之一量级 (参见 Gerald Gabrielse, *Physics Today*, 2013 年 12 月刊, 第 64 页).

一方面, 由于重整化程序在 QED 中的极大成功; 另一方面, 由于实验上更多新粒子被发现, 人们试图推广场论, 以便用于描述所有这些新粒子间的相互作用. 标量介子场的向量形式的相互作用, 赝标量介子场的赝标量形式的相互作用, 诸如此类的模型, 以及其他奇特而难懂的理论在文献书籍中频繁出现. 然而, 这些努力并没有为理解自然界的相互作用带来根本的进展. 另外一些人热心于寻找场论的替代品, 但同样没有取得真正的突破.

## 6　重返场论

20 世纪 70 年代, 物理学家重返场论. 这次他们采用的是非阿贝尔规范理论 (non-abelian gauge theory), 它是麦克斯韦理论的一个优美推广. 这里的形容词 “非阿贝尔” 有着精确含义: 相继的两次操作 (例如转动) 得到的最终结果依赖于操作次序 (我在《爱因斯坦对理论物理的影响》中曾介绍过规范理论, 见 *Physics Today*, 1980 年 6 月刊, 第 42 页. 更技术性的介绍可见于 *Physics Today*, 1982 年 3 月刊, 第 41 页, 作者为辛格 (Isidore Singer)). 今天, 在深入理解自然界中的各种相互作用的结构这个问题上, 规范理论是一个基础性的概念. 它起源于数学家赫尔曼 · 外尔 (Hermann Weyl) 发表于 1918—1919 年间的三篇文章. 这些文章曾受影响于爱因斯坦的电磁学几何化的想法 [4].

外尔意识到 “平行移动” 这个概念的重要性. 他论证道: “为了与自然界相符, 黎曼几何必须建立在向量的无穷小平行移动这一观念上.” 外尔进一步说, 既然在平行移动中, 向量场的方向不断改变, 那为什么不允许它的长度也改变呢? 由此出发, 外尔提出了所谓 “不可积伸缩因子 (nonintegrable Streckenfacktor)” 的概念, 或者叫 “Proportionalitätsfacktor”, 它通过如下公式和电磁场发生联系:

$$\exp\left(-\int eA_\mu \mathrm{d}x^\mu/\gamma\right), \tag{5}$$

在这里 $A_\mu$ 是四维向量势, 系数 $\gamma$ 是实数. 外尔给在时空中运动的每个带电物体都附加一个伸缩因子. 在外尔的第二篇文章后爱因斯坦添加了一个附注, 其中爱因斯坦批评了平行移动改变长度的想法, 外尔未能有力地反驳爱因斯坦的毁灭性评论.

在量子力学建立后的 1925—1926 年, 福克 (Vladimir Fock) 和伦敦 (Fritz London) 独立指出, 在量子力学里, $(\boldsymbol{p}-e\boldsymbol{A})$ 应该由如下公式取代:

$$-\mathrm{i}\hbar\left(\partial_\mu-\frac{\mathrm{ie}}{\hbar}A_\mu\right), \tag{6}$$

这个公式又意味着在方程 (5) 中, $eA_\mu dx^\mu/\gamma$ 应该由 $ieA_\mu dx^\mu/\hbar$ 替代, 也即 $\gamma$ 由 $-i\hbar$ 替代.

外尔显然接受了 $\gamma$ 必须为虚数的想法, 所以他在 1929 年的一篇重要文章中定义了 QED 中的规范变换这一概念, 并证明了麦克斯韦理论在量子力学的框架下具有规范不变性.

在任一规范变换下, 外尔的长度伸缩因子应由如下因子替代:

$$\exp\left(-i\frac{e}{\hbar}\int A_\mu dx^\mu\right), \tag{7}$$

它显然应该称为 "相位变化因子". 通过这一替换, 爱因斯坦最初的批评不再成立了.

麦克斯韦方程组具有高度的对称性, 这个事实在 1905—1907 年间已经由爱因斯坦和闵可夫斯基 (Hermann Minkowski) 分别认识到, 他们发现了麦电斯韦方程组的洛伦兹不变性. 外尔在 1929 年发现了规范对称性, 从而揭示了麦克斯韦方程组的又一对称性. 今天我们已经知道, 这些对称性使得麦克斯韦方程组成为理解物理宇宙的结构的基础支柱.

外尔的规范变换涉及时空中的逐点 $U(1)$ 转动, 或者说复平面上的转动. 这一点和麦克斯韦的转动涡旋有着显著相似. 当然, 这种相似是个巧合.

从数学上看, 公式 (7) 中的相位因子形成一个李群 $U(1)$, 而外尔最喜爱的研究领域之一正是李群. 对背景知识较多的读者, 我可以提出一个猜测: 假如纤维丛理论在 1929 年前就建立了, 外尔显然会认识到电磁学就是一个 $U(1)$ 纤维丛理论, 并且很有可能在那时就把它推广为非阿贝尔规范理论, 因为这正是他 1929 年的理论的自然延伸.

历史上, 这一延伸发生于 1954 年, 并且来自不同的动机. 新的动机并不是基于纯数学上的考虑. 当时粒子物理实验中涌现出越来越多的 "奇异" 粒子, 因此迫切需要一个原理来描述它们之间的相互作用. 这一物理动机简洁地体现在以下这个发表于 1954 年的摘要里:

电荷是电磁场的源; 这里有一个名为规范不变性的重要观念, 它与以下几件事物有紧密联系: (1) 电磁场的运动方程; (2) 流密度的存在性; (3) 带电场和电磁场之间的可能的相互作用. 我们尝试推广这一概念, 将它用于同位旋守恒. [5]

这一推广带来了非常美妙的非阿贝尔规范场论 (non-abelian field theory). 然而, 这一理论似乎要求存在无质量的带电粒子, 这些粒子在自然界中并没有见到, 所以在很长一段时间里, 这一理论在物理学界并没有得到认可.

为了给这些无质量粒子以质量, 人们在 20 世纪 60 年代引进了对称性自发破缺的概念. 这一概念带来了一系列重大进展, 并最终带来一个基于 $U(1) \times SU(2) \times SU(3)$ 群的规范理论, 我们今天称之为标准模型 (standard model), 它描述了电弱相互作用和强相互作用. 从 1960 年左右算起, 大约 50 年里, 粒子物理领域的众多实验和理论物理学家们努力验证并发展了此标准模型, 这里既有个人努力, 也有集体协作. 这些不懈努力获得了炫目的成功, 最近的一个高潮是 2012 年希格斯玻色子在欧洲核子研究中心 (CERN) 被两个大型实验组发现 (见 *Physics Today*, 2012 年 9 月刊, 第 12 页).

尽管如此成功, 标准模型不可能是终极理论. 首先, 标准模型包含几十个参数. 更重要的是, 作为标准模型的一个核心部分, “对称性自发破缺” 机制是一个纯粹唯象的构造, 它在很多方面与费米的 “四费米子相互作用” (four-$\psi$ interaction) 相似 [6]. 在 1934 年被提出后, 费米理论保持了近 40 年的成功, 但它最终被更深刻的 $U(1) \times SU(2)$ 电弱统一理论 (electroweak theory) 取代.

19 世纪 50 年代汤姆孙和麦克斯韦已经明确知晓规范自由度. 在难以捉摸的 “电紧张态” 中, 法拉第可能也曾模糊地感觉到了它. 1929 年, 外尔在量子力学的框架内把规范自由度转述为麦克斯韦方程组的一个对称性 (或称 “不变性”). 今天我们称这一对称性为 “规范对称性”, 它已经成为标准模型的结构性支柱.

麦克斯韦方程组是线性的. 在非阿贝尔规范理论中, 方程组是非线性的. 从观念上来说, 这一非线性的起源类似于广义相对论方

程的非线性. 关于后者, 爱因斯坦曾写道 (见参考文献 [7], 第 75 页和第 89 页):

我们在这里只讨论纯引力场的方程.

这些方程的奇特性一方面在于它们的复杂构造, 特别是方程对于场变量和它们的微商的非线性特征; 另一方面在于这些复杂的场定律在很大程度上几乎完全被变换群所确定. ……

真实的自然定律不可能是线性的, 也不可能从线性方程中导出.

在完全独立于物理学发展的道路上, 20 世纪前半叶诞生了一个名为纤维丛 (fiber bundle) 的数学理论. 这一理论有众多源头, 包括微分形式 (主要归功于嘉当 (Élie Cartan))、统计学 (Harold Hotelling)、拓扑学 (Hassler Whitney)、整体微分几何 (陈省身) 以及联络理论 (Charles Ehresmann). 概念起源的多样性表明了纤维丛是个核心的数学构造.

在 20 世纪 70 年代, 人们发现规范理论的数学形式和纤维丛完全一致, 这对物理学家和数学家都是一个震撼 [8]. 但这也是一个大家乐于感受的震撼, 因为它提供了一个沟通数学和物理的桥梁, 而这种沟通曾在 20 世纪中期以后因为数学进展的高度抽象性而中断过.

在 1975 年, 我从我的数学同事赛蒙斯 (James Simons) 那里学到了纤维丛理论的一些基础知识, 随后我给他看了狄拉克在 1931 年发表的一篇关于磁单极子的文章. 他惊呼: “狄拉克领先于数学家发现了平凡和非平凡的纤维丛.”

在即将结束我们这个关于规范理论观念起源的简略概述时, 也许我们可以引用 1867 年麦克斯韦在法拉第去世的时候的悼词:

法拉第通过他的力线概念来统一地理解各种电磁感应现象, 他运用这种想法的方式显示出他是一位高超的数学家 —— 未来的数学家将能从他那里获得丰富而有价值的方法 ……

从欧几里得的直线到法拉第的力线, 这正是推动科学进步的思想的特征. 通过自由运用动力学和几何学的思想, 我们也期望未

来能有新的进展 ……

以我们正在积累的素材为基础, 也许下一个像法拉第一样的哲人能够发展出全新的科学, 而我们今天很可能连它的名称都还不知道.

## 参考文献


[1] James F A J L (ed.). The Correspondence of Michael Faraday. Vol. 1. Institution of Electrical Engineers. 1991, p. 287.

[2] Larmor J. Proc. Cambridge Philos. Soc., 1936, 31: 695. p. 697.

[3] Kinoshita T. in Proceedings of the Conference in Honour of the 90th Birthday of Freeman Dyson. Phua K K *et al* (eds.). World Scientific, 2014. p. 148.

[4] 关于这件事及其后续历史, 参见杨振宁发表于此书的文章: Hermann Weyl, 1885—1985: Centenary Lectures Chandrasekharan K (ed.). Springer, 1986. p. 7; 以及文章: Wu A C T, Yang C N. Int. J. Mod. Phys. A, 2006, 21: 3235.

[5] Yang C N, Mills R. Phys. Rev., 1954, 95: 631.

[6] 费米原始论文的英文翻译见于: Wilson F L. Am. J. Phys., 1968, 36: 1150.

[7] Schilpp P A (ed.). Albert Einstein: Philosopher-Scientist. Open Court, 1949. 这两段话摘自爱因斯坦在 1946 年 (当时他 67 岁) 的自述.

[8] Wu T T, Yang C N. Phys. Rev. D, 1975, 12: 3845.


(汪忠译)

# 从 Bethe-Hulthén 假定到 Yang-Baxter 方程*

杨振宁

---

原编者按: 杨振宁博士在发现宇称不守恒律和创立 Yang-Mills 规范场理论上的贡献, 早已闻名于世, 广为人知, 最近, 他和 Baxter 先后提出的一个矩阵方程式, 又引起物理学和数学界的高度重视. 1990 年 8 月, 在日本京都举行的国际数学家大会上, 颁发世界最高数学奖 —— Fields 奖, 令人惊奇的是: 在 4 名得奖者中竟有 3 人的工作与 Yang-Baxter 方程有关. 我们从得奖者的介绍里可以看到这样的提法: Drinfeld (苏联) 在求解 Yang-Mills 方程之外, “其物理学兴趣是和 Belavine 一起继续研究 Yang-Baxter 方程”; 美国的 Jones 开辟了整个的新方向, “在某些条件下, Yang-Baxter 方程可以用来构造一些链环 (Links) 的不变量”, “量子群、非交换代数和非交换 Hopf 代数被 Jimbo 和 Drinfeld 用来求解 Yang-Baxter 方程”. 另一位得奖者是美国的 Witten, 其在三维流形拓扑上的工作也与 Yang-Baxter 方程有密切关系.

*原载: 数学译林, 1991(4).

## 1 引论

1931 年, Bethe 在求解铁磁体的一维 Heisenberg 模型时, 提出了有关该模型的波函数的一个假定, 后来这一假定被 Hulthén 推广到反铁磁体的情形. Bethe 的假定或者 Bethe-Hulthén 假定可以写成以下三种等价形式之一:

(i) 如果系统的坐标空间可分为好几个区域, 那么波函数在每个区域内具有纯指数的有限和的形式.

(ii) 这个动力系统只有反射, 没有衍射.

(iii) 这个动力系统有大量的守恒律.

后来, 尤其是在 20 世纪 60 年代, 许多物理学家将 Bethe-Hulthén 假定成功应用于许多一维的量子力学问题, 其中特别有趣的是, 1966 年 Lieb 和 Liniger [3] 解决了具有 $\delta$ 函数相互作用的一维玻色子气体问题. 1967 年, 我把它推广到费米子气体问题. 在此前的各种应用中, Bethe-Hulthén 假定的自洽性是显然的, 但在费米子气体的问题里则不同. 此时我 [4] 发现, 由推广的假定产生的矩阵 $A(u)$ 和 $B(v)$ 必须满足方程

$$A(u)B(u+v)A(v) = B(v)A(u+v)B(u) \tag{1}$$

才能使 Bethe-Hulthén 假定自洽. 我证明了, 此方程确实有解.

现在我们知道, 在许多一维量子力学问题中, Bethe-Hulthén 假定总是成立. 虽然问题不同, 其相容性条件却都是方程 (1), 只是 $A(u)$ 和 $B(v)$ 在不同的问题里采取不同的形式而已.

与此几乎独立发展的是, Lieb [5] 解决了冰问题 —— 一个经典的二维统计力学问题. 他证明了利用 Bethe-Hulthén 假定可以对角化转移矩阵. 很快地, 许多二维统计力学的问题 [6] 都应用 Bethe-Hulthén 假定得到了解. 在这一方向的下一个进展是 Baxter [7] 解决了推广的冰问题 —— 八顶点模型. Baxter 工作中的关键一步仍是用矩阵元写成的方程 (1).

此后, 在几个研究中心, 沿着这两条路线都在继续探索着, 其

中特别是在苏联所做的努力最大. 1979 年, Faddeev [8] 对方程 (1) 第一次采用了 Yang-Baxter 关系或 Yang-Baxter 方程的提法. 现在这个称谓已经被广泛接受.

近五六年来, 物理学和数学上许多令人激动的发展表明: Yang-Baxter 方程是与物理学和数学的许多分支相关的一个基本数学结构. 例如

**物理学**:

一维量子力学问题

二维统计力学问题

共形场论

**数学**:

纽结理论, 辫子理论, 三维流形的拓扑

算子理论, Hopf 代数, 量子群

微分方程的单值性, 可积系统

在这些领域内出现了文献爆炸. 要查找这些文献, 可参见 [9] 中所列的三册最新综述和论文汇编.

为什么 Yang-Baxter 方程会渗透到这么多数学学科和物理领域? 我相信其答案是: 它是置换群结构的一种推广. 为了阐明这一观点, 在本文的以下部分, 我们将处理一个简单的费米子问题.

## 2 一个简单的费米子问题

考虑简单的一维费米子问题, Yang-Baxter 方程 (1) 最初即由此导出. 我们按照谷超豪和杨振宁在 [10] 中的处理方法进行叙述, 它比 [4] 容易懂. 因为这一方法无须熟悉群论.

我们取 $N$ 个费米子, 并考虑 Hamilton 算子

$$H = -\sum_{i=1}^{N} \frac{\partial^2}{\partial x_i^2} + 2c \sum_{1 \leqslant i < j \leqslant N} \delta(x_i - x_j), \tag{2}$$

其中 $c$ 是一个实参数. 假定每个粒子有 $m$ 种自旋态, 记为 $s_1, \cdots, s_N$,

而

$$s_i = 1, \cdots, m. \tag{3}$$

Schrödinger 方程是

$$H\psi = E\psi, \tag{4}$$

其中波函数 $\psi$ 写为 $m^N$ 维列向量.

对于费米子, 我们感兴趣的波函数是反对称波函数:

$$\psi(x_1, \cdots, x_i, \cdots, x_j, \cdots, x_N) = -\psi(x_1, \cdots, x_j, \cdots, x_i, \cdots, x_N). \tag{5}$$

## 3 Bethe-Hulthén 假定

考虑初始动量为 $k_1$ 和 $k_2$ 的两个粒子散射到动量为 $k_1'$ 和 $k_2'$ 的末态. 动量守恒和能量守恒给出:

$$\begin{aligned} k_1' + k_2' &= k_1 + k_2, \\ k_1'^2 + k_2'^2 &= k_1^2 + k_2^2, \end{aligned} \tag{6}$$

这个方程组有且只有两个解

$$(k_1', k_2') = (k_1, k_2)$$

或

$$(k_1', k_2') = (k_2, k_1).$$

这两个解关于 $(k_1, k_2)$ 平面的直线 $k_1 = k_2$ 互为镜面反射像.

在三个粒子散射的情形, 动量守恒和能量守恒也给出两个方程:

$$\begin{aligned} k_1' + k_2' + k_3' &= k_1 + k_2 + k_3, \\ k_1'^2 + k_2'^2 + k_3'^2 &= k_1^2 + k_2^2 + k_3^2. \end{aligned} \tag{7}$$

它显然有六个解

$$(k_1', k_2', k_3') = (k_1, k_2, k_3) \text{ 以及其他五个置换解.} \tag{8}$$

这六个解在三维空间 $(k_1, k_2, k_3)$ 里也彼此互为反射像. 但是, 方程 (7) 还有许多表示衍射的解. 在一般的量子力学三体散射问题中, 衍射波和反射波会同时在出射状态中发生, 因而求解很困难. 然而, 在某些特殊情形, 出射波仅由反射波组成, 这正是 Bethe-Hulthén 假定. 如果此假定成立, 正如我们将要介绍的, Schrödinger 方程的求解就化成代数问题了.

## 4 $N = 2$ 的情况

对两个粒子的情形, Schrödinger 方程描述了两个自由粒子在图 1 所示的平面 $(x_1, x_2)$ 上 (除直线 $x_1 = x_2$ 外) 的状态, Bethe-Hulthén 假定表明: 在区域 $x_1 < x_2$ 内波函数的形式为:

$$\psi = a_{12} \exp[\mathrm{i}(k_1 x_1 + k_2 x_2)] + a_{21} \exp[\mathrm{i}(k_2 x_1 + k_1 x_2)], \tag{9}$$

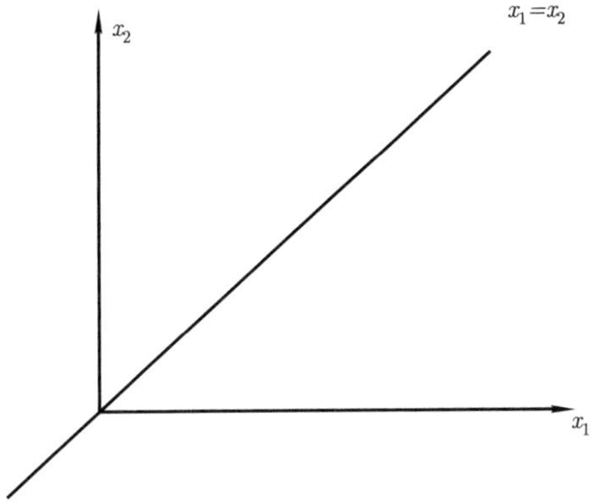


图 1 两个粒子的坐标空间, 位能只在直线 $x_1 = x_2$ 上非零

此处 $a_{12}$ 和 $a_{21}$ 都是 $m^2$ 维列向量. 根据反对称性要求, 在区域 $x_1 > x_2$ 内波函数具有形式:

$$\begin{aligned}\psi(x_1, x_2) &= -\psi(x_2, x_1) \\ &= -(P^{12} a_{12}) \exp[\mathrm{i}(k_1 x_2 + k_2 x_1)] \\ &\quad -(P^{12} a_{21}) \exp[\mathrm{i}(k_2 x_2 + k_1 x_1)],\end{aligned} \tag{10}$$

这里 $P^{12}$ 是一个置换:

$$s_1 \longleftrightarrow s_2, \tag{11}$$

作用在 $m^2$ 维列向量上.

现在我们变换到质心坐标 $x$ 和相对坐标 $y$:

$$\begin{cases} x = \dfrac{x_1 + x_2}{2}, \\ y = x_2 - x_1, \end{cases} \tag{12}$$

于是 Schrödinger 方程变成

$$H\psi = \left[-\frac{1}{2}\frac{\partial^2}{\partial x^2} - 2\frac{\partial^2}{\partial y^2} + 2c \cdot \delta(y)\right]\psi = E\psi,$$

由于 $H$ 与 $\mathrm{i}\dfrac{\partial}{\partial x}$ 可对易, 于是我们可令 $\dfrac{\partial}{\partial x} = 0$, 从而得到进一步化简:

$$\left[-2\frac{\partial^2}{\partial y^2} + 2c \cdot \delta(y)\right]\psi = E\psi. \tag{13}$$

因此, $\psi$ 在 $y = 0$ 处是连续的, 即 $\psi(0+) = \psi(0-)$, 也就是:

$$a_{12} + a_{21} = -P^{12}(a_{12} + a_{21}). \tag{14}$$

且从 (13) 式看出, $\dfrac{\partial^2}{\partial y^2}\psi$ 在 $y = 0$ 处有一 $\delta$ 函数奇异性. 对 (13) 式从 $y = 0-$ 到 $y = 0+$ 积分得到:

$$\left.\frac{\partial}{\partial y}\psi\right|_{y=0+} - \left.\frac{\partial}{\partial y}\psi\right|_{y=0-} = c\psi(0).$$

将 (9), (10) 代入此方程可得

$$\frac{\mathrm{i}}{2}(1 - P^{12})(k_1 - k_2)(-a_{12} + a_{21}) = c(a_{12} + a_{21}). \tag{15}$$

从 (14), (15) 中消去 $P^{12}a_{21}$ 即有

$$[\mathrm{i}(k_1 - k_2) - c]a_{21} = [-\mathrm{i}(k_1 - k_2)P^{12} + c]a_{12}. \tag{16}$$

于是我们有

$$a_{21} = Y a_{12}, \tag{17}$$

其中

$$Y=\frac{-\mathrm{i}(k_1-k_2)P^{12}+c}{\mathrm{i}(k_1-k_2)-c}\quad (\text{若分母不为零}). \tag{18}$$

容易验证, 当 (17), (18) 满足时, (14), (15) 成立. 这样一来, 如果 $k_1\neq k_2$ 是实数, (9), (10) 实际上给出了满足 Bethe-Hulthén 假定的 Schrödinger 方程的解 $\psi$, 并且对应的能量 $E=k_1^2+k_2^2$.

## 5 $N\geqslant 3$ 的情况

当 $N\geqslant 3$ 时, Bethe-Hulthén 假定表明, Schrödinger 方程 (2) 的解 $\psi$ 在空间的某区域, 例如区域 $x_1<x_2<\cdots<x_N$ 将具有 (9) 的推广形式:

$$\begin{aligned}\psi=&a_{12\cdots N}\exp[\mathrm{i}(k_1x_1+k_2x_2+\cdots+k_Nx_N)]\\&+a_{2134\cdots N}\exp[\mathrm{i}(k_2x_1+k_1x_2+k_3x_3+k_4x_4+\cdots+k_Nx_N)]\\&+\text{其他的 } N!-2\text{ 项},\end{aligned} \tag{19}$$

其中 $a_P=a_{P(1)\cdots P(N)}$ 是 $m^N$ 维列向量, $P$ 取遍 $\{1,\cdots,N\}$ 的所有置换, 共有 $N!$ 项; $k_1,\cdots,k_N$ 是两两不同的实数. 波函数 $\psi$ 在其他区域的形式可以利用反对称条件从 (19) 推出, 与之对应的能量 $E$ 可以通过下述表出:

$$E=k_1^2+k_2^2+\cdots+k_N^2. \tag{20}$$

现在我们沿平面 $x_3=x_4$ 考察 Schrödinger 方程 (2). (19) 式中的 $N!$ 项可以如下两两配对: 在每一对中, 系数 $a_P$ 和 $a_Q$ 中只有第三个和第四个下标是互换的, 例如 $a_{**jl*\cdots*}$ 和 $a_{**lj*\cdots*}$ 配成一对. 将各个配对的两项施行与上一节 (9) 式一样的演算, 就得到与 (17), (18) 式类似的结果:

$$a_{**lj*\cdots*}=Y_{jl}^{34}a_{**jl*\cdots*}, \tag{21}$$

其中

$$Y_{jl}^{34}=\frac{-\mathrm{i}(k_j-k_l)P^{34}+c}{\mathrm{i}(k_j-k_l)-c}\quad (\text{若分母不为零}). \tag{22}$$

## 6 Yang-Baxter 方程

等式 (21) 里的下标有 $N!$ 种取法, 上标 34 换成 $12, 23, \cdots, (N-1)N$ 都可以, 因此等式 (21) 事实上代表了 $N!$ 个列向量 $a_P$ 所满足的 $(N-1)N!$ 个线性方程组, 这些方程组是否相容? 比如, 当 $N=3$, 我们用 (21) 三次可得:

$$\begin{aligned} a_{123} &= Y_{21}^{12} a_{213} \\ &= Y_{21}^{12} Y_{31}^{23} a_{231} \\ &= Y_{21}^{12} Y_{31}^{23} Y_{32}^{12} a_{321}. \end{aligned} \tag{23}$$

我们再以不同的方式使用 (21) 三次可得:

$$\begin{aligned} a_{123} &= Y_{32}^{23} a_{132} \\ &= Y_{32}^{23} Y_{31}^{12} a_{312} \\ &= Y_{32}^{23} Y_{31}^{12} Y_{21}^{23} a_{321}. \end{aligned} \tag{24}$$

因此, 为了使 Bethe-Hulthén 假定相容, 我们需要有

$$Y_{21}^{12} Y_{31}^{23} Y_{32}^{12} = Y_{32}^{23} Y_{31}^{12} Y_{21}^{23}. \tag{25}$$

利用 $Y$ 的显式表达 (22), 很容易验证这一点. 如果我们记

$$\begin{cases} u = k_2 - k_1, \\ v = k_3 - k_2, \end{cases}$$

则 $u + v = k_3 - k_1$, 如果我们再令

$$\begin{cases} Y_{21}^{12} = A(u), \\ Y_{31}^{23} = B(v), \end{cases}$$

那么 (25) 式化为 Yang-Baxter 方程 (1).

我们也可以将 (23), (24) 中 $a_{123}$ 的下标次序的三次变化图示如下:

$$123 \begin{matrix} \nearrow 213 \longrightarrow 231 \searrow \\ \searrow 132 \longrightarrow 312 \nearrow \end{matrix} 321$$

如此一来, Yang-Baxter 方程和置换群发生了深刻的联系, 事实上, 在 (22) 中令 $c = 0$ 则我们得到

$$A(u) = -P^{12}, \quad B(v) = -P^{23},$$

而 Yang-Baxter 方程化为

$$P^{12}P^{23}P^{12} = P^{23}P^{12}P^{23}. \tag{26}$$

这正是置换群的基本性质. 所以, Yang-Baxter 方程乃是置换群这一数学结构的一种推广, 而这也就是为什么 Yang-Baxter 方程会进入如此之多的数学和物理分支领域的原因.

## 补注

在最近的 1990 年 8 月于日本京都召开的国际数学家大会上, 有四位著名的菲尔兹奖得主: Drinfeld, Jones, Mori, Witten. 其中三位的工作都与本文提及的数学领域有关: Drinfeld 关于 Hopf 代数和量子群, Jones 关于纽结理论和算子理论, Witten 关于三维流形的拓扑. 数学与物理之间紧密交融的重现, 正造就着这两个领域的巨大进展.

## 参考文献

[1] H. A. Bethe, *Z. Physik*, **71**, 205(1931).

[2] L. Hulthén, *Arkiv. Mat. Astron. Fysik*, **26**A, 11 (1938).

[3] E. H. Lieb and W. Liniger, *Physics Review*, **130**, 1605(1963).

[4] C. N. Yang, *Physics Review Letters*, **19**, 1312(1967);
*Physics Review*, **168**, 1920 (1968).

[5] E. H. Lieb, *Physics Review Letters*, **18**, 1046(1967).

[6] B. Sutherland, *Physics Review Letters*, **19**, 103(1967);
E. H. Lieb, *Physics Review Letters*, **19**, 108 (1967);
C. N. Yang, *Physics Review Letters*, **19**, 586(1967).

[7] R. J. Baxter, *Ann. Phys. (N. Y.)*, **70**, 193(1972).

[8] L. D. Faddeev, *Physica Scripta*, **24**, 832 (1981).

[9] *Braid Group, Knot Theory and Statistical Mechanics*, e.d. C. N. Yang and M. L. Ge, World Scientific, 1989; Yang-Baxter Equation in Integrable Systems, ed. M. Jimbo, World Scientific, 1990; *Yang-Baxter Equation, Conformal Invariance and Integrability in Statistical Mechanics and Field Theory*, e.d. M. Barber and P. Pearce, World Scientific, 1990.

[10] C. H. Gu and C. N. Yang, *Communications in Math. Phys.* **122**, 105(1989).

编者补注: M. Jimbo 编辑的 Yang-Baxter Equation in Integrable Systems (《可积系统中的 Yang-Baxter 方程》) 一书收录了与 Yang-Baxter 方程有关的代表作, 其中第一篇就是杨振宁先生的 [4], 这是杨先生很得意的一篇文章.

(张莫宙译, 朱重远校)

# 拓扑和物理中的规范理论*

杨振宁

原编者按: 原文标题 “Topology and Gauge Theory in Physics”, 发表于 *Int. J. Mod. Phys.* A**27**, 1230035 (2012). 这是杨先生 2012 年 5 月在东京一个纪念外村彰 (Akira Tonomura) 会议上的报告. 外村彰于 2012 年 5 月 2 日去世, 享年 70 岁.

今天得知外村曾经录下我们所有人的简短信息, 使我深受感动. 我记得在 20 世纪 80 年代初, 我第一次访问他的实验室, 参加了由他在日本组织的很多会议. 我还记得我们之间多次的讨论, 不仅仅讨论阿哈罗诺夫 – 玻姆效应 (Aharonov-Bohm effect), 还讨论超导体中磁通量的运动, 特别是 1987 年后发现高温超导体之后. 这几年他和我在日本、中国和美国有过很多热烈而又有成果的讨论. 去年冬天我收到他寄来的一张照片, 是他手术后几个月站在花园里照的. 我当时想, 他正在全面康复. 然而结果并非如此.

我今天讲的题目是 “拓扑和物理中的规范理论”. 1959 年, 阿哈

* 原载: 杨振宁: 杨振宁选集. 杨建邺, 李香莲, 编译. 武汉: 华中科技大学出版社, 2016.

罗诺夫和玻姆 [1] 提出现在知道的阿哈罗诺夫 - 玻姆效应. 如果你想充分理解这个重要的效应, 你必须回顾 19 世纪麦克斯韦的文章 [2–5]. 在麦克斯韦的文章和书里, 你会看到向量势 $\boldsymbol{A}$ 这个物理术语一直出现. 在他的研究一开始, 他就力图用确定的数学形式来表示法拉第提出的一个模糊的概念 —— 电紧张态 (elctrotonic state) [6]. 麦克斯韦相信这是一个向量, 之后将它命名为向量势 $\boldsymbol{A}$. 因此在他所有的论文中, $\boldsymbol{A}$ 很自然地扮演了一个重要的角色. 麦克斯韦去世后, 赫维赛德和赫兹取消了向量势. 赫维赛德是一位富有激情和才智的工程师, 他为消除了向量势这个量感到非常非常得意 [7]. 例如他曾经说 (赫维赛德 1894):

(现在) 熟悉用更加"经典的"方法即向量势和标量势来处理电磁场的读者, 他们对不同程序和所涉及的思想都有深刻的印象. 现在, 我们自始至终都只和有物理意义的量打交道, 而不愿意和一些本质上完全模糊不清的数学函数打交道, 并且只关注以最简单形式将这些量联系起来的定律.

赫维赛德说向量势是一个本质上不确定的数学函数, 并没有什么错. 但是用今天的语言说, 我们知道, 模糊不清是传统的原因导致的. 在纤维丛的语言里, 向量势是一个联络 (connection). 这个概念微妙的意义完全起因于其可变换的 (transformable) 特性.

赫维赛德之后物理学家们有一个信条: 场强 $\boldsymbol{E}$ 和 $\boldsymbol{H}$ 可以观测到, 而向量势 $\boldsymbol{A}$ 观测不到. 所以 $\boldsymbol{A}$ 只具有数学上的意义, 因此应该剔除. 在我读研究生的时候, 教科书上就是这样写的. 因此我也深以为 $\boldsymbol{E}$ 和 $\boldsymbol{H}$ 很重要, 而向量势 $\boldsymbol{A}$ 是多余的. 后来, 阿哈罗诺夫和玻姆提出一个如图 1 的实验. 一个电子束在 $\boldsymbol{A}$ 点被分开, 绕过一个很长的螺线管, 在 $\boldsymbol{B}$ 点又会合到一起. 螺线管内有垂直于书平面的磁通量.

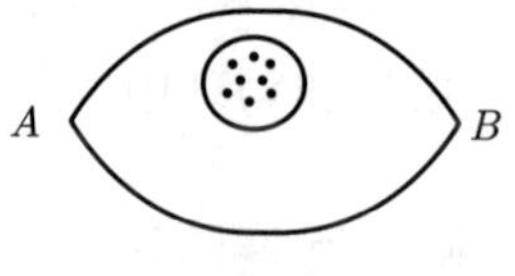


图 1

如果磁通量完全被限制在螺线管内, 在螺线管外就没有 $\boldsymbol{E}$ 和 $\boldsymbol{H}$. 那么, 按照传统的观点在经过从 $\boldsymbol{A}$ 到 $\boldsymbol{B}$ 的路径上, 电子就不会受到电磁作用的影响. 这样, 在 $\boldsymbol{B}$ 点的图像就与螺线管内总的磁通量没有关系. 可是, 阿哈罗诺夫和玻姆在 1959 年说, $\boldsymbol{B}$ 点的图像应该依赖于管内的总磁通量.

他们在 1959 年的发现, 引起了热烈的争论. 我记得那时我在普林斯顿, 那里也发生了热烈的争论. 有一个人坚决拒绝相信阿哈罗诺夫 – 玻姆实验结论, 他就是维格纳 (E. P. Wigner). 了解维格纳的人都知道, 一旦维格纳有了一个确定的想法, 就很难改变他的意见. 这正是作为一位重要物理学家的伟大之处.

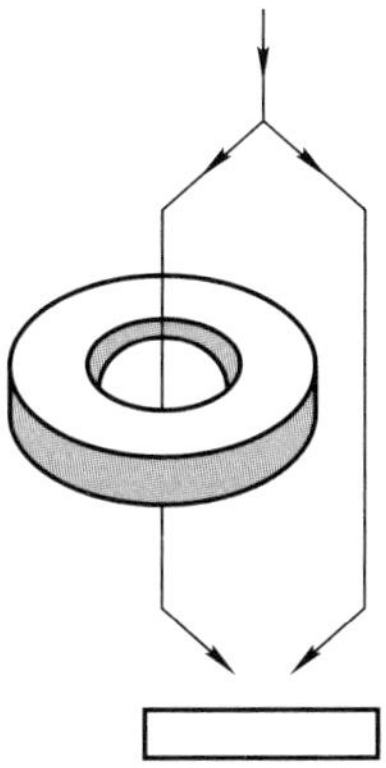

图 2

最初几年, 一般都认为阿哈罗诺夫–玻姆实验被钱伯斯 (Chambers) 验证了 [8]. 但是钱伯斯的实验不是用受约束的磁通量, 而是用一个一头尖细的针. 因此, 针周围漏掉了的磁通量会发生什么样的事情, 引起了没完没了的争论. 最后是 1983 年 [9] 和 1986 年 [10] 外村彰的实验, 解决了这一争论. 他用的是电子全息术装置, 这个实验刚才由朱博士 (Dr. Zhu) 给大家做了介绍.

首先, 外村彰和他同事的实验证明了电磁学中向量势的拓扑学意义. 其次, 它还证明了超导环的磁通量具有量子化单位 $ch/2e$. 注意 2 这个因子, 它显然是超导体内费米子配对引起的. 而这正是超导存在的根本原因. 这样, 因为 2 的存在, 外村彰的实验定量地证明和明确证实了库珀对 (Cooper pairs) 的存在. 这个漂亮的实验, 首先用实验直接证明拓扑学在物理学里的重要性.

下面我谈谈现代物理学的其他方面进展. 在现代物理学里实验和理论, 都已经与拓扑学以及规范变换有密切的相关性. 首先是范霍夫奇异性 (Van Hove singularity) [11]. 1953 年, 范霍夫和我一样是普林斯顿高等研究院的短期访问者 (member). 那时有关晶体变频分布的很多计算, 可以利用计算机完成. 马里兰大学一些人的论文证明, 这些分布上下起伏. 图 3 是那段时间早期论文中的实验得到的图形. 横坐标是频率, 纵坐标是每频率范围的波形数. (这个近似计算, 在 1905 年和 1906 年就由爱因斯坦最先做过, 后来玻恩也做过. 只是到了 20 世纪 50 年代有了计算机以后, 人们才可以做更精确的计算.) 我清楚地记得由于上下起伏的结果, 引起了很多的争论. 范霍夫比我们大多数人受到过更多的数学训练, 他从拓扑学的角度指出上下起伏的原因. 根据莫尔斯理论 (Morse theory), 在谱线上应该出现奇点, 而不只是上下起伏. 今天的计算如图 4 所示.

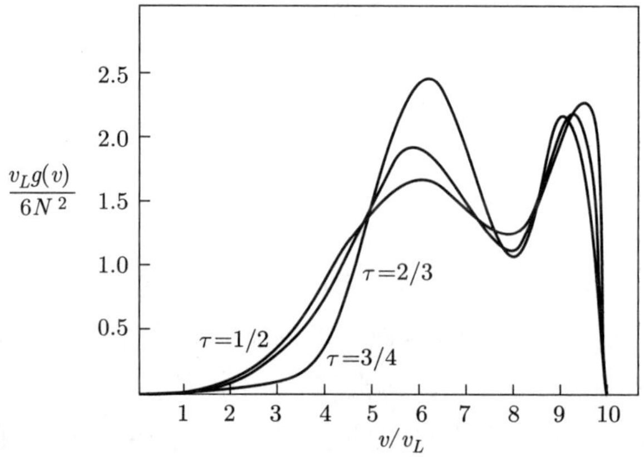


图 3

莫尔斯理论是一个简单的拓扑定理 —— 变量为 $x$ 的周期连续函数 $F(x)$ 至少有一个最大和最小值 —— 在高维的推广. 在高维情形下就必须出现一些鞍点. 莫尔斯理论在 20 世纪拓扑学发展早期起了重要的作用. 范霍夫非常巧妙地指出, 它恰好可以解释晶

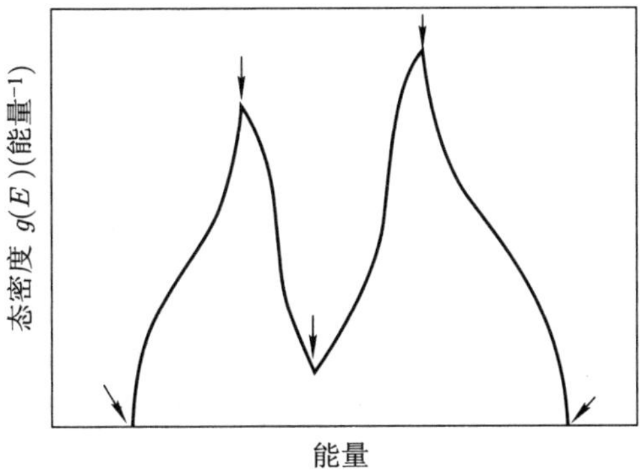


图 4 对模拟三维固体所做的态密度 $g(E)$ 随能量 $E$ 变化示意图

体频率分布中的那些上下起伏.

另一个规范变换和拓扑学引起的物理学上的重要结果, 是 1961 年的磁通量量子化实验. 图 5 取自范尔班克 (Fairbank) 和他的学生的原始论文 [12].

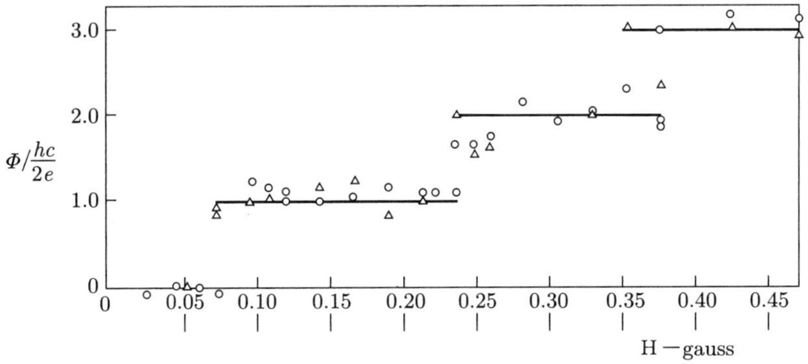


图 5

横坐标是磁场强度. 他们试图测量一个超导环里的磁通量. 这是第一次发表的图. 如果你看今天的出版物, 所有这些散开的点都聚集到一个非常水平的棒上. 逐步聚集的理由与规范变换和拓扑学有深刻关联.

另一个最终用拓扑学才了解的重要思想, 是狄拉克 1931 年提出的磁单极 [13]. 我想每位读者都知道狄拉克 1931 年发表的著名

文章, 文中指出每个电子的电量是 $e$, 如果存在一个磁荷为 $g$ 的磁单极, 那么

$$\frac{2eg}{\hbar c} = \text{整数}. \tag{1}$$

在 1931 年, 这篇文章非常著名. 之所以著名除了提出磁单极以外还有几个原因. 例如, 在这篇论文的引言里, 狄拉克说, 物理学的进步, 尤其是理论物理学的进步, 有两条路径可行: 一是植根于实验, 另一条则植根于美妙的数学. 多年以后, 他又说, 植根于实验越来越困难, 为了物理学的进展我们必须寻求美妙的数学. 今天阅读 80 年前狄拉克哲学性的预言, 实在非常重要.

狄拉克的量子化规则 (1) 被证明是一个美妙的拓扑学结果. 为了描述我如何理解这一结果, 请允许我讲一个故事.

1968—1969 年我在石溪开一门广义相对论的课程. 有一天在课堂上, 我在黑板上写下黎曼著名的曲率方程:

$$R^l_{ijk} = \frac{\partial}{\partial x^j}\Gamma^l_{ik} - \frac{\partial}{\partial x^k}\Gamma^l_{ij} + \Gamma^m_{ik}\Gamma^l_{mj} - \Gamma^m_{ij}\Gamma^l_{mk}. \tag{2}$$

这时我突然想到: 这个方程非常像 1954 年我和米尔斯发表的一篇文章中的一个方程:

$$F_{kj} = B_{k,j} - B_{j,k} + B_k B_j - B_j B_k. \tag{3}$$

下课后我把两个方程进一步做了比较, 我很快就认识到, 如果我把矩阵 $\beta_k$ 和 $R_{jk}$ 定义为

$$\langle i|\beta_k|l\rangle = \Gamma^l_{ik}, \quad \langle i|R_{jk}|l\rangle = R^l_{ijk}, \tag{4}$$

那么, (2) 是矩阵等式的 $\langle i||l\rangle$ 元素:

$$R_{jk} = \frac{\partial}{\partial x^j}\beta_k - \frac{\partial}{\partial x^k}\beta_j + \beta_k\beta_j - \beta_j\beta_k. \tag{5}$$

由此可见, 方程 (3) 和 (5) 是一样的. 我十分激动, 就去找时任石溪数学系主任的吉姆 · 赛蒙斯. 他告诉我, 这两个方程都是纤维丛理论的曲率方程. 后来应我的请求, 赛蒙斯给我们物理学家做了一系列 “午餐报告”, 讲解纤维丛理论. 由此我才第一次明白了: 阿贝尔

和非阿贝尔规范场理论的数学, 都已经被数学家在他们漂亮的纤维丛理论中独立地发展起来了.

当我了解到电磁理论, 物理世界的一个基本结构, 事实上是一个美丽而微妙的数学结构, 我的惊骇 (electrified) 之感是无法描述的. 在后来的一篇文章里 [14] 我写道:

1975 年, 了解规范场是纤维丛的联络我感到十分惊讶, 我就驱车到伯克利附近艾尔 · 塞雷托 (El Cerrito) 陈省身的家. (我在 20 世纪 40 年代听过他的几门课, 那时他是一位年轻的教授, 我是中国昆明西南联合大学的研究生. 那时纤维丛在微分几何里还不重要, 而陈省身也还没有做出推广高斯 – 博内定理和 "陈氏级" 的贡献.) 我们的话题很广, 谈朋友、亲戚和中国. 当我们的话题转到纤维丛的时候, 我告诉他, 我从赛蒙斯那里得知纤维丛理论的美以及陈 – 韦伊定理的深刻含义. 我还说当我知道规范场就是纤维丛的联络时我非常惊讶, 这一发展与物理世界没有任何关联. 我还说: "这真是令人惊讶和迷惑不解, 因为不知道你们数学家从什么地方凭空想象出这些概念." 他立刻抗议: "不, 不, 这些概念不是凭空想象出来的, 它们是自然的、真实的."

1975 年, 我与吴大峻发表了一个物理学家用的规范场和数学家的纤维丛理论的术语对照表 [15].

左边有一个条目 $j^k_\mu$ 是电荷 – 电流四维向量, 它在物理学上肯定至关重要, 但是赛蒙斯告诉我们: "我们没有考虑过这些量." 因此在对照表上出现一个 "?".

为什么数学家不考虑 $j^k_\mu$ 呢? 我想这里可能有一个微妙的理由: 1944 年, 当陈省身把拓扑学里的高斯 – 博内定理推广到四维的时候, 纤维丛理论开始变得重要. 陈先生考虑的是

$$f^k_{\mu\nu}\widetilde{f}^k_{\mu\nu} \tag{6}$$

的积分, 这里的 $\widetilde{f}^k_{\mu\nu} = \varepsilon_{\mu\nu\alpha\beta} f^k_{\alpha\beta}$, 是 $f^k_{\mu\nu}$ 的对偶 (它把 $\boldsymbol{E}$ 和 $\boldsymbol{H}$ 进行了互换①). 而从概念上讲, $J_\mu$ 源于一个拉格朗日量的变分, 这个拉

①准确地说, 这个对偶将 $\boldsymbol{E}$ 变成 $\boldsymbol{H}$ 而将 $\boldsymbol{H}$ 变成 $-\boldsymbol{E}$. —— 译者注

格朗日量是

$$f_{\mu\nu}^k f_{\mu\nu}^k \tag{7}$$

的积分.

**表 1 规范场与纤维丛术语对照**

| 规范场术语 | 纤维丛术语 |
|---|---|
| 规范 (或球面规范) | 主坐标丛 |
| 规范型 | 主丛 |
| 规范势 $b_\mu^k$ | 主丛上的联络 |
| $S_{ba}$ | 转移函数 |
| 相位因子 $\Phi_{QP}$ | 平行移动 |
| 场强 $f_{\mu\nu}^k$ | 曲率 |
| (电) 源 $j_\mu^k$ | ? |
| 电磁学 | $U(1)$ 丛上的联络 |
| 同位旋规范场 | $SU(2)$ 丛上的联络 |
| 狄拉克磁单极量子化 | $U(1)$ 丛按第一陈氏级分类 |
| 无磁单极的电磁学 | 平凡的 $U(1)$ 丛上的联络 |
| 带磁单极的电磁学 | 非平凡的 $U(1)$ 丛上的联络 |

我想, 数学家对 (6) 感到如此惊讶以至于忽视考虑 (7) 式, 而后者对物理学家是首要的 (primary importance).

尽管如此, 当辛格 (I. M. Singer) 访问石溪的时候, 我给他看了我和吴大峻写的论文 [15]. 他把论文带回剑桥. 结果是阿蒂亚 (M. F. Atiyah)、希钦 (N. J. Hitchin) 和辛格合写了一篇文章 [16], 讨论了无源规范场, 即

$$J_\mu^k = 0 \tag{8}$$

且表达式 (7) 的积分取得极值的规范场. 可以毫不夸张地说, 这篇三人文章是催化剂之一, 预示物理学家和数学家之间在最近 30 多年紧密的合作 [17].

现在我们转向狄拉克量子化规则 (1). 从拓扑学上讲, 它源于磁单极子周围向量势的微妙结构. 当我把它证明给赛蒙斯看的时

候, 他说: “狄拉克的先见比陈省身早了十几年.”

1949 年, 著名实验物理学家斯坦伯格计算 $\pi^0 \mapsto \gamma + \gamma$ 过程中速率时, 他首先发现 $\pi^0$ 是一个赝标量 (pseudoscalar), 而且这个过程与上面的 (6) 式有关, 但当时被认为是 “反常的”. 过了很久以后才弄清楚, 这个反常是规范场拓扑学里所固有的.

最近, 拓扑绝缘体 (topological insulator) 的研究有了激动人心的发现, 其缘由是它的值得注意的特性再次与 (6) 式相关. 我可以有把握地预言, 拓扑学将会在物理学里继续扮演新的和微妙的角色.

除了范霍夫的奇点以外, 所有上面提到的拓扑学进入物理学的例子, 都说明与规范理论的数学结构有关. 真正令人吃惊①的是:

(1) 两百年以前, 只懂得一点点数学的法拉第, 能够构造出一个模糊而不可靠的电紧张态的概念.

(2) 麦克斯韦 (1831—1879) 能够用数学量描述这个概念, 并称之为向量势.

(3) 数学家在没有参照物理世界的情形下, 独立地发现了这个在概念上美妙的量, 并称之为联络.

## 参考文献

[1] Y. Aharonov and D. Bohm, *Phys. Rev.* **115**, 485 (1959).

[2] J. C. Maxwell, *Trans. Camb. Phil. Soc.* **10**, 27 (1856) [in *Scientific Papers of J. C. Maxwell,* Vol. 1, ed. W. D. Niven (Dover Publications, 1890), p. 155].

[3] J. C. Maxwell, *Phil. Mag.* **21**, 281, 338 (1861).

[4] J. C. Maxwell, *Phil. Mag.* **23**, 12, 85 (1862) [in *Scientific Papers of J. C. Maxwell*, p. 451].

[5] J. C. Maxwell, *Phil. Trans. R. Soc.* (London) **155**, 459 (1865) [in *Scientific Papers of J. C. Maxwell*, p. 526].

①我曾在东京的一次报告 [18] 中评论到这些惊人的历史事实.

[6] A. C. T. Wu and C. N. Yang, *Int. J. Mod. Phys.* A**21**, 3235 (2006).

[7] O. Heaviside, Electromagnetic Theory (The Electrician Printing and Publishing Company, 1893).

[8] R. G. Chambers, *Phys. Rev. Lett.* **5**, 3 (1960).

[9] A. Tonomura, T. Matsuda, R. Suzuki, A. Fukuhara, N. Osakabe, H. Umezaki, J. Endo, K. Shinagawa, Y. Sugita and H. Fujiwara, *Phys. Rev. Lett.* **48**, 1443 (1982).

[10] A. Tonomura, N. Osakabe, T. Matsuda, T. Kawasaki, J. Endo, S. Yano and H. Yamada, *Phys. Rev. Lett.* **56**, 792 (1986).

[11] L. Van Hove, *Phys. Rev.* **89**, 1189 (1953).

[12] B. S. Deaver, Jr. and W. M. Fairbank, *Phys. Rev. Lett.* **7**, 43 (1961).

[13] P. A. M. Dirac, *Proc. R. Soc. London* A**133**, 60 (1931).

[14] C. N. Yang, *Phys. Today* **33**, 42 (1980).

[15] T. T. Wu and C. N. Yang, *Phys. Rev.* D**12**, 3845 (1975).

[16] M. F. Atiyah, N. J. Hitchin and I. M. Singer, *Proc. R. Soc. London* A**362**, 425 (1978).

[17] I. M. Singer, *Proc. Symp. Pure Math.* **48**, 198 (1988).

[18] C. N. Yang, *JJAP* **9**, 3 (1993).

【后记】法拉第和麦克斯韦不会预料到向量势在 20 世纪数学中扮演的重要角色, 这是由数学家在完全没有涉及物理世界的情形下所创造的. 但是麦克斯韦很欣赏法拉第直觉的内在数学含义. 1867 年 8 月 25 日法拉第逝世, 麦克斯韦在他的讣文中说:

法拉第利用力线的观念阐述电磁感应现象, 这显示他实际上是一位高水平的数学家 —— 未来数学家们将会从他的概念繁衍出丰富而有价值的方法. …… 从欧几里得的直线到法拉第的力线, 都有促使科学取得进步的思想特征, 而这种力学和几何思想的充分利用, 可以让我们期盼未来有更多的进展.

(杨建邺译)

# 第四部分

# 对话杨振宁

# 杨振宁和当代数学*

张奠宙

---

杨振宁是 20 世纪伟大的理论物理学家之一, 1957 年以发现宇称不守恒与李政道共获诺贝尔物理学奖. 但是, 对数学家来说, 杨振宁却以杨 – 米尔斯 (Yang-Mills) 理论和杨 – 巴克斯特 (Yang-Baxter) 方程而著称. 可以说, 杨振宁是继爱因斯坦和狄拉克之后, 对数学的发展有最大影响的 20 世纪物理学家. 1991 年, 我访问了杨振宁教授. 本文根据该访问及杨振宁教授已出版的论著写成.

## 杨振宁和陈省身的早期交往

1922 年, 杨振宁出生于中国东部的一个中等城市 —— 合肥. 他的父亲杨克纯 (Yang Ko-Chuen, 又名杨武之) 是北平清华大学教授, 其后任复旦大学教授. 杨武之于 1928 年在狄克逊 (L. E. Dickson) 指导下, 以数论研究获芝加哥大学博士学位. 他是把现代数学引入中

---

*本文中文版原载: 数学传播, 1992 (4); 科学, 1992 (4). 英文版刊于 Mathematical Intelligencer, 1993, 15(4). 中文版与英文版内容不全相同. 本文由张奠宙译自英文版. 本文还有一篇姊妹篇, 见于张奠宙主编的《20 世纪数学经纬》一书中的同名文章.

国的先驱之一, 教导过许多优秀的学生, 其中有两位最著名: 华罗庚和陈省身.

**张**: 您第一次见到陈省身教授是在什么时候?

**杨**: 1930—1934 年, 陈教授在北平清华大学做研究生时, 我父亲是清华数学系教授, 但我不记得那时我们是否见过面. 然而我却清楚记得首次见到陈夫人时的情景. 那是在 1929 年 10 月初, 她的父亲郑桐荪教授已在清华做了好几年教授, 杨家则刚搬到清华. 那时我只有 7 岁, 在上小学. 郑教授一家邀请我们到他家里吃饭. 于是我第一次见到了 “郑姊姊”. 郑杨两家的关系一直十分密切. 1939 年, 我父亲和母亲更撮合了陈教授与郑士宁女士的婚事, 并且因此成为他们在昆明结婚时的介绍人.

**张**: 1938—1942 年间, 您是清华大学物理系的学生, 陈省身先生是否教过您?

**杨**: 1937 年陈教授学成回国. 当时由于抗日战争, 清华大学与北京大学、南开大学在昆明合并组成战时的国立西南联合大学, 即西南联大. 陈先生在西南联大教了六年书: 1937—1943. 他是一位极出色和受欢迎的教授. 我则先在西南联大读本科, 然后念研究生. 西南联大的岁月在我脑海中留下了美好的回忆, 当时所受的优良教育也令我终生感激.

在西南联大, 我很可能旁听过陈省身的好几门数学课, 但是根据保存至今的成绩单, 我只是在 1940 年秋季学期正式选修过他讲授的微分几何课程. 当时我是物理系的三年级学生.

**张**: 这门课您有所得益吧?

**杨**: 当然. 不过我已经记不清楚上课的情形了, 只有一件事印象很深: 如何证明每一个二维曲面保角等价于平面? 我知道如何把度量张量化成 $A^2\mathrm{d}u^2 + B^2\mathrm{d}u^2$ 的形式, 但是想了很久都想不出怎样使 $A = B$. 有一天, 陈先生告诉我要用复变量, 并写下:

$$C\mathrm{d}z = A\mathrm{d}u + iB\mathrm{d}v$$

这个式子. 学到这简单的妙诀, 是我毕生难忘的经历.

**张**: 您何时到达美国?

**杨**: 1945 年 11 月. 到美国后, 我想追随费米或维格纳学物理. 但我在哥伦比亚大学找不到费米, 因为他在 1942 年前已离去. 于是我去普林斯顿大学找维格纳, 却发现他下一年度休假, 令我大为失望. 幸好我听说费米将回到芝加哥一个新成立的研究所去, 这就是我去芝加哥大学读博士学位的缘由.

**张**: 陈省身先生有一段很长的时间在芝加哥大学当教授.

**杨**: 是的, 但这是我 1949 年离开芝加哥后的事. 陈先生在 1949 年初到美国后, 我们经常在普林斯顿、芝加哥和伯克利见面.

**张**: 那时你们讨论过纤维丛吗?

**杨**: 70 年代之前从未谈起过. 我们早期的接触是非学术性的. 我们谈论过很多数学家, 却未讨论过数学.

## 1954 年杨振宁和米尔斯的论文

在昆明和芝加哥做研究生时, 杨振宁已经对规范不变性决定一切电磁相互作用的事实有深刻的印象. 这课题能为人所知晓, 是自外尔、福克、伦敦在 1918—1929 年间所做的工作, 以及后来泡利的综述文章开始的. 但到了 40 年代和 50 年代初, 这一课题在物理学中仍然只占有一个微不足道的纯技术性的位置. 在芝加哥, 杨振宁试图把规范不变性推广到非交换群的情形 (电磁场的规范群是交换群 $U(1)$). 类似于麦克斯韦方程, 他尝试把场强 $F_{\mu\nu}$ 定义为:

$$F_{\mu\nu} = \frac{\partial B_\mu}{\partial x_\nu} - \frac{\partial B_\nu}{\partial x_\mu}. \tag{1}$$

这似乎是麦克斯韦电磁场方程的自然推广, 但是 “结果出现麻烦, 不得不放弃” [1, p. 19].

1954 年杨振宁到纽约长岛的布鲁克海文国家实验室访问研究时, 再次回到推广规范不变性的想法上来. 来自哥伦比亚大学获得博士学位的米尔斯来到该实验室做博士后, 和杨振宁在同一办公室工作. 杨振宁将非交换规范场的想法介绍给米尔斯, 他们决定在

(1) 式的右边添加一个二次项

$$i\varepsilon(B_\mu B_\nu - B_\nu B_\mu),$$

结果把一切 “麻烦” 都消除了, 并引出一种很漂亮的新场论. 1954 年夏, 他们向《物理评论》提交了一篇论文, 此论文在当年 10 月发表, 标题是 “同位旋守恒和规范不变性” [2]. 关于这段时期, 米尔斯后来写道 [4, p. 463]:

我当时接受了一个博士后的工作, 也在布鲁克海文, 并与杨振宁在同一个办公室工作. (当时我正在纽约的哥伦比亚大学的克罗尔指导下慢慢地撰写对于四阶兰姆位移可能有的贡献进行研究的毕业论文.) 杨振宁当时已在许多场合中表现出了他对刚开始物理学家生涯的青年人的慷慨, 他告诉我关于推广规范不变性的思想, 而且我们较为详细地做了讨论. 我当时已有了有关量子电动力学的一些基础, 所以在讨论中能有所贡献 (特别是关于量子化的过程), 而且在计算它的表述形式方面也有小小的贡献, 但是一些关键性的思想都是属于杨振宁的.

**张**: 我看过有报道说, 米尔斯当时在英国 [4. p. 463]: “1954 年, 杨振宁在美国, 米尔斯在英国, 他们构造了一种涉及非交换群的麦克斯韦方程的非线性推广.”

**杨**: 那是不正确的. 1954 年米尔斯确实是在美国. 后来他曾多次访问英国, 但绝不是 1954 年.

**张**: 梅耶 (M. E. Mayer) 在 1977 年出版的一本书里, 曾这样写道:

读了 Yang 和 Mills 的论文, 就可以看出他们一定明白了规范势的几何意义, 因为他们使用了规范协变的微分与联络的曲率形式. 此外, 该文的基本方程将与从更为几何的考虑而导出的方程相符 ······ [5, p. 2]

梅耶认为你们已经清晰地理解了微分几何, 是这样的吗?

**杨**: 不, 不是这样的. 米尔斯和我在 1954 年所做的事, 只是想推广麦克斯韦方程. 我们并不清楚麦克斯韦方程的几何意义, 也没有朝那个方向去想. 对物理学来说, 规范势根植于我们对电磁场的描述, 而联络是一种几何概念, 我是在 1970 年前后才了解的. 麦克斯韦方程原来具有很深的几何意义, 是物理学家意想不到的新发现.

**张**: 一个有趣的问题是, 你在 1954 年是否理解这篇关于非交换规范场论的原创论文的巨大重要性?

**杨**: 喔, 恐怕不会. 在 20 世纪 50 年代, 我们只觉得这篇文章很重要; 到了 60 年代, 才觉察到它的重要性; 及至 70 年代, 才晓得它对物理学是极为重要的. 只是到了 1974 年以后, 我才清楚认识到它跟数学的关系.

**张**: 众所周知, 外尔是规范理论的创始人, 为什么你们在 1954 年的论文中没有提到他?

**杨**: 在 20 世纪 40 至 50 年代, 物理学家虽然知道外尔曾经导出交换的规范不变概念, 但大多只引用泡利的评论文章 [6, 7]. 事实上, 我那时并没有看过外尔的任何论文.

**张**: 你在普林斯顿见过外尔吗?

**杨**: 当然见过, 1985 年, 我在苏黎世纪念外尔百年诞辰的演讲中曾提到这件事:

当我在 1949 年成为普林斯顿高等研究所的一名年轻成员时, 曾见过外尔. 之后的几年 (1949—1955) 内, 我时常看到他. 他很容易亲近, 但我不记得曾和他讨论过物理学或数学问题. 在物理学家中, 没有人知道他对规范场思想的兴趣是锲而不舍的. 无论是奥本海默还是泡利, 都从未提及这一点. 我猜测他们也没有把我和米尔斯 1954 年发表的论文告诉他. 如果他们告诉了他, 或者他偶然发现了我们的文章, 那么我能想象得到, 他一定会非常高兴, 而且会非常激动. 因为我把他所最珍爱的两样东西 —— 规范场和李群 —— 放在一起了. [8, pp. 19–20].

**张**: 我从你的这篇有关外尔的漂亮文章中, 知道外尔创立了中微子的二分量理论.

**杨**: 是的. 外尔在 1929 年所写的论文中提出了这一理论, 但指出它违背了左右对称性, 因此不能与现实有关. 大约三十年以后, 在 1956—1957 年间, 当发现左右对称性并不严格地被遵守的时候, 外尔的理论复活了. 时至今日, 这仍然是有关中微子的正确理论.

顺便说一句, 在外尔去世两年以后, 我和太太买了外尔在普林斯顿的房子, 并在那里住了九年之久: 1957—1966.

**张**: 当外尔知道他的中微子理论获得证实时, 有怎样的反应?

**杨**: 在 1957 年物理学界发生巨大轰动的两年之前, 外尔不幸去世了. 1957 年初, 发现左右对称不被严格遵守 (即宇称不守恒) 后, 外尔的理论复活了. 它与 $\mu$-衰变的实验极漂亮地吻合. 但此后的六个月, 物理学界又陷入关于 $\beta$-衰变的困惑, 这一问题与外尔的中微子究竟是右旋还是左旋有关. 到这年的秋天, 出现了关于 $\beta$-衰变结构的 V-A 建议. 到了 12 月, 一个精巧的实验将一切问题都澄清了, 其中包括外尔中微子是左旋的结论.

**张**: 外尔比杨振宁年长 37 岁, 他们属于不同的学术时代, 来自不同的国家, 从事不同的学科. 我们是否可以说外尔是非常欣赏物理的数学家, 而杨振宁则是非常欣赏数学的物理学家?

## Yang-Mills 理论与几何学

在杨振宁和米尔斯的原始论文发表以后, 涉及规范理论的量子化和重整化、寻求 Yang-Mills 方程的精确解的论文大量涌现, 但只有少数人注意到规范场论的几何与拓扑意义, 其中包括 S. Mandelstam (1962), E. Lubkin (1963) 和 H. G. Loos (1967). 此外, R. Hermann 为物理学家写了一系列数学读物, 其中一部分也涉及规范场和几何的关系, 不过这些工作似乎都没有产生很大的影响. 于是我向杨振宁先生询问他了解规范场论与几何学之间的关系的个人体验.

**张**: 1954 年以后, 您曾继续研究规范理论吗?

**杨**: 是的, 我一直在研究. 在 20 世纪 50 年代和 60 年代, 虽然物理学中还没有实际地使用非交换规范场论, 但是随着时间的推移, 越来越多的人欣赏到它的优美特性. 例如在 1964 年, D. Ivanienko

出版了一册辑录了 12 篇译成俄文的关于规范场论的论文集, 这些论文的作者包括 Yang-Mills, Lee-Yang, J. J. Sakurai, M. Gell-Mann 等. 我自己在整个 20 世纪 50 年代都在规范场论的各个方面做工作, 虽然没有获得多少有用的结果.

到了 20 世纪 60 年代末期, 我开始用不可积相因子的方法重新建立规范场论. 有一个学期, 我正在讲授广义相对论, 突然注意到规范场论中的公式

$$F_{\mu\nu} = \frac{\partial B_\mu}{\partial x_\nu} - \frac{\partial B_\nu}{\partial x_\mu} + i\varepsilon(B_\mu B_\nu - B_\nu B_\mu) \tag{2}$$

与黎曼几何中的曲率公式

$$R^l_{ijk} = \frac{\partial \Gamma^l_{ik}}{\partial x^j} - \frac{\partial \Gamma^l_{ij}}{\partial x^k} + \Gamma^m_{ik}\Gamma^l_{mj} - \Gamma^m_{ij}\Gamma^l_{mk} \tag{3}$$

不仅十分相似, 而且如果把二者的符号正确地等同起来, 这两个公式乃是完全一样的. 当我理解到这一点时, 我内心的震撼是难以形容的.

**张**: 这是你第一次觉察到规范场论与微分几何之间有密切联系吗?

**杨**: 我早先曾注意到 Levi-Civita 的平行移动和规范场论中的不可积相因子之间的相似性, 但我真正领略到二者之间的精确联系, 是在我认识到公式 (1) 与 (2) 完全一样的那一瞬间.

怀着想弄清楚规范理论的几何意义的想法, 我向一位杰出的几何学家赛蒙斯 (J. Simons) 请教, 他当时是纽约州立大学石溪分校的数学系主任. 赛蒙斯告诉我, 规范理论一定与纤维丛上的联络有关. 这之后, 我试图从阅读斯廷罗德 (N. E. Steenrod) 的《纤维丛的拓扑学》这类书去了解纤维丛理论, 结果却一无所获. 对物理学家而言, 现代数学的语言实在太乏味、太抽象了.

**张**: 我想, 只有数学家才会欣赏今天的数学语言.

**杨**: 我告诉你一个有关的故事. 大约在十年前, 我在韩国汉城做演讲, 开个即兴玩笑说: “现今只有两类现代数学著作: 一类是你看完第一页就不想看下去了, 另一类是你看完第一句话就不想看

下去了.” 后来《数学情报员》杂志还把我这个玩笑刊登出来. 但是我猜想, 很多数学家都会同意我的看法.

**张**: 你在什么时候弄懂了纤维丛理论?

**杨**: 1975 年初, 我邀请赛蒙斯教授给我们做一系列有关微分形式和纤维丛理论的午餐演讲, 他欣然接受了这一邀请. 于是我们学到了 de Rham 定理、微分形式、拼接 (patching) 等. 这些演讲非常有用, 使我们理解了物理学中 Aharonov-Bohm 实验和狄拉克磁单极的量子化条件的数学含义. 曹宏生和我后来还弄懂了美妙的 Chern-Weil 定理. 回顾起来, 正是这些演讲, 使我理解了过去理解得不甚清楚的流形的概念.

## Yang-Singer-Atiyah

**张**: 赛蒙斯的演讲促使杨振宁和吴大峻写了一篇著名的论文:《不可积相因子的概念与规范场的整体表述》[9]. 在这篇论文里, 他们分析了电磁场的内蕴含义, 特别强调了它的整体拓扑性质. 他们讨论了 Aharonov-Bohm 实验和狄拉克磁单极的量子化条件的数学意义. 他们还展示了如下的一个字典 (后来被称为 “吴 – 杨字典”):

| 规范场术语 | 纤维丛术语 |
|---|---|
| 规范 (或球面规范) | 主坐标丛 |
| 规范型 | 主丛 |
| 规范势 $b_\mu^k$ | 主丛上的联络 |
| $S_{ba}$ | 转移函数 |
| 相位因子 | 平行移动 |
| 场强 $f_{\mu\nu}^k$ | 曲率 |
| (电) 源 * $J_\mu^k$ | ? |
| 电磁学 | $U(1)$ 丛上的联络 |
| 同位旋规范场 | $SU(2)$ 丛上的联络 |
| Dirac 磁单极量子化 | $U(1)$ 丛按第一 Chern 示性类分类 |
| 无磁单极的电磁学 | 平凡的 $U(1)$ 丛上的联络 |
| 带磁单极的电磁学 | 非平凡的 $U(1)$ 丛上的联络 |

* 是广义下的电荷和电流.

半年后, 即 1976 年夏天, 麻省理工学院的数学家辛格 (I. M. Singer) 教授来纽约州立大学石溪分校访问, 并和杨教授做了详细的讨论. Singer 在大学里原本是学物理的, 20 世纪 40 年代转入数学系做研究生. 他在 1985 年这样写道:

三十年后, 我发现自己在牛津大学讲规范场理论, 从吴大峻和杨振宁的字典讲起, 最终得到了瞬子, 即杨 – 米尔斯方程的自对偶解. 做了三十年的数学, 我似乎又回到了物理学 [10, p. 200].

为了阐述过去十年的发展, Singer 在这篇文章里引用了吴 – 杨的字典.

1977 年四五月间, 一份由 Atiyah, Hitchin, Singer [11] 合著的预印本被广泛传阅. 在这篇文章里, Atiyah-Singer 的指标定理被应用到自对偶规范场上去, 由此而引发了许多数学家对规范场的兴趣.

1979 年, Atiyah 出版了一个专题研究报告, 题目是 "杨 – 米尔斯场论的几何学" [12]. 他的《论文选集》第五卷以 "规范场理论" 为标题. 在杨振宁石溪的办公室的书架上, 我发现了一册有 Atiyah 签名的第五卷《论文选集》. 在前言中, Atiyah 写道 [13]:

从 1977 年开始, 我的兴趣转向规范场理论, 以及几何学和物理学的互动. 一直以来, 我对理论物理的兴趣不大, 大多数的冲击都来自跟麦凯 (George Mackey) 的深入讨论. 1977 年的动因来自两个源泉. 一方面, Singer 告诉我 Yang-Mills 方程, 通过杨振宁的影响, 它正在向数学圈渗透. 当 Singer 在 1977 年初访问牛津时, 他与 Hitchin 和我周密地考察了自对偶方程. 我们发现, 简单应用指标定理, 就可以得出关于 "瞬子" 的参数个数的公式. 另一个动因则来自彭罗斯 (Roger Penrose) 和他的小组.

**张**: 在吴 – 杨字典中, 你们为什么留下一个问号?

**杨**: 因为那时数学家不曾探究过物理学家十分熟悉的重要概念: 源, 通常用 $J$ 表示. 在麦克斯韦对库仑定律和安培 – 麦克斯韦定律的联合表述中, 这是一个关键的概念. 用现代数学来写, 就是:

$$*D*f=J,$$

其中 $*$ 是 Hodge 对偶. 在 "无源" ($J=0$) 的情形, 则可以写成

$$D*f=0.$$

当 $*f=\pm f$ (依据 $\pm$ 号的选取, $f$ 分别称为自对偶与反自对偶的) 时, 此方程自动满足 (因为 $f$ 本身还满足另一组麦克斯韦方程 $Df=0$, 这是法拉第定律和高斯定律的联合表述). 正是这个原因, 许多数学家和物理学家开始研究自对偶与反自对偶的 Yang-Mills 方程.

**张**: 这是一个极有趣的故事. 自对偶规范场的研究后来引出了许多优美的数学, 包括菲尔兹奖得主唐纳森的工作 (下面还会提到).

**杨**: 是的, 这故事正好提供了一个现代的例子, 就是数学家可以从物理学衍生某些概念, 这其实在几个世纪以前是很普遍的, 不幸的是, 现在很少见了.

**张**: 有些数学概念对物理学也会变得重要, 对此你有什么意见? 我们会想起爱因斯坦曾被劝告去注意张量分析, 这和你从赛蒙斯那里得到了帮助是否类似?

**杨**: 爱因斯坦有博大精深和令人惊叹的洞察力, 不宜将后人和他相提并论. 至于数学渗入广义相对论与规范场理论的过程, 是完全不同的. 就前者而言, 爱因斯坦没有黎曼几何就不可能写出广义相对论的方程; 就后者而言, 规范场论的方程早已写出来了, 但后来是通过数学才了解其深意.

**张**: 曾有许多学者早就指出, 规范场论和纤维丛理论密切相关, 为什么他们的论文不如你们的论文在数学界有影响力?

**杨**: 这可能有许多原因. 有些工作太形式化, 以至于物理学家不能理解它究竟说了些什么; 有些是由于物理内容没有被充分揭示, 使得数学家觉得太微不足道. 至于吴大峻和我在 1975 年所写的论文, 关于 Aharonov-Bohm 实验和狄拉克磁单极的量子化条件的讨论, 都有助于引起人们的关注. 当然, 那个字典也很有用.

**张**: 你和 Singer、Atiyah 有过学术交往吗?

**杨**: 我多次见过他们, 但没有学术合作.

## Yang-Baxter 方程

杨振宁为数学界提供的另一重要数学结构, 是 Yang-Baxter 方程, 这是从他在统计力学的工作中引出的.

1967 年, 杨振宁试图找出在 $\delta$-函数相互作用下, 一维费米子多体问题的本征函数 [14]. 这是一个相当困难的问题. 他在求解过程中, 揭示出关键的一步是以下的矩阵方程:

$$A(u)B(u+v)A(v) = B(v)A(u+v)B(u) \tag{4}$$

数年之后, Baxter 在解另一个物理问题 (八顶点模型) 时, 再次得到矩阵方程 (4). 之后有好几个研究中心都朝着这两个发展方向进行研究, 尤其是苏联, 更集中了人力去研究. 1980 年, L. D. Faddeev 采用了 "Yang-Baxter 关系" 或 "Yang-Baxter 方程" 的术语. 时至今日, 这一命名已被广泛接受. (1985 年, Vladimir Drinfeld 还定义了所谓的 Yangian 以纪念杨振宁, 这与量子 Yang-Baxter 方程有关.)

最近六七年以来, 数学和物理学上许多激动人心的进展表明, Yang-Baxter 方程是与许多数学分支有关的一个基本数学结构, 这些分支包括: 纽结和辫群理论、算子理论、Hopf 代数、量子群、三维拓扑、微分方程的单值化等. 就这些课题而发表的工作造成了文献爆炸 [10—12].

**张**: Yang-Baxter 方程不过是一个简单的矩阵方程, 为何会有那么大的重要性呢?

**杨**: 在最简单的情况下, 该方程可以写为

$$ABA = BAB. \tag{5}$$

这是关于辫群的 Artin 基本方程. 显然, 编辫子是一系列置换的历史记录. 我们也不难理解, 许多数学和物理问题与一连串置换的历程有密切关系.

从最近六七年的进展来看, 我感觉, Yang-Baxter 方程是继 Jacobi 恒等式

$$[A,[B,C]]+[B,[C,A]]+[C,[A,B]]=0$$

(其中 $[A, B] = AB - BA$ 是换位子) 之后最基本的代数方程. 大家都知道, Jacobi 恒等式是整个李代数理论及相关的李群理论的起点.

**张**: Yang-Baxter 方程对数学的影响似乎比对物理的影响更大?

**杨**: 目前是如此. 实际上, 有些物理学家认为, Yang-Baxter 方程是纯数学, 我认为这看法将会改变. Yang-Baxter 方程是一个基本结构, 不论物理学家是否喜欢, 最终必然要使用它. 在 20 年代, 许多物理学家称群论为 "群害" (group pest). 这种观念一直持续到 30 年代, 但此后就消失了.

## 1986 年和 1990 年的菲尔兹奖

Yang-Mills 理论和 Yang-Baxter 方程, 两者都在当今核心数学中占重要位置, 从 1986 年和 1990 年的菲尔兹奖的颁发就可以看出这一点.

唐纳森在 1986 年于伯克利举行的国际数学家大会上获得菲尔兹奖. Atiyah 这样介绍唐纳森的工作 [19]:

如果跟弗里德曼 (Freedman) 的一项重要工作合在一起, 唐纳森的结论意味着: 存在一个 "怪异" 的四维空间, 它与标准的欧几里得空间同胚, 但不微分同胚 …… 他们的结果来自理论物理中的 Yang-Mills 方程, 它是麦克斯韦方程的非线性推广.

1990 年的国际数学家大会有四位菲尔兹奖得主: 德林费尔德 (Vladimir Drinfeld)、琼斯 (V. F. R. Jones)、森重文 (Shigefumi Mori) 和威腾 (E. Witten). 除森重文外, 其他三人的工作都跟 Yang-Mills 方程或 Yang-Baxter 方程有关. 以下的引文摘自 1990 年在京都举行的国际数学家大会上的报告:

我们要提到德林费尔德和马宁 (Manin) 在构造瞬子方面的先驱性工作. 这些是自对偶 Yang-Mills 方程的解 …… 德林费尔德在物理学上的兴趣, 继续保持在 Yang-Baxter 方程的研究上 [20, p. 1210].

琼斯认识到, 在某些条件下, Yang-Baxter 方程可用来构造链环

(link) 的一些不变量, 从而开启了一个新的方向 …… 量子群理论和非交换 Hopf 代数被神保道夫 (Michio Jimbo) 和德林费尔德用来构造 Yang-Baxter 方程的解 [21, p. 1210].

威腾用这些观念描述了唐纳森和弗洛尔 (Floer) 的不变量 (Atiyah 早先想法的推广), 并且将琼斯的纽结多项式推广到任意的环绕三维流形 (ambient 3-manifold) 上 [22, p, 1214].

我也颇有兴趣地注意到, 在京都国际数学家大会上的大会报告过分倾向于数学物理, 人们有过一些抱怨 [23]:

到处听到的都是量子群、量子群、量子群!

## 数学和物理

**张**: 为什么您在物理上的工作会对数学产生这么大的影响?

**杨**: 这是一个很难回答的问题. 幸运是一个因素. 除此之外, 以下两点可能有关. 首先, 如果你选择去做原始的问题, 那么你就有较大的机会接触到数学的基本结构. 其次, 你必须对数学的价值观有某种程度的欣赏.

**张**: 请就第一点做进一步的说明.

**杨**: 理论物理中的好多文章是这样产生的: 甲发表了一篇论文阐述他的理论, 乙说他的论文改进了甲的结果, 后来丙指出乙的理论是错误的, 甚至往往最后发现甲的原始概念是完全错的或者根本没有意义.

**张**: 数学界同样有类似的情形.

**杨**: 不, 不, 情况极为不同. 数学定理都是被证实过的, 或被认为是证实过的. 在理论物理界, 我们就像在做猜谜游戏, 而大多数猜测又往往是错的.

**张**: 不过, 读最新的文献是必要的.

**杨**: 那当然对, 了解你从事的领域中别人在想些什么, 当然是重要的. 但是要取得实质性的进展, 就必须面对原始的简单物理问题, 而不是别人的猜想.

**张**: 您和米尔斯在 1954 年提出规范场正是这样做的吗?

**杨**: 是的, 我们问自己: "我们能否把麦克斯韦方程加以推广, 从而得到粒子相互作用的一般法则呢? "

**张**: 那么, Yang-Baxer 方程又是怎么一回事呢? 您在 1967 年的论文里讨论的并不是物理学里的一个基本重要的问题.

**杨**: 你说得对. 但是, 我是在探究量子力学里一个最简单的数学问题: 具有最简单的相互作用的一维费米子的系统.

**张**: 为什么您强调 "最简单"?

**杨**: 因为问题越简单, 你的分析工作就越可能接近某些基本的数学结构. 让我用以下的比喻来阐明. 假如象棋与围棋中有一者被发现具有一个以数学为基础的获胜策略, 那么一定是围棋, 因为围棋较为简单和基本.

**张**: 请您再谈谈第二点成功秘诀.

**杨**: 许多理论物理工作者在某些方面对数学有抗拒的心理或者有贬低数学的倾向. 我不赞同这种态度, 我曾经这样写道 [1, p. 74]:

*我的物理学界同事大多对数学采取功利主义的态度. 也许因为受我父亲的影响, 我较为欣赏数学. 我欣赏数学家的价值观, 我赞美数学的优美和力量: 它有战术上的技巧与灵活, 又有战略上的雄才远虑. 而且, 堪称奇迹中的奇迹的是, 它的一些美妙概念竟是支配物理世界的基本结构.*

**张**: 您父亲对你有哪些数学影响?

**杨**: 举例来说吧. 当我还是中学生的时候, 就从父亲那里接触到群论的基本原理, 也常常被父亲书架上的一本斯派泽关于有限群的书中的美丽插图所迷住. 当我写大学论文时, 父亲建议我读一读迪克森所写的一本小书, 叫做《近世代数理论》. 这本书有短短 20 页的一章介绍了群表示的特征标理论的要点. 这一章的优美和威力, 使我认识到群论无与伦比的美妙和力量.

**张**: 据说你曾经当过中学数学老师, 而且杨夫人 (杜致礼) 就是你授课班上的学生.

**杨**: 是的. 我曾在 1944—1945 年间, 在昆明的一所中学里教数学, 她是我班上的学生. 但那时我们并不熟悉. 好几年之后, 我在普林斯顿和她邂逅. 教数学是一桩有趣的经历, 不过这跟我对数学的态度并没有关系.

**张**: 你认为物理学家多学一点数学是否重要?

**杨**: 不, 如果一个物理学家学了太多的数学, 他或她将可能被数学的价值观所吸引, 并因而丧失自己的物理直觉. 我曾经把数学和物理之间的关系比喻为一对树叶, 它们只在基部有很小的共同部分, 而其余大部分是分开的:

它们有各自的目标和截然不同的价值观与传统. 在基础概念的层面, 它们令人惊讶地共享着某些概念, 但即使如此, 每个学科仍旧按着自身的脉络生长着.

**张**: 对物理学来说, 学习实验结果是否更重要?

**杨**: 是的.

**张**: 你曾和许多数学家有过交往吗?

**杨**: 有一些. 当李政道和我在 1951 年研究后来被称为 "单位圆定理" 的时候, Von Neumann 和 A. Selberg 曾建议我们去读 G. Pólya 和 Szego 的著作《分析中的问题和定理》. 1965 年 H. Whitney 曾向我和我的弟弟杨振平讲解向量场的指数 (index) 的拓扑概念. 为了求解 Wiener-Hopf 积分方程, M. Kac 曾建议我们读 M. G. Krein 有关这一课题的长篇综述. 到了 70 年代, 我曾和复旦大学以谷超豪为首的数学小组进行合作. 除了这里提到的赛蒙斯讲座之外, 我还得益于跟普林斯顿高等研究院 A. Borel 的交往, 也得益于纽约州立大学石溪分校数学系的同事: Ronald G. Douglas, M. Gromov, I. Kra, B. Lawson, 萨支汉 (C.H. Sah)① 和其他人.

**张**: 你和陈先生有很多的交往吗?

**杨**: 如上所述, 我早年在中国曾选修过他讲述的微分几何课, 也可能旁听过他的其他课程. 在 1949 年及以后的几年, 我们曾多次见面, 但未曾深谈数学. 在 20 世纪 50 年代, 我已经说过陈氏级

①美国著名数学家, 1934 年出生于北京, 是物理学家萨本栋次子.

(Chern class) 的重要性, 但并不知道它的奥妙.

只是到了 1975 年, 当赛蒙斯在我们的理论物理研究所做了一系列演讲之后, 我才终于明白了纤维丛和纤维丛上的 "联络" 的基本概念. 经过一番努力, 我也终于明白了最基本的陈 – 韦伊 (Chern-Weil) 定理.

我在懂得这深奥美妙的定理后, 真的有了触电的感觉. 这个感受犹胜于 60 年代了解外尔 (Weyl) 计算群表示的特征标公式和彼得 – 外尔 (Peter-Weyl) 定理之后的喜悦. 为什么呢? 可能是因为陈 – 韦伊定理更 "几何" 一点吧.

而且, 感受并不止于此. 还有更深刻、更触及心灵深处的地方: 到头来忽然领悟到, 客观的宇宙奥秘与纯粹用逻辑和优美这些概念发展出来的数学概念竟然完全吻合, 那真是令人感到悚然. 我曾经描述过这个感受 [1, p. 567]:

在 1975 年, 明白了规范场和纤维丛理论之间的关系之后我非常激动. 我开车到陈省身教授在伯克利附近的 El Cerrito 寓所 …… 我说, 物理学上的规范场正好是纤维丛上的联络, 而后者是在不涉及物理世界的情况下发展出来的, 这实在令我惊讶. 我还加了一句: "这既令我惊讶, 也令我迷惑不解, 因为你们数学家凭空梦想出这些概念." 陈省身当即提出异议: "非也, 非也, 这些概念并非是凭空梦想出来的, 它们既是自然的, 也是实在的."

## 参考文献


[1] C. N. Yang, *Selected Papers, 1945-1980, with Commentary*, W. H. Freedman and Company, San Francisco, 1983.

[2] C. N. Yang and R. L. Mills, "Conservation of isotopic spin and isotopic gauge invariance," *Phys. Rev.* 96 (1954), 191-195.

[3] R. Mills, "Gauge fields," *Ann. J. Phys.* 57 (1989), 493-507.

[4] P. A. Griffith, "Mathematical sciences: A unifying and dynamical resource–Report of the Panel on Mathematic Sciences,

initiated by the National Research Council," *Notices AMS* 33 (1986), 463.

[5] W. Drechsler and M. E. Mayer. *Fibre Bundle Techniques in Gauge Theories*, Lecture Notes in Physics No. 67, Springer-Verlag, Berlin, 1977, p. 2.

[6] W. Pauli, Handbuch der physik, 2nd ed. (Geiger and Scheel, 1933) Vol. 24(1), p. 83.

[7] W. Pauli, *Reviews of Modern Physics* 13, 203 (1941).

[8] C. N. Yang, "Herman Weyl's contributions to physics," in *Herman Weyl* (1885—1955). Springer-Verlag, Berlin, 1985.

[9] T. T. Wu and C. N. Yang, "Concept of nonintegrable phase factors and global formulation of gauge fields," *Phys. Rev. D* 12 (1975), 3845-3857.

[10] I. M. Singer, "Some problems in the quantization of gauge theories and string theories," Proc. Symposia in Pure Math. 48 (1988), 198-216.

[11] M. F. Atiyah, N. J. Hitchin, and I. M. Singer, "Self-duality in four-dimensional Riemann geometry," *Proc. Roy. Soc. London Ser. A*, 362 (1978), 425–461.

[12] M. F. Atiyah, *Geometry of Yang-Mills Fields*, Scuola Normale Superiore, Pisa, 1977.

[13] M. F. Atiyah, *Collected Works, Vol. 5. Gauge Theories.* Cambridge University, Press, Cambridge, England, 1988, p. 1.

[14] C. N. Yang, "Some exact results for the many-body problem in one dimension with repulsive delta-function interaction," *Phys. Rev. Lett.* 19 (1967), 1312-1315.

[15] R. J. Baxter, "Partition function of the eight-vertex lattice model," *Ann. Phys.* 70 (1972), 193-228.

[16] M. Barber and E. Pearce, eds., *Yang-Baxter Equations, Conformal Invariance and Integrability in Statistical Mechanics and*

*Field Theory*, World Scientific, Singapore, 1990.

[17] M. Jimbo, ed., *Yang-Baxter Equation in Integrable Systems*, World Scientific, Singapore, 1990.

[18] C. N. Yang and M. L. Ge, eds., *Braid Group, Knot Theory and Statistical Mechanics*, World Scientific, Singapore, 1989.

[19] M. F. Atiyah, "The work of Donaldson," *Notices AMS* 33 (1986), 900.

[20] A. Jaffe and B. Mazur, "Vladimir Drinfeld," *Notices AMS* 37 (1990), 1210.

[21] R. H. Hermann, "Vaughan E R. Jones," *Notices AMS* 37 (1990), 1211.

[22] K. Galwedzki and C. Soule, "Edward Witten," *Notices AMS* 37 (1990), 1214.

[23] *Mathematical Intelligencer*, vol. 9 (1991), no. 2, 7.

## 附

杨振宁是当代的大物理学家, 又是现代数学发展的重要推动者, 他的两项巨大成就 —— 杨 - 米尔斯规范场和杨 - 巴克斯特方程, 成为 80 年代以来一系列数学研究的出发点, 其影响遍及微分几何、偏微分方程低维拓扑、纽结理论、量子群等重大数学学科. 笔者曾在杨振宁与当代数学的访谈录中有过较为详细的介绍, 这里记录的有关数学与物理学的关系, 来自笔者在 1995 年末在纽约州立大学访问杨振宁时的一些谈话材料.

### 1. 有关数学的两则笑话

20 世纪 80 年代初, 杨振宁在韩国汉城做物理学演讲时说, "有那么两种数学书, 第一种是你看了第一页就不想看了, 第二种是你看了第一句话就不想看了." 当时引得在座的物理学家哄堂大笑. 此话事出有因. 1969 年, 杨振宁觉得物理上的规范场理论与数学上的纤维丛理论可能有关系, 就把著名拓扑学家 Steenrod 写的《纤维从的拓扑学》一书拿来读, 结果是一无所获. 原因是, 该书从头至尾都是定义、定理、推论式的纯粹抽象演绎, 生动活泼的实际背景淹没在形式逻辑的海洋中, 使人摸不着头脑.

杨振宁在汉城演讲中的那句话本来是即兴的玩笑, 不能当真的. 岂料不久之后被《数学情报员》爆料出来, 公之于众. 数学界当然会有人反对, 认为数学书本来就应该是那样写的. 不过, 杨振宁先生说, "我相信会有许多数学家支持我, 因为数学毕竟要让更多的人来欣赏, 才会产生更大的效果."

我想, 在当代物理学家中, 杨振宁是特别偏爱数学而且大量运用数学的少数人之一. 如果连他也对某些数学著作的表达方式啧有烦言, 遑论其他的物理学家? 就更不要说生物学家、经济学家、一般的社会学家和读者了.

杨振宁先生讲的另一个笑话, 可在波兰裔美国数学家 Ulam 的自传《一个数学家的遭遇》中读到, 该书第 294 页写道:

杨振宁, 诺贝尔物理学奖得主, 讲过一个有关当前数学家和物理学家之间不同思考方式的故事:

一天晚上, 一帮人来到一个小镇. 他们有许多衣服要洗, 于是满街找洗衣房. 忽然他们见到一扇窗户上有标记: 这里是洗衣房. 一个人高声问道: "我们可以把衣服留在这里让你洗吗?" 窗内的老板回答说: "不, 我们不洗衣服." 来人又问道: "你们窗户上不是写着是洗衣房吗? " 老板又回答说: "我们是做洗衣房标记的, 不洗衣服." 这很有点像数学家. 数学家只做普遍适合的标记, 而物理学家却创造了大量的数学.

杨振宁教授的故事是一则深刻的寓言. 数学圈外的人们对于数学家 "只做标记, 不洗衣服" 的看法是不赞成的. 数学家 Ulam 在引用了杨振宁的笑话之后, 问道, 信息论是工程师 Shannon 创立的, 而纯粹数学家为什么不早就建立起来? 他感叹地说: "现今的数学与 19 世纪的数学完全不同, 甚至 99%的数学家不懂物理, 然而有许许多多的物理概念, 要求数学的灵感、新的数学公式、新的数学观念."

**2. 理论物理的"猜"与和数学的"证"**

1995 年 12 月, 杨振宁先生接到复旦大学校长杨福家的来信, 邀请杨振宁在 1996 年 5 月到复旦大学为"杨武之讲座"做首次演讲. 杨武之教授是杨振宁的父亲, 又是我国数学前辈, 早年任清华大学数学系主任多年, 50 年代后, 则在复旦大学任教授. 所以杨振宁很愉快地接受了邀请, 但是他不能像杨福家校长要求的那样做 20 次演讲, 只准备讲三次. 顺着这一话题, 杨振宁先生又谈了理论物理和数学的一些关系. 杨先生说:

理论物理靠的是"猜", 而数学讲究的是"证", 理论物理的研究工作是提出猜想, 设想物质世界是怎样的结构. 只要言之成理, 不管是否符合现实, 都可以发表. 一旦猜想被实验证实, 这一猜想就变成真理. 如果被实验否决, 发表的论文便一钱不值 (当然失败是成功之母, 但那是另一层意思了). 数学就不同, 发表数学论文只要没有错误, 总是有价值的, 因为那不是猜出来的, 而是有逻辑的证明. 逻辑证明的结果, 总有一定的客观真理性.

正因为如此, 数学的结果可以讲很长时间, 它的结果以及得出这些结果的推导过程都是很重要的. 高斯给出代数基本定理的四种证明, 每种证明都值得讲. 如果让丘成桐从头来讲卡拉比猜想的证明, 他一定会有 20 讲. 但是, 要我讲宇称不守恒是怎么想出来的, 我讲不了多少话. 因为当时我们的认识就是朝着否定宇称守恒的方向想, "猜测" 不守恒是正确的. 根据是有一些, 但不能肯定. 究竟对不对, 要靠实验.

杨先生最后说: "理论物理的工作好多是做无用功, 在一个不正确的假定下猜来猜去, 文章一大堆, 结果全是错的. 不像数学, 除了个别错的以外, 大部分都是对的, 可以成立的."

杨先生的这番话, 使我想起不久前 Quine 和 Jaffe 的一篇文章①, 发表于 *Bulletin of AMS* 1993 年 8 月号, 曾引起相当的轰动. 该文的主题是问, 是否允许 "猜测数学" 存在? 文中提到, 物理学已经有了分工, 理论物理做 "猜测", 实验物理做 "证明". 但是数学没有这种分工. 一个数学家, 既要提出猜想, 又要完成证明. 除了 Hilbert 那样的大人物可以提出 23 个问题, 其猜想可以成为一篇大文章之外, 一般数学家最多在文章末尾提点猜想以增加读者的兴趣, 而以纯粹的数学猜想为主干的文章是无处发表的. 因此, 两位作者建议允许 "理论数学" 即 "猜测数学" 的存在.

这样一来, 现在有两种互相对立的看法. 一方面, 物理学界中像杨振宁先生那样, 觉得理论物理的研究太自由, 胡乱猜测皆成文章, 而数学的情况还是比较好的. 另一方面, 数学界如 Quine 和 Jaffe 那样, 觉得目前数学研究要求每个结论都必须证明的要求, 太束缚人的思想, 应该允许人们大胆地猜测, 允许有根据但未经完全确认的数学结论发表出来. 二者孰是孰非, 看来需要一个平衡. 许多问题涉及哲学和社会学层面, 就不是三言两语可以解决的了.

### 3. 复数、四元数的物理意义

虚数的出现可溯源至 15 世纪时求解三次方程, 但直到 18 世纪的 Euler 时代, 仍称之为 "想象的数" (imaginary numbers). 数学界正式接受它, 要到 19 世纪, 经 Cauchy, Gauss, Riemann, Weierstrass 的努力, 以漂亮的复变函数论赢得历史地位. 至于在物理学领域, 一直认为能够测量的物理量只是实数, 复数是没有现实意义的. 尽管在 19 世纪, 电工学中大量使用复数, 有复数的电动势、复值的电流, 但那只是为了计算的方便. 不用复数, 你能算出来, 只不过麻烦

①A. Jaffe and F. Quine, "Theoretical mathematics: toward a cultural synthesis of mathematics and theoretical physics," Bull. Amer., Math. Soc. N. S. 29 (1993), 1-13; M. Atiyah et al., "Responses," Bull. Amer. Math. Soc. N. S. 30, (1994), 178-207. (中译文分别是: "理论性数学: 数学与理论物理的文化综合", 周善有译,《数学译林》1993 年第 13 卷第 2 期, 147–157; 对 A. Jaffe 与 F. Quine 的《理论性数学: 数学与理论物理的文化综合》一文的反应, 江嘉禾、铁小匀译,《数学译林》1994 年第 13 卷第 4 期, 317-322.)

一些而已. 计算的最后结果也总是实数, 并没有承认在现实中真有“复数”形态的电流.

有鉴于此, 杨振宁先生说, 直到 20 世纪初, 情况仍然没有多少改变. 一个例证是创立了量子波动力学的薛定谔, 据说他在 1926 年初就已经得到我们现在熟悉的方程,

$$\mathrm{i}h\frac{\partial\psi}{\partial t}=H\psi(x,t),\tag{6}$$

其中含有虚数单位 i, 波函数是复函数, 但最后总是取实部. 薛定谔因为其中含有虚数, 而对方程 (1) 不满意, 力图找出不含复数的基本方程. 于是, 他将上式两边求导后化简, 得到了一个不含复数但更复杂的高阶微分方程:

$$-h^2\ddot{\psi}=H\psi.\tag{7}$$

1926 年 6 月 6 日, 薛定谔在给洛伦茨的一封长信中, 认为这个不含复数的方程 (7) “可能是一个普遍的波动方程”. 这时薛定谔正在为消除复数而努力. 但是到了同年的 6 月 23 日, 薛定谔领悟到, 这是行不通的. 在论文中, 他第一次提出: “波函数是时空的复函数, 并满足方程 (6).” 他把方程 (6) 称为真正的波动方程, 原因是, 描述量子行为的波函数, 不仅有振幅大小, 还有相位, 二者相互联系构成整体, 所以量子力学方程非用复数不可. 另一个例子是 Weyl 在 1918 年发展的规范理论, 被爱因斯坦拒绝接受, 也是因为没有考虑相位因子, 只在实数范围内处理问题. 后来由 Fock 和 London 用加入虚数 i 的量子力学加以修改, Weyl 的理论才又复活.

牛顿力学中的量全都是实数量, 但一旦进入量子力学, 就必须使用复数量. 杨振宁和 Mills 在 1954 年提出非交换规范场, 正是注意到了这一点, 才会把 Weyl 规范理论中的相位因子推广到李群的李代数, 从而完成了一项历史性的革命.

1959 年, Aharanov 和 Bohm 设计一个实验表明, 在量子力学中, 与标量势一样, 向量势也是可以测量的, 打破了 “可测的物理量必须是实数” 的框架. 这一实验相当困难, 最后由日本的 Tonomura 及

其同事于 1982 年和 1986 年先后完成. 这样, 物理学中的可测量终于拓展到了复数.

令我惊异的是, 杨振宁教授预言, 下一个目标将是四元数进入物理学. 自从 1843 年爱尔兰物理学家和数学家哈密顿发现四元数之后, 他本人曾花了后半辈子, 试图把四元数像复数那样广泛地运用于数学和物理学, 开创四元数的世纪. 但结果是令人失望的. 人们曾评论这是 "爱尔兰人的悲剧". 时至今日, 一个数学系的毕业生可能根本不知道有四元数这回事, 最多也不过是非交换代数的一个例子而已. 我还记得, 1986 年春, 钱学森在致中国数学会理事长王元的一封信中, 曾建议多学计算机知识, 而把研究 "四元数分析" (复分析的推广) 的工作贬低为 "像上一个世纪的古董". 总之, 和许多数学工作者一样, 我认为四元数的发现, 只不过是 "抽象的代数产物", 不会有什么大用处.

然而, 杨振宁向我解释了他的想法:

物理学离不开对称. 除了几何对称之外, 还有代数对称. 试看四元数 $a+bi+cj+dk$, 其基本单位满足

$ij=-ji=k,\quad jk=-kj=i,\quad ki=-ik=j,\quad i^2=j^2=k^2=-1.$

像这种对称的性质, 在物理学中经常可以碰到. 问题是: 有哪些基本的物理学规律非用四元数表示不可? 现在似乎还没有出现. 最近, 丘成桐等人的文章说, 我在 1977 年发表的一篇文章, 曾推动代数几何中稳定丛的解析处理的理论. 我还没有问过数学家, 不知道这是怎么一回事. 许多工作, 包括用四元数表示的物理理论, 也许会在这种交流中逐步浮现.

杨振宁先生又说, 至于将复分析理论形式地推广到四元数分析理论, 由于四元数乘法的非交换性, 导数无法唯一确定, 所以不会有什么好结果出来. 现在也有物理学家写成著作, 但没有引起什么注意. 将来要用四元数表达的物理定律, 一定会是一组非线性微分方程组, 其解的对称性必须用四元数来表示. 所以杨先生相信: "爱尔兰人的悲剧是会变成喜剧的."

**4. “双叶” 比喻**

数学和物理的关系, 应该是十分密切的. 在数学系以外的课程中, 物理系开设的数学课最多最深. “物理学公理化、数学化” (即希尔伯特 23 个问题中的第 6 个问题), 曾是一个时期许多大学问家追逐的目标. 不过, 善用数学与物理的杨振宁教授却认为, 二者之间的差别很大, 他有一个生动的 “双叶” 比喻, 来说明数学和物理之间的关系. 杨振宁认为, 数学和物理学像一对 “对生的” 树叶, 它们只在基部有很小的共有部分, 大部分则是互相分离的. 杨振宁先生解释说: “它们有各自的目标和截然不同的价值观与传统. 在基础概念的层面, 它们令人惊讶地共享着某些概念, 但即使如此, 每个学科仍按着自身的脉络生长着.”

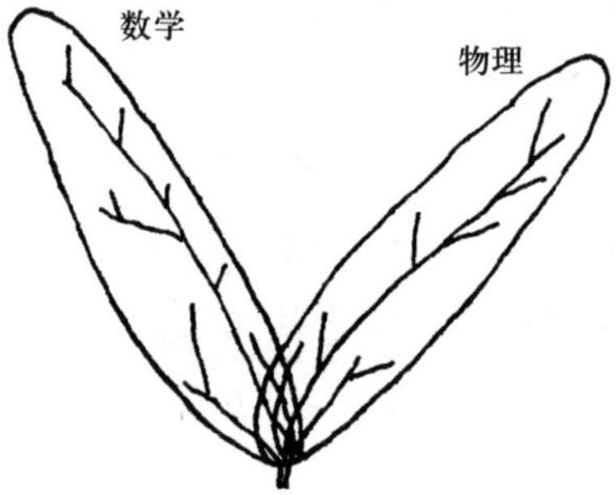

# 杨振宁先生与复旦大学物理系教师的座谈*

施郁, 戴越

---

2009 年 4 月 13—14 日, 杨振宁先生应邀访问复旦大学. 13 日上午, 杨先生在物理楼与物理系教师进行了座谈. 13 日下午, 杨先生在光华楼东辅楼大报告厅做了题为 “物理学的诱惑” 的通俗演讲, 由杨玉良校长主持. 14 日下午, 杨先生又做了题为 “Some recent progress in cold atom research” (冷原子研究的新进展) 的学术报告, 由郝柏林院士主持. 在郝柏林院士建议下, 我们将 13 日的座谈整理成本文. 杨先生授权发表本文.

**杨振宁**: 刚才看了新校舍. 我觉得这是复旦大学历史上非常重要的一件事情. 我想, 北大跟清华看到的话必定很羡慕, 因为不管你们开始搞这个新校舍有多少困难, 再过二十年以后, 就会认为这是非常正确而且非常重要的事. 北大跟清华, 尤其是北大, 它那个地方太小, 已经没有办法. 我并没懂他们为什么不搞一个. 他们要搞的话当然比较远一点, 可是他们到六环以外我觉得是可以搞. 不知道他们有没有做这个事情. 清华问题要小一点, 因为清华地方比

---

*原载: 物理, 2011, 40(8).

较大. 到你们的新校区去看看, 我觉得很漂亮. 再过二十年, 交通方便了, 就变成大家都觉得愿意搬到那地方去.

我先讲第一印象. 原来复旦的物理系比我想象的小得多. 这个在今天国内是不大普遍的. 国内的大学经常有很多年的困扰, 就是人太多. 人太多的话, 对于前途的发展有很多 …… 你们现在全系教职员加起来才只有八十几个人, 比我想象的小多了. 我本来以为要接近两百人. 我觉得今天中国的大学所处的情形在某些方面有点像美国的很多的大学在第二次世界大战前后. 因为希特勒把很多优秀的犹太人都赶离开德国, 所以美国大量地吸收这些人, 十年之内美国忽然一下变成世界最重要的研究科学的地方. 今天美国的问题很多, 现在中国出去在美国的三十几岁、四十几岁的人做得非常好的人很多. 所以我认为这些人里头很多的人在以后五年、八年之内他们在美国得不到 tenure (终身职位), 我想就希望回来. 你们这儿人少, 如果能够得到教育部、上海市的支持的话, 是有吸收能力的. 那我想是一个很大的优点. 假如你们人数已经很多的话, 就不容易再吸收人. 我觉得人少对你们是非常有利的一件事情. 我不知道你们是不是也有这个感觉.

事实上, 我 1971 年来第一次回国访问. 1971 年我恐怕没到复旦来. 1971 年那个时候很乱. 接待我的人问我要看见什么人, 我说我想看见苏步青先生. 所以他们把苏先生 (苏先生那时候是不是在江南造船厂还是什么地方) 请回来. 我不觉得我来过复旦的校址. 可是以后, 我不记得是 1972 年还是 1973 年还是 1974 年, 我到这儿来. 尤其是 1974 年开始, 因为我说我现在希望找一些念物理跟念几何的人跟我合作, 所以就找了谷超豪、夏道行、孙鑫、李大潜、忻元龙等, 多半是数学系的, 有几个物理系的. 结果我们恐怕合作了三年. 所以 70 年代我到复旦来的次数很多. 80 年代以后, 我爸爸不在了, 妈妈搬到香港去, 我以后到上海来得就比较少了.

**施郁**: 您 1996 年来这里做过一个杨武之论坛.

**杨振宁**: 那你们招收的研究生是不是成绩还不坏, 在全国的范围之内?

**蒋最敏**: 应该说还是有很强竞争压力, 还算不错, 但是其他高校也是很有竞争力, 因为我们的本科生也不多. 像中国科学技术大学, 有三百多本科生, 所以它出来的研究生的选择余地就要比我们多.

**杨振宁**: 你们本科生跟研究生的数目是学校自己限制的, 还是有别的原因有一个数目限制?

**蒋最敏**: 本科生数目是学校有限制, 但是适当调一下也可以的, 现在是每一年招一百人左右, 九十多.

**杨振宁**: 我想复旦还有一个优点就是, 因为上海现在发展得很快, 我想一个年轻人回国没问题, 最希望去的地方就是上海或者是北京, 所以在这点上你们也占了优点. 比如说一个人要想被吸收去合肥的中国科学技术大学, 跟上海比的话, 我想多半的人会选择上海.

**孙鑫**: 上海现在引进人才成本比较高, 房子、车子等花费比较大, 所以安家要安到上海成本相当高.

**周磊**: 最近几年好像看到从整个物理的地方对海外人才的吸引来讲的话, 好像复旦物理系还是比较有吸引力的. 一个因素是, 上海地方好, 本身我们这边体制还是比较有利于年轻人融入进来.

**杨振宁**: 而且光源 (上海光源, 中国重大科学工程) 对于上海的学校也增加了很多吸引.

**蒋最敏**: 我请问一个问题, 就是作为一个研究性或者综合性大学的物理系, 在学科设置方面, 你觉得哪些方面相对要注重一点?

**杨振宁**: 假如你们没有看过有一本书的话, 我建议你们去看一下子. 我觉得这书的名字大概叫做 *I Remember*, 作者叫做 Abraham Flexner. Abraham Flexner 是普林斯顿高等研究所的第一任所长, 这是他的回忆录. 它里头我觉得最值得大家注意的就是, 在 1929 年, 美国的股票市场大跌以前, 有一家有钱的人, 叫做 Bamberger, 跟他的妹妹, 不知道什么缘故, 在 1929 年秋天以前半年, 他们把财产卖掉了. 所以在股票大跌的时候, 他们有很多的现款. 在股票大跌时,持有现款是最占便宜的事情. 然后呢, 他们就找了 Flexner, 说是想要设立一个研究所, 要请 Flexner 做所长. Flexner 当时已经退休了. 顺便说一句, Flexner 也是帮助 Rockfeller 基金会创建协和医院的. 他在一九一几年、一九二零年左右到北京来, 创建了亚洲第一个近代医学研究机构. 他到 1930 年的时候已经退休了. 可是 Bamberger 兄妹说:"我们愿意捐五百万美元, 不过有个条件, 得要你出来做所长." 所以 Flexner 就同意了, 因此成为第一任所长. 他做了所长以后呢, 在他的自传上说, 五百万是很多钱, 不过不足以设立一整个的大学, 所以必须要选择科目. 然后他就第二个问题说, 选择哪些科目呢. 他说, 他想了一下以后, 觉得不能够从这个问题出发, 要问: "我能够找着什么人; 假如我能找着一个人, 这个人是做得非常好的人, 愿意来, 而他的领域是某某领域, 那么我就创建这个领域." 所以这是他的原则. 我想, 这个也是回答你刚才这个问题. 如果你说: "我现在要创建激光." 这当然是一种办法. 不过他的办法是, 他说: "我去找一找谁愿意来我们这儿, 这个人做什么, 我们将来就环绕着这个人设立这领域." 结果, 他做得很聪明. 他的第一个聘书是给爱因斯坦, 所以以后就创建了理论物理在高等研究所的传统. 他的第二个、第三个聘书是给 Veblen 跟 Hermann Weyl, 所以数学就变成它的大的领域. 我认为, 这个是所有主持一个学术单位发展的时候, 需要朝什么方向注意的, 非常好的一个想法. 所以假如今天复旦能够从年轻人里头找着一个 (或者不一定, 因为现在三十岁四十岁, 刚才我讲了, 有很多人可能复旦能够吸引回来, 我想还有年纪大的人, 年纪大的人吸引回来, 他的问题跟年轻人是不一样的, 不过有不同的好处), 我想如果能找着一个做得很成功的人, 你们跟他接触了以后他愿意来, 那我想这就是值得特别注意的地方. 在清华呢, 你们晓得, 清华有一个物理系, 清华的物理系现在的规模, 我想比你们已经大了. 物理系的系主任我很熟, 朱邦芬. 十年前, 清华的校长找我帮他们搞一个高等研究中心. 这高等研究中心非常小, 高等研究中心一个当初开始就做得比较聪明的事情, 是因为我帮高等研究中心搞了两个基金会, 一个在美国, 一个在香港, 捐了一些钱. 捐的这些钱对于高等研究中心跟清华找新人有很多方便的地方. 高等研究中心现在人很少, 事实上只有: 一个是姚期智, 大家知道, 他是搞计算机理论; 王小云, 是搞密码学, 她跟姚期智搞的方向不一样, 王小云大家晓得是非常成功的一位, 她把国际上密码 signature (电子签名) 的问题搞了十几年, 她把它给解决了. 除了聂华桐跟我以外, 另外一个全职教授是翁征宇, 你们很多人认识.

我想现在能够发展新的领域. 比如说你们不是也有医学院么, 我想跟医药、医用器材发生兴趣的物理学, 这个我想是大有发展. 事实上我不知道全中国有任何一个学校或研究所, 专门是向这个方向上注意的. 我可以举个例子. 我现在耳朵不好, 所以戴着助听器. 助听器, 现在因为我自己戴这个, 所以我知道得比较清楚, 大概每两年就有新的东西出来. 这个是高科技, 而不是一个 …… 它现在所需要的, 主要的是一些计算机跟这个 …… 其实基本上就是 chips 的问题. 我给大家举一个例子. 我第一次戴助听器的时候, 是六七年以前. 后来就已经换过好几次了. 在美国换的时候, 它都有这么一个 …… 他给你不同的频率的声音, 看你的反应, 他就知道某一个频带里头你的正常的本领小了, 他就给你调一下子. 我现在这个是十二个频带. 他把整个频带变成十二个, 每一个频带里头要调高矮, 他给你做. 可是他还做了一件事情, 他跟我说:“我念一个音, 你重复.” 就开始念: “B、D、L、A.” 他为什么这样做呢? 后来我问他. 他说: “因为你的耳朵出了问题, 它不只是频率响应有的需要调整, 还有对于某一个辅音或元音, 灵敏度不够.” 所以他就通过这个就可以把灵敏度调整. 我在美国两个地方都做过这个. 结果到香港去, 他们不做这个. 我就懂这是什么缘故了, 是中国还没人研究过这个. 中文的发音, 跟英文的发音是不一样的, 那么你需要有人来研究, 中文的发音里头, 什么样的辅音, 什么样的元音, 容易对于耳朵有毛病的人发生困难. 中国既然还没人做这个, 所以他就不做这个测试, 所以做这个测试的都是我所知道的在英文的地方. 换一句话说, 我就觉得假如有一组人是来研究中文发音里头什么样子容易对耳朵不好的人发生困难, 然后再用软件、用 chips 把它给纠正一下, 这岂不就是一个发展的方向? 今天世界上用这个东西的人的数目是急速地成长, 在香港跟北京, 我相信这儿也有. 世界最大的公司是西门子, 我想他里头专门有一组人来做这方面的研究. 我想在国内假如有一个研究所或者有一个大学向这个方向上发展的话, 这个我想是一个有前途的领域. 总而言之, 我就是觉得以后二十年、四十年用了 20 世纪所发展出来的原则, 用了新的技术能够做的方向很多, 如果在这些方向里找着一些人做的话, 这个我想是最容易发展的方向.

**郝柏林**: 杨先生, 香港中文大学王士元, Bill Wang, 他手下培养出来的人可能最快进入你说的领域.

**杨振宁**: 对, 不过他研究的是语音学, 换一句话说, 他是不是也做一些面向实用的研究, 我不知道. 最近我跟这个 Bill Wang 常常谈论. 因为你知道, 前些年我曾经发表一篇文章被人批评得体无完肤, 不过我不怕, 因为我想我在物理里头做的工作人家批不倒, 所以我不怕. 前些年我有一篇文章上讲了, 我觉得这些话其实很重要. 尤其是, 也许像这种话, 发生兴趣. 我主要问, 为什么世界上这些最重要的语言里头, 基本上只有中文是单音的. 所有的西方的语言, 或者日本的语言, 都不是单音节的, 只有中文是单音节的, 这一定有个道理. 我的问题是这个道理是什么. 我就大胆提出来, 我说这个与《易经》有关系. 因为我说, 易经对于中国的整个文化的影响, 从孔夫子就已经讲了, 这个是没问题的, 而在《易经》里头, 它是把世界上的一些不管是人世的事物, 还是自然界的事物, 分类, 分成八类, 或者分成六十四类, 然后每一类有一个卦, 是一个字. 所以呢, 换一句话说, 它整个思维的方法, 是把世界上一切的事物分成六十四类, 每一类有一个名字. 看整个《易经》的精神, 就是这样来的. 这个是不是人类思维的方法之一呢? 没问题, 是思维的方法之一. 这是很重要的. 所以把这个变成影响整个文化的思维的重大的一点, 这是没问题的. 可是你如果很早就接受这个以后, 你就知道, 我想至少中国很早就有占卜了, 占卜师就等于是宗教里头的巫, 是影响非常之大的. 他讲出来的话, 是一个字的, 是 “乾”“坤”—— 这个是有分量的. 所以我觉得是不是因为中国在最早的时候, 在商朝或者在夏朝的时候, 就已经是占卜师占很重要的位置, 而且占卜是把它分成类, 每一个类是有一个音, 是一个单个的符号, 这就使得中国后来的发展方向变成一个单音的. 这个我跟 Bill Wang 谈过很多次, 他未置可否. 我还是得跟他继续谈一下. 当然 Bill Wang 所做的东西又跟现在遗传学研究人类学有密切的关系. 专门研究人类起源的那位?

**郝柏林**: 金力.

**杨振宁**: 是在复旦吗? 他是在哪个系?

**郝柏林**: 在复旦.

**杨振宁**: 他是在哪个系?

**周磊**: 生命科学院.

**郝柏林**: 现在做起副校长了.

**杨振宁**: 而且我知道他在跟吴新智打架. 吴新智是一个院士, 他跟我略微有点亲戚关系, 八十多岁了. 金力跟斯坦福的一位 (我不认识这个人, 是很有名的人, 是一个很复杂的意大利名字, Luigi Luca Cavalli-Sforza①, 你一定知道这个人) 合作, 他们研究出来的结果, 认为所有的人类都是八万年前从非洲走出来的人的后裔. 这个现在已经没有争端了, 大家都认为这话是对的. 还有争议的地方是, 原来在亚洲, 中国本来有北京人, 北京人是五十万年以前, 八万年以前再走出来一些人, 跟五十万年以前就有的原来这些人, 是发生什么关系呢? 根据金他们说呢, 把原来的北京人消灭掉了. 吴新智说是不可能. 而且我问了吴新智: “你为什么说不可能?” 他说:“中国人有个特点, 是我们大多数人的牙齿, 都叫做铲形,” 就是大概门牙有点弯, “这个是别的种族的人没有的一个特点, 而北京人有这个特点. 假如说是把北京人这些种族都灭掉的话, 那我们现在的中国人为什么有这么多铲形的牙齿呢? ” 所以他们还在继续打架. 我曾经请这位金教授到清华去给我们做一个报告, 本来都约好了, 后来

---

①施郁感谢金力教授确认此名.

有什么事情, 这位金教授我到现在还没有看见 (整理本文时, 我们从金教授处得知这是因为联系方式不幸丢失). 他在复旦大概有个很大的研究的项目是吧. 我想这对于复旦前途的发展有好的影响. 我想, 像王士元他所研究的这个领域, 也是会有很重大的发展.

**孙鑫**: 我想请问杨先生一个关于爱因斯坦的问题. 爱因斯坦的相对论, 他都是用的实变函数, 他的研究工作没有牵涉复变数. 他的理论非常漂亮, 物理跟数学结合得非常完美, 使大家陶醉了. 但是他的范围都是实变函数的范围. 所以杨先生, 你们当时关于相变, 是突破了实数的范围, 跑到复变数上面去研究了, 一下就看清楚了. 在实变函数里没有奇点的, 到了复变函数它就有奇点了. 一取热力学极限, 奇点跑到实轴上来, 那就相变了. 我看到你们的文章也提到, 爱因斯坦看到这一点, 他也很感兴趣, 因为他平常不碰复数, 所以请你们去讨论交流了. 所以我就想问一下, 杨先生还记得吧, 当时爱因斯坦对复变函数, 他的总的概念, 觉得这个东西只是奇怪, 还是非用不可? 在物理当中为什么他一直不用?

**杨振宁**: 是这样, 我想孙鑫刚才讲的是 1951—1952 年李政道跟我写了一篇文章, 这个文章把一个配分函数, 本来在统计力学里头是实数的, 我们把它推广到复数空间, 解决了当时一个比较复杂的问题. 爱因斯坦对这个问题发生兴趣, 所以他就来找李政道跟我去跟他谈了一个多钟头. 不过那一个多钟头, 当然我现在已经记不太清楚了, 我不觉得他特别注意的, 是把实数推广到复变函数方面. 我看了很多爱因斯坦的文章. 对于把实数变成复变函数的这个方向, 我没有看见他发表过任何一个文章. 这并不代表说是他反对它, 只是他对这个领域, 我自己的印象, 没有特别去研究过. 我对这个去研究过的, 我写了一篇文章, 是关于薛定谔的, 怎么起先不肯把 i, 这个 −1 的平方根, 引进到量子力学里头, 最后花了好几个月的努力以后, 最后才投降了, 就把 i 写到薛定谔方程式里头去. 关于这个, 我在有一篇文章里头说, 我认为这个可能还不是这个方向的终点. 所以我一直觉得还要再推广. 大家知道, 从实数, 先是有正的实数, 后来有负的实数, 这是一个重要的推广. 然后后来有复数, 这又是一个推广. 那么下一个推广呢, 是四元数, 哈密顿搞的四元数. 哈密顿发现四元数以后, 就认为这个是最重要的发现, 所以他以后一生就专门研究这个, 可是不太成功, 所以后来被有些人嘲笑. 可是我是一直觉得, 恐怕最后基础物理学再发展的话, 会了解到四元数是在基础物理学有一个基本的位置. 不过是怎么做法呢, 我尝试过好些次, 没写过什么文章, 因为没出来什么真正有重要意义的文章. 可是有人写了很多文章, 大家晓得, 有人写过一本书.

**施郁**: 普林斯顿大学的 Stephen Adler.

**杨振宁**: 我觉得那书没有正中要害, 这里将来前途怎么样呢, 我不知道. 讲起这个来, 我最近, 因为我二十多年以前出版了一本书, 叫做《杨振宁论文选集附评注》(*Selected Papers with Commentaries*), 那个是一直到 1980 年, 现在快有三十年了, 所以我最近正准备出一本新的书, 叫做 *Selected Papers II with Commentaries*, 就是 1981 年以后的工作. 为了写这里头的评注 (commentary), 我就查了一些从前我所讲过的话、我所发表的文章, 就发现在 1982 年, 在 Erice (意大利地名) 的会议上, 那个时候, 1982 年, 在 Erice 有一个庆祝我六十岁生日的会议, 狄拉克去了. 狄拉克那时候八十岁. 他事实上是八十二岁过去的, 那次很可能是他最后一次参加一个国际性的讨论. 在那个讨论里头呢, 后来印出来的有一篇我的演讲 (该讨论后来以书的形式出版, 书名是 *Gauge Interactions: Theory and Experiment*, Springer, 1984 年), 演讲完了以后有很长的一个讨论. 讨论我看了, 我觉得很有意思. 就是我问了一下狄拉克. 我说: "你在 1931 年的时候写了一篇文章." 磁单极就是那篇文章出来的, 那篇文章还有好多别的东西, 其中在开始, 狄拉克讲了:"理论物理的前途, 甚至整个基础物理学前途的发展, 有两个不同的可能性. 一个是从实验引导出来的灵感, 一个是从数学的结构的美所引导出来的灵感." 然后他说呢:"时间越来越过去的话, 从实验引导出来的灵感要渐渐地退居不重要的位置, 因为实验太困难了. 所以将来物理学的灵感, 最主要地从美的数学方面来." 所以我就问了狄拉克一个问题, 我说:"这是你三四十年以前的想法, 你现在是不是还同意? " 他说他还同意. 那我说:“既然你同意, 你觉得底下一个数学的美的灵感, 是现在数学四个方向里头, 哪个方向, 你觉得最可能, 代数、几何、分析跟拓扑?” 他说是分析. 这个后来就没再讨论了, 只是我最近又看见了这个. 其实我有一点觉得稀奇, 因为我以为他要说是代数, 因为他最重要的工作, 电子的相对性运动方程, 其实就是引进了四个反交换的矩阵, 是从代数方向里头来, 他的早年关于泊松括弧的工作也是从代数的考虑想出来的. 不过他却说是分析①. 我当时没有跟他再谈下去, 后来也没看见他的什么文章里头继续讲, 这个我不知道.

讲起这个来, 我介绍给大家新出的一本书, 是狄拉克的传, 书的名字叫做 *The Strangest Man: The Hidden Life of Paul Dirac*. 这是很新的一本书, 前两天才有人寄了一本给我, 如果你查 “狄拉克传”, 你可以查到 (作者是 Graham Farmelo). 狄拉克曾经有过一个传, 现在这个传要比那个详细得多. 这个传我要特别 …… 讲起这个, 想起来, 大家要去看的, 它最后有一章讲了这么一个问题, 他问狄拉克是不是 autistic. autistic 中文叫什么?

**施郁**: 自闭.

**杨振宁**: 现在 autism 在美国是非常重要的一个题目, 因为发现很多美国小孩都有 autism. autism 的一种表现叫做 “attention deficiency syndrome”, 就是注意力不集中.

**施郁**: 多动症.

**杨振宁**: 就是这一类的. autism 有很多种, 不过 autism 非常重要的两个特点, 一个是自我中心, 他脑子里想的只是跟自己有关系, 不大了解别人的意思. 还有一个就是比较不讲话. 大家都知道狄拉克这个人很奇怪, 你跟他接触很短的一两天以后就会觉得他这个人和平常人不一样. 这是所有人都有这个经验的. 这个作者说, 你想一想他的这个特点, 就是 autistic 的小孩的特点. 他这话对极了. 而且 autistic 的小孩有一个倾向, 他自己有他的逻辑, 跟别人的逻辑

---

①据查, 狄拉克对杨振宁先生的整个回答是: “我认为是分析, 可能是复变函数论. 复变函数论是如此优美, 我觉得大自然必定会很好地利用它, 极有可能, 我们有必要比以往更深入地利用它.” —— 原编者注

不一样. 确实是, 任何一个人跟狄拉克讲话了以后, 就会觉得他是这样子的一个人. 我想这本书, 我刚才讲的这点, 将来一定会有人还去研究. 我跟狄拉克很熟, 见过他很多次, 我知道他是有特点的. 不过这个书的作者是一语道破他的特点是什么. 你们晓得不晓得最近 autism 在美国是一个公众辩论的焦点. 是什么缘故呢? 因为他们现在经过调查以后发现美国 autism 小孩的百分比越来越多, 所以就有一个理论, 说是为什么是这样呢, 因为现在很多美国的非常小的小孩, 婴儿, 就要打很多的预防针, 所以现在一个理论是说打了太多预防针的话, 小孩就变成 autistic. 现在变成两大阵营在那儿吵. 一个阵营说是有道理的, 所以应该少打预防针. 另外一个阵营说这完全是无稽之谈, 没有证明. 这个现在是吵得很凶. 不管怎么样, autism 在美国, 是越来越被社会上注意的一个题目. 刚才讲的这本书呢, 我觉得一定会有人再去做一些多的分析, 譬如狄拉克是不是 autistic.

**施郁**: 最近 *Physics World* 上有一个书评, 是关于这个传记的书评. 我想问您一个物理问题. 您以前说过对爱因斯坦的广义相对论的方程不太满意?

**杨振宁**: 对.

**施郁**: 我想问的是, 爱因斯坦当初是受到马赫 (Mach) 的启发, 马赫原理说, 一个东西的惯性跟宇宙中所有物质都有关系, 这好像并没有在广义相对论里面完全体现出来, 您有没有什么评论 (comment)?

**杨振宁**: 我确实是在 70 年代曾经做过一些努力, 因为我觉得爱因斯坦的广义相对论, 当然有特别妙的地方, 不管爱因斯坦当初是怎么发展出来的, 如果你知道爱因斯坦的广义相对论的整个思路的话, 就知道是非常之妙的, 可是它里头没有 spin (自旋), 因为它比狄拉克的文章要早了十几年. 后来, 在我知道里头, 没有一个人把 spin 跟广义相对论真正联合在一起. 所以我曾经做过一些研究, 在 70 年代, 都没有发表, 并没有做出来什么成果. 我认为这个还是将来非常可能. 如果讲得更清楚一点, 就是我认为, 没有一个人写出来一个相对性的狄拉克方程式, 既要有狄拉克的 spin, 又要有广义相对论的一般观念. 大家晓得, 在狄拉克的方程出来了以后, 在 30 年代, 要想把狄拉克方程跟广义相对论放在一起, 这个有很多的文章, 后来大家不大知道了. 其中特别重要的就是薛定谔的文章. 因为薛定谔要想把反交换的矩阵在一个曲面上写出来, 这个他做出来的东西就变成跟规范理论有很密切的关系. 所以规范理论、广义相对论, 跟 spin, 跟狄拉克方程混在一起是有很复杂的问题. 我觉得这里头将来大有文章可做, 可是我自己没做出来.

**施郁**: 90 年代初的时候, 您在 Hubbard 模型里发现了 $\eta$ 配对和 SO(4) 对称, 您是怎么看出来的?

**杨振宁**: 施郁讲的是 1990 年, 因为那时候, 大家都研究 Hubbard 模型. 大家研究 Hubbard 模型, 是因为高温超导出来了. Hubbard 模型我从前并没有研究过, 所以我也来了解一下, 结果 …… 你问我 …… 那里头是有一个灵感, 就是搞出来一个 $\eta$ 配对. 我不记得为什么搞出这个了. 后来有个很漂亮的结果, 是因为我写了一篇文章, 发表了以后, 我去张首晟那儿访问. 他那时候已经离开圣芭芭拉, 在 IBM 的阿尔马登研究中心. 我先到他的办公室, 很小的一个办公室, 他就问了我一个问题, 他的问题基本上是说, $\eta$ 配对既然是对的话, 它应该是一个动力学变量, 这个动力学变量是怎么回事? 我们讨论了一个诸如此类的问题. 当然我们十几分钟的讨论一时没有什么结果, 然后我就给了我的演讲. 第二天我就飞回去, 飞机上我一想, 他的话很有道理啊, 所以就仔细研究了一下, 后来就发展出来了, 原来它是 SU(2)×SU(2). 所以我就给他写了一封信. 这个故事他后来在一个演讲里头讲了. 你要问这个, 我想唯一的回答是, 对于 Hubbard 模型这一类的问题, 我因为从前研究过种种这一类问题, 所以我有些熟悉, 所以我就看出来要有一个 $\eta$ 配对. 不过讲起这个来, 因为我最近这些年在中国各个城市演讲, 经常有人问我:"杨教授, 根据你研究的经验, 我做研究工作最应该注意什么?" 所以我想来想去, 我最近忽然了解一点, 还没有写成文章, 不过我预备写文章 (见《我的学习与研究经历》). 比如说, 我有一篇文章,后来很有名的, 叫做 “unit circle theorem” “单位圆定理”. 单位圆定理是怎么发现的呢? 就是在统计力学里有配分函数, 配分函数是实数变量的. 李政道跟我在 1951 年研究的时候呢, 我们把它当作是一个多项式, 可是把这个多项式放到复平面内, 研究它的根的分布. 先从小的模型开始, 只有两三个 spins, 然后有四五个 spins. 结果每一次就发现这些多项式的根都在单位圆周上, 所以就猜想有单位圆定理. 我现在要讲的是, 为什么我们要把它搞到复平面, 因为本来大家讲的都是实数, 为什么会有复平面. 这个我现在知道. 一问这问题, 我就知道这回答. 这回答是因为, 我在小学的时候, 我父亲是研究代数的, 他就跟我说, 代数里有个基本定理, 就是任何一个 $n$ 次多项式, 一定有 $n$ 个复数根, 你可以把它写成 $n$ 个线性因子的乘积. 我还记得我在小学时, 他就告诉我两个他认为非常漂亮的定理, 令我印象非常深刻, 其中之一就是刚才这个定理. 这个定理好像是不是叫做代数基本定理?

**施郁**: 可能是.

**杨振宁**: 另外一个 (我记得很清楚, 我在小学的时候我父亲就让我对此印象深刻) 是说, 正十七边形可以用圆规跟直尺作出来. 大家知道, 正三角形、正四边形、正五边形都可以用圆规跟直尺作出来, 正七边形不能用圆规跟直尺作出来, 可是高斯证明正十七边形可以. 这是一个非常重要的定理, 这个定理后来被伽罗瓦变成伽罗瓦理论. 我父亲在我小学的时候就让我对此印象深刻.

我现在觉得, 李政道跟我之所以在 1951 年发现那个单位圆定理, 就是因为看见那个多项式, 我就想把它分解了; 之所以想把它分解, 是因为我在小时候就脑子里头觉得这个东西是一个好东西. 我现在觉得这个是很重要的一点.

我还可以跟大家聊, 我更小的时候, 我父亲就教我 “鸡兔同笼” 这一类的问题. 我后来到美国去, 有三个孩子, 他们都很聪明, 他们很小的时候, 我就教他们 “鸡兔同笼”, 他们也都懂了. 可是我跟他们有很大的分别, 所以我在与数学有密切关系的方面有一些成就, 他们没有, 因为我跟他们不一样. 我父亲教了我这个以后, 过了一年他再问我, 我还记得. 可是我的三个孩子一年以后我问他们, 他们完全忘光了. 这个分别是什么呢? 就是说, 你不但要懂一个东西, 你要对于那个东西有一定欣赏. 那个东西跟你自己脑子里的结构结合起来, 就变成了一个 —— 我想, 我要发明一个名词, 叫做 ——seedling, 是一个小的种子. 这个种子在那儿对你将来有很……

那我的孩子他们呢? 他们也很聪明, 鸡兔同笼一会儿就学会了, 可是过了一些时候, 跟他们没关系, 所以到了明年就完全不记得了. 这个我认为是非常重要的.

你如果看我推荐你看的关于狄拉克的这本书, 就发现, 原来他怎么在量子力学里头发现最早的贡献的, 就是这本书现在讲得很清楚. 它说, 狄拉克在做研究生的时候, 在 1925 年, 他的导师叫做福勒 (Fowler), 拿到了一个预印本, 是海森伯的预印本. 于是福勒就把这个给狄拉克看. 根据这书上说 (这故事狄拉克从前也讲过, 不过没有现在这个讲得清楚), 狄拉克看了以后, 他不懂海森伯搞的是什么, 因为你知道, 海森伯的思路跟狄拉克是完全不一样的. 所以狄拉克并没有太懂海森伯讲什么. 可是有一句话他看见了, 海森伯的文章上讲: "我现在做的东西有点奇怪, A 乘 B 不等于 B 乘 A." 无论如何, 这一点狄拉克记得. 为什么狄拉克记得? 因为狄拉克从前就喜欢四元数, 而在四元数里头, A 乘 B 不等于 B 乘 A. 这一点在狄拉克脑子里头触动了他的神经. 然后他就把这个放下了. 过了几个礼拜以后, 他忽然有一天想起来, 泊松括弧也是 A 乘 B 不等于 B 乘 A. 可是, 根据这书上说, 他不记得泊松括弧是怎么回事. 那天正好是礼拜天, 所以他有了这个灵感以后, 他就很着急, 于是就等, 等到第二天图书馆开门了, 他到图书馆去一看, 原来就发现泊松括弧跟海森伯的代数是完全一回事. 所以就写出来了他的这个……他的后来的量子力学, 就是从这个灵感来的. 所以你看, 他这里头重要的一点就是, 当初狄拉克莫名其妙地事先了解可以有像四元数一样的反交换代数, 这个在他的脑子里种下去以后, 等到后来发现海森伯的东西时, 他把这两个对在一起. 这是另一个例子.

我现在要讲的, 就是说, 你在念书的时候, 你不只是要把一个东西念了里头, 有的莫名其妙的东西, 密切地跟你脑子里头有些接触的地方, 这个如果你能够把它留在那儿, 保养起来, 甚至于稍微发展一下的话, 这个将来就有开花结果的可能. 我预备把刚才讲的这几件事情写成一篇文章 (见《我的学习与研究经历》).

**施郁**: 剑桥大学纪念狄拉克百岁寿辰时, 一位剑桥教授提到狄拉克那个周末不能进图书馆时, 特别宣称现在剑桥大学的数学和物理的图书馆是每天二十四小时随时可以进去的.

**苏汝铿**: 杨先生, 刚刚你讲的一件事情我觉得很有兴趣, 就是说, 把狄拉克的 spin 跟几何、跟广义相对论联系起来. 但问题在这儿, spin 它不是一个几何量, 而几何要跟时空联系起来. spin 跟时空是两个独立的问题. 那么这个问题怎么搭这个桥?

**杨振宁**: 我想, 这里头可能很多了. spin 是几何化的, 还是代数化的, 这个我想是讲不清楚的一个问题. 我只是可以告诉我当时想要做什么. 我当时就想要把这个 …… 因为黎曼 (Riemann) 曲率张量底下有四个指标, 它有些对称, 我当时所要做的一件事情, 就是要讨论非黎曼几何, 向那个方向发展. 我觉得这个还是可能是一个方向. 不过我当时费了一两年, 没做出来什么结果, 也没发表什么相关的文章. 总而言之, 我觉得要得到一个带自旋的广义相对论方程, 就是要把狄拉克的最简单的方程跟广义相对论的精神连在一起, 我认为这是非常重要的发展的方向. 这方向, 因为它的数学的结构到底是怎么做法, 还没有弄清楚, 所以可能很多. 我探究一下, 没有得出来结果.

**郝柏林**: 时空是某种外部的东西, spin 是某种内部的.

**杨振宁**: spin 在数学家现在看起来, 他们也认为狄拉克所做的事情是极为重要的一件事情, 而且对于近代的数学有深远的影响.

**杨振宁**: 所以我想, 凡是问这一类问题的人, 都最后要讲, 恐怕要有四元数或者是八元数. 事实上, 我有篇文章还讲, 就是不同的可除代数. 因为复数出来了以后, 就出了电荷共轭对称, 那是不是四元数出来了以后, 就要出 SU(2)、SU(3)? 反正说是比较大的对称群, 跟物理的现象有密切的关系这一点, 我想是不成问题的. 可是这问题怎么连在一起, 又怎么有对称破缺在里头, 纠缠在一起. 这个我不知道是不是 21 世纪后半世纪或者 22 世纪才会有人了解. 我自己是觉得 21 世纪的头半世纪, 恐怕是 apply 影响比较大. 将来假如还能发展的话, 再回到比较基础的问题.

**郝柏林**: 四元数就是 SU(2).

**杨振宁**: 对, 四元数的对称群是 SU(2). 据说哈密顿发现四元数是在一座桥上发现的, 在桥上就刻了四元数代数的方程式, 这代表说是他以后一生就认为这是最漂亮的东西. 我认为这是有道理的, 因为这是妙不可言. 讲起来这个, 我想起来, 我听了郝柏林在北京给我们做的演讲. 我想, 你所发展出来的方向, 是中国的传统的教育哲学所不鼓励的. 可是你的成功就代表说是, 我想, 办教育的人, 应该了解到, 中国的传统的教育哲学有缺点, 它太使得人向已经有的方向走. 据我所了解, 你走到了一个别人没有走的方向上去, 然后你去把它发展, 这个精神是中国的传统教育哲学里头所不鼓励的.

**施郁**: 杨先生, 再问您一个关于特勒 (Edward Teller) 的问题. 奥本海默 (Oppenheimer) 事件后, 很多物理学家都不太理特勒了, 特勒跟政界的人来往多了. 这是怎么回事?

**杨振宁**: 特勒是我的老师, 而且我很感激他. 你晓得, 我本来想做实验物理的论文, 后来是他救了我, 我就不做实验物理了. 他在各个方向上都帮我. 我跟他的关系很好, 我很感激. 不过我想, 我做他的学生的时候, 他还不是那么有名, 是一个天才型的而且见解非常多的这么一个学者. 他对于他的学生非常照顾, 这点我了解. 不过在这点以外, 我对他没有什么认识. 后来我听说了几件事情, 一个就是你刚才讲的, 他在奥本海默的听证会, 那是 1954 年的时候. 他的很多朋友包括罗森布鲁斯 (Rosenbluth). 罗森布鲁斯是我的好朋友, 比我晚一年是特勒的研究生, 后来变成非常重要的等离子体物理学家. 罗森布鲁斯在特勒去作证的头一天晚上, 跟他说:“你不要去作证.” 他不听, 他还是去作证了. 后来讲了几句话, 这几句话他以为是讲得很得体, 可是他没有了解到, 或者他没有预料到, 这个话被听证会的主持人解释是对于奥本海默非常不利的. 所以这以后, 所有特勒的朋友, 特勒同一代的所有物理学家, 都不理他了. 这个对特勒跟他的太太是影响非常大的, 因为特勒是一个喜欢有朋友的人, 喜欢跟很多人在一起做种种方向的谈话. 我想当时, 就是在 1954 年这个听证会以前, 特勒已经跟美国的军方有密切的关系; 我想, 他所以会当时不顾他的朋友的劝告而要去讲这几句话, 与此有密切的关系. 换一句话说, 那个时候, 他已经跟军方的人发生很密切的关系了. 另外, 我后来又从我认识的别的人, 跟我年纪差不多而跟他在美国的国防观念上有一些打架的一些人嘴里头知道, 特勒在这种事情上, 就是关于国防的政策事情上, 如果有一个人跟他是对立的话, 我听说是, 他不择手段地要打击那个人. 这个我没有具体的知识, 可是我听说这个. 所以我想他这人恐怕是做人方面有些问题. 至于说他反对共产党, 从而他对于中国也有不好的印象, 这个我想是很自然的. 他是匈牙利人. 我想, 对于苏联控制之下的匈牙利, 对于匈牙利的事件, 我想他是不能遗忘的. 不过我可以告诉你, 1971 年我到北京来访问了以后, 回到美国去以后, 当然美国的报纸都登出来, 所以他知道我是到中国来访问过一次. 他有一个外甥. 特勒只有一个兄弟姊妹, 就是有一个姐姐. 在第二次世界大战以后到了 70 年代吧, 匈牙利当时的共产党政府为了跟特勒表示好感, 把他的姐姐给放出来了, 把他的外甥也放出来了. 他的外甥是个很好的物理学家, 后来在石溪跟我同事, 叫做 Janos Kirz, 现在在伯克利. 所以呢, Janos Kirz 有天打电话给我, 他说特勒要来访问他, 希望跟我谈谈. 我说好. 所以, 这就是在 1971 年秋天吧还是冬天, Janos Kirz 跟他的当时的太太, 请了特勒, 所以就只是我们四个人, 就是特勒跟我、Kirz 夫妇, 在 Kirz 家里头吃了一顿饭, 然后呢, 主要的就是特勒问了我很多关于中国的问题. 我当时的印象呢, 他对中国不是那么敌对, 跟维格纳 (Wigner) 的态度不一样. 我不知道我是不是在什么地方讲过, 维格纳跟特勒都是匈牙利裔的美国人, 他们在美国的物理学界里头都是右倾的. 所谓右倾者, 就是坚决反对共产党的. 可是维格纳他不做政治的活动, 特勒做政治的活动. 维格纳在这一点上比较是书呆子型. 可是维格纳对中国呢, 非常不满意. 我记得 60 年代初有一天, 我跟他不知道什么缘故在他的办公室讲起来关于中国, 我忽然发现, 他赞成美国派飞机轰炸北京. 我还记得我有极大的震惊. 我后来回到我自己的办公室以后, 给他写了一封信. 这个信我下回要去找一找. 我现在所有的这些档案都在中文大学, 哪天我要到中文大学去找一找, 我这封信可能还在. 我记得那封信基本是说: "我很震惊, 你跟我是同样在一个科学的领域里头做了这么多年的工作, 而且对于科学的认识有相当多的共同点." 不过我的印象中我这封信写去以后, 维格纳并没有给我回信. 我想, 维格纳跟特勒不一样, 维格纳有很强的政治观念, 有很强的政治偏见, 可是他不做什么活动. 特勒是做很多的活动的.

后来特勒建议里根总统搞 Star War. 那个与后来把苏联整垮了有密切的关系. 所以那个时候从特勒的立场讲起来, 他最希望垮掉的是苏联的政府. 而当时中国跟苏联的政府并不是最好的友好的关系. 而且事实上西方对于中国的了解很差. 我在十多年以前, 在写我的自传. 写我自传的目的呢, 就是因为我认为西方人不懂中国是怎么回事, 因为中国的历史 …… 西方的历史太简单, 没有中国的复杂. 所以我觉得, 我要写一个我个人的传记, 可是这个传记又能说出来在我的一生里头, 整个中国的社会有过些什么变化, 而为什么有这些变化. 可是这个我写了大概三分之一以后写不下去了. 为什么写不下去呢? 因为我写了三分之一就知道, 力不从心, 我写不出来这个. 因为要想写出来我所要达到的目的的话, 不单是要有讲出来一些我自己的经历, 而且这些经历在整个中国过去两百年的历史里头, 是为什么会产生了这些. 这个需要一些文学的技巧, 这不是我会写的. 还有一样, 我的文章, 不管是学术文章, 还是非学术的文章, 都是越写越短. 我不会写长的文章. 而像刚才我想达到这个目的, 不能太短, 因为它是有一层一层的东西. 所以写了三分之一, 就停顿了. 我现在想了想, 我没有力量能够达到我当初所希望的. 假如我重写我的传的话, 得要忘记这个大目的. 这个大目的, 不是我有这个写作能力. 我想这是得要既对于历史有些了解, 又会写作. 我写了三分之一以后, 就知道这不是我能做出来的.

# “我的一生可以算做一个圆”
## ——西子湖畔访杨振宁*

蔡天新

清华园是杨振宁小时候成长的地方. 2003 年杨振宁先生回国定居, 又回到了清华园, 住在照澜园里的一座小楼里. 这座小楼, 杨先生起名 “归根居”, 还写了一首诗《归根》.

杨振宁先生和夫人翁帆大部分时间住在北京清华园, 有时节假日会去香港中文大学. 除了出席必要的公开活动以外, 日常生活里他和翁帆有不少共同的朋友, 不时会参加朋友们的私人聚会. 记得翁帆曾向我透露, 杨先生早上爱睡懒觉. 杨先生的拐杖是一年前配的, 只是为了行走时更快捷、方便、安全.

我与杨振宁先生通信已近三年, 起因于邀请杨先生做客浙大的理学大讲堂, 我是这个大讲堂的坛主. 经过友人的介绍, 我们用电子邮件通信, 我用中文写, 他用英文回复, 通常会在一两个小时内收到. 杨先生原先答应 2013 年春天来杭州, 一切安排妥当, 不料出发前一天上午, 因头天新闻联播报道上海有禽流感, 杨先生打电话给我说取消行程. 当时正好是课间休息, 杨先生声音洪亮, 同学

* 原载: 数学文化, 2014, 5(3).

们都听见了. 几分钟以后, 他又来电, 说杭州还没有出事, 可以来. 不幸当天新闻联播又报道, 杭州禽流感死人了, 杨先生当晚给我来信确认取消行程. 几个星期以后, 我把这篇访谈的问题发给杨先生, 两天以后我收到回答, 杨先生用钢笔亲自写在空白处.

今年 3 月, 杨先生通知我要来杭州, 终于在一个月后迎来了他老人家, 我有幸在刘庄与他单独相处数小时, 在往返浙大和去机场途中以及贵宾室里, 我们又继续闲聊, 借此机会对访谈做了补充和注释, 个别问题有过改换. 完成之后, 曾寄杨先生修正数处.

从这次杭州之行可以看出, 他虽 93 岁高龄, 仍思维敏捷、记忆力很好, 戴上助听器后仅右耳反应稍显迟缓. 他在浙大演讲时, 有记者注意到了, 他两个小时都没喝一口水. 杨先生善于与人交往, 对粉丝的合影要求基本上也有求必应, 包括刘庄宾馆和萧山机场贵宾室的服务生.

**蔡**: 杨先生好! 首先, 十分感谢您接受我们的邀请作客浙江大学理学大讲堂, 同时也感谢您接受我的采访. 可惜当初亲笔给您写信的杨卫校长已经离开浙大, 不能亲自欢迎您. 当得知您要来浙大时他回信给我说, "非常高兴杨先生终于能来讲了!" 我想知道, 您以前来过几次杭州, 您还记得第一次看见西湖是什么时候吗?

**杨**: 我是 1972 年夏天第一次来杭州, 先后来过五六次. 差不多每次都要来浙大, 第一次是在 "文革" 期间, 我到玉泉校园里头走了走, 没有遇见一位熟人. 杨卫校长也是清华校友, 他离开杭州回北京工作以后, 我们还没有碰过面. (注: 杨先生作客浙大前一天, 他已见过新上任的林建华校长. 讲座那天, 未来的吴朝晖校长亲自作陪. 和我闲聊时, 杨先生提到已故浙大物理系的汪容教授和李文铸教授, 并问起李政道先生最近有没有回母校浙大.)

**蔡**: 您出生在合肥, 与李鸿章是同乡 (刚好相差一个世纪). 那时合肥只是安徽的一个县, 您父亲在省会安庆做中学老师, 那时安庆叫怀宁, 这也是您名字振宁的来历. 您的发小邓稼先出生在怀宁, 他是您的中学和大学同学, 留学美国时又是新泽西的室友. 可您听说过 1964 年怀宁县一座村庄出生的海子吗? 25 岁那年他在山海关卧轨自杀, 如今已是中国家喻户晓的诗人, 您读过这位小老乡的诗歌吗?

**杨**: 我没有听说过海子, 也没读过他写的诗. 我出生在合肥一条叫四古巷的小街, 在那里长到六岁. 前些年我回过合肥, 也参观过 "杨振宁故居", 但不是我小时候待过的那个地方了. 当然, 我没跟接待人员这么说. 四古巷因从前有过四座古墓而得名, 据说巷名在两百多年前的《合肥县志》里就有记载了.

**蔡**: 您不满周岁父亲就去美国留学了, 六岁那年您在上海港再次见到他, 全家一同前往厦门. 在那里您第一次看见电灯、吃到香蕉、喝到牛奶, 一年以后您父亲受聘清华大学, 您来到北京, 在清华园住了八年. 据说您小时候数学就很出色, 已经能读哈代的《数论导引》和 E. T. 贝尔的《数学精英》了. 但身为数学教授的父亲却为您请来古文老师教您《孟子》, 这个经历对您后来的人生有何影响?

**杨**: 我父亲回国后在厦门大学教了一年书. 1929 年夏天, 他接受了清华的聘请, 我们一家就从厦门经上海到了北京, 那时候叫北平, 住在清华园里. 我在清华园的八年很美丽, 一切都令我非常怀念. 那时候清华大学规模虽小, 也有五十来个教职员子弟, 所以就成立了一所小学, 我在那里读书.《孟子》对我有很大的影响, 里面的故事告诉我中国传统文化的世界观, 还有做人原则.

**蔡**: 家父比您年长一岁, 与您一样, 20 世纪 40 年代就读于昆明的西南联合大学. 他读的是历史学, 与您一样也听 (修) 过闻一多先生的 (诗词) 课, 可他 34 年前便已过世. 我想请教您, 当时西南联大每届招收多少学生, 有多少教授和老师? 同学们的生活如何管理? 联大与同在西南 (贵州) 的浙大有交流吗? 您对联大最美好的记忆是什么?

**杨**: 当时联大每年招收约四百名新生, 我不记得联大与浙大有什么交流. 联大本科生是三校合一的, 研究生就各校自己管理了, 那时好像只有清华有研究生院, 因为有庚子赔款的缘故. 说到我个人的兴趣爱好, 我年轻时很喜欢唱歌, 但是唱得不太好. 卢沟桥事变后, 我们一家先回到合肥, 我继续读书, 翌年我还没有中学毕业, 是以同等学历考入西南联大的.

**蔡**: 您的父亲杨武之先生是中国第一位数论博士 (芝加哥大学), 是我敬仰的前辈同行. 他证明了可以将正整数表为某种类型的三次多项式之和, 王元先生后来称赞, 这在那个年代是很好的结果. 实际上, 这是华林问题的一个变种, 他证明了, 每个正整数可以表示为至多 9 个四面体数之和. 86 年过去了, 最好的结果还需要 8 个四面体数. 1994 年, 您在《中国科学》数学卷发表过一篇论文 (与邓越凡合作), 以翔实的数据和推导预测, 每个正整数可以表示为至多 5 个四面体数之和, 充分大的正整数可以表示为至多 4 个四面体数之和. 这是对您父亲的一种纪念和敬意吗?

**杨**: 这不能说是对父亲的纪念. 我曾尝试读他的博士论文, 但是发现一时不能读懂, 因为其中有很多 lemma (引理). 我估计至少要花一两周时间才能懂, 所以就放弃了. (注: 非常巧合的是, 杨先生作客浙大理学大讲堂那天, 即 2014 年 4 月 14 日, 刚好是杨武之先生 118 周年诞辰.)

**蔡**: 杨老先生任教清华时, 引发了华罗庚对数论的兴趣, 华先生英国访学归来后杨老又力主破格晋升只有中专学历的他为正教授. 您入读西南联大时, 华先生、陈省身先生和许宝騄先生是否已经大名鼎鼎了? 听说您的初恋女友是数学系的高才生, 曾是您父亲的助教. 我想知道, 您为何当初没有选择数学系而是进了化学系. 有一个传说, 当时您觉得, 数学没有诺贝尔奖?

**杨**: 我在西南联大读书时, 华、陈、许三位都已十分有名. 我曾喜欢张景昭, 她是浙江人, 后来任教北大. 至于那个传说, 完全无依据. 我选择化学系是因为我父亲觉得, 化学可能比数学有用. 但我还没有等到开学, 便向理学院院长吴有训提出换到物理系并取得成功. 那时候的女生都穿蓝布大褂, 张景昭却穿着红色西装, 非常显眼. (注: 杨先生曾说他在见到张景昭以前, 心情像是平静的湖水, 见到她以后就变成风暴了. 因此, 这可能是他的暗恋. 1968 年, 处于“文革”漩涡中的张景昭在北大一间厕所里自杀身亡.)

**蔡**: 1945 年, 您经由印度搭乘美国的运兵船赴美留学, 那是您第一次出国吧? 您还记得那次旅行吗? 路上花费了多少时间? 都经过哪些港口? 记得华先生 1946 年从昆明出发去苏联也是从加尔各答走的, 他选择的是陆路和空中路线的结合, 经过巴基斯坦、伊拉克、伊朗、阿塞拜疆、格鲁吉亚等国, 历时一个多月.

**杨**: 我们留美庚款同学约二十人于 1945 年八月底 (从昆明) 飞到加尔各答, 十月下旬登上美国的运兵船, 经红海、地中海 (和大西洋) 于十一月下旬抵达 NY (纽约). 我们没有搭乘经过太平洋的轮船是因为, 那时日本虽已战败, 还没有正式签署投降书, 那条海路虽比较近但却有危险.

**蔡**: 密执安湖畔的芝加哥是 19 世纪美国文化的中心, 这一地位延续到 20 世纪前半叶. 1915 年创办的《诗刊》被认为是 20 世纪先锋派诗歌最重要的阵地, 德莱塞的《嘉莉姐妹》为美国文学开辟了一个新的天地, 欧内斯特 · 海明威也出生在芝加哥郊外, 后来又有索尔 · 贝娄执教芝加哥大学. 芝大的数学和物理学也同样享誉世界, 您在芝大取得博士学位后前往普林斯顿, 那是全世界自然科学的最高殿堂. 您沐浴在这两所大学的光辉中, 完成了一生的主要工作. 您对这两座城市有何不同的感受和记忆呢? 高研院的数学贡献是否大于物理学呢?

**杨**: 我在芝加哥大学学到了做研究的方法和态度, 后来在 Princeton (普林斯顿) 的十七年则是我一生研究最成功的十七年. 但你说的没错, 高研院在数学方面的成就超过了在物理学领域的贡献. (注: 杨先生来杭州之前, 看到台北出版的拙作《难以企及的人物: 数学天空的闪耀群星》中有关冯 · 诺依曼一文提到 20 世纪 90 年代, 普林斯顿高等研究院迎来六十华诞时总结了三项标志性的成果: 哥德尔对连续统问题的研究, 冯 · 诺依曼关于量子力学的数学基础和代数学的研究, 以及杨振宁和李政道推翻宇称守恒定律. 杨先生尚不知此事, 写信问我出处并亲自加以核实.)

**蔡**: 您曾说过, 牛顿虽然知道自己的《自然哲学的数学原理》是一项极漂亮的工作, 但他不可能意识到自己的工作将会改变人类对物理和生物世界基本结构的理解, 会永远地改变人类与环境的关系. 在这个意义上, 您对自己的工作如何评价? 比如非阿贝尔规范场理论、宇称不守恒理论和杨 - 巴克斯特方程. 非阿贝尔规范场理论是否在规范场理论中占据主流? 规范场理论和麦克斯韦的电磁场理论、爱因斯坦的引力场理论是人类迄今所发现的三大场理论, 它们目前的研究状况如何?

**杨**: 我很幸运, 很早就认识到, 必须有一个数学原则或原理控制 "力" 的传播. 同时我很早就对对称发生兴趣, 两者合在一起就产生了 non-abelian gauge theory (非阿贝尔规范场理论). 此 theory (理论) 显然是一个重要的 step (步骤), 但还没有完全解决统一场论的最终目标. 这个终极目标也是爱因斯坦晚年致力的目标, 他试图建立囊括电磁学和广义相对论的统一场论, 却未取得成功.

**蔡**: 2000 年, 杨 - 米尔斯存在性和质量缺口假设成为纽约克莱数学研究所提出的 "千禧年七大难题" 之一, 您和米尔斯的名字作为仅有的非数学家出现其中, 这应该是让许多数学大家羡慕的事. 您认为, 您的数学直觉来源于遗传, 还是其他方面的教育? 有人称庞加莱的研究风格 "是开拓者, 而非殖民者", 那您的风格呢? 是否干一行爱一行, "既不废旧, 又有立新"?

**杨**: 我想我欣赏数学的原因, 一半是因为遗传, 一半是有机会很早就接触到了数学. 我曾经说过, 我对群论的最初了解来源于我父亲, 我在昆明时跟吴大猷先生和王竹溪先生做的学士和硕士论文分别是关于对称原理和统计力学, 它们后来也成为我毕生的研究方向. 在研究题目方面, 我喜欢搞新的东西. 但并非一味求新, 比如现在比较热闹的弦理论, 这是理论物理学的新兴领域, 许多数学家投身其中, 但目前看起来, 弦理论对物理学的意义尚不及对数学的意义.

**蔡**: 您曾引用过爱因斯坦的话, "正确的定律不可能是线性的, 它们也不可能由线性导出". 您也谈到过爱因斯坦对几何学的偏爱, 他提出重力和力学应该用黎曼几何来描述, 电磁学也是几何的. 您还指出, 爱因斯坦寻找的几何结构是规范场, 最简单的阿贝尔规范场是麦克斯韦的电磁场, 而非阿贝尔规范场必定是非线性的. 您在 1975 年发现规范场与陈省身先生的纤维丛有密切的联系时十分激动, 您个人也应该偏爱几何学. 但近些年来, 国际上多次召开过物理学与数论学术会议. 例如, 将默比乌斯反演公式应用于凝聚态物理的一系列问题. 您了解这方面的进展吗?

**杨**: 这听起来很有意思, 要真有这方面的成果, 你若找到相关的文章或资料的话请写信告诉我. 2011 年 10 月, 我在南开大学召开的陈省身先生诞辰 100 周年纪念会上做过报告, 后来我把讲稿整理成文章《菩萨、量子数与陈氏级》交给《今日物理学》(*Physics Today*) 发表了. 记得我曾把校样寄给过你, 其中一个小标题正是: 当物理学遇见几何学. (注: 杨先生在讲座时提到, 他与爱因斯坦同事多年, 常在普林斯顿见到他, 知道他的生活规律. 有一次杨先生等在路上, 当爱因斯坦走过时, 他让自己年幼的长子站在爱因斯坦面前拍了像. 杨先生后来说过, 至今他仍然后悔, 当初没有与爱因斯坦合影.)

**蔡**: 将近 12 年前, 您曾经用四个词对四位早您一辈的理论物理学家进行尝试性的比较, 泡利 (威力)、费米 (稳健、有力)、海森伯 (深刻的洞察力)、狄拉克 (笛卡儿式的纯粹), 您也曾提到泡利与海森伯的关系一度十分紧张. 假如让您对您自己和几位同辈同行进行尝试性的比较, 您会选用什么词语呢 (杨振宁、李政道、吴健雄 ……)?

**杨**: 物理学与数学有些时候是不同的. 以 19 世纪为例, 数学远远看过去, 有二十多个大大小小的山头, 而物理学远远看过去, 只有几座大的山头.

**蔡**: 您是 1960 年美国数学会吉布斯 (Gibbs) 讲座的演讲人. 2008 年美国数学会的爱因斯坦讲座中, 英裔美国物理学家弗里曼 · 戴森 (Freeman Dyson) 对您和您的规范场理论大加赞赏, 他的演讲稿《飞鸟与青蛙》后来刊载在《美国数学会通讯》上 (2009), 这篇文章在数学家中影响很大. 我还读过他写的《杨振宁 —— 保守的革命者》, 他称 "杨对数学美的感受, 照亮了他的所有工作". 他认为您是继爱因斯坦和狄拉克之后, 20 世纪物理学的卓越设计师. 我注意到您的一些代表作都是与他人共同完成的, 这说明您善于与人交际和合作. 陈省身先生晚年总结过一生最好的三个中国朋友和最好的三个外国朋友, 假如让您来总结, 答案是什么呢?

**杨**: 我一生和许多人合作做过研究, 其中最成功的要数与李政道、米尔斯 (Mills) 和吴大峻的合作. 杨 - 巴克斯特方程虽然也有名, 但是巴克斯特与我并没有合作, 我曾为他的命运抱不平. (注: 巴克斯特是在杨振宁之后独立从事这类方程研究的. 吴大峻是杨先生的学生、哈佛大学教授、"中研院" 院士, 两人在统量子场论和粒子物理等领域有过很好的合作.)

**蔡**: 戴森提到, 他在学术生涯的关键时刻和费米交谈了 20 分钟, 从中学到的比从与奥本海姆 (原子弹之父)20 年交往中学到的还多. 您博士毕业以后, 曾给费米做过一年的助手. 在他诞辰 100 周年之际, 您也曾撰文纪念他, 认为他是 20 世纪所有伟大的物理学家中最受尊敬和最值得崇拜者之一. 我想知道, 您对您的导师、氢弹之父爱德华 · 特勒有何评价? 还有他的匈牙利老乡冯 · 诺依曼, 后者 (与您一样最初学化学) 跨越的领域无人能及, 您在普林斯顿与他有过交往吗? 我还注意到, 虽然您的合作者众多, 但您指导的学生并不多, 是您对自己的学生要求过高吗?

**杨**: 关于特勒 (Teller), 他是很聪明、创新力极大的人. 他对朋友很好, 我个人没有看到他对人不好的一面. 我到普林斯顿时研究很投入, 等我取得成绩时, 冯 · 诺依曼已经病重, 他因为参与原子弹试验遭受了核辐射. 我的博士生不多, 因为我没有好题目, 就不愿意收新研究生. (注: 杨先生曾分析过邓稼先和奥本海姆的性格差异, 认为前者十分含蓄, 后者锋芒毕露, 中美两国都找到了最合适的人来主持原子弹的设计工作.)

**蔡**: 不久以前, 中国政府提出了大学要引领文化, 这是在培养人才、科学研究、服务经济之外的第四项任务. 在您看来, 包括自然科学工作者在内的大学老师能做些什么, 应该做些什么? 在经过 1952 年的院系调整和后来的文理分科之后, 这项工作的难度明显增大了. 这是否与两千多年来独尊儒学有关? 在周公和墨子之后, 再无横跨文理的大家, 孔子的学说里似乎从没提到过数学和物理学.

**杨**: 各种不同的介绍科学的研究或普及的工作是全世界都需要注意和重视的. 我有一个主意, 现在中国大学生就业很困难, 如果一些普通的本专科院校、中专学校等单位都有人专职从事科学普及和科学文化方面的教学工作, 那么在提高大家科学素养的同时, 也可以解决一大批知识青年的就业问题.

**蔡**: 读了您的著作《曙光集》(三联书店, 2008), 我发现您也是一位科普大家, 让我想起 18 世纪的欧拉. 在《美与物理学》一文中, 您用实验 – 唯象理论 – 理论框架来描述物理学的三个领域及其与数学的关系, 并指出后者是物理学的最高境界. 您还提到, 理论物理的语言是数学, 并把数学和物理学的关系比喻为两片在茎处重叠的叶片. 同时您还指出, 布拉赫 (第谷)、开普勒和牛顿的工作分属这三个领域. 2009 年, 我们海内外不同大学的十多位数学工作者创办了《数学文化》季刊, 旨在探讨数学的文化、思想和方法, 营造一座沟通数学与自然科学、人文、工程技术和日常生活的桥梁. 您能经常收到我们的杂志吗?

**杨**: 我看过几期, 觉得很好. (注: 闲聊时杨先生谈到最新一期《数学文化》上连载的介绍数论学家闵嗣鹤先生的文章, 他记得其中的细节并有补充, 对闵先生很是敬佩, 原来杨家和闵家在西南联大时走得比较近. 此文由编委张英伯教授和主编之一刘建亚教授合作撰写, 杨先生还提到他与《数学文化》另一位主编汤涛教授在澳大利亚的首次谋面.)

**蔡**: 1986 年, 您谈到了德国数学家外尔在物理学方面的贡献, 讲到他一生珍爱的两样东西 —— 规范场理论和非阿贝尔李群, 后来被您和米尔斯糅合在一起, 发展出了非阿贝尔规范场理论. 您还提到外尔的著作《数学和自然科学的哲学》(1926), 以及书中引用的英国诗人艾略特的诗句 "少年时离开故乡, /随着我们年龄的增长, 世界变得陌生, /死和生的模式更是错综复杂". 这是《四个四重奏》之一《东科克尔村》(1943) 里的诗句, 您知道这是谁译的吗?

**杨**: 这个我不知道. 我们在海宁的时候, 翁帆和她姐姐曾去参观徐志摩的故居. (注: 此次来杭期间, 杨先生应邀赴嘉兴海宁出席香港著名实业家、社会活动家、慈善家查济民先生诞辰 100 周年纪念活动. 闲聊时, 杨先生也谈及最近与莫言的对话, 与诗人北岛的交往和对他回国探亲、到香港工作的帮助, 杨先生也读过哈金的英文小说 *Waiting* (《等待》).)

**蔡**: 秦九韶是宋代的数学家, 也是最有成就和最具国际知名度的中国古代数学家, 他发现的中国剩余定理出现在中外每一本基础数论的教程中, 在抽象代数和当前其他一些数学及密码学等科学领域也有重要应用. 去年, 一座以他的字命名的桥梁 —— 道古桥在杭州西溪河畔复名立碑. 美国科学史家、“科学史之父” 萨顿曾写道, “秦九韶是他那个民族、他那个时代、也是所有时代最伟大的数学家之一.” 在您心目中, 古代中国最好的物理学家是谁? 最出色的工作又是哪一项?

**杨 (想了一会)**: 沈括, 他是杭州人, 写过《梦溪笔谈》, 里面谈到了光学方面的发现. 你知道吗? 清朝乾隆年间, 外国传教士带来了眼镜, 曾造成北京万人空巷. 因为那时候, 中国人尚不会制造玻璃, 妇女用铜镜照镜子. (注: 我曾打算在送客路上建议杨先生经停以秦九韶的字命名的道古桥参观, 让两位中国历史上最有成就的科学家相聚合影. 遗憾的是, 那天恰好是杭州机场高速封闭修路首日, 我们被迫绕道而行了.)

**蔡**: 物理学面临一个强有力的竞争对手 ——“后起之秀” 生物学. 您是否同意? 沃森和克里特发现的 DNA 双螺旋结构其地位相当于物理学中牛顿的万有引力定律. 如果这样的话, 达尔文的生物进化论相当于物理学中的自由落体运动. 伽利略发现了自由落体的规律, 但却没能准确解释原因. 如此说来, 生物学家中的爱因斯坦是否尚未出现?

**杨**: 你应该听说过罗萨琳德 · 富兰克林小姐的故事吧, 没有的话我跟你讲讲. 她是英国物理化学家、晶体学家, 事实上, 是富兰克林小姐最早拍摄到了双螺旋晶体衍射图片 (有些模糊), 成为最后解出 DNA 结构的关键因素, 可是富兰克林生前却没有获得过任何荣誉. 1958 年, 她因患卵巢癌去世, 年纪只有 37 岁. 4 年以后, 沃森、克里特和威尔金斯因为 DNA 的工作得了诺贝尔生理学或医学奖, 威尔金斯是富兰克林小姐在伦敦国王学院的同事. 沃森和克里特来找过富兰克林小姐要求合作, 被她拒绝了, 她认为自己可以拍摄到清晰的图片, 威尔金斯看到过, 便在没有征得富兰克林小姐的同意下, 向沃森和克里特进行了描述, 帮助他们找到了 DNA 双螺旋的结构模型.

**蔡**: 我了解到, 您特别敬重另一个富兰克林, 他是美国人, 既是科学家又是政治家, 您给自己和长子均取英文名为富兰克林, 但您并没有卷入政治. 不久以前, 复旦数学系毕业的李源潮当选国家副主席. 之前您与邓小平会晤过, 他的夫人卓琳毕业于北京大学物理系 (刘少奇夫人王光美也就读于辅仁大学物理系, 硕士毕业后留系任教, 与您的第一任夫人杜致礼是校友), 他们的一对儿女也学了物理, 看起来邓家物理学家比政治家的影响力更大一些 (笑), 您如何看待这件事情?

(注: 杨先生未回答这个问题, 但却与我谈起 1973 年毛泽东在中南海书房会见他时的情景, 其中提到一个细节. 那次会晤毛泽东主要和他谈哲学, 当说到战国时期的政治家、军事家管仲时心情特别激动, 语速突然加快, 杨先生一时听不懂他的湖南口音. 这时候, 原先坐在边上的周恩来主动要求与毛泽东身旁的物理学家周培源互换位置, 临时为杨先生充当翻译. 巧合的是, 杨先生此次杭州行下榻的刘庄正是毛泽东晚年多次来杭的居住地. 杨先生曾指着他卧室旁边的八角楼对我说, 当年周恩来和尼克松在那儿谈判并起草了上海公报.)

**蔡**: 1971 年夏天, 您在相隔 26 年以后第一次回国, 为何选择从缅甸进入中国? 我记得那年稍晚基辛格博士访华是从巴基斯坦入境. 您在上海见到了父母, 还去了北京和山西大寨等地. 那次旅行您一定感慨万分, 那会儿您对今天的中国有过设想吗?

**杨**: 那时候只有法国航空公司有航班飞中国, 且要经过缅甸(当时的) 首都仰光, 没有其他选择, 因此我转道欧洲. 是呀, 中国变化实在太大了, 我万万想不到以后四十年中国的改变. 那一次空中旅行很是难忘, 我记得穿越国境线以后, 我在空中首先看见的, 竟然是我读大学和离开中国前生活的城市昆明. 不过, 自从 1957 年以来, 我父亲便能到日内瓦和我团聚.

**蔡**: 中国民间有所谓 "七年之痒" 的说法, 您和翁帆结婚已经十年了, 不知您对婚姻生活有何心得? 听说您喜欢用 DV 来记录, 那您应该是喜欢旅行. 我想知道, 您一生游历过多少国家? 居住过一年以上的城市有哪几座? 您和翁帆婚后一起游历过哪些地方?

**杨**: 这些年我们去过很多国家, 居住则只有北京和香港. 去过美国多次, 但每次不过一两个月. (注: 有几次翁帆插话, 她对杨先生的称谓是 Darling, 这让我想起宋美龄和蒋介石, 后两位是民国年代备受瞩目的一对夫妻. 还有一次我们细数杭州的风云人物, 当说到互联网英雄马云时, 杨先生和翁帆都提到曾与他一同用餐, 也说到了一些趣事.)

**蔡**: 您 30 岁时, 正准备着手从事规范场理论研究吧. 您 60 岁时, 谈到您父亲的朋友朱自清先生曾把李商隐的诗句 "夕阳无限好, 只是近黄昏" 改为 "但得夕阳无限好, 何须惆怅近黄昏", 您认为这一改动符合您晚年的心境. 我想告诉您, 最近我们浙大人文学院的一位教授举证说明, 唐朝时 "只是" 意思就是 "恰似", 这样一来, 朱自清先生无须改诗了. 我想知道, 您过 90 岁生日时, 有何特别的感想呢? 有没有赋诗一首?

**杨**: 有, 写过一首, 即将发表. (注: 后来我在杨先生惠寄的由新加坡世界科学出版社出版的英文版《杨振宁论文选集》第 2 卷 (World Scientific, 2013) 里读到了这首诗, 是用英文写的自由诗, 抄录并试译如下:

**On Reaching Age Ninety** (九十抒怀)

Mine has been (我的一生充满了)

A promising life, fully fulfilled, (希冀和奉献,)

A dedicated life, with purpose and principle, (怀着目标、秉持原则,)

A happy life with no remorse or resentment, (无怨无悔的一生,)

And a long life ··· (幸福而长寿 ······)

Traversed in deep gratitude. (永远的深深的感恩.)

**蔡**: 十年前您返回北京定居, 指导创建了清华大学高等研究院并担任名誉院长. 能否说说您现在的日常生活, 您在北京和香港的时间如何分配? 如今的清华园与您童年时代的清华园在您心中有何不同? 我知道您的双亲安葬在苏州, 您现在还会时常回忆起他们吗? 1957 年您与父亲在日内瓦重逢时的照片令人感动和难忘. 如今您的身体依然健康, 依然能够旅行和演讲, 您能否告诉我们保养身体的秘诀? 当然, 自然规律谁都无法回避, 您将来的墓志铭又会是什么? 是否有特别属意的数学公式?

**杨**: 我和三个弟妹们关系密切, 我们当然时时怀念双亲和儿时的一切. 清华园是我小时候成长的地方, 我的一生可以算做一个圆, 从一个地方开始, 走了很远的地方, 现在又回来了. (注: 2003 年, 杨先生回国. 后来, 在清华园照澜园里有了一座小楼, 作为杨先生的起居和办公的地方. 杨先生起名 "归根居", 还写了一首诗《归根》: "昔负千寻质, 高临九仞峰. 深究对称意, 胆识云霄冲. 神州新天换, 故园使命重. 学子凌云志, 我当指路松. 千古三旋律, 循循谈笑中. 耄耋新事业, 东篱归根翁." 末句的 "翁" 字应是双关语.)

**蔡**: 明年是杨 – 米尔斯理论发现 50 周年, 您会出席哪些纪念活动呢? 当初你们发现, 量子物理揭示了基本粒子物理与几何对象的数学之间存在着令人注目的关系, 这一预言后来在纽约的布罗克哈文、斯坦福、日内瓦的欧洲粒子物理研究所和日本筑波得到证实, 为何中国的高能物理实验室没能够呢? 您认为质量缺口假设和存在性理论的证明还需要多少年? 能否在这一代数学家和物理学家中获得解决?

**杨**: 是 60 周年了, 十年前曾由特霍夫特 ('t Hooft) 主编出版过一本书. 中国物理学发展很快, 前途十分光明, 许多人的悲观看法是因为他们不了解内情. (注: 杰拉德 · 特霍夫特是 1946 年出生的荷兰物理学家, 以对粒子物理学中规范场理论的发展做出贡献而著称, 由于他的博士论文引进了维数正规化的技巧并给出杨 - 米尔斯理论可重整化的证明, 先后获得 1981 年和 1999 年的沃尔夫和诺贝尔物理学奖, 他也是法国科学院和美国国家科学院的外籍院士.)

# 杨振宁: 只有牛顿能和爱因斯坦相提并论*

江才健

原编者按: 20 世纪物理学的三大贡献中, 两个半都是爱因斯坦的 —— 杨振宁先生这样评价爱因斯坦. 作为过去 1 000 年最伟大的科学家之一, 爱因斯坦也确实配得上这样的评价. 杨先生所说的 "20 世纪物理学的三大贡献", 指的是狭义相对论、广义相对论和量子力学. 以相对论为例, 本期专题中的一篇文章的作者曾在预印本文库上查阅, 结果发现, 在 2014 年, 与相对论相关的物理学论文多达 2 000 多篇. 并且, 很多理论, 如量子霍尔效应、多重宇宙等, 都是从相对论发展出来的, 而这些理论, 都是当今物理学的前沿研究领域. 这足以证明, 在过去 100 年里, 相对论对物理学领域产生了多么大的影响.

在爱因斯坦诞辰 125 周年等多个时机与场合, 杨先生都曾以爱因斯坦为主题做过演讲和报告. 因此, 在爱因斯坦逝世 60 周年和广义相对论发表 100 周年之时, 我们特意邀请他, 及他的老朋友

*原载: 环球科学, 2015(10).

江才健先生 (《杨振宁传》的作者, 曾任中国台湾《中国时报》科学主笔), 在清华大学高等研究院杨先生的办公室畅谈爱因斯坦的成就、这位伟大科学家的独特之处以及物理学的未来.

**江才健**: 我们今天专程来看望并采访您, 一是因为今年是爱因斯坦逝世 60 周年, 广义相对论提出 100 周年,《科学美国人》专门制作了专题. 二是今年也是爱因斯坦 136 年诞辰. 11 年前, 2004 年的 3 月 14 日, 您受邀在德国纪念爱因斯坦 125 年诞辰大会上做了一个报告 (大会在爱因斯坦出生地乌尔姆举行), 您当时的英文报告的题目是《爱因斯坦对 21 世纪理论物理学的影响》, 那是一个非常深刻的报告, 我们就由这个报告开始谈起.

在那篇报告最开始, 您先提到爱因斯坦的狭义相对论, 并讲了两件很有意思的事. 第一件事是, "相对性" 这个词最先不是爱因斯坦提出来的, 而是庞加莱; 第二件事是, 最先写出狭义相对论那个变换公式的也不是爱因斯坦, 而是洛伦兹, 这个变换曾经、至今仍是以洛伦兹的名字命名. 所以, 您说庞加莱懂得了相对论的哲学, 没有懂得它的物理; 洛伦兹懂得了它的数学, 也没有懂得它的物理. 只有年轻的爱因斯坦能创建出此革命.

对于爱因斯坦, 您自述从早年学习时代开始就认为他有一种您特别欣赏的风格, 那么爱因斯坦到底特殊在哪里?

**杨振宁**: 爱因斯坦厉害的地方是, 一方面, 他知道一些数学, 对于数学中很妙的地方有直觉的欣赏的能力; 另一方面, 他对物理中的现象也有他的近距离的了解. 他跟所有人都不同的地方就在于, 他既能近看, 又能远看. 这就好像电影中既有近距离的镜头, 又有远距离的镜头; 能从近处又能从远处自由地切换, 那就很厉害了. 大多数人都只有一个镜头, 或者只能从近处看, 或者只能从远距离看, 不会自由切换.

**江才健**: 这似乎像您在西南联大跟黄昆讲的, 一个是俯视, 一个是趴视.

**杨振宁**: 对. 我们西南联大的几个研究生对物理学的了解已经到了一个相当的程度, 知道俯视者能够切换观点的好处, 能够看到趴视者看不见的东西.

**江才健**: 因为提到西南联大, 我想趁这个机会, 请您多讲几句话. 西南联大是在对日抗战那个最困难的时候建立的, 这个只有不到 9 年历史的学校, 没有经费也没有国际化, 却取得了中国教育史上最成功的成绩. 这在今天的某种教育风潮下 (例如非常强调国际化之类) 是非常具有启示性的. 作为从那个环境出来的杰出代表, 请您多说说这里的经验.

**杨振宁**: 讲起这个来, 我想是这样的. 很多人都讨论过为什么西南联大那么成功, 这里面有好些个因素, 不是一个因素. 我觉得其中有一个因素是大家不很重视但其实是很重要的, 就是西南联大恰巧是在一个关键的时刻: 当时的学生后来恰好碰到了新中国开始建设和台湾地区需要经济起飞的时代. 所以, 我同龄的那些人和比我晚十年的那些人碰到了这个时机, 是新中国从一个封闭的农业国向一个开放的工业国开始发展, 台湾地区也是这样. 所以, 我们这一辈人, 或者比我年轻十岁的人有好机会发展, 这与这个时间点的机遇密切相关. 这似乎是大家不够重视的一点.

**江才健**: 我们回到相对论, 相对论所导引出的对称的概念, 后来变成了 20 世纪物理学领域最重要的基石. 爱因斯坦的狭义相对论是由电磁理论出发而认识到对称概念, 后来他提出广义相对论的时候是倒过来: 从对称回头来做. 您说过, 这是非常有远见也是非常有勇气的. 您可以把爱因斯坦这个创造力再阐释一下吗?

**杨振宁**: 在任何前沿的科学研究领域, 都有一个永远存在的问题, 就是你看不清楚的东西中, 哪个是值得你抓住不放, 哪个是你不要花太多时间去研究. 能分辨出这一点的本领, 爱因斯坦特别厉害. 他花八年时间抓住对称不放, 表示他能看出什么是真正重要的. 另外再举一个例: 1923 或 1924 年, 有一位年轻的印度人 Bose (玻色, Satyendra Nath Bose) 给他寄来一篇英文文稿, 说英国的期刊不肯发表此文, 可否请爱因斯坦将他翻译成德文在德国发表. 这样唐突的请求没有触怒爱因斯坦, 他不但将文章翻译成德文, 署名 Bose 寄去发表, 并且加上一句他的评语, 说这篇文章很有道理, 他自己还要加以发展. 以后他连续发表了几篇文章, 发展成了 Bose-Einstein (玻色 – 爱因斯坦) 凝聚理论.

他的这个理论是惊人的革命性的, 发表以后他同时代的人都认为他疯了, 连他最好的朋友、荷兰人埃伦费斯特 (Paul Ehrenfest) 都反对他. 可是, Bose-Einstein 凝聚理论到了 20 世纪 50 年代终于被物理学界了解是极重要的正确理论. 这个故事表明了 1924 年 Bose 看不清的一种模糊的想法, 爱因斯坦一下子就看中了, 就抓住不放做出来革命性的贡献. 讲到埃伦费斯特, 他是爱因斯坦的好朋友, 于 1933 年自杀. 他死后, 爱因斯坦专门写了一篇文章纪念他, 说他有很多好的创意, 但他创造的本领比不过他批判的本领, 所以他的很多创意都胎死腹中了.

**江才健**: 爱因斯坦发展广义相对论以后, 还想出了三个办法, 用实验来检验广义相对论, 这是不是他的特别作风?

**杨振宁**: 是. 这也是非常重要的, 是常常在讨论爱因斯坦的时候不够被重视的一点. 爱因斯坦在写下方程式之后, 还问有没有什么办法去检验分析这个方程, 这个分析不是物理的, 而是数学的. 在接下来的一两年时间中他写出来的文章, 给出了如何用实验验证广义相对论的方法. 这些实验被验证之后, 他的声名一下子达到全球家喻户晓的地步. 所以, 如果你问历史上的物理学界大人物, 我认为只有牛顿能和他相提并论. 像麦克斯韦和玻尔兹曼, 当然也都是大物理学家, 可是他们没有爱因斯坦的影响大. 20 世纪物理学的三大革命中, 两个半都是爱因斯坦的.

**江才健**: 刚才讲到爱因斯坦, 我们就多讲一点. 他说, 物理学的理论, 可以从数学推导出来. 这和你刚才讲的, 爱因斯坦既能从宏观出发, 又能回到实际问题, 这两个说法之间是不是有冲突的地方呢?

**杨振宁**: 没有, 因为爱因斯坦在不同的时期对数学的重要性有不同的看法. 他在晚年的一篇文章中提到, 他早年没有意识到数学在物理学中的作用, 相反很早对物理学中什么是重要的问题就有直觉了解. 所以爱因斯坦早年是从对物理现象的直觉兴趣开始. 后来在发展广义相对论时他才了解到数学对物理结构的重要. 而到了 20 世纪 30 年代他再进一步, 说理论物理学的 “创新思维来自数学”. 以后一直到临终, 他都坚持这个新说法.

**江才健**: 您刚才讲爱因斯坦对数学和物理的直觉和感受. 您的好朋友 Dyson (戴森, Freeman Dyson) 说他自己的数学直觉比较强.

您在 1954 年的工作 Yang-Mills (杨 – 米尔斯) 规范场论, 当时是从物理现象出发, 还是从数学直觉出发?

**杨振宁**: 那篇文章是我最重要的文章. 最近, Dyson 说这篇文章是自 1928 年狄拉克的文章之后最重要的一篇文章. 为什么我们会写出那篇文章, 我想是因为两个时机成熟了. 第一, 二战后科学家们发现了很多新的粒子, 所以大家都在研究它们之间相互作用是什么, 文章很多, 都是在凑. 我想这样不行, 得有个总原则, 总体支配各种不同粒子间的相互作用. 第二, 恰巧我当时很欣赏 Weyl (外尔, H.Weyl)1929 年的规范不变理论. 我想把它推广也许就能找到此总原则. 这两点是 1954 年能写出那篇文章的原因, 是又从物理, 又从数学出发的.

**江才健**: 1954 年的 Yang-Mills 规范场论, 这个对称的发展对 20 世纪物理有很大的影响. 而 Yang-Mills 规范场场强的式子和爱因斯坦的广义相对论, 两个在数学上的式子有很类似的地方, 它们都是高度非线性的方程式. 好像这一点是多年以后你才注意到的.

**杨振宁**: 不错. 是在 20 世纪 60 年代末, 我在石溪 (纽约州立大学石溪分校) 教广义相对论时, 才注意到的. 后来我向数学家 Simons 请教, 才于 1975 年和吴大峻完全澄清了一个重要的观念: 规范场理论的数学结构是数学中的纤维丛理论.

**江才健**: 您最近在《物理学的未来: 重新检讨》中, 回顾了 1961 年麻省理工学院 100 周年时, 您与费曼等四个人受邀参加一个小型的讨论会. 那时你 39 岁, 是四人中最年轻的, 但是看当时的发言记录, 您看待问题已经非常深刻, 不那么乐观. 相反, 费曼那时是非常非常乐观. 他在发言的最后说:

“我的结论是: 我相信基础物理学再有有限的时间就要结束了

(因为我们将已掌握了终极的理论). 今天基础物理学正在突飞猛进, 我十分不想自其中退出. 我有幸生活在此时代, 而且我不相信还有的有限时间会超过一千年.”

您注意到了吗?

**杨振宁**: 我注意到了. 费曼有许多不同寻常的直觉物理观, 他的路线积分与费曼图都是世纪级的、直觉的大贡献. 我猜想 1961 年前后他大概又觉得他已有新的直觉灵感了, 所以才那么乐观. 这新的直觉灵感是什么我觉得很值得研究. 至于我们两人当时对未来看法如此不同, 我想还有文化背景的原因. 我是中国传统的儒家 “吾日三省吾身” 的教训训练出来的, 而他是美国的产物.

2002 年 6 月, 杨振宁先生八十华诞时, 清华大学举办了一场 “前沿科学国际研讨会”, 共有 14 位诺贝尔奖得主参加. 在上图中, 共有 8 位诺贝尔奖得主: 前排从左往右的第 3 位是 1999 年诺贝尔物理学奖得主马丁努斯 · J. G. 韦尔特曼 (Martinus J. G. Veltman)、第 4 位是 1961 年诺贝尔物理学奖得主鲁道夫 · L. 穆斯堡尔 (Rudolf L.Mössbauer)、第 5 位是 1986 年诺贝尔化学奖得主李远哲、第 6 位是 1957 年诺贝尔物理学奖得主杨振宁、第 7 位是 1964 年诺贝尔物理学奖得主查尔斯 · 哈德 · 汤斯 (Charles Hard Townes)、第 8 位是 1997 年诺贝尔物理奖得主克劳德 · 科恩 – 唐努齐 (Claude Cohen-Tannoudji); 第二排从左往右的第二位是 1997 年诺贝尔物理学奖得主朱棣文、第 7 位是 1999 年诺贝尔物理学奖得主杰拉德 · 特霍夫特 (Gerard 't Hooft)

讲到这一点我们自然会问这样一个问题: “美国的科学家常常骄傲以至嚣张, 而美国的科学又十分成功, 这两个现象是不是可以联系起来?” 也就是说, 中国的年轻人引进了美国人的这些特点是否更能在科学上多取得成功? 这一点值得讨论.

**《环球科学》**: 杨先生, 虽然您提出来这个问题只说值得讨论, 但我想您心中应该有一个答案, 那就是对美国科学家那种方式的肯定, 是这样吗?

**杨振宁**: 你讲对了, 我是觉得美国科学家的骄傲与他们的成功是关联的, 在极度竞争的行业中君子们是要吃亏的.

**江才健**: 这正是我接下来想要问的.

**杨振宁**: 从非科学家的角度来看, 1961 年费曼和我的两篇发言对待科学的态度形成了鲜明的对比, 这对比是不是也反映了文化传统的分别? 而且, 这两种态度对于科学的发展, 哪个更好? 我想这都是非常有意思的问题.

**江才健**: 我没有见过费曼, 我想他的现场表现可能很好, 口若悬河. 但如果你看他的文章, 你会发现他没有什么深入性, 他用他的推理办法来说现实的问题. 我觉得这里有一些问题, 费曼当然是个天才, 他也很大胆, 他写的路线积分就包括了您曾谈到的三个旋律: 量子化、对称和相位. 近代科学反映的是西方对于宇宙的观点. 您虽然也做理论研究, 但您的文化背景不同. 从这个角度来看, 我常常在想, 文化对于一个人的宇宙观和世界观的影响 —— 除了做科学的态度以外, 对认知的影响是否都会不同?

**杨振宁**: 当然有影响. 费曼这篇 1961 年文章中讲话的态度值得和沃森 (James Watson) 1968 年的《双螺旋》对比 (沃森是 DNA 双螺旋的发现者). 两者都显示出美国的一种精神. 就是 “你不需要有很多知识, 也不需要有多高的修养, 你只要有天不怕地不怕的精神, 然后去猛冲, 你就能成功”. 我还要补充一点: 费曼对物理的了解有十分深入的地方. 他的路径积分我认为是物理学史上的重大贡献. 可是他似乎太藐视传统研究方法, 是他的短处.

**江才健**: 沃森的这本书把这种美国精神写得有声有色, 从销路来看, 或者从描述科学家钻研时的心态来说都是极成功的著作. 可是, 它却是传统君子所不喜欢的一种写书方式.

**杨振宁**: 文化背景影响做学问的态度. 理论物理学是一个猜测的学问, 猜测就意味着不是逻辑推演, 这里面只有猜得聪明还是猜得笨. 这就好像下棋, 高手并不能告诉你他为什么下这步棋, 但他猜的就是对的. 猜的时候有人大胆一些, 有人保守一些, 对一个年轻人, 是应该建议他胆子大一点呢, 还是应该建议他胆子小一点呢? 我想, 中国的文化会建议他胆子小一点, 但美国的文化会建议他胆子大一点.

**江才健**: 回到您 1961 年的文章, 您说宇宙的微妙结构是无穷的, 人类的智慧是有穷的, 用有穷的智慧去追求无穷的宇宙, 是不可能完全掌握的. 这一点上, 您和爱因斯坦讲的有些相似. 爱因斯坦说, 他只知道两个事情是无限的, 一个是宇宙, 另一个是人类的愚昧, 他说他对前一个还不能确定. 我们都知道, 您的好朋友 Dyson 在他有名的 "爱因斯坦讲座"《飞鸟和青蛙》中提到, 一些科学家像鸟儿一样, 有全观的眼光, 他将您列于其一.

我们看到, 现在的很多新理论用数学推演得很好, 但它们在物理上却面临着是否可运作的问题. 这是一个终极的哲学问题, 也是一个科学问题.

**杨振宁**: 不错. 像超弦论, 它已有了极重要的数学影响, 但是否与物理现象有关还是未知数. 另外, 我对超对称不那么乐观. 原因有两个, 首先, 一个数学的东西如果被基本物理学采用, 就一定是很妙的数学, 这有过去很多的例子. 可是超对称的数学不是最妙的, 所以我猜想不是基本物理的基石. 关于这一点我在 1979 年的一次纪念爱因斯坦诞生 100 周年讨论会上就讨论过. 另外, 它搞了好几十年, 还没有任何与实验相关的结果, 所以我对它的未来表示怀疑.

**江才健**:《科学美国人》专题中有一篇文章专门谈到了爱因斯坦犯下的错误. 您认为, 爱因斯坦的这些看法究竟是错的吗?

**杨振宁**: 宇宙学的第一炮是爱因斯坦打响的. 这是他又一大贡献. 我们今天发现的问题, 不可能爱因斯坦当时就已经有了的. 所以, 当初爱因斯坦引进或不引进宇宙参数是基于他的广义相对论方程式的, 不能用今天的成果来评价爱因斯坦的对错. 另外, 天文学近年来有大发展, 我认为也许会催生出一场物理学的大革命.

(《环球科学》记者刘洋对本文亦有贡献)

# 从 Yangian 谈起

葛墨林

---

## A

著名数学家德林菲尔德 (Drinfeld, 以下简称德氏) 因为量子群理论获菲尔兹奖. 其量子群包含一个重要内容, 他称为 Yangian. 我们习以为常的加 "ian" 的量, 都是在人名后加 "ian", 以敬怀他们的杰出贡献. 典型的如 Hamiltonian (Hamilton+ian) 称为哈密顿量, Laplacian (Laplace+ian) 称为拉普拉斯量等, 它们在物理、数学中有极为重要的作用.

从事数学和物理工作的人都熟悉李代数, 它的核心是集合中两个算子不对易, 但取对易关系后仍是单个算子的线性组合. 例如 $I_i, I_j$ 都是算子, 取对易括号后仍可用单个算子的线性相加表示:

$$[I_i, I_j] = I_i I_j - I_j I_i = \sum_k C_{ij}^k I_k \quad (i, j, k = 1, \cdots, n), \tag{1}$$

其中 $C_{ij}^k$ 称为结构常数, 标识了这个李代数的特点.

如果将对易关系再取一次对易括号, 例如 $[[I_i, I_j], I_l]$, 就得到两个结构常数相乘后轮次相加的关系式, 即雅可比恒等式 (Jacobian identity). 这是李代数的基本特点. 德氏引进了不属于 $I_j$ 集合的另一种算子 $J_j$ 满足

$$[I_i, J_j] = C_{ij}^k J_k,$$

但 $J_i$ 与 $J_j$ 的对易关系却与李代数不同, 例如当 $i = +, -, 3$, $J_\pm, J_3$ 与 $I_\pm, I_3$ 在 $(Sl(2))$ 简单的例子时, 关系为 (+, - 表示第 1 分量 +, - 第 2 分量)

$$\begin{aligned}
&[J_\pm, [J_3, J_\pm]] = \lambda I_\pm (I_3 J_\pm - J_3 I_\pm), \\
&[J_3, [J_+, J_-]] = \lambda I_3 (I_+ J_- - J_+ I_-).
\end{aligned} \tag{2}$$

他因此引出新的算符 $Y(a)$ ($a$ 为李代数) , 在上述例子中就是 $a = Sl(2)$, 并把 $Y(a)$ 称为 Yangian (Yang+ian). 他特别指出 "我们将称其为 $a$ 的 Yangian, 记为 $Y(a)$, 以表示对杨振宁的敬意, 是他发现了量子杨 - 巴克斯特方程 (QYBE) 的第一个解".

## B

YBE (杨 - 巴克斯特方程) 是 1967 年杨振宁先生发表的一篇文章中的一个量子力学方程式. 几年以后巴克斯特 (Baxter) 在一篇关于统计力学的文章中写下一个方程式. 后来列宁格勒法捷耶夫 (Faddeev) 学派, 包括库利什 (Kulish)、斯克鲁杨尼 (Sklanian)、塔合塔坚 (Takhtajan) 等发现二者原来是同一方程式, 就命名为 YBE, 其实杨先生的文章中的方程里面原有置换算子 $P$, 这个原来的方程就被命名为 QYBE.

德氏引出新型代数结构 Yangian, 超出了李代数范畴, 刻画了特定的互作用多体系统的基本特性. 其后, YBE 有许多类型解的推广, 引发许多著名工作, 不再赘述.

类似于李代数, Yangian 的表示论已由恰里 - 玻瑞斯里解决 (Chari-Pressley). Yangian 有很直观的物理意义. 作为最简单的例子, 我们先从氢原子入手. 熟知氢原子哈密顿量

$$H = \frac{1}{2m}\boldsymbol{p}^2 - \frac{k}{r}$$

存在两个独立守恒量: 角动量 $\boldsymbol{L}$ 和龙格 - 楞次 (Runge-Lenz) 向量

$\boldsymbol{B}=\frac{i}{\sqrt{2}}\left[\frac{1}{2}(\boldsymbol{L}\times\boldsymbol{P}-\boldsymbol{P}\times\boldsymbol{L})+\frac{k}{r}\boldsymbol{r}\right]$, 满足对易关系

$$[H,\boldsymbol{B}]=[H,\boldsymbol{L}]=0,$$
$$[B_c,L_j]=i\epsilon_{ijk}B_k,$$
$$[B_i,B_j]=iH\epsilon_{ijk}L_k.$$

引入

$$\boldsymbol{I}=\boldsymbol{L},\quad \boldsymbol{J}=\boldsymbol{L}\times\boldsymbol{B}+C\boldsymbol{L},$$

其中 $C$ 为卡斯米尔算子 (与 $\boldsymbol{L},\boldsymbol{A},H$ 对易), 可证

$$[J_\pm,[J_3,J_\pm]]=(-4H)I_\pm(I_3J_\pm-J_3I_\pm),$$
$$[J_3,[J_+,J_-]]=(-4H)I_3(I_+J_--J_+I_-).$$

当取 $-4H$ 为常数时 $\boldsymbol{I}$ 与 $\boldsymbol{J}$ 组成 Yangian $Y(Sl(2))$, 且

$$[H,Y(Sl(2))]=0.$$

在量子力学中, 由于 $H$ 与 $\boldsymbol{L},\boldsymbol{B}$ 对易, 它具有 $SU(2)\otimes SU(2)\sim SO(4)$ 对称性, 因此是可积系统. 从以上可以看到, 由此可衍生出 Yangian 对称性. 上述讨论还可以由 RTT 关系进行. 氢原子具有有限个守恒量, 在链模型中存在无穷多守恒量时, 仍可存在 Yangian 对称性, 典型的例子有:

哈伯德 (Hubbard) 链模型. 杨振宁和张守晟证明它具有局域 $SU(2)$ 和整体 $SU(2)(SU(2)\otimes SU(2))$ 对称性. 柯列平 (Korepin) 等证明, 它具有 Yangian 对称性, 并得到能谱.

卡洛杰若 – 萨瑟兰 (Culogero-Sutherland) 长程链模型. 通过 RTT 关系, 也导致 Yangian 对称性.

近来威腾 (Witten) 等指出, Yangian 与反常有关.

## C

回顾近几十年来, 数学物理的主流基本与杨振宁先生的杨 – 米尔斯 (Yang-Mills) 规范场 (简称 YM) 和 YBE 密切相关.

杨振宁先生 1971 年第一次回祖国, 第二年, 1972 年, 他在北京做了两个学术报告, 一个是有关经典 Yang-Mills 场方程求解, 另一个是精确可解模型与贝特 (Bethe) 方法, 实际就是 YBE. 这两个报告开启了我国理论物理研究的新方向.

# 附　　录

# 规范场 *

R. 米尔斯

---

原编者按: 1984 年 12 月, 杨振宁和米尔斯亲临北京参加“杨振宁 – 米尔斯场学术会议”. 会议期间, 本刊记者李顺祺拜访了杨振宁和米尔斯, 米尔斯欣然应允为本刊写一篇有关规范场的专文. 现将此文特载如下, 以飨读者. 张民生、冯承天译.

## 一、引言: 变革的浪潮

20 世纪是一个我们对周围世界的认识有巨大变化的时代. 这不单单是发现了众多的新现象或者在现有的理论中添加了一些新的特色的问题, 尽管这些情况也确实在极为显著的程度上发生了. 而实际的情况却远远要比这深刻得多, 物理定律 (正如我们尝试着要去陈述它们) 具有反映我们对处于最深哲学层次上的实际存在的事实的理解的那种基本特性, 而且正是这种最基本的特性, 使我们许多人的一生受到了不断而且激烈的打搅.

---

* 原载: 自然杂志, 1987, 10(8).

在 20 世纪的物理学中, 没有人能比爱因斯坦 (1879—1955) 更杰出、更完全地代表我们理解自然的这一场革命或一系列革命. 在创建狭义和广义相对论时, 他单枪匹马从根本上且永久地修改了我们对空间和时间的观念. 他在由量子理论所表征的更深刻的革命中起了关键性的作用. 这场革命粉碎了我们对物理定律的决定论的观点 (虽然爱因斯坦本人并不接受这一点), 而且确定了观察者在物理现实中有一个基本的地位 (观察者的这种重要性依我看来, 我们仍未完全掌握). 相对论和量子论这两个观念上的革命结合成所谓量子场论这一自然观. 这就导致了我们对基本粒子本身性质的传统理解的再一次的根本背离, 这是相对论或量子论单独都不能包含的. 现在我们已不再把这些粒子看成是原始的、破坏不了的物质, 而是把它们看成是 "场的量子", 即不同基本场的量子激发. 这完全类似于我们把电磁能的类粒子单元 —— 光子看成是电磁场的量子激发那样.

最后, 我想提请大家注意一下爱因斯坦推广他的极为成功的和极为优美的创造 —— 广义相对论, 以试图把自然界中的所有基本力用几何图像统一起来的理想. 在广义相对论中, 引力是作为时空的曲率而出现的, 而所有物体的运动, 不管是行星还是乒乓球, 都认为并不是由于实在的吸引 "力" 对该物体作用的结果, 而是由于该物体在时空本身的坑坑洼洼中要沿着一条尽可能直的路径 (即 "短程线") 前进. 爱因斯坦献出了晚年的大部分时间, 作了极其巨大的努力 (但都是徒劳的) 来推广这一几何处理方法以包含电磁力. 从爱因斯坦去世的前一年开始, 这 30 多年来经历了规范不变性原则这一观点的发展, 它以一种完全出乎意料的方式推广了爱因斯坦广义相对论的几何特性, 而对自然界中所有的力提供了一种令人满意的描述. 所以这真叫人啼笑皆非. 虽然它还不是一种统一理论 —— 在目前接受的图像中有 3 种独立的规范理论, 但是大多数物理学家感到完全的统一只不过是个时间问题罢了.

也可以描述为局域对称性原理的规范原则是关于物理定律不变性质的一种表述. 它要求每一个连续对称性都应是一个局域对

称性. 这句话的意思我们将在下面各节中解释和讨论. 这个要求涉及要自然界具有一个比通常想象的要大得多的对称性, 而且如果并不已知有关局域对称性的两个熟悉例子, 即广义相对论和电磁场理论的话, 就很可能不会提出这一思想. 这个强制性要求是极为严格的, 以致只有极为狭隘的一类理论才能满足它, 而且允许的相互作用的形式也只有极小的任意性.

本文旨在阐明规范不变性的这一思想: 讲讲这一思想的历史, 概括地给出理解这一原理所需要的一些物理背景, 描述规范不变性原理本身的逻辑推理, 以及如何由它给出物理理论的一些特殊形式. 3 个关键性的概念 —— 对称性、守恒律和规范场贯穿着整个讨论, 它们虽然不同, 但都紧密地相互关联在一起. 我们先看一下这些相互关联在经典电磁理论 (这是规范场论最简单的例子) 中是如何出现的, 然后再考察这一情况是如何激励人们从经典理论推广到现今的所谓非阿贝尔规范理论, 以及如何为它们提供基础的. 我将概略地叙述近年来的一些发展: 克服了一系列令人生畏的困难, 制定了现今人们广为接受的基本粒子以及它们相互作用的规范场的图像 —— “标准模型”.

尽管我们目前对物理的理解涉及的是一种类型的统一, 这指的是自然界中的所有力场似乎属同一种性质, 即都是规范场, 但是最后我还将讨论一下大多物理学家都有的同一希望 —— 一个更完美的统一: 证明所有的力都与一个单一的规范理论相联系, 有一个单一的多分量规范场, 它的不同分量以某种完全对称的方式彼此相关. 虽然通过电磁相互作用和弱相互作用的统一的标准模型, 这一愿望已经部分实现了, 但是现在仍有一些较大的障碍妨碍它的最终实现.

## 二、规范思想的发端

导致引入一般规范场的一些关键性思想来自于 E. 诺特、H. 外尔和 F. 伦敦. 作为其基础的动向 (规范对称性是它的一个特别表现) 是人们在 20 世纪中对对称性在我们对天地万物的根本性认识中的重要性的不断深入的理解. 这种逐渐深化的理解已达到这样的一点: 人们现在感到正是物理规律的基本对称性推动了体系, 并且决定了这些规律本身的结构以及基本粒子的个数和特性. 这是一个有 20 世纪特色的发展. 在此以前, 对称性被看成是非本质的属性, 即如果能表明物理理论有某种对称结构, 这当然很好, 但它却无根本意义上的重要性.

## 诺特

在数学界中, 人们把 E. 诺特 (1882—1935) 看作 20 世纪最重要的数学家之一 (事实上他们并不是因为她对物理学所做的工作而有这一看法的). 以她的名字命名的定理在对称性作为物理学的指导性推动力的这一发展中是一块基石. 她由此 (也仅由此) 便在物理学家中闻名. 数学家尊敬她在交换环和代数数论方面的工作, 而对物理学中的诺特定理却几乎一无所知. 不过, 不管在数学中还是在物理学中, 人们总是特别提到她探究了数学体系赖以为基础的一些根本性概念.

诺特定理是在 1918 年证明的, 当时她 (作为一个妇女) 为了赢得哥廷根大学的承认正努力奋斗. 这个定理特别与适用于物理学的变分原理有关. 对于我们的论题而言, 该定理的实质在于*对于自然界中的每一个对称性, 相应地都有一个守恒定律, 而对于每一个守恒定律, 则有一个对称性*. 在物理理论的拉格朗日表述形式中, 该对称性就是拉格朗日函数的对称性, 而且因为拉格朗日函数的形式决定了要描述的体系的运动方程, 所以这就意味着它是这些方程, 也就是该物理理论本身的对称性.

物理是由一系列具有深刻意义的守恒量所表征的. 我们有能量守恒、线动量和角动量守恒、电荷守恒等, 还有近年来发现的另一些守恒量. 诺特定理清楚地表明了这些守恒量是如何与物理学定律的结构 (事实上是对称性) 相关联的. 现在定理是在给定的一些假设的基础上证明的, 在诺特定理中, 最重要的假定是物理中的运动方程是由一个称为哈密顿原理的变分原理导出来的. 这一原理表明对于从体系的真正轨道 (把它的历史看成是时间的函数) 所作的微小偏离而言, 拉格朗日的函数的时间积分是平稳的. 没有显明的理由来说明运动的方程为何应有这一特性. 容易设想一个其运动方程并不满足于任何这种变分原理的世界, 不过在我们的这一世界中却总有这一特性. 虽然这一原理最初是在力学系统 (在其中拉格朗日函数是动能与势能之差) 中发现的, 但是把这一原理推广到包含某些与速度有关的力的情况中去是容易的 (不能扩展到包括耗散力, 不过基本力都不会是耗散的). 最后证明了像电磁场那样的完全非力学性质的体系也能用这样的方式来描述: 电磁场的运动方程组 —— 麦克斯韦方程组也可以由哈密顿原理推得, 尽管此时的拉格朗日函数似乎与动能和势能这类物理量并无关系. 现在我们对于这种情况已习以为常, 以致当我们试图去创建一个新理论时, 我们总是去寻求其正确的拉格朗日函数, 并且总是毫无疑义地假定新的理论也必定遵循哈密顿原理. 似乎这种方法总是行得通的, 而且也总有诺特定理, 即对称性与守恒定律之间的关系.

当我们过渡到量子理论中去时, 诺特定理仍是成立的, 虽然在量子理论的大多数处理方式中, 其证明看上去是非常困难的. 在第三节中我将概述这样的一个证明. 依我看来, 诺特定理很可能就是下面这个更为基本的事实: 正因为对称性与守恒定理之间的这一基本关系, 才使得为描述我们周围的世界而创建的一些物理理论具有它们所有的结构. 如果确实是这样的话, 那么诺特定理不只是一个定理, 而是像狭义和广义相对论中的等价原理那样的一个原理, 而且我们应该说, 作为诺特原理的一个结果, 经典物理定律采取拉格朗日形式, 而量子理论采取其特有的哈密顿形式.

## 外尔和伦敦

就在 1918 这同一年, 规范不变性的思想诞生了. 诺特在哥廷根的一个朋友 H. 外尔 (1885—1955) 在深深地受到爱因斯坦的影响以后, 也与爱因斯坦有同样的看法: 把电磁场看成是某种局域对称

性 (这类似于表征广义相对论的那种局域对称性) 的表现形式. 在广义相对论的情况中, 所讨论的对称性是基本方程组的形式在任意曲线坐标变换下的不变性, 这对应于物理定律, 对于任意观察者(不管他的参照系的运动状态是加速的、转动的, 还是任何其他形式的) 来说, 都应是同样的这一物理要求.

外尔希望加以应用的不变性是关于尺度变化的不变性, 即要求当所有测量长度的尺度以同样的总体上的因子改变时, 物理定律应保持不变. 他想要得到一个*局域的*规范不变性, 在其中允许在不同的时空点上有不同的尺度改变, 这类似于广义相对论中的曲线坐标变换. 根据诺特定理, 与之相联系的守恒定律是电荷守恒定律.

在爱因斯坦指出了外尔这一思想的一个严重缺陷以后, 尺度规范不变性便一直蛰居到 1927 年, 其时薛定谔已经引入了量子理论的波动方程 (在 1926 年), 而且已经看出复值的波函数在物理学中能起作用. 1927 年, F. 伦敦 (1900—1954) 指出, 与电荷守恒相联系的对称性不是尺度不变性, 而是*相*不变性, 即量子理论在波函数的复相的任意变化下的不变性 (这将在第三节中详细解说). 事实上, 在用一个常相因子 $e^{i\theta}$ 去乘波函数的这一 "整体的" 相变换下的不变性是浅显的, 而此时不平凡的情况是, 电磁场的存在允许一类更为广泛的不变性, 即*局域*相变换下的不变性, 在其中从时空的一点到另一点相因子能任意变动. 那就是 $\theta$ 成为时空坐标 $x, y, z$ 和 $t$ 的任意函数. 在下一节中, 我们将解释这是怎样奏效的.

外尔也参与了对他原始想法的这种修改, 但他继续使用 "规范对称性" 这一名称来描述它, 虽然这在当时已是用词不当了. 这是因为 "规范" 这一术语在历史上指的是选取一个长度尺度, 而不是对指定复值的相而言的.

## 杨振宁和米尔斯

约在此 25 年以后, 虽然人们看到规范不变性 (几乎总是看作为*局域*规范不变性) 作为电磁理论的一种特有的特征在许多方面

有用 (例如用来检验计算过程是否正确), 但是却并无更为本质的意义. 人们感到在电磁理论中有一些附加的内涵背景, 诸如光子的质量为零 (尽管难以严格地证明这一点), 以及不同的基本粒子电荷的基本单位力为一恒量等.

20 世纪 50 年代初, 人们, 其中特别有杨振宁 (1922— ) 开始考虑局域规范不变性在物理学中可能有更普遍的意义的这一思想. 当时杨振宁正在新泽西州的普林斯顿高等研究所. 在这以前, 即早在他在中国昆明的西南联大做研究生时, 他就对电荷守恒与规范不变性之间的关系, 特别是电磁本身的结构可由规范不变性这单一的要求所唯一地确定这一事实有了极深刻的印象. 1945 年当他到了美国, 并在芝加哥大学做研究生之后, 他就开始试图把规范不变性推广到其他守恒定律, 特别是同位旋守恒上去. 虽然自那时起已出现了各种类型的许多守恒定律, 但是在当时看来与电荷守恒定律类似的仅是同位旋 (当时在英语中通常称为 “isotopic spin”, 而现在通用的是 “isospin”) 守恒. 这是一个不完全的守恒律, 虽然它在电磁相互作用和弱相互作用下会受到破坏, 但是它在强相互作用下显然是严格成立的. 很容易想象一个仅只有强相互作用的世界, 在其中同位旋守恒及相关的对称性是严格有效的. 如果可以推广规范不变性思想, 那么结果应是强相互作用的一个完整理论, 并以同位旋为造成这一强相互作用的 “荷”, 而新发明的规范场则为 “粘胶”, 起着电磁场在电动力学中所起的那种作用.

在 1953—1954 年的那一学年中, 杨振宁在纽约市东面约 80 公里的长岛上的布鲁克海文国立实验室任访问学者. 在那里, 当时世界上最大的粒子加速器 —— 2 ~ 3GeV 的考司莫加速器正开始产生出大量的人们所不熟悉的新粒子, 它们在随后的岁月中改变了物理学的面貌. 我当时接受了一个博士后的工作, 也在布鲁克海文, 并与杨振宁在同一个办公室工作. (当时我正在纽约的哥伦比亚大学的克罗尔 (N. Kroll) 指导下慢慢地撰写对于四阶兰姆位移可能有的贡献进行研究的毕业论文.) 杨振宁当时已在许多场合中表现出了他对刚开始物理学家生涯的青年人的慷慨, 他告诉我关于推广规范不变性的思想, 而且我们较为详细地作了讨论. 我当时已有了有关量子电动力学的一些基础, 所以在讨论中能有所贡献 (特别是关于量子化的过程), 而且在计算它的表述形式方面也有小小的贡献, 但是一些关键性的思想都是属于杨振宁的. 像光子一样, 被预言的 3 个量子的自旋都为 1, 但是它们也有为 1 的同位旋, 这又像 $\pi$ 介子了. 这意味着它们将构成一个电荷三重态, 正如 $\pi$ 介子一样, 有正电态、负电态和中性态. 这些规范场量子的质量问题, 还有重整化的问题, 当时都是我们力所不能及的. 又过了 10 到 15 年, 其时物理学家们对量子场论的认识已有极大的飞跃, 这些问题才得到了解决.

在 1954 年, 还有萨拉姆在英国剑桥大学的学生肖 (R. Shaw) 受到施温格讲课笔记的影响也正在深思着规范不变性思想的可能推广. 在肖的未发表的博士论文《粒子类型问题以及对基本粒子理论的其他一些贡献》(1954) 中有一节 "一般同位旋变换下的不变性" 与我们 1954 年的论文的论点极为相似 (但他是独立提出的), 而且重复了非阿贝尔规范理论的一些基本方程. 看来毫无疑问的是, 规范理论发展的时机已经成熟了.

## 三、规范理论的基本原理: 局域对称性

正如前面所提到过的, 规范理论的核心思想是局域对称性原理, 即自然界中的每一连续对称性都是局域对称性. 现在我们来解释一下这句话是什么意思. 首先, 什么是 "自然界的对称性"? 如果一个物体的外形在某一变换下不变, 则我们称它是对称的. 我们可以说它的性质在该变换下是 "不变的". 举几个例子来看一下: 一个等边三角形在转动 120° 以后, 或关于它的任一根顶垂线反射以后仍保持不变. 而一个球面有更丰富的对称性: 它在以它的任意直径为轴的任意角度转动下保持不变, 或者关于它的任意一个中位面的反射下保持不变. 一个无限长的圆柱体, 它在平行于其轴的任意位移下不变, 这阐明了另一类称为 "平移" 的对称性. 于是, 这里

的要点是, 一种对称性必定涉及某种不变性质.

我们看到的世界并不特别地对称, 因为其中的物体, 在形状上或在位置上都是不规则的. 不过, 物理世界的行为法则都有一个很大程度的对称性, 这就是我所指的*自然界的对称性*. 在中国和在美国做实验有同样的结果这一事实表明了物理学定律在空间平移和转动下的不变性, 因此是一个对称性. 在不同时间能得到同样的实验结果这一事实揭示了这些定律的*时间平移对称性*等.

我们通常考虑的变换都是*整体的*. 例如说, 一个单个转动便是对整个宇宙进行的: 在这种变换下的不变性称为"整体对称性". 另一方面, *局域对称性*指的是讨论中的物体或物理定律在一个"局域变换"下不变. 事实上, 局域变换是一系列单独的变换, 在时空的每一点有一个不同的变换. 作为一个例子, 考虑一个长圆柱体, 它显然在以其轴线为轴的转动下不变. 现在想象把这一圆柱体切成大量的 (例如说 $N$ 个) 非常薄的圆环. 现在这个体系在每一个环有一个不同角度的转动这一变换下不变, 而这样得到的对称性 —— 局域对称性就是一个比原有对称性更丰富的对称性. 原有的整体对称性指的是在一组由同一个参数 (转动的角度) 所描述的变换下的不变性, 然而在局域对称性的情况中, 我们有的是在由 $N$ 个不同的转动角所描述的一组变换下的不变性.

我们现在不把这一思想应用到物体对象的情况中去, 而是应用到物理定律中去, 并且要求这些定律由于某种原因具有我们在切成薄片的圆柱体的例子中看到过的那种更为丰富的对称性. 人们为什么会想到物理定律可能具有这种扩大了的对称性呢? 这是因为我们在自然界中已经知道电磁理论和广义相对论这两个例子, 正如我们将看到的那样, 它们正好都表明了这种局域对称性. 如果没有这背景知识, 要想到物理定律会具有局域对称性, 看来是极其不可能的.

在广义相对论中, 有关的局域对称性是在任意曲线坐标变换 (好似在每一点作一个不同的时空转动) 下的不变性, 这是上述的切成薄片的圆柱体在四维情况时的一种类推, 差别只是我们现在谈及的不变性不是物体的不变性, 而是物理定律的不变性, 熟知的是, 坚持要求这种一般的不变性就必然会导致引力的一个完整理论.

在电磁情况中 (第四节中我将更详细地讲解), 我们正在谈论的那种对称性指的是复场或波函数关于下述变换的不变性:

$$\psi \rightarrow \psi e^{i\theta}. \tag{3.1}$$

而当把 $\theta$ 取为时空坐标 $(x, y, z, t)$ 的任意函数时, 这种对称性就成为一个局域对称性. 这一切看来似乎与电磁学毫无关系, 然而事实上正如我们将看到的那样, 只有当我们引入了一个附加场以后, 这种局域对称性才能实现, 而这个场具有电磁场的所有熟悉的性质.

事实上, 正是电磁场的情况激励了我们去进一步发展规范场的思想. 已经知道在自然界中有例子表明局域对称性的存在, 这一事实暗示了这种对称性可能会是一种普遍的原理, 而且也暗示我们应去考察自然界中的其他观察到的对称性, 看看是否在每一种情况下都有同样的事情发生. 在下一节中, 我将详细地说明规范原理是如何起作用的, 首先考虑电磁情况, 然后再来考虑它的非阿贝尔推广.

## 四、守恒量、对称性和规范场

我们现在需要弄清楚局域对称性的假定如何导致一个物理理论, 而且它如何决定该理论的特征. 我们在每一个情况中都会发现有一个如图 1 所示的特有的逻辑图形, 它把守恒量、自然界中的对称性以及规范场联系了起来. 正如我们已看到的那样, 首先有诺特定理, 它表明对于每一守恒定律存在着一个与之相关的对称性, 反之亦然. 其次是上面提到过的下列事实: 局域对称性的要求导致一个决定得很好的具有特别性质的规范场. 第三就是我们发现用这样的方式决定的规范场必然包括了该规范场与开始时用到的那个守恒量之间的相互作用. 因此我们就有了下列这个令人惊讶的事实: 对于每一个真实的守恒定律, 就有一个完整的规范理论 (给定的守恒量是该规范场的源). 唯一的限制是该守恒量应与一个连续对称性相关, 这就排除了例如说, 与反射对称性相联系的宇称守恒. 这样得到的理论只有一个自由参数, 即相互作用的强度. 我们将详细地讨论图 1 中的各个环节.

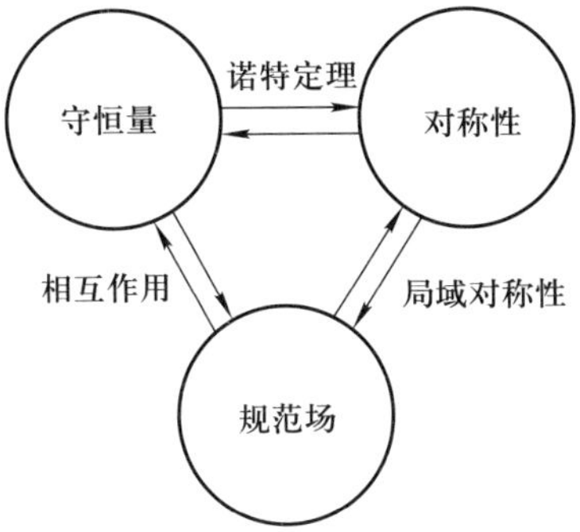


图 1

## 诺特定理

联系守恒定理与对称性的这个定理最初是在 1918 年作为变分法中的一个定理提出来的, 并直接应用到经典拉格朗日力学中去. 然而, 对于哈密顿力学而言, 不管是经典的还是量子力学的, 它都具有一个特别优美和一般的形式. 虽然我将在量子的范畴中将它表述出来, 但是对于那些懂行的读者来说, 容易看出, 只要在各处都用泊松括号来代替对易子, 那么下面的整个讨论就能回到经典的领域中去.

要注意的第一件事是, 量子理论的每一个埃尔米特线性算子起着一个双重的作用: 它当然表示该理论中的一个动力学变量, 不过它也起着一类变换的生成元的作用. 例如说, 假定 $\hat{A}$ 是与可观察 $A$ 以通常的关系相联系的线性算符, 即若该体系是处在由态向量 $\psi$ 所表示的状态中, 那么 $A$ 的期待值由下式给出:

$$\langle A\rangle = \psi^* \hat{A}\psi. \tag{4.1}$$

这表明了算符 $\hat{A}$ 与相应的物理可观察量 $A$ 之间的关系. (符号 “^”

表示算符, “*” 表示共轭. 注意到 (4.1) 式的左边表示一个物理量, 即一个物理变量的平均值, 而 (4.1) 式右边是一个数学表达式.) 另一方面, 这同一个算符可以生成对该体系的态向量作用的一个幺正变换:

$$\psi \to \psi' = e^{-i\lambda\hat{A}}\psi. \tag{4.2}$$

其中 $\lambda$ 是一个任意的实参数. 这样一种变换可用来表示对物理态本身的一个变换, 因此如果把 $\hat{A}$ 取为动量算符的 $z$ 分量 $P_z$, 那么 $\psi'$ 就表示与 $\psi$ 在 $z$ 方向差一个平移 $\lambda$ 的态. 每一个连续变换族都能用这种方法生成, 因而唯一地与该理论中的一个物理变量相联系.

这些算符熟知的特性之一是, 它们一般并不相互对易 (即算符的乘法是不可交换的), 而且它们是否能对易是有物理上的含义的. 这一含义随这两个算符各自具有的不同作用而取不同形式. 于是, 若 $\hat{A}$ 和 $\hat{B}$ 这两个算符可对易, 那么我们就能通过与这两个算符相关的变量和变换, 做出下列 4 种不同的陈述:

(1) 由 $\hat{A}$ 和 $\hat{B}$ 生成的变换相互对易. 绕不同轴的转动是不对易的, 而沿不同方向的平移却彼此对易. 这就是说, 你会得到一个取决于施行这两个转动的次序的合转动. 这直接与下列事实相关: 角动量算符的不同分量是不对易的, 而线性动量算符的不同分量却是对易的.

(2) 动力学变量 $A$ 在由 $\hat{B}$ 生成的变换下不变. 例如粒子坐标的 $x$ 分量在 $y$ 方向位移下是不变的 (算符 $x$ 与算符 $p_y$ 可易), 但是它在 $x$ 方向的位移下却是不变的 (算符 $x$ 与算符 $p_x$ 不可易). 用数学形式来表达则是, 若 $\hat{A}$ 表示变量 $A$, 而 $\hat{B}$ 生成下列变换

$$\psi' = e^{-i\lambda\hat{B}}\psi, \tag{4.3}$$

那么 $A$ 的期待值不会在上述变换下改变, 即

$$\psi'^{*}\hat{A}\psi' = \psi^{*}\hat{A}\psi. \tag{4.4}$$

(3) 动力学变量 $B$ 在由 $\hat{A}$ 生成的变换下不变 (像 (2) 一样).

(4) 动力学变量 $A$ 和 $B$ 可以以任意精确度同时加以测量, 即它们之间没有测不准关系 (另一种说法是, 它们有共同本征态, 即 $A$ 和 $B$ 在其中都有精确的可预言值的态的一个完全集).

仅当对应的算符可易, 这 4 种陈述中的任意一种才是正确的, 因此我们可以说它们是等价的, 即任一个陈述能推出所有其他的陈述. 特别地, (2) 与 (3) 的等价性表明动力学变量 $A$ 在由 $\hat{B}$ 生成的变换下不变, 当且仅当动力学变量 $B$ 在由 $\hat{A}$ 生成的变换下不变.

现在我们有兴趣的是例如说把 $\hat{B}$ 取成哈密顿算符 $\hat{H}$ (这是与体系的总能量相关的算符) 的那种情况. 由 $\hat{H}$ 生成的变换是时间平移, 这就是 $H$ 出现在下列薛定谔方程中的原因:

$$ihd\psi/dt = \hat{H}\psi. \tag{4.5}$$

(4.5) 式的积分形式为

$$\psi(t) = e^{-i\hat{H}t}\psi(0), \tag{4.6}$$

这对应于上述的一般形式 (4.2). 于是我们看出为什么是能量算符决定了体系的动力学.

说动力学变量 $A$ 在由 $\hat{H}$ 生成的变换下是不变的, 等于说 $A$ 是一个运动常数, 也即它在任意态中的期待值在任意时间平移下不变. 另一方面, $\hat{H}$ 在由 $A$ 生成的变换下不变这一说法, 等于说 $A$ 表示了动力学定律的一个对称性. 这是因为是 $\hat{H}$ 决定了这些动力学定律. 而且我们现在看到 (而这是我们对诺特定理的修正表达法), 因为这两个说法都等价于算符 $A$ 与算符 $\hat{H}$ 可易的这一说法, 所以它们是等价的:

动力学变量 $A$ 是守恒的, 当且仅当该动力学定律在由 $A$ 生成的变换下是不变的.

## 局域对称性和规范场: 电磁场的情况

现在我们来讨论图 1 所示的第二个联系, 其中我们把局域对称性的假定与规范场的存在联系了起来. 假定我们考虑某一特定

的守恒定律 (诸如电荷 $Q$ 守恒), 并且来确认由埃尔米特算符 $\hat{Q}$ 生成的与之相关的对称变换. 这一变换对一个与电荷 $ne$ 相关的复数场 $\psi(x)$ 的作用是以一个正比于 $n$ 的量去改变它的相, 即

$$\psi(x) \to \psi'(x) = e^{-ine\theta}\psi(x). \tag{4.7}$$

对于下面的讨论使用一个无穷小变换是方便的, 在这个变换下通过指数的泰勒展开, (4.7) 式简化为

$$\psi'(x) = (1 - ine\theta)\psi(x). \tag{4.8}$$

这里 $x$ 表示时间坐标, 而 $\theta$ 是该变换的任意无穷小参数. 你可以把 $\psi(x)$ 想象成本质上等价于薛定谔波函数或狄拉克波函数. 此时不变性出自于下列事实: 任何物理上的可观察量都涉及 $\psi^*$ 和 $\psi$ 的因子, 因此相因子就对消了. 如果牵涉好几个不同的场, 如同在产生或湮没过程中那样, 那么在此过程的电荷守恒就正好与这些相因子的对消联系在一起. 只要把 $\theta$ 取成是与 $x$ 无关的一个常数, 那么 $\psi$ 的导数的对消也同样起作用.

然而, 我现在想要引入前一节所讨论过的局域对称性的思想. 这就是说, 我想要在时空中的每一个不同的点作一个不同的变换, 这正好相应于允许 $\theta$ 为一个任意的函数 $\theta(x)$:

$$\psi'(x) = e^{-ine\theta(x)}\psi(x) \tag{4.9}$$

$$\to [1 - ine\theta(x)]\psi(x), \tag{4.10}$$

或者

$$\delta\psi(x) = \psi'(x) - \psi(x) \tag{4.11}$$

$$= -ine\theta(x)\psi(x). \tag{4.12}$$

在这种局域变换下, 像 $\psi^*\psi$ 这一类的表达式的不变性是容易看出的, 但是对于涉及包含 $\psi$ 的导数的一些表达式来说, 不变性就失去了, 这是因为此时也会出现 $\theta$ 的导数. 于是令 $\partial_\mu$ 表示关于 $x^\mu$ 的

偏导数, 其中 $x^0 = ct, x^1 = x, x^2 = y, x^3 = z$, 则可得到 $\partial_\mu\psi(x)$ 的变换为

$$\delta[\partial_\mu\psi(x)] = -ine\theta(x)\partial_\mu\psi(x) \\ -ine[\partial_\mu\theta(x)]\psi(x), \tag{4.13}$$

其中的第一项具有 (4.12) 式所示的标准形式, 而第二项涉及 $\theta(x)$ 的导数, 这是难以应付的. 为了取得局域对称性, 我们必须用某种方式除去 (4.13) 式中的第二项. 为此, 我们必须用 “协变” 导数 $D_\mu\psi$ 来代替通常的导数 $\partial_\mu\psi$, 并要求它的变换法则为下列标准形式:

$$\delta[D_\mu\psi(x)] = -ine\theta(x)D_\mu\psi(x). \tag{4.14}$$

例如说, 这将使 $\psi^* D_\mu\psi$ 这样的表达式在局域变换下不变. 我们如何来完成这一点呢? 我们可以简单地引入电磁势 (如果你对存在电磁场时的薛定谔方程的标准形式熟悉的话, 你可能会预料到), 也即我们把通常的导数 $\partial_\mu$ 与一个磁场 $A_\mu$ 结合起来

$$D_\mu = \partial_\mu + ineA_\mu, \tag{4.15}$$

而 $A_\mu$ 的变换法则应选得使 (4.16) 式得以满足. 如果把 (4.15) 式代入 (4.14) 式, 并且对 $\partial_\mu\psi(x)$ 的变分应用 (4.13) 式, 那么在拿掉对消后的项后, 留下的项给出

$$-ine(\partial_\mu\theta)\psi + ine\delta A_\mu\psi = 0, \tag{4.16}$$

如果 $A$ 满足下列变换法则

$$\partial A_\mu(x) = \partial_\mu\theta(x), \tag{4.17}$$

则 (4.16) 式便能满足. (4.17) 式即是熟知的电磁势的规范变换.

这些表达式可以用更为熟悉的符号来写. 令 $A_0 = \phi$, 即标势, 而 $-A_i(i = 1, 2, 3)$ 是向量势 $A$ 的 3 个分量, 则 (4.17) 式就等价为

$$\delta\varphi = \dot{\theta}/c(\dot{\theta} = \partial\theta/\partial t), \tag{4.18}$$

$$\delta A = -\nabla\theta. \tag{4.19}$$

至此我们已证明了什么结果? 我们从守恒定律 (电荷守恒定律) 以及与它相关的对称性出发, 随后 (好像我们从未听到电磁场那样) 为了使该对称性是*局域的*, 这就迫使我们引入一个规范场, 而且证明了它只不过是我们所熟悉的电磁场. 在我们转入到论述更一般的规范场以前, 让我们再来讨论一下电磁场这个例子, 以便看一下规范不变性这一条件是如何确定电磁理论的形式的.

建立一个物理理论的标准过程是, 从一个经典的拉格朗日表达形式出发, 然后进行一个明确规定的 "量子化" 步骤, 以构造一个适当的量子力学理论. 经典运动方程是从拉格朗日函数通过变分原理 ("哈密顿原理" ) 得到的. 这在第二节中已讨论过, 而且在一些标准的教材中也都有解释. 于是量子化过程 (这规定了如何构造正则动量算符、哈密顿算符和运动的量子力学方程) 就保证了所得理论能满足重要的 "对应原理". 这是由该理论应该完全与在宏观范围内已知有效的经典理论相符所要求的. 我们只需要讨论拉格朗日函数, 因为一旦知道了它, 该理论的形式也就确定了.

在场论的情况中, 重要的量是拉格朗日密度 $L$ (拉格朗日函数本身是 $L$ 对空间的积分), 它是各个场及其偏导数的函数. 而且 $L$ 必须是相对论性的不变量, 这才能使得到的理论是洛伦兹不变的. 事实上, 拉格朗日密度必须显示出对它所产生的理论所要求有的所有对称性.

因此我们看到, 如果我们想对我们的新规范场建立一个动力学理论; 那么我们需要构造一个适当的拉格朗日密度 $L$, 它既要是洛伦兹不变的, 又要是规范不变的. 如果我们对场方程的物理合理性加一些正当的标准要求, 我们会发现除了几个浅显的因子以外, $L$ 是唯一确定的. 如果我们的规范场恰好与一个带电粒子场 $\psi$ 相互作用, 那么我们就希望得到两个场方程, 一个是 $\psi$ 的, 而另一个是 $A_\mu$ 的. 现在假定已经知道了在没有规范场下的 $\psi$ 的拉格朗日密度, 其中当然包含了 $\psi$ 的导数, 而为了求得规范不变性我们发现必须用规范协变导数 $D_\mu$ ((4.15) 式) 来代替通常的偏导数. 于是, 现在的 $L$ 就自动包含了一项与 $A_\psi$ 和 $\psi$ 有关的相互作用, 它恰恰表明了带电粒子是如何在给定的规范场 $A_\mu$ 中运动的. 例如说, 如果 $\psi$ 是一个狄拉克场 (它描述相对论性自旋为 1/2 的费米子), 那么 $L$ 中的这一适当的项取下列形式

$$L_D = \bar{\psi}(i\gamma^\mu D_\mu - m)\psi, \tag{4.20}$$

式中 $\bar{\psi}$ 是与 $\psi$ 的共轭 $\psi^*$ 相关的. (已把光速 $c$ 取为 1, 而且根据一个标准的 "求和规约", (4.20) 式中的重复指标 $\mu$ 意味着求和.) 在经典极限中, 容易证明 (4.20) 式中的相互作用项

$$L_{\text{int}} = -ne\bar{\psi}\gamma^\mu A_\mu \psi, \tag{4.21}$$

正好对应于带电粒子所受到的熟悉的静电和磁力 —— 洛伦兹力.

为了得到规范场本身的动力学方程, 我们需要在 $L$ 中添加一项, 它既是洛伦兹不变的, 又是规范不变的, 而且要包含 $A_\mu$ 的导数, 以使得由此得到的 $A_\mu$ 的方程将具有场方程的特性. 我们首先要求出包含 $A_\mu$ 的规范不变的表达式, 我们发现只能构成下列组合:

$$f_{\mu\nu} = \partial_\nu A_\mu - \partial_\mu A_\nu. \tag{4.22}$$

因为 $A_\mu$ 在规范变换下的变化就是 $\theta(x)$ 的时空梯度 ((4.17) 式), 现在出现在 (4.22) 式中的 $\theta(x)$ 的交叉导数就对消了, 这使得 $f_{\mu\nu}$ 不变. 这个规范不变组合 $f_{\mu\nu}$ 是熟知的电磁场 $E$ 和 $H$ 的张量表示, $f_{i0}(i=1,2,3)$ 是 $E$ 的分量, 而 $f_{ij}$ 是 $H$ 的分量. 接下来我们需要从 $f_{\mu\nu}$ 构造一个相对论性的不变量 (洛伦兹标量) 来作为该场的拉格朗日密度. 能产生物理上合理的场方程的唯一做法是取下列标量积

$$L_{\text{em}} = -\frac{1}{4} f_{\mu\nu} f^{\mu\nu}, \tag{4.23}$$

式中的 $\mu$ 和 $\nu$ 按上述的求和规约求和, 而升高的指标 ("逆变" 指标) 表示在 $\mu$ 或 $\nu$ 取值 1, 2 或 3 时要附加一个因子 $-1$. 因子 1/4 仅用于取定电磁场向量的标度. 当对这一拉格朗日密度按产生经典场方程的标准做法去做时, 只能得出麦克斯韦方程组. 前面为了

$L$ 的狄拉克场部分的协变性而引入的包含 $D_\mu\psi$ 的相互作用项为麦克斯韦方程组生成了一个场源项, 可证明它正是电荷流密度

$$j^\mu = ne\bar{\psi}\gamma^\mu\psi. \tag{4.24}$$

这些麦克斯韦方程组, 若采用我们一直使用的协变符号, 则有下列形式:

$$\partial_\nu f^{\mu\nu} = j^\mu. \tag{4.25}$$

你可能会问, 在 (4.25) 式中是否应该有某种如 $D_\mu$ 那样的规范不变的导数. 回答是, 因为 (4.15) 式所示的 $D_\mu$ 中的附加项是正比于有关粒子的电荷的, 而光子的电荷为零, 所以在这一情况中是没有区别的.

现在我们已完成了对图 1 的讨论. 局域对称性的要求不仅产生了一个结构唯一确定的规范场, 而且几乎唯一构成了相互作用的形式, 即作用在带电粒子上力的明确形式, 以及电荷流密度作为规范场本身的源的明确形式.

**局域对称性和规范场: 一般情况**

现在我们准备来看一下更一般的情况了. 我们从一个任意的守恒定律开始, 并采用与我们上面所做的同样的逻辑推理来发展规范场理论, 它与该守恒量的关系正如电磁场与电荷的关系一样.

守恒量的最明显的候选者看来可能是能量和动量, 但是事实上它们却是十分复杂的. 虽然此时与之相关的局域对称性显然是在局域坐标变换下的不变性, 而与之相联系的规范场, 正如在第三节中所提出的那样, 就是引力场, 但是却有一系列会产生混淆的情况, 它们使得这类问题不适于在此阐述. 我将在第六节中更详细地进行讨论.

当涉及的对称性是*内部对称性*, 即与任何坐标变换无关的对称性时, 就得到了非阿贝尔规范场这一更为典型的情况, 与电荷守恒相联系的相不变是内部对称性的一个例子, 但可能还会有这一类型的其他例子, 它们与其他守恒粒子数相关联, 诸如重子数或轻

子数. 这些例子在形式上精确地与电磁情况等价, 因此按上述逻辑推理的结果将会是一个在结构上与电磁场全同的规范场, 但却与适当的守恒粒子数相耦合. 但实际情况并非如此.

其他种类的内部对称性是与一族全同粒子相关联的, 其中有同位旋多重态 (如果我们能把它们看成是全同的), 或色夸克多重态. 在这些情况中, 守恒的量是与标记这些多项态成员的一些量子数, 以及与从多重态的一个成员到另一个成员的跃迁相关的某些算符相联系的. 于是有一族算子存在, 它们在一方面对应于例如同位旋或颜色这些守恒的动力学量, 另一方面它们对应于一个变换群 —— 这些多重态的 “对称性群”. 正像我们在下面将看到的那样, 这些算符一般并不对易这一事实正是使这一情况与电磁情况有非常大的区别的原因. 在每一种情况中, 正是对称性的数学结构决定了规范场的结构以及相互作用的形式. 这些对称性群按照其结构有各自的名称, 因此我们说 $U(1)$ 是电磁理论的简单相对称性群, 或者 $SU(2)$ 是同位旋对称性群. ($SU(2)$ 也是量子理论中空间转动的对称性群, 这就是同位旋的语言与角动量语言如此相似的原因, 虽然它们在物理上彼此毫无关系.)

我想用定性的方式来描述一下当我们对这些非交换的 (“非阿贝尔的”) 对称性群之一应用规范原理时, 会产生些什么. 同位旋的情况是一个历史上的例子, 而且这是能考虑到的最简单的情况, 虽然也应当强调一下对任意非阿贝尔对称性群都有同样的数学形式, 而且只要作不大的修改. 我将一步步地遵循电磁场的例子, 并试图讲清两者的区别.

首先, 守恒的电荷算符 $\hat{Q}$ 要用一族算符 $\hat{T}_\alpha$ 来代替, 它们是同位旋的 3 个分量. “$z$ 分量” $\hat{T}_3$ (它与真实空间中的 $z$ 方向无关) 用其本征值标记了同位旋多重态的各成员, 而与 $\hat{T}_3$ 不对易的 $x$ 分量 $\hat{T}_1$ 和 $y$ 分量 $\hat{T}_2$ 生成了混合不同 $T_3$ 值的变换. (在颜色的情况中, 使用的对称性群称为 $SU(3)$, 它有 8 个算符 $\hat{T}_\alpha$, 其中两个能彼此对易, 因而它们的本征值可以用来标记一个色多重态 (一个二维的陈列) 的各成员.)

所有这些对称性群的共同特征是, 算符组合 $\hat{T}_\alpha$ 在对易关系下是封闭的, 也即对易子恰好总是这些算符 $\hat{T}_\alpha$ 本身的一个线性组合. 因此我们有

$$[\hat{T}_\alpha, \hat{T}_\beta] = ic_{\alpha\beta\gamma}\hat{T}_\gamma, \tag{4.26}$$

其中常数 $c_{\alpha\beta\gamma}$ 称为 “结构常数”, 这是完全表征该对称性群的局部构造的一组常数. 在 (4.26) 式中同样是对 $\gamma$ 求和的. 在同位旋情况中, $c_{\alpha\beta\gamma}$ 取值 $0, \pm1$, 而且正好使得 (4.26) 式给出通常角动量型的对易关系式:

$$[\hat{T}_1, \hat{T}_2] = i\hat{T}_3, \text{等}. \tag{4.27}$$

复数场 $\psi$ 现在有好几个分量, 其个数取决于我们想描述的多重态的多少, 在同位旋的情况中, 我们可举 “核子” 双重态这个例子, 它包含质子和中子, 且有

$$\psi = \begin{bmatrix} \psi_p \\ \psi_n \end{bmatrix}. \tag{4.28}$$

这是一个单核子的波函数, 它可以处于 “质子态”, 并有振幅 $\psi_p$, 或处于 “中子态”, 有振幅 $\psi_n$. (颜色 $SU(3)$ 的基本多重态是由 3 分量波函数 $\psi$ 描述的一个夸克的色三重态.)

推广 (4.8) 式, 对核子波函数 $\psi$ 的一般变换为

$$\psi' = (1 - ig\theta_\alpha T_\alpha)\psi, \tag{4.29}$$

$$= (1 - ig\theta \cdot T)\psi, \tag{4.30}$$

与 $\psi$ 相比, (4.29) 式中的 $\psi'$ 表示了质子态和中子态的一个不同的混合. $\psi$ 的改变由

$$\delta_\psi = -ig\theta \cdot T\psi \tag{4.31}$$

给出. 现在有 3 个任意的无穷小参数 $\theta_\alpha$ 来描写该变换, 符号 $T_\alpha$ 表示在该变换中决定分量 $\psi_p$ 和 $\psi_n$ 混合的 3 个 $2\times2$ 矩阵, 这些 (正比于泡利自旋矩阵的) 矩阵与算符 $T_\alpha$ 具有同样的对易关系式 (4.26), 而且提供了该对称性的一个 “表示”. $\theta$ 和 $T$ 分别是分量为矩阵 $\theta_\alpha$ 和 $T_\alpha$ 的 3 分量向量.

现在, 完全平行于电磁情况, 我们试图加上局域对称性这一条件, 这意味着我们允许 $\theta$ 是 $x$ 的一个任意向量值函数, 且使得

$$\delta_{\psi}(x) = -ig\theta(x) \cdot T_{\psi}(x) \tag{4.32}$$

与 (4.12) 式极为类似. 我们再一次发现, 尽管不包含导数的那些项不会造成问题, 但是正如 (4.13) 式所示, $\psi$ 的导数有一个与 $\theta$ 的导数有关的附加项. 为了消除这些项, 再次需用协变导数 $D_\mu$ 来代替通常导数 $\partial_\mu$, 而 $D_\mu$ 是用其变换法则有一正比于 $\partial_\mu\theta(x)$ 的项的一个新的场来定义的. $D_\mu\psi$ 的正确形式由下式给出:

$$D_\mu\psi = (\partial_\mu + igB_\mu \cdot T)\psi. \tag{4.33}$$

式中的新场 $B_\mu(x)$ 是关于洛伦兹变换的一个向量, 也是关于同位旋转动的一个向量. 所以它一共有 12 个分量. 当对 $D_\mu\psi$ 加上协变条件, 即

$$\delta(D_\mu\psi) = -g\theta \cdot T(D_\mu\psi) \tag{4.34}$$

(像 $\psi$ 本身满足的 (4.32) 式) 后, 则会发现 $B_\mu$ 的变换法则是完全确定的. 因为矩阵 $T_\alpha$ 并不对易, 我们发现这一变换法则要比电磁势 $A_\mu$ 的变换法则复杂得多:

$$\delta B_\mu = \partial_\mu\theta - g\theta \times B_\mu. \tag{4.35}$$

(4.35) 式右边的第二项 (在电磁情况中这一项是没有的, 参见 (4.17) 式) 是极为重要的, 而且它以这种或那种方式与非阿贝尔规范场的所有有趣而又奇特的特性联系在一起. 它反映了新场的同位向量特性 (这是一个向量在转动下发生的变化的标准表达式), 而且它也反映了该场的量子必须载荷同位旋这一事实. 这与不载荷电荷的光子的情况不同. 新的量子彼此以非线性的方式相互作用, 正如, 如果光子带电的话, 它们彼此也会非线性地相互作用那样.

更仔细地考虑一下这种类似性可能会有帮助. 如果光子是带电的, 那么它们彼此会通过电磁场相互作用, 用量子场论的语言来说, 即通过交换虚光子来相互作用. 尽管没有其他带电粒子存在,

光子不会是自由的. 想象这种情况的另一种途径是借助于经典电磁场方程: 哪里电磁场的强度不为零, 哪里就会有非零的电荷密度和电流密度, 而且场本身的动力学行为将以一种复杂的非线性方式受到这些电荷密度和电流密度的影响. 电磁场的许多通常的性质, 尤其是波动解的线性叠加便将丧失殆尽.

当然光子并不荷电, 但是 $B$ 量子却荷电了, 这指的是它们载荷同位旋, 而且类似于电荷的情况, 同位旋是 $B$ 场本身的源. 虽然最后一段中的叙述也许不适用于电磁场的情况, 但是它几乎能确切地适用于 $B$ 场. 除了这种自相互作用之外, $B$ 场的每一个同位旋分量的场方程都与电磁场的场方程完全相同.

现在让我们仍遵循电磁情况的逻辑思路来完成对 $B$ 场的描述. 先请回忆一下分量 $B_\mu(x)$ 是类似于电磁势 $A_\mu(x)$ 的, 因此需要构造电场和磁场的类比. 这些类比具有协变形式 $f_{\mu\nu}$, 它现在同 $B_\mu$ 本身一样, 具有同位旋向量的特性, 且由下式 (与 (4.22) 式比较) 给出:

$$f_{\mu\nu} = \partial_\nu B_\mu - \partial_\mu B_\nu - gB_\mu \times B_\nu. \tag{4.36}$$

由 $f_{i0}$ 给出其空间分量 $E_i$ 的 “电场” 也具有同位旋向量的特性, 因此它一共有 9 个分量, 而不是熟悉的 3 个分量. 由元素 $f_{ik}$ 给出的 “磁场” 的空间分量 $H_i$ 有同样的特性.

如同电磁场那样, 最后的几步是要构造拉格朗日密度以及 $B$ 场的场方程. 因为前者必须是洛伦兹不变和规范不变的, 所以拉格朗日密度只能是

$$L_B = -1/4 f_{\mu\nu} \cdot f^{\mu\nu} \tag{4.37}$$

(与 (4.23) 式比较), 而由此导出的场方程像 (4.25) 式一样只有下列形式

$$D_\nu f^{\mu\nu} = j^\mu, \tag{4.38}$$

这里的 $j^\mu$ 是与存在的其他粒子 (在我们的这个例子中, 是中子－质子场) 有关的同位旋流密度:

$$j^\mu = g\bar{\psi}\gamma^\mu T\psi. \tag{4.39}$$

因为 $f$ 本身是一个同位旋向量, 所以场 $f$ 的协变导数 $D_\mu$ 不再等价于通常的导数 $\partial_\mu$. 其运算法则是

$$D_\nu f^{\mu\nu} = \partial_\nu f^{\mu\nu} + gB_\nu \times f^{\mu\nu}, \tag{4.40}$$

这与 (4.35) 式和 (4.36) 式十分类似.

现在 (4.38) 式的形式并不能告诉我们 $j^\mu$ 是守恒的, 鉴于我们的讨论, 因为 $B$ 场也携带同位旋, 我们不应该期望它是守恒的, 然而, 在 (4.40) 式的左边应用 (4.38) 式则可将 (4.40) 式化为

$$\partial_\nu f^{\mu\nu} = j^\mu - gB_\nu \times f^{\mu\nu}, \tag{4.41}$$

现在因为 (4.41) 式的左边的四维散度是自动为零的, 所以我们看到 (4.41) 式的右边表示了一个由 $B$ 场本身贡献的完整守恒同位旋流.

指出下面这一点是重要的: 我们已经发展起来的这个结构在数学家看来是有深刻的几何特征的, 这个几何特征出现在纤维丛这一数学理论中, 它呈现的空间是某种乘积空间 (更精确地说, 应是 “相伴纤维丛”), 在其中在时空的每一点 $x$ 上都粘着一个 (元素为 $\psi(x)$ 的) 局部向量空间. “纤维丛” 这一名称表明了它与一族细线或纤维集在一起而形成的一个很密集的总体相类似. 每一条细线都对应于在点 $x$ 处的一个局域向量空间, 而把它们集合在一起所形成的乘积空间就是该相伴纤维丛. (还有一个 “主丛”, 它由粘贴在每一点 $x$ 上的参数空间集合而成. 这些参数空间与上面提到过的局域变换相关联.) 从一点 $x$ 到邻近点的移动, 要求我们在这两个相邻的局部向量空间之间定义一个 “联络”, 这就给出了我们在 (4.15) 式和 (4.33) 式中引入过的协变导数, 它与广义相对论中的协变导数极为相似. 协变导数不能对易这一事实表明了在这一扩张了的空间中有某种 “曲率”, 而正是量 $f_{\mu\nu}$ 给出了对这一曲率的精确表示, 这又是与广义相对论中的曲率张量极为相似的. 看来非常清楚的是, 这一几何结构奇妙而又出乎意料地维护了爱因斯坦的把自然界中的所有力用统一的几何图像来描述的观点.

借助于同位旋作为守恒量 (它是规范场 $B$ 的源) 的这个例子, 我们完成了对非阿贝尔规范场推理过程的概述. 在该理论创建时,

同位旋是起到这一作用的仅有的合理候选者, 而当时就希望由这样得到的规范场或许可以作为强相互作用的携带者. 当时的普遍看法是, 尽管这一思想是优美的, 但因为它困难重重, 所以难以接受. 数十年过去了, 一系列复杂的发展出现了, 人们才搞清楚如何来克服这些困难, 而非阿贝尔规范场也因之被认为是对自然界的基本相互作用的一种可接受的描述了.

## 五、解决困难 —— 弱电相互作用的规范理论

正如在第二节中简要地提到过的那样, 该理论初建时, 人们就看到了规范量子的质量及重整化是两个主要的问题, 随着弱电相互作用以及强相互作用的近代规范理论的发展, 作为其漫长又坎坷的过程的一部分, 这些问题解决了. 虽然就本文的范围来说, 并不能正规地阐明这些发展, 但是我们还想简要地描述一下人们最终是如何解决这些困难的.

与质量有关的问题基本是这样的, 要去描述的力是短程力, 这就需要有非零质量的相互作用量子 (下详), 但是在规范理论中引入这样的一个质量就会破坏规范不变性, 同样在实际上不可能使理论重整化.

重整化问题与处理某些无穷大的表达式有关, 这些表达式在讨论任意种类的相对性量子场论时似乎不可避免地都会产生. 对于某种理论, 例如量子电动力学, 有一个逻辑上的过程 (下详) 来处理这些无穷大的量, 使我们对实际的物理效应能做出符合实际的结果为有限的计算. 虽然这种过程在数学上是不严格的, 但是它们却很起作用, 并且在 QED (量子电动力学) 的情况中, 其精确程度是令人惊奇的. 这些过程能奏效的那些理论称为 "可重整化的" 理论, 而不能重整化的理论在实际中是毫无用处的, 且显然是非物理的.

### 规范量子的质量

我们对于规范场的经验导致我们假定, 为了使该理论满足规

范不变性的要求, 规范量子的质量必定为零. 相互作用的范围反比于传递量子的质量, 而零质量就意味着像电磁力和引力那样的长程相互作用. 然而, 强相互作用和弱相互作用都只有极其短的力程, 而且在核的尺度的数量级外指数地下降. (例如, 这就说明了尽管核力要强得多, 但是为何相邻原子的核间只有电磁力相互作用.) 看来我们是陷入一个矛盾之中了, 而要解决的问题是: 是否有可能在不破坏规范不变性的前提下, 以某种方式使规范量子获得质量?

我们现在相信的是, 对我们目前所认识的基本粒子及其相互作用有着一幅可靠的图像 —— 有 3 种各自的规范理论: 电磁和弱相互作用的格拉肖 - 温伯格 - 萨拉姆理论, 强相互作用的色规范理论, 以及引力相互作用的广义相对论. 前两者以及与它们相联系的基本粒子谱, 组成了现在的 "标准模型". 在这 3 种规范理论中, 量子的质量问题有着不同的形式. 在引力理论中, 质量简单地就是零, 而力是长程的. 在 QCD (量子色动力学, 即传递强相互作用的色规范场理论) 中, 质量为零, 但是色荷 (下详) 的幽禁阻止它表示为一个长程力. 最后在统一电磁作用和弱作用的弱电理论中, 除了光子外的所有规范量子通过一个称为 "对称性自发破缺" 的机制获得质量. 事实上, 这一机制既不破坏理论的规范不变性, 也不影响其可重整化性.

对称性自发破坏这一原理指的是, 一个体系的实际对称性可能要比基本的物理定律的对称性低. 这一点是明显的: 虽然物理定律既是平移不变也是转动不变的, 但是在我们的世界中却充塞着作为这些定律表现形式的一些既不是平移不变的, 也不是转动不变的物体. 新的发现是, 甚至真空 (这是一块宇宙画在上面的空白油画布) 本身都不能表现出物理定律的完全对称性. 如果真空是唯一的, 也即如果能量的最低态只有一个, 那么当然必定具有这些定律的完全对称性, 但是, 如果不是唯一的, 即如果真空是一个简并的状态, 那么就不再是这么一回事了, 而且对每一个不对称的真空态, 会有其他一些具有同一最小能量的真空态, 它们通过一些物理定律在其下是不变的各种对称性变换联系在一起. 铁磁体是一个有名的例子: 当它冷却到绝对零度, 且处于最低能量态时, 虽然任何取向都是允许的, 但是它必定达到某一确定取向的磁化状态, 铁磁体的这一基态类似于我们宇宙中的真空态.

基础理论的对称性, 就是自发破缺的, 这指的是, 我们看到的存在于这么一个不对称真空态框架中的宇宙, 甚至在物理定律看上去起作用的那种方式中也会显示出这一破缺的对称性. 现在我们想来考虑的破缺对称性是电磁相互作用和弱相互作用 (把它们一起看成是一个 4 分量规范场) 的规范对称性. 没有迹象表明这种理论的真空态是简并的, 因此该理论的创建者便通过应归功于希格斯的一种方法强迫真空简并. 这包括人为地引入一个附加的项 —— “希格斯场”, 它的性质要选得能使真空态简并. 在第四节举的例子中对称性是同位旋对称性 $SU(2)$, 此时可将希格斯场取成一个同位旋向量场, 它的 4 次形式的场能选得使其能量最小的场组态在同位旋向量空间中是有固定 (尽管是任意的) 取向的. 像铁磁体的磁化一样, 这一定向的希格斯场给出了观察到的宇宙的一个优先的定向 (当然现在是在同位旋空间中), 并为观察到的对称性破缺提供了一个漂亮的模型.

然而, 在标准模型中, 人们把同位旋对称性看成是偶然的, 而且并不与一个规范场相联系 (虽然把标准模型扩大到统一强和弱电相互作用 (“大统一理论”, 或简称 “GUT”) 的更大的对称性群的努力总是要把 “味” (同位旋对称性是其中的一个方面) 的对称性合并进去的). 在弱电相互作用的规范理论中, 对称性群取作 $SU(2)\times U(1)$, 其中 $U(1)$ 是第四节中我们讨论过的与电磁场 ((4.7) 式) 有关的相对称性群, 而 $SU(2)$ 是与描写同位旋对称性相同的那个对称性群, 然而现在是用来描写称为 “弱同位旋” 的稍有不同的那种对称性. 弱同位旋对称性不像通常的同位旋对称性是联系弱相互作用粒子的, 因此电子及其中微子组成了一个双重态 (我们这里不讨论与左手和右手自旋反对称相关的额外的复杂情况), $\mu$ 子及其中微子组成了一个双重态, 还有 $\tau$ 子及其中微子组成了一个双重态. 强子 (强相互作用粒子) 的同位旋多重态得到了修改, 例如说, 质子并不单独与中子配成一对, 而是与中子、$\Lambda^0$ 及 $\Sigma^0$ 的量子混合 (“线性叠加”) 配成一对.

这一理论预言存在 4 个规范量子: 一个与 $U(1)$ 对称性相关的像光子那样的中性粒子, 有时称为 $X^0$, 一个与 $SU(2)$ 对称性有关的弱同位旋三重态, 它的成员称为 $W^0$、$W^{\pm}$. 现在从希格斯对称性破缺机制能推出下列一些结果: $W^{\pm}$ 粒子获得了质量, 而 $X^0$ 和 $W^0$ 是混合的, 因此我们在自然界中看到的中性粒子是这两个粒子的两个不同的线性组合. 其中一个命名为 $\mathfrak{Z}^0$, 它有质量, 而另一个则是熟悉的光子, 它无质量. $W^{\pm}$ 和 $\mathfrak{Z}^0$ 的质量由均匀的希格斯场背景的强度所确定, 而且并不影响理论的基本规范不变性, 与所有这些粒子相关的相互作用强度本质上是一样的, 而由 $W^{\pm}$ 和 $\mathfrak{Z}^0$ 传递的弱相互作用的 “软弱” 性被认为是由它们的质量所造成的. 为了与我们看到的情况相符, 我们要把它们的质量取得足够地大 (质子质量的 90 到 100 倍).

## 重整化

当时重整化是另一个问题. 这反映了量子场论中深刻的问题之一, 令人回想起该理论本身缺乏严格的数学基础. 事实上, 如果从严格的数学观点来看的话, 量子场论确有一些严重的缺陷, 现在让我们适当地回顾一下这一问题的历史, 来看清它是如何与新的非阿贝尔规范理论发生关系的.

这里的大问题是称为 “发散” 或 “无穷大” 的问题. 自从电磁理论的早期开始直到量子电动力学时期, 对某些在物理上应是合理的结果进行计算却给出了无穷大的答案. 其中最早出现的是经典电子 (或任何带电点粒子的) 的无穷大静电自能, 电场的能量密度正比于 $|E^2|$, 一个电荷为 $e$ 的源在 $r$ 处的场正比于 $e/r^2$, 因此通过积分应该能求出该粒子的电场的总能量.

如果粒子的半径, 例如说为 $a$, 上述结果应是一个正比于 $e^2\displaystyle\int r^{-2}dr$ 的积分, 其中 $r$ 自 $a$ 积到 $\infty$, 其答案为 $e^2/a$. 如果电子是一个点粒子, 则有 $a=0$, 而能量就是无穷大了. 这在物理上是否合理? 人们可能会争论说, 这是一个不能观察的能量, 所以它的值在物理上是无意义的. 然而, 鉴于相对论困难就出现了. 这是因为相对论告诉我们能量等价于质量, 所以这个点粒子应具有无穷大的惯性, 这当然应是一种可观察的效应. 另一方面, 有限的半径 $a$ 也与相对论不变性要求有一系列矛盾. 这样我们就进退两难了, 虽然现在这种困惑有了一个更为抽象的形式, 但是 80 多年后的今天我们仍然没有摆脱这一困境.

随着量子电动力学的出现, 这一困难已以在各种物理结果的计算中有发散的积分的面貌出现. 1947 年兰姆和雷瑟福对氢原子的谱线由于在电磁场中的量子效应而引起的极小移动作了测量. 在历史上, 这一 "兰姆位移" 是发散困难的一个有名的例子. 他们的实验揭示了, 而理论也在原则上预言了要比以前确定的最小贡献还要小一个因子 $\alpha$ ("精细结构常数", 近似地等于 1/137). 使用量子力学中的所谓 "微扰理论" 的标准原理, 我们直接就能算出这一实际贡献, 它给出了这一特有的因子 $\alpha$, 不过却要乘上一个涉及一些发散积分的表达式 (即该式的值等于无穷大). 这一非物理的结果表明, 在量子电动力学的基本概念中有着某些严重的缺陷, 这当时在物理学家中间引起了巨大的忧虑.

当人们认清了涉及的一些基本参数 (电子的质量和电荷) 必须重整化以后, 这个问题马马虎虎地得到了解决. $m$ 和 $e$ 这两个参数从一开始便出现在理论中了, 并且表示的是无相互作用的电子的质量和电荷, 通常称为 "裸质量" 和 "裸电荷". 当时所认清的是, 电磁相互作用除了移动原子的能级之外, 也将改变观察到的质量和电荷. 为了对观察的值做出预言, 应该做另一种计算, 而得到的表达式等于 "裸" 值加上 $\alpha$、$\alpha^2$ 等阶的校正. 它们称为 "重整化的" 质量和电荷. 前面我用了预言两字, 但并不正确, 这是因为事实上我们并不知道这些裸值为多大. 我们知道的是观察到的值, 或重整化的值. 因此我们必须做的是, 利用这些表达式从观察到的值推导出裸参数. 这个过程称为 "重整化", 而且就算在理论中没有发散困难的话, 这个过程也是有必要的, 而且事实上是十分直截了当的. 对于像兰姆位移这样的一些实验量的预言就必须用重整化的质量和电荷来重新表述, 这是因为它们是观察到的值.

不过, 发生的却是, 在计算重整化质量和电荷时, 似乎那些在原来兰姆位移计算中出现的发散积分又出现了. 这意味着什么? 首先, 这并不意味着重整化值是无穷大 (因为它们是观测到的值), 而是说明裸值与观察到的值差一个无穷大的因子. 于是, 重整化的过程要求我们巧妙地去处置这些无限大的量. 显然这种过程在数学上是不允许的, 但是要找到某种解答看来又是有必要的.

我们实际上做的是, 去寻找某一人为的方法来使积分收敛, 从而使得我们要处置的表达式是有限的. 有许多方法能达到这一点, 它们很像在上述的电子自能计算中给电子一个有限的半径 $a$ (而事实上, 该自能就是质量). 对于有限的 $a$, 这些发散的表达式现在是有限的了, 而且仅当 $a$ 被取为零时, 它们才为无限大. 现在可以进行重整化过程了, 而且用观察到的值表示的裸电荷和质量现在可以代入到兰姆位移 (或其他实验上可观察到的量) 中去. 令人惊奇的结果是, 令人麻烦的积分都抵销了且完全消失了, 而且当截止参数 (在我们的例子中是 $a$) 被置为零时, 所得的结果仍是有限的. 现在可以把理论与实验加以比较了 (记住, 预言的效应是极其微小的), 而其相符的程度是惊人的. 最初的相符达到百分之几, 以后又逐步得到了改进.

尽管这些过程在数学上是不可靠的, 但是显然在某种意义上来说, 我们有了一个正确的理论. 在量子电动力学的情况中, 所得的结果在很大的程度上与我们所使用的截止方案无关. 用有限的表达式来代替发散的积分有一系列不同的方式, 而当发散部分被消去后, 最终的结果似乎总是同样的. 这一过程能奏效的理论称为"可重整化的". 因为有许多会出毛病的方面, 因此容易找到除了不能重整化之外其他都很合理的理论. 所以量子电动力学能够重整化就是一个很重要的事实了, 因而能用它来对像兰姆位移 (能证实理论正确与否的) 那样微小的效应做出高度精确的预言.

现在明显的是, 如果要认真看待非阿贝尔规范理论的话, 那么它们的重整化性就被认为是一个极为重要的问题了. 这些理论的非线性特征, 正如我们在第四节所讨论过的那样, 是与它们的自相互作用直接联系在一起的. 这就使得 (甚至在量子质量为零时) 解答这一问题确实非常困难. 使情况更糟的是, 最初显示出能实际成立的这种理论就是弱电相互作用的格拉肖 - 温伯格 - 萨拉姆理论, 而正如我们已经看到的那样, 它的规范量子 (除了光子以外) 都是有质量的. 如果把这些质量直接放入 (破坏了规范不变性), 人们发现该理论是不可重整化的. 但是, 如果这些质量出自于自发的对称性破缺, 那会怎样? 这问题在一段时间中是悬而未决的, 但有好些物理学家开始看到了成功的曙光. 1971 年, 荷兰的一位年轻的研究生特霍夫特 (G. 't Hooft) 完全解决了这个问题. 在一项确实非凡的工作中, 他证实了其他物理学家已含蓄证明过的无质量规范场的可重整化性, 并继续对质量由对称性自发破缺 —— 希格斯机制所产生的情况进行重整化.

这巨大的突破性工作为普遍接受格拉肖 - 温伯格 - 萨拉姆的弱电相互作用理论扫清了道路. 这一思想的创建者们原是打算就事论事地用一下希格斯机制, 以构造出一个具有对称性破缺的例子, 而几乎没有料想到他们的结果会与实际情况相符合. 然而, 事实上希格斯机制不仅提供了有质量的量子, 而且也允许完全的重整化, 以及出乎意料地得到了一个由实验证实的实际理论.

## 六、量子色动力学与标准模型

我们现在转而来简要地描述一下组成标准模型的两个规范理论中的第二个, 即 QCD. 同样, 要达到能提出这样一种理论也有一段漫长又曲折的历程, 这是因为这一理论中的所有主要成分都是不能直接观测到的. 色规范场观测不到, 守恒的色荷观测不到, 携带色荷的粒子 —— 夸克也观测不到. 确切地说, 最后一点说法并不十分公平. 这是因为虽然从未看到过自由夸克, 而且或许也不可能产生自由夸克, 然而我们可以说通过高能探针的深度非弹性散射, 人们已间接地观测到中子或质子内部的夸克了, 这种方式很像卢瑟福及其合作者早于 1909 年通过 $\alpha$ 粒子的散射来观测原子核的情况.

导致色规范理论发展的最初一些阶段与人们认识到强子 (质子、中子以及其他强相互作用粒子, 既包括介子, 也包括重子) 不会是基本粒子有关. 首先, 尽管把所有的强子处理成是同样基本的一些方案都没有成功, 但是仍没有逻辑上的原因能把某些强子认为要比其余的强子来得更基本. 再者, 强子的结构比作为基本粒子所应有的结构要复杂得多, 甚至考虑到由于强子的大相互作用强度, 虚量子过程所具有的那种巨大的效应是如此. 最后, 称为 “味” (它类似于同位旋的一个多维扩展) 的量子数所描述的观测到的强子之间的对称型强有力地提示了强子有一个复合的结构. 这是因为只需要有数量不多的几个具有正确基本对称性特性的亚核子粒子就能构造种种已观测到的粒子.

盖尔曼把这些亚核子粒子叫做 “夸克”. 目前采用的强子由夸克构成的假设就是由盖尔曼提出来的. 最初夸克一共只有 3 个, 其中两个称为 $u$ 夸克和 $d$ 夸克 (分别表示 “向上” 和 “向下”), 它们组成了一个同位旋的双重态, 并且生成了所有观测到的同位旋多重态. 而第三个夸克即 $s$ 夸克 (表示 “奇异”), 用以表示称为 “奇异” 味的那一附加的一维.

于是, 每一已知的重子 (强相互作用的费米子) 就能看作为 3 个夸克的一个束缚态, 而每一个介子 (强相互作用玻色子) 可以看作为夸克和反夸克的一个束缚态. 人们又发现必须给予这些夸克分数电荷, 尽管最初对此感到不舒服, 并且作了一系列不成功的努力去避免这一想法, 因此当用质子电荷的单位 $e$ 来表示时, $u$ 夸克的电荷为 $+2/3$, 而 $d$ 夸克和 $s$ 夸克的电荷均为 $-1/3$.

在近几年中, 夸克的另两味 $c$ (表示 “粲”) 和 $b$ (表示 “底” 或 “美”) 被确认了, 而为了使我们的图像完整, 普遍认为需要称为 $t$ (表示 “顶” 或 “真”) 的第六味. 于是, 在某一天也许能统一强相互作用和弱电相互作用的某种更深的味对称性中, 这 6 个夸克就会与 6

种轻子相配. 不过, 在标准模型中并不把味对称性作为一种真正的对称性包含在内, 并且它也不与一个规范场相关联. 按这种方式来构造强相互作用的许多努力都没有成功, 而正如我们将看到的 (如我们所认为的) 那样, 真实情况存在于该复杂事物的一个更深的层次之中.

随着人们认识到不同的味还不能给出足够的夸克来解释我们所观测到的情况, 这一故事的下一篇章开始了. 首先, 在应用泡利不相容原理时有了困难. 为了解释好几个观测到的重子, 人们不得不假定 3 个同种类的夸克束缚在一起组成了实质上是同一轨道态的粒子. 不过, 像电子一样, 夸克应是自旋为 1/2 的费米子. 这意味着在同一轨道态中夸克不能多于两个 (相应于两个可能的自旋态). (夸克可能既不是玻色子也不是费米子, 而是服从某一更为复杂的 “反常统计”. 这种思想也探讨过了, 其中特别有格林伯格 (O. W. Greenberg) 在 1964 年做的工作, 但是却没有取得成果.) 要找一个力能把夸克强力地束缚在一起, 使得它们永远不能 (或者仅仅极为难得地) 逃逸, 但当我们把观测到的强子看成是夸克的束缚组态时, 这一力又不能作为这些强子之间的一个可比拟的强力出现, 这是另一个困难的问题. 1965 年汉 (Han) 与南部 (Nambu) 提出 (他们采用的是一个整数电荷夸克模型, 而不是一个分数电荷夸克模型) 要描述夸克可能还必须要有附加的量子数, 这样我们就为解决上述的一些困难指出了一条道路. 因此, 对夸克的每一味又有 3 种品种. 后来便把这些品种称为 “色”, 且通过一个新的对称性与一个称为 $SU(3)$ 的群结构挂上了钩. 这一方案很好地应付了不相容原理, 而 “色荷” (如我们称呼的) 能为夸克的束缚力提供基础.

不过一直到 1972 年, 当时规范理论已较为流行, 才提出了用规范场来束缚夸克的思想. 在那一年, 盖尔曼、弗里奇 (Fritzsch) 与巴丁引入 “色” 这一术语来描述这些附加的自由度, 并提出了一个建立在色 $SU(3)$ 对称性群基础上的规范理论. “色” 也能由阿德勒 (Adler) 的下述考虑得出: 我们能计算 $\pi$ 介子衰变为两个光子的衰变率, 而其结果极大程度地取决于组成粒子的品种数. 他发现, 如果仅用味夸克的话, 则计算得到的衰变率要比观测值约小 1/3. 如果使用色三重态的话, 则两者就符合得相当好.

需要解释夸克为何从来没有观测到过, 是促成新的色 $SU(3)$ 模型的强有力的因素之一. 人们希望存在可以称为 "色幽禁" 的机制, 它将要求色荷之间的力在长距离时要足够强以防止这些色荷被分离. 这仿佛像电荷之间的库仑势, 但不是按 $1/r$ 衰减的, 而在大距离时是对数型的, 或甚至是线性型的. 于是要把两个相反的荷分开到相离一个无穷大的距离就需要做一个无穷大的功, 而且任何未配对的荷总要找到配对而重新组合成中性的复合体. 就连在长距库仑力的这一情况中, 自由电荷也有重新组合的强力倾向, 而宏观尺度上的大多数物质都是非常接近于电中性的.

在夸克的情况中, 色荷被看成是二维平面中的一个向量, 而 3 个不同颜色就对应于彼此成 120° 角的 3 个向量, 如图 2(a) 所示. 为了得到一个色中性组合, 就要求加了以后得到零向量, 可以如图 2(b) 中那样将 3 个不同品种的向量相加, 或如图 2(c) 中那样将一个向量与其负向量 (对应于反夸克) 相加. 上述第一种可能性对应于重子, 它由 3 个夸克构成, 第二种可能性对应于介子, 它由夸克 - 反夸克对组成. 对这一守恒向量采用 "色" 这一术语是由于它类似于 3 原色 (通常取为红、蓝和绿或红、蓝和黄) 而引起的. 为了获得中性色 —— 白色, 我们必须把所有 3 个原色都调在一起或者将一种颜色与其互补色调在一起, 这很像上述把 3 个色向量加起来的两种方式. 不过与通常颜色不同的是, 这 3 种色荷彼此是完全不可区分的, 这反映了这种规范理论赖以建立的对称性.

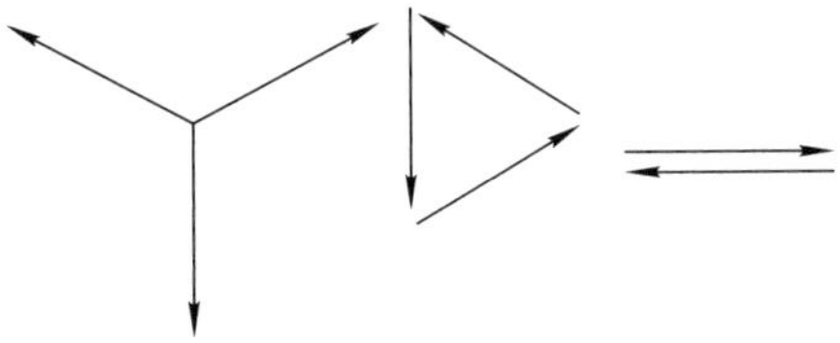

(a) (b) (c)

图 2

(这里应该提一下下述复杂情况: 守恒的色荷实际上是八维空

间中的一个向量. 这个空间类似于三维的同位旋空间. 正像同位旋分量之间不能对易, 因此只有其中的一个算符的本征值 (通常取为 $I_3$) 可以用来标定每一个同位旋多重态的成员一样, 8 个颜色分量中恰好有两个可取为相互对易的. 因此可用这两个参数来标记夸克多重态, 这样就给出了上述二维向量.)

规范量子已被称为 "胶子", 这表明它们扮演了把该物质粘在一起的粘胶这一角色, 而色规范场本身也常常被称为 "胶子场". 类似于把电磁场的量子理论称为量子电动力学 (QED), 人们把色规范场的量子理论称为量子色动力学, 或简称为 "QCD" (这里的 C 取自于希腊文中 "色" 这一词头的第一个字母). 虽然胶子的质量为零 (在该理论中没有对称性的破缺), 但是因为它们不可避免地带着色荷 (参见第四节), 所以它们恰好与夸克一样也是被幽禁的. 这一点, 加上所有的物理强子的色中性, 就使得胶子不会产生一个长程力. 许多物理学家推测可能会有胶子的色中性束缚组态 —— "胶球", 当然它们必定是有质量的.

胶子场是否确实能产生幽禁现在仍是一个尚未有答案的问题, 但是却有很强的迹象表明它确能产生幽禁, 这是这种规范场的非线性特征的一个直接推论. 与幽禁 (这是关于远离源处的场的行为) 相反, 还有关于在小距离时会产生什么这个非常重要的问题. 正如在本节一开始时所提到过的, 高能探针表明了在重子内部存在着夸克, 而且它又暗示夸克在这些小距离时是很自由地运动的, 犹如它们之间的力比理论上所需要的要弱得多. 相互作用在小距离时的微弱性已被称为 "渐近自由", 这与非常小的距离对应于非常大的动量转移 (与海森伯的测不准原理有关) 这一事实有关. 于是, 很重要的是, 任何提出的理论都要显示出这种行为. QCD 的一个胜利是格罗斯 (Gross)、维尔恰克 (Wilczek) 和波利基 (Politzer) 于 1972 年分别独立地证明了情况确实如此.

随着渐近自由这一问题的解决, 在表述强相互作用、弱电相互作用时所遇到的一些主要困难都基本上解决了, 这就产生了我们提到的标准模型, 即宇宙由夸克、轻子和与强和弱电相互作用相关联的两个基本规范场构成的这样一幅图像.

至此我还没有讨论过引力场. 依我所见, 它是整个难题中的最难以认识的部分. 虽然明显的是, 爱因斯坦的广义相对论可以用不同的方式被理解为与时空对称性有关的规范理论, 但是它却不易被纳入到我在上面试图描述的那个框架之中. 这里涉及的局域对称性是该理论在任意的曲线坐标变换下的不变性, 它可以看成是一个局域彭加勒不变性 (狭义相对论的完全对称性). 与彭加勒不变性相关的守恒量, 即能量、动量和角动量在某种程度上是引力场的源, 这正是规范理论的基本原理所要求的, 然而也有重大的差别. 首先, 与广义相对论的坐标变换相联系的局域变换是一般的仿射变换, 它比彭加勒群广泛得多, 而且事实上过于广泛而不能描述我们在局域环境所看到的那些对称性. 与此密切相关的事实是, 在广义相对论中起着规范势作用的量, 即克里斯托弗符号 (或用数学语言说即是 "仿射联络" ), 根本不是动力学上独立的规范势, 而是由度规张量本身导出的, 于是度规张量以某种方式扮演着规范势的角色.

其次, 在通常的广义相对论中的引力场的源恰好是能量和动量的分布, 它们通过诺特定理与彭加勒群的一个子群 (而不是整个群) —— 时空的平移对称性相关联, 好像广义相对论仅是平移对称性的规范理论. 于是, 许多物理学家已开始把规范对称性推广到整个彭加勒群 —— 用通常的术语来说, 这是一些具有 "挠率" 的理论, 它将预期与角动量分布有关的力. 这还是一项推测性的工作.

最后, 已经证明引力场理论是特难量子化的, 我们说明过的一些问题在这里都以它们可能有的最坏的形式出现, 同时还有在其他种规范理论中不曾出现过的另一些问题.

然而, 这 3 种基本相互作用理论看来对于我们所知道的宇宙已绘出了一幅令人惊奇的、首尾一致的图像. 经典引力理论, 即爱因斯坦所创建的广义相对论已经经受了许多实验验证, 并与我们关于恒星行为和宇宙学的所有概念符合得极好. 弱电相互作用的格拉肖 – 温伯格 – 萨拉姆理论在描述实验结果中也有令人惊奇的成功, 而且尽管在量子色动力学中除了最粗糙的计算外是极难进行计算的, 但是仍有许多迹象表明它对强相互作用确实能给出一个正确的描述. 在最后一节中, 我将尽力对这里给出的各种思想作一个小结, 并叙述一下某些正在探索的方向, 它们试图去寻求一个总括所有基本相互作用的单一统一理论, 正如某些物理学家们所称的一个 “包罗万象的理论” .

## 七、将来: 一个包罗万象的理论?

在上面我尽力描述了规范对称性和规范场思想的一些历史情况, 从联系对称性和守恒定律的诺特定理 (或者应是诺特*原理* (参见第二节)) 出发, 发展了规范理论的推理法以及由规范基本原理产生与某给定的自然对称性相关的理论的唯一方法, 而最后以一个用 3 个基本规范场 —— 胶子场、弱电场和引力场表出的自然界中的所有基本相互作用的一幅首尾一致的 (即使是仍不完整的) 图像结束了讨论.

在整个叙述过程中, 我大大简化了导致标准模型的那些复杂的发展情况, 现在我对近年来扩展这一模型的一些努力和大量的进展也用同样的方式作一概述. 有两条主要的思路指向统一这一目标. 就科学家而言, 他们一直有一个在物理学的定理中看到连贯性的愿望, 它特别是由爱因斯坦激励出来的. 这是一种看法, 所有的定理都应是一个单一模式的一部分, 即是一个支配自然界中一切的单一基本原理的统一结果. 在物理学史中已出现过多次的统一, 而我们现在的图像 —— 标准模型加广义相对论体现了达到这一终极目标的极大进展. 在其中 19 世纪和 20 世纪物理学中的所有形形色色的领域被汇集在一起构成了非常紧凑的一组基本的要素和相互作用定律, 而这些相互作用都与遵循同一基本原则的一些规范理论相关联. 不过, 明显的是该使命尚未完成. 梦寐以求的是要把这些相互作用场统一成一个单一的理论, 推测起来可能是一个与包含我们目前图像中的所有对称性的某一更大和自然的对称性群相关联的规范理论, 而且通过某种自发对称性破缺 (像弱电规范中的那一种), 破缺为这些不同的子对称性. 毫无疑问, 引力是最难并入到这样一种统一理论中去的, 因此人们指望先把强和弱电理论统一为一个 "大统一理论" 或 "GUT". 在这样的一个方案中, 夸克的 6 种 (假设的) 味显然将与 6 个不同的轻子对称地联系在一起, 而且因为对称性破缺, 它们将不可避免地能非常弱地彼此转换. 不过, 如果夸克能转化为轻子, 那么这就意味着稳定的强子 (重子和介子, 即有强相互作用的粒子) 最终也会衰变. 事实上, 仅有的稳定强子是质子 (虽然当中子束缚在核中时也是稳定的), 因此大统一理论的首要特征便是质子衰变. 推测出质子的寿命大约超过 $10^{31}$ 年左右, 这比我们宇宙的年龄还要大出一个约为 $10^{21}$ 的因子. 因此你们可能会想到质子衰变是不可能观测到的. 然而, 在我们周围的物质中有大量的质子, 例如在 1 吨水中就有 $10^{30}$ 个质子, 因此事实上确有机会观测到它们. 现在在许多实验室中, 人们正在努力地进行着这种实验, 他们把巨大的液体容器置于深深的地下矿井之中, 以使宇宙射线的背景减小到最小, 并在其周围布置了许多探测器. 迄今为止, 所得的结果都是否定的, 而对衰变率得出的一些极限都是足够地小, 以致迫使我们至少放弃一些最为合理的 GUT 的形式. 人们还在继续努力, 但是对 GUT 的兴趣已大大减小了. 在找寻大统一理论时拖泥带水的组成成分之一是 "希格斯粒子", 即希格斯场的假设的量子. 你一定还记得, 希格斯场就是为了在弱电规范理论中提出一个对称性破缺的机制而引入的. 这种粒子似乎缺少其本身存在的根本性原因, 因为假定自然界仅为此而创造它, 这在美学上看来是不能令人满意的. 许多物理学家希望的是, 在费米子和规范场的本身的动力学中会发现能产生自发对称性破缺, 而不需要这样一种手段来帮助. 这就是所谓 "动力学对称性破缺".

超出强和弱电力的统一还存在着全部统一的这一理想: 把引力合并进来成为一个 "包罗万象的理论". 由于引力的额外的复杂程度, 以及它拒绝与其他规范理论的模式一致, 所以这类研究要比大统一理论更具推测性. 上述困难的主要原因是引力是与所谓 "动力学对称群" 相关联的, 这就得与动力学事件产生的媒质 —— 时空中的变换有关, 然而其他规范理论都是与 "内部" 对称性群相关的, 这里仅牵涉非动力学自由度 (标记不同基本粒子的味与色参数) 中的变换.

尽管可能会证明引力的作用确实在本质上是不同于其他力的作用的, 然而对这一统一问题仍有两条进攻的线路, 即超对称理论和卡鲁查 - 克莱因理论, 它们都十分精美, 以致很有成功的希望. 超对称理论的思想是扩展自然界的对称性群, 以包括能混合玻色子场和费米子场的变换. 可以在不破坏费米子数守恒的前提下做到这一点. 这只要允许变换矩阵中的交叉项, 即联系玻色子 - 费米子混合的那些项为所谓 "格拉斯曼" 元素就可以了. 这是一些与通常 $c$ 数类似的完全反对易数. 虽然超对称变换不会把玻色子完全转变为费米子, 或反之, 这些理论确实预言了玻色子和费米子的配对, 其中包括规范量子本身 (光子和 "光微子"、胶子和 "胶微子" 等). 这样就会增生许多粒子. 尽管这是有点令人困惑的, 但是惊人的是, 这样一来会非常自然地产生一个自旋为 2 的规范场, 它具有许多能使它成为引力场的一个充满生气的候选者的应有的性质. 此场与一个自旋为 3/2 的 "引力微子" 场相连, 它可能有也可能没有可观察的结果.

另一条非常重要的解决途径是卡鲁查 - 克莱因思想. 这是从卡鲁查 (1921) 和克莱因 (1926) 的下述想法发展出来的: 时空的基本结构事实上可能大于通常的四维. 如果这些附加的维数都紧缩在一起, 而在这样的一个方向上你走出, 例如说不到 $10^{-40}$cm 就必定回到你开始的那一点, 那么至少在通常物理发生的那个层次上, 就只有四维是能观察到的. 然而, 自然界的基本对称性却可以在这个更高维的时空中实现, 而基本量子场论就将是这样高的维数中的一个场论. 一方面, 涉及外加数的动力学对称性在我们的层次上将表示为内部对称性, 这就允许有把两种类型的对称性关联起来的可能性 (这一点还未完全实现). 而另一方面, 那些困扰量子场论的发散问题及其他含糊不清之处都至少有一个不同的形式, 甚至可望得以解决.

把这些思想结合起来的一个令人振奋的近期发展是所谓“十维超弦理论”. 这是十维时空中的一个超对称规范理论, 如上面指出的那样, 其中六维假定是高维紧致化的. 这一理论还有下述附加的特性: 能构成物质的那些基本量不是点粒子, 而是“弦”. 这是一些微小的开圈或闭圈, 可以把它们想象为在时空的基本结构中的位错, 而它们的变换对称性正是与之相关的规范理论的基础. 有了维数和结构的这些精确组合, 上述的许多困难 (诸如规范理论中发散和反常的对消, 以及由超对称性所产生的外加玻色子和费米子的自然对消等) 都似乎能找到它们的自然解答. 因为这样的一种理论涉及在一个完全不可达的层次上的时空和物质结构, 所以它的许多方面也许是永远不能直接验证的. 为此有人把这一类工作看成是徒劳的. 不过, 可以这样去争论, 如果应该找到这样的一种理论来为理解我们观察世界的那个层次上的物理提供一个始终如一的基础的话, 如果没有人能想出任何其他方法来这样做的话, 那么单单就其优美而言, 也就有充分的理由把它认为是真实的.

如果最终的理论能被真正确认的话, 那么一定会证明它是一个规范理论, 这一点现在看来几乎是无可怀疑的了. 我的感觉是, 在最终目标达到以前, 还必须至少要有一个或更多个概念上的革命. 当然在经典层次上, 规范理论是容易系统地加以阐述的, 但是规范场的量子化过程却是十分难以处理的, 其中或许要用到一些非协变的步骤, 或需引入一些非物理的自由度. 所有这些使我想到我们可能一开始对量子理论本身就理解得不正确. 如果宇宙中最基本的理论是量子规范理论的话, 那么规范理论应是能被量子化的最自然的对象 (如果也许不是仅有的对象), 而却不应是最难以处理的. 实际上, 不必通过经典理论的中间阶段应能直接表述一个量子规范理论. 最终的理论会不会是量子理论的希尔伯特空间中的完全幺正变换群的一个规范理论, 并使得量子态本身也只能局域地理解, 而不是整体地理解?

(张民生, 冯承天译)

# 杨 – 米尔斯方程和杨 – 巴克斯特方程 *

陈省身

## 1. 六十多年的友谊

我第一次见到振宁是在 1930 年秋天, 当时我是清华大学北平校区数学系的助教. 数学系很小, 有四名教授, 两名讲师和我这唯一的助教. 振宁的父亲杨武之教授是系里的代数学家, 我时不时地去他家拜访. 在那儿我见到了振宁, 一个 8 岁的男孩儿, 而我当时 19 岁. 我们肯定交谈过, 但接触很少. 杨教授在一些场合跟我们讲过振宁作为一名学生的好奇心, 这给我留下了印象.

因为战争, 清华大学在 1937 年搬到了长沙, 1938 年又搬到了昆明. 在国外学习三年之后, 我开始在清华教书, 他则变成了学生. 1940 年前后他修了我的微分几何课程, 之后参加了更高级的研讨班. 我当时正在努力学习埃利 · 嘉当 (Elie Cartan) 的理论, 意识到联络的概念将起到中心作用, 并写了几篇论文给给定的几何结构

* 原文: Yang-Mills Equations and Yang-Baxter Equations, *Chinese Journal of Physics* 30 (1992), 949–953.

配上联络. 我现在很高兴联络与我们两个的工作都有关系. 在准备这个演讲时, 我尝试学习杨的工作. 物理对于我而言, 而且一直如此, 是比较难的. 我希望从一个数学家的角度汇报我学到的.

## 2. 杨 – 米尔斯方程

杨 – 米尔斯方程是四维黎曼或洛仑兹流形的复向量丛上的偏微分方程. 未知函数是联络 (规范势). 用 $M$ 表示流形, 为简单不妨设其是黎曼的. 设

$$\pi : E \to M \tag{1}$$

是一个 $q$ 维复向量丛, 群作用为 $U(q)$ 或者 $SU(q)$. 联络是由一组线性微分形式的矩阵定义的

$$\omega = (\omega_i^j),\ 1 \leqslant i, j \leqslant q. \tag{2}$$

矩阵 $\omega$ 是反埃尔米特的:

$$\omega + {}^t\bar{\omega} = 0,\ {}^t\bar{\omega} = \omega \text{ 的共轭转置}, \tag{3}$$

向量丛的群作用是 $U(q)$. 当群作用是 $SU(q)$ 时, 它还有以下性质:

$$\operatorname{Tr}\omega = 0. \tag{4}$$

联络允许我们定义向量场 $\xi^i$ 的协变微分如下:

$$D\xi^i = \mathrm{d}\xi^i + \omega_j^i \xi^j,\ 1 \leqslant i, j \leqslant q. \tag{5}$$

用标准的方法可以定义向量丛 (1) 的张量场的协变微分, 见参考文献 [1] 和 [3].

联络矩阵通过如下的变换定义

$$\omega \to \omega' = \mathrm{d}gg^{-1} + g\omega g^{-1}, \tag{6}$$

这里 $g$ 是非奇异矩阵, 它体现了将 $E$ 坐标化的局部坐标的变化. 对 (6) 取外微分得到

$$\Omega' = g\Omega g^{-1}, \tag{7}$$

这里

$$\Omega = \mathrm{d}\omega - \omega \wedge \omega, \tag{8}$$

$\Omega'$ 可类似地由 $\omega'$ 定义. $\Omega$ 是 $q \times q$ 的 2-形式矩阵, 它在差一个变换 (7) 的意义下是唯一确定的. 它被称为联络的曲率 (场强). (物理文献中 $\omega, \Omega$ 用 $A, F$ 表示.) 由 (7) 知 $\mathrm{Tr}(\Omega \wedge \Omega)$ 是 $M$ 上的 4-形式.

假设 $M$ 是紧的. 示性类的一个结果表明

$$k = \frac{-1}{8\pi^2} \int_M \mathrm{Tr}(\Omega \wedge \Omega) \tag{9}$$

是整数, 且为向量丛的不变量. 这是所谓的陈 – 韦伊 (Chern-Weil) 理论 —— 用局部信息表示丛的不变量 —— 的一个特殊情形. 这种不变量很少, 在应用中很有用.

因为 $M$ 是黎曼流形, 可以定义霍奇 $*$ 算子. 下面引进杨 – 米尔斯泛函

$$YM = \|\Omega\|^2 = -\int_M \mathrm{Tr}(\Omega \wedge *\Omega). \tag{10}$$

杨 – 米尔斯方程是这个泛函的欧拉 – 拉格朗日方程. 它们可以写为

$$D\Omega = 0, \ D * \Omega = 0, \tag{11}$$

这里 $D$ 是 $E$ 上的张量微分形式 $\Omega$ 的协变微分. 需要指出的是第一个方程即所谓的比安奇恒等式 (Bianchi identity), 可由 (8) 的外微分得到. 当存在电流时, (11) 的第二个方程有一个不等于 0 的项 $f$.

当 $q = 1$ 时, 杨 – 米尔斯方程化为麦克斯韦方程 (见参考文献 [2]). 此时群作用是 $U(1)$, 它是阿贝尔的.

因为 $*^2 = 1$, $\Omega$ 分解为

$$\Omega = \Omega^+ + \Omega^-, \tag{12}$$

这里

$$*\Omega^+ = \Omega^+, \ *\Omega^- = -\Omega^-. \tag{13}$$

从而得到

$$YM = \|\Omega^+\|^2 + \|\Omega^-\|^2.$$

(9) 可以写为

$$8\pi^2 k = \|\Omega^+\|^2 - \|\Omega^-\|^2.$$

于是

$$YM \geqslant 8\pi^2|k|. \tag{14}$$

对给定的 $k$, 如果

$$*\Omega = (\text{sgn } k)\Omega, \tag{15}$$

则 $YM$ 达到极小值. 在这种情形, 联络称为自对偶的或者反对偶的或瞬子. 注意 $k$ 的符号依赖 $M$ 的定向.

关键的问题是找到瞬子, 即 (15) 的解, 或更一般地, 确定给定 $M$ 和 $k$ 的瞬子形成的空间.

由唐纳森 (S. K. Donaldson) 的定理, 以上研究导致了微分拓扑中的重大结果. 考虑 $k = 1$ 时 $M$ 上的瞬子空间, 除去一些奇点, 它是以 $M$ 为边界的一个五维流形. 由此可导出令人惊奇的结果, 即 $R^4$ 存在非平凡的微分结构. 已知 $R^n (n \neq 4)$ 只有一个微分结构, 即标准微分结构. 但是存在 $R^4_{\text{奇异}}$, 它与 $R^4$ 同胚, 但不微分同胚. 事实上, 冈普夫 (Gompf) 和陶伯斯 (Taubes) 证明了存在一个双参数的这种结构. $R^4_{\text{奇异}}$ 的一个奇特性质是: 存在一个紧集 $C$ 使得在它周围没有光滑的嵌入球面.

## 3. 杨 – 巴克斯特方程

1967 年, 杨在研究量子力学的可积问题时写下了矩阵方程

$$A(u)B(u+v)A(v) = B(v)A(u+v)B(u), \tag{16}$$

并给出了具体的解, 其中 $A(u)$ 和 $B(u)$ 是 $u$ 的有理函数. 1972 年巴克斯特在研究经典统计力学的可积问题时也发现了这个方程. 最近十年, 方程 (16) 得到了广泛研究, 被称为杨 – 巴克斯特方程.

我们指出如果 $A(u)$ 和 $B(u)$ 与 $u$ 无关, 那么 (16) 变为

$$ABA = BAB. \tag{17}$$

这是辫群的阿廷 (Artin) 理论的基本方程 —— 纽结理论的重要成果.

另一个结果包含了魏尔斯特拉斯 (Weierstrass) 定理的推广: 如果函数 $f(u)$ 是全复平面的亚纯函数, 满足如下泛函方程

$$P(f(u), f(v), f(u+v)) = 0, \tag{18}$$

这里 $P$ 是非零多项式, 那么 $f$ 是椭圆的或有理的或者为 $\varphi(e^{ku})$, 这里 $\varphi$ 是有理函数.

1985 年德里费尔德 (Drinfeld) 建立了霍普夫代数 (Hopf algebra) 和杨 – 巴克斯特方程之间的基本关系. 霍普夫 (Heinz Hopf) 曾证明, 紧群的有理数域的上同调环与奇数维球面的乘积的上同调环相同, 而且有个后来被称为霍普夫代数的特殊结构. 让人吃惊的是, 这个代数结构在许多数学物理问题的可解性方面起到了基本作用①.

杨 – 米尔斯和杨 – 巴克斯特方程在数学方面非常有趣, 它在以后将吸引众多的数学家.

## 4. 诗一首

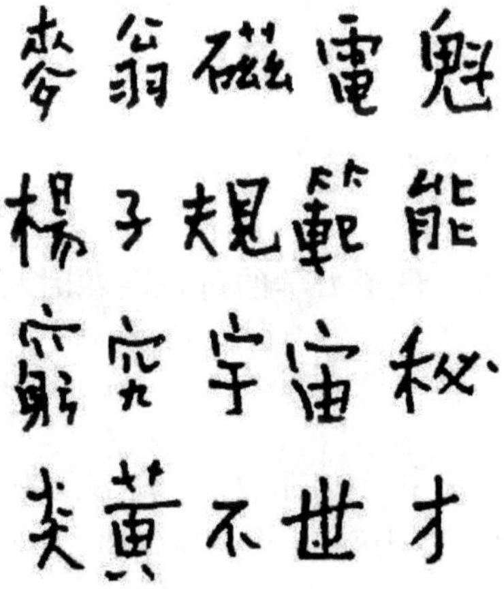


①参见 [4].

## 参考文献

[1] M. Atiyah. Collected Works, Vol. 5, Gauge Theories [M]. Oxford, 1988.

[2] S. S. Chern. Vector bundles with a connection [M]. Global Differential Geometry. Math. Ass. of America, 1989: 23-25.
陈省身. 具有联络的向量丛 [M]. 陈省身文选: 传记、通俗演讲及其它. 科学出版社, 2011.

[3] Daniel S. Freed, Karen K. Uhlenbeck. Instantons and Four-manifolds, MSRI Publications, Vol. 1 [M]. 2nd ed. Springer, 1991.

[4] M. Jimbo (Editor). Yang-Baxter Equation in Integrable Systems [M]. World Scientific, 1959.

(王兢译, 林开亮校)

# 高温超导: 对称与反射*

张首晟

---

原编者按: 本文 "高温超导: 对称与反射" (High $T_c$ Superconductivity: Symmetries and Reflections), 译自 *Symmetry & Modem Physics: C. N. Yang Retirement Symposium*, 18—23.

这是一份在石溪为庆祝杨振宁教授退休而举行的 "对称与反射" 讨论会上所用的发言稿. 在这次发言中, 我将回顾自我在纽约州立大学石溪分校读研究生以来我同杨教授之间的交往, 以及在理解理论物理学方面他对我所产生的深远影响. 同时我还将回顾关于高温超导的 SO(5) 理论, 以及这一理论是怎样在我和杨教授合作的过程中奠定基础的.

能够在庆祝杨振宁教授退休的 "对称与反射" 讨论会上发言, 我感到非常荣幸. 要在台下众多为这半个世纪物理学做出巨大贡献的先辈面前介绍我本人的工作, 实在很不合适. 因此, 我更愿意借此机会回顾一下我和杨教授之间的个人交往, 以及他对我科学生涯的巨大影响. 自从我作为一个学生第一次接触物理学以来, 他

---

* 原载: 科学文化评论, 2010, 7(1).

一直是我的偶像. 今天, 长岛这一可爱的春日, 使我生动地回忆起我到石溪读研究生的第一天的情形. 自那天以来, 他不但在课堂上教给我物理学, 也在私人谈话的场合向我传授物理学知识. 他会给我提出丰富多彩的建议, 给我讲一些鼓舞人心的事例. 但最重要的是, 他教导我, 物理学是美的, 而且他的研究经历也告诉我们大家, 对美、品位、风格的主观判断, 往往可以导致理论物理学上的重大发现.

当我开始上学的时候, 中国尚处在 "文化大革命" 时期. 然而, 尽管那时我们在学校学不到多少科学知识, 每个学生却是都熟知杨振宁和李政道的名字, 以及他们对科学所做出的巨大贡献. 科学家居然能够 "证明" 大自然的 "左手性", 我对此大为震撼, 并立即决定将我所有课余时间都用来学习物理学. 在中国过去的那些灰暗日子里, 我在科学之美中找到了慰藉. 这说起来要归功于杨教授在中国所产生的影响, 对此我永远都感激不尽.

在进中国复旦大学学习仅一个学期之后, 我获得了一份宝贵的本科生奖学金, 可以去柏林自由大学学习. 在获得本科学位之后, 柏林自由大学唯一的华侨教授、同时也是杨教授老朋友的孟 (Meng) 教授, 以及我的论文指导老师施拉德 (Schrader) 教授, 都力劝我到石溪去接受研究生教育. 当我收到来自石溪的录取通知时, 我的梦想终于成真了!

虽然杨教授极忙, 但他总是抽出时间和新来的研究生谈话. 在他第一次和我见面的时候, 他问我的兴趣是什么. 我回答说理论物理的最高目标是追逐爱因斯坦的梦想, 将引力和其他力统一起来, 而我的兴趣也正在于此. 使我大为惊讶的是, 他不但不赞成我追求这样一种目标, 甚至都不赞成我去从事通常的粒子物理研究. 他颇有说服力地指出, 物理学是一门范围十分宽广的学科, 随处可以找到有趣的问题.

我在困惑与矛盾中离开了杨教授的办公室. 幸运的是, 他给研究生新生开设了一门叫做 "理论物理问题选" 的课程. 在这门课程里, 他根本不涉及我所认为的物理学 "前沿问题", 而是讨论诸如 Bohm-Aharonov 效应、伊辛模型的对偶性 (duality of the Ising model)、超导体磁通量的量子化、位相和全息术、非对角长程序、规范场概念以及磁单极子等之类的问题. 在这门课程中, 我最大的收获是课题的选择. 这些课题反映出他在物理学方面的个人兴趣, 而这是不易从书本上学到的. 通过这些问题, 我明白了自然的复杂性可以统一于理论的美与简洁之中. 而理论物理学的意义正在于此.

我开始跟着范 · 纽温惠曾 (van Nieuwenhuizen) 教授研究超引力, 并很快完成了几篇论文. 但是, 一方面由于杨教授的建议, 另一方面也因为克文森教授 (S. Kivelson) 颇有感染力的热情, 我越来越着迷于凝聚态物理. 之后我成为加州大学圣芭芭拉分校 (UCSB) 理论物理研究所的一名博士后. 施里弗教授 ① 非常友好地欢迎我这样一个十足的新手加入到他的研究小组, 并慷慨地教给我有关凝聚态物理的知识. 我非常乐意跟他及文小刚 (Xiaogang Wen) 一起研究高临界温度 $T_c$ 的自旋袋理论 (spin bag theory), 并最终决定完全转向凝聚态物理.

从 UCSB 出站后, 我加入到 IBM Almaden 研究中心. 那时, 杨教授关于 $\eta$ 配对的论文 ② 刚发表于《物理评论快报》上, 我怀着极大的兴趣阅读了它. 我被其中的数学简洁性吸引了, 而且文章中关于可以建构一个相互作用哈密顿量的某些精确本征态的事实, 给我留下了深刻的印象. 我还注意到, 因为 $\eta$ 算子是 Hubbard 模型一个精确的本征算子, 所以 $\eta^+\eta$ 和哈密顿量之间应是可对易的, 这意味着存在一个新的守恒律. 但我不知道它在物理上有什么意义. 于是我邀请杨教授到 IBM 来做一个报告, 其间我和他讨论了我的看法. 他对我的看法表现出极大的兴趣, 但因为他要赶飞机, 我们只得匆匆结束了谈话.

第二天, 我收到了杨教授发来的一份 15 页的传真. 他在回纽约的飞机上想出了关于 Hubbard 模型 SO(4) 对称的完备的数学理论.

① John Robert Schrieffer (1931— ), 1972 年获得诺贝尔物理学奖. —— 译者注

② C. N. Yang, *Phys. Rev. Lett.* **63**, 2144 (1989).

他发现, $\eta$ 算子和它的埃尔米特共轭, 以及总数算子 (total number operator) 构成一个 "赝自旋" SU(2) 代数生成器,

$$[\eta_0, \eta^\dagger] = \eta^\dagger \quad [\eta_0, \eta] = -\eta \quad [\eta^\dagger, \eta] = 2\eta_0, \tag{1}$$

其中 $\eta_0 = (N_e - N)/2$ 是根据半填满来衡量的电子总数. 我的关于 $\eta^\dagger\eta$ 和哈密顿量对易的看法, 可以表述为, 上述 "赝自旋" SU(2) 代数的 Casimir 算子是一个守恒量. 普通的 SU(2) 自旋代数和这个 "赝自旋" SU(2) 代数一起, 构成 Hubbard 模型的完备的 SO(4) = SU(2) × SU(2) 对称. 当他提出和我联名发表关于 "Hubbard 模型中的 SO(4) 对称" 的论文时, 我感到莫大的荣幸.③

这个 "赝自旋" SU(2) 代数的物理意义是什么呢? 在我们发表 SO(4) 论文之后, 我花了很多时间来思考这个问题. 经过我们一番思考和讨论之后, 杨教授写成了一篇奠基性 (seminal paper) 论文, 题为 "非对角长程序概念和液氦及超导体的量子相"④. 在这篇论文中, 他将量子多体系统中各种形式的序归类为对角长程序 (DLRO) (比如自旋密度波和电荷密度波序就属于这一类) 和非对角长程序 (ODLRO) (比如超流和超导序等). DLRO 的特点是, 序参量不带电荷, 而费米子系统中的 ODLRO 的特点是, 序参量带两个单位的电荷. 凝聚态系统中几乎所有协作现象, 都可归于这两类范畴中的一类. 这两种不同形式的序在物理上的表现相差悬殊, 其数学特征也根本不同. 它们通常被认为是有着天壤之别. 因此, 当我意识到赝自旋对称可以将这两种不同形式的序严格地统一起来时, 我感到非常惊讶. 因为 $\eta$ 算子带电荷 2 (carry charge two), 它可以将电荷量子数相差 2 的 DLRO 和 ODLRO 联系起来. 更确切地说, 在 $\eta$ 算子、电荷密度波序参量 $\Delta_c$ 和超导序参量 $\Delta_s$ 之间存在这样一种关系,

$$[\eta^+, \Delta_c] = i.\Delta_s. \tag{2}$$

所以, 赝自旋 SU(2) 代数表示在这两种截然不同的序之间进行 "旋转". 而且, 这一方程使我们能够直接做出一个物理预言. 因为普

③ C. N. Yang and S. C. Zhang, *Mod. Phys. Lett.* **B4**, 759 (1990).
④ C. N. Yang, *Rev. Mod. Phys.* **34**, 339 (1962).

通的 U(1) 电荷对称扩展为一个赝 SU(2) 对称, 因此通常的相戈德斯通模 (phase Glodstone mode) 有一个对称镜像, 我把它称之为 "$\eta$" 集体模. 在动量空间中它存在于 $(\pi,\pi)$ 附近, 其能量有个无限陡的尖峰. 它只出现于超导转变温度 $T_c$ 之下.⑤

在我为这些想法激动不已的时候, 凝聚态物理学界其他人士却很平静. 大家认为这种想法是纯数学的产物, 没有实际意义. 因此我感到很气馁, 没再沿着这个方向思考了. 但是, 在没人的时候, 我会静静地翻开杨教授的《文选》. 我很钦佩他的物理学风格, 很欣赏对称之美和数学推理的威力. 从他研究的事例中, 我深信, 那些高雅的数学概念最终都能从物理系统中找到用武之地.

1995 年, D. Scalapino 教授到斯坦福大学访问, 并报告高温超导方面的新的实验发现. 实验物理学家用中子散射的方法, 发现了一个受到分辨率限制的尖锐共振峰, 它位于动量 $(\pi,\pi)$ 附近, 能量为 40 meV. 而且, 它只出现在超导转变温度之下 ⑥. 这一发现令我非常激动, 因为共振峰的关键特征和我原来在赝自旋对称理论的基础上所做出的预言几乎完全一致. 很快, 我的学生 E. 德姆勒 (E. Demler) 和我导出了赝戈德斯通模理论的一个推广, 它可以自然合理地解释高温超导体中的中子共振峰 ⑦. 该理论和我原来关于 $\eta$ 模的理论的主要不同之点在于集体模的自旋量子数. $\eta$ 模都是自旋单态, 而这个新的模是自旋三重态. 为了和杨教授所用的符号保持一致, 我们后来将这一新的集体模叫做 $\pi$ 模. (在粒子物理中, $\pi$ 介子构成同位旋三重态, 而 $\eta$ 介子则为同位旋单态.)

在完成和尤金合作的这项研究之后, 我开始思考如下的问题: 如果 $\eta$ 模是 SO (4) 对称的结果, 那么和 $\pi$ 模相联系的又是什么对

---

⑤ S. C. Zhang, *Phys. Rev. Lett.* **65**, 120(1990); S. C. Zhang, *Int. J. Mod. Phys.* **B5**, 153 (1991).

⑥ J. Rossat-Mignod, L. Regnault, C. Vettier, P. Bourges, P. Burlet, J. Bossy, J. Henry and G. Lapertot, *Physica* **C185-189**, 86(1991); H. Mook, M. Yethiraj, G. Aeppli and T. Mason, *Phys. Rev. Lett.* **70**, 3490(1993); H. F. Fong, B. Keimer, P. W. Anderson, D. Reznik, F. Dogan and I. A. Aksay, *ibid.* **75**, 316 (1995); P. Dai, M. Yethiraj, F. A. Mook, T. B. Lindemer and F. Dogan, *ibid.* 77, 5425 (1996); H. F. Fong, B. Keimer, D. L Milius and I. A. Aksay, *ibid.* **78**, 713(1997).

⑦ E. Demler and S.-C. Zhang, *Phys. Rev. Lett.* **76**, 4126 (1995).

称呢? 对这一问题的思考最终导致了高温超导 SO(5) 理论的形成. 我开始将 $\pi$ 算子进行彼此交换, 但它们的交换子看起来相当复杂. 因为群论知识我已经忘得差不多了, 所以我看不出它们是否构成一个简单的李代数. 几天以后, 当我审视着高临界温度的相图, 以及放在旁边的反铁磁 (AF) 和超导 (SC) 相时, 我突然意识到, 新的对称应该将 DLRO 和 ODLRO 统一起来, 因为 AF 序参量有 3 个实分量, 而 SC 序参量有 2 个实分量, 所以自然的对称群应该是 SO(5)! 认识到这点之后, 将交换子组织成一个 SO(5) 李代数的问题就不难了, 而且它 (这样建立起来的 SO(5)) 还真的管用.

在这一简单概念的基础上, 我开始将 SO(5) 作为一种统一 AF 和 SC 序的有效的对称, 来建构高温超导理论 ⑧. 这一理论不仅将两个形式看似不同的序统一起来, 并能解释它们在高临界温度系统中极为相近的表现, 而且还做出了一系列惊人的实验预言. 现在, 该理论正在接受数值模拟和实验的检验, 它有希望最终揭开高温超导之谜. 杨教授曾经将 20 世纪发展的物理学基本定律总结为一个简洁的口号 "对称决定相互作用". 如果 SO(5) 理论被证明在凝聚态物理中是成功的, 那么它将成为 "对称决定相图" 的一个例子. 毋庸置疑, 依靠这样一个较高级的组织原理, 绝对能够引导我们去探索和组织各种各样的物质以及它们的相.

我希望借此机会对杨教授深表感谢, 谢谢他对我所从事的事业的重要影响, 并祝他退休愉快. 他的精神和建议将永远伴随着我探索物理学之美和真理.

(李香莲译)

⑧ S. C. Zhang, *Science* 275, 1089 (1997).

# 人名索引

反盗版举报电话　（010）58581999　58582371　58582488

反盗版举报传真　（010）82086060

反盗版举报邮箱　dd@hep.com.cn

通信地址　北京市西城区德外大街 4 号

　　　　　高等教育出版社法律事务与版权管理部

邮政编码　100120